海外中国研究丛书

——

到中国之外发现中国

清代中国的法与审判

清代中國の法と裁判

[日] 滋贺秀三 著

熊远报 译

江苏人民出版社

图书在版编目(CIP)数据

清代中国的法与审判 / (日)滋贺秀三著;熊远报译. -- 南京:江苏
人民出版社,2023.1(2023.4 重印)
(海外中国研究丛书 / 刘东主编)
书名原文:清代中国の法と裁判
ISBN 978 - 7 - 214 - 27700 - 8

Ⅰ. ①清… Ⅱ. ①滋… ②熊… Ⅲ. ①法制史－研究－中国－清代
Ⅳ. ①D929.49

中国版本图书馆 CIP 数据核字(2022)第 224104 号

滋贺秀三
清代中国の法と裁判
ⓒ 2002 滋贺秀三
江苏省版权局著作权合同登记 图字:10 - 2021 - 523 号

书　　　名	清代中国的法与审判
著　　　者	[日]滋贺秀三
译　　　者	熊远报
责 任 编 辑	李　旭
装 帧 设 计	陈　婕
责 任 监 制	王　娟
出 版 发 行	江苏人民出版社
地　　　址	南京市湖南路 1 号 A 楼,邮编:210009
照　　　排	江苏凤凰制版有限公司
印　　　刷	南京新洲印刷有限公司
开　　　本	652 毫米×960 毫米　1/16
印　　　张	26　插页 4
字　　　数	323 千字
版　　　次	2023 年 1 月第 1 版
印　　　次	2023 年 4 月第 2 次印刷
标 准 书 号	ISBN 978 - 7 - 214 - 27700 - 8
定　　　价	88.00 元

(江苏人民出版社图书凡印装错误可向承印厂调换)

序"海外中国研究丛书"

　　中国曾经遗忘过世界，但世界却并未因此而遗忘中国。令人嗟讶的是，20世纪60年代以后，就在中国越来越闭锁的同时，世界各国的中国研究却得到了越来越富于成果的发展。而到了中国门户重开的今天，这种发展就把国内学界逼到了如此的窘境：我们不仅必须放眼海外去认识世界，还必须放眼海外来重新认识中国；不仅必须向国内读者迻译海外的西学，还必须向他们系统地介绍海外的中学。

　　这个系列不可避免地会加深我们150年以来一直怀有的危机感和失落感，因为单是它的学术水准也足以提醒我们，中国文明在现时代所面对的绝不再是某个粗蛮不文的、很快就将被自己同化的、马背上的战胜者，而是一个高度发展了的、必将对自己的根本价值取向大大触动的文明。可正因为这样，借别人的眼光去获得自知之明，又正是摆在我们面前的紧迫历史使命，因为只要不跳出自家的文化圈子去透过强烈的反差反观自身，中华文明就找不到进入其现代形态的入口。

当然,既是本着这样的目的,我们就不能只从各家学说中筛选那些我们可以或者乐于接受的东西,否则我们的"筛子"本身就可能使读者失去选择、挑剔和批判的广阔天地。我们的译介毕竟还只是初步的尝试,而我们所努力去做的,毕竟也只是和读者一起去反复思索这些奉献给大家的东西。

刘　东

目 录

清代民事审判中的平衡感觉（代译序）

在社会正常运转，一切相安无事或者按部就班的情况下，秩序或社会秩序是一个不被意识到的抽象概念。一旦出现如大面积传染病造成的连锁性社会危机，或因特定要素发生战争之类的冲突，社会秩序、维持秩序的诉求和努力、秩序的力量等观念、需求、实体组织与支撑要素，以及复杂的结构立即突显出来。如果从一个整体看人类社会，冲突、争端的确在地球的各地以各种各样的形式发生；但如果从时间之流看人类社会，争端与冲突只是暂时或局部现象。凡事有例可依，顺理成章就是秩序状态或者社会秩序化的结果，意味着背后的社会习惯、规则、制度以及支撑这些习惯、规则、制度正常运转的文化价值、意识形态和相关社会组织系统的复合性力量持续发挥作用。

认识、理解拥有庞大地理空间与族群规模，延续数千年的中国文明，社会秩序的构建、社会秩序的状态与结构是不可回避的关键问题。面对各种利害选择、纠纷、冲突，作为传统中国社会中的个体或者组织如何应对，如何解决争端，如何平衡利害承受的分配或分担,形成一个相对相安无事的局面?观察个人或社会组织的选择,政府、社会组织的制度性考量与安排,特别是解决争端过程中举足轻重的司法制度与实践是一个有效的切入点。在学术上专门讨论这些问题的中国法制史学科在形成与发展过程中,日本的东洋法制史研究具有非常重要的位置,其中前后相继的两个代表,仁井田陞与滋贺秀三的研究成果具有不可磨灭之功。作为滋贺先生研究生涯后期成果的巅峰,《清代中国的法与审判》聚焦清代的法律和审判,将研究对象放在数千年的长时段中定位,在与欧洲法学、日本法学比较的基础上,以清代的诉讼与审判为中心,对清代的法制度系统与审判的实践形态、判断准据与处理纠纷的原则、民间组织的秩序功能与国家的对应等,进行了广泛的文献发掘和深度的理论思考。强调司法是行政的一个分支以及诉讼处理中凝聚了情、理、法的平衡感觉,这是滋贺先生从传统中国的文献表述与纠纷解决逻辑中抽取出来的社会秩序原理的一部分。本文除介绍滋贺秀三关于中国传统法制史研究的背景、学术承传、研究特征与创新外,主要整理《清代中国的法与审判》的重要理论和基本观点,兼及其拓宽的中国法制史研究的边界,以及今后可能展开的空间。

一、传统中国理想的秩序与实际的秩序状态

明清时代,特别是清代,中国社会出现了不少总结行政事务处理与有关权力运用原则、程序、经验和技巧的官箴类书籍。这类书籍的出现与重复出版、广泛传播,对推动传统中国社会行政与政治权力的合理运用、标准化,以及对提高行政效率具有非常大的意义。在这些书籍的著作、编纂与出版过程中,逐渐凝结出一些相同的价值认识和行政技术。对传统中国社会的所有官员而言,他们脑海中存在一个永恒的复杂概念:社会秩序。清代州县行政指南《宦海指南五种》中,多处涉及传统中国政治的理想——"无讼"。咸丰九年(1859)吏部尚书许乃普为《钦颁州县事宜》一书作序,该书是由皇帝下令编纂、反复重印的,序中对"无讼"作了简洁的解说:"政简刑清,民安物阜",即社会正义得到充分保障的高度秩序化与富足平静的景象。[1]但这当然只是良好的愿望与期待。[2]即便是相对平稳、经济处于扩张的时期,"健讼"与"好讼"都是传统中国社会与政治中一个显著的难题,熟谙四书五经的官员对地方社会的"健讼"也多有束手无策的时候。[3]

在行政管理体系逐渐完备,社会内部日益组织化的时代,为什么会产生数量众多、两造关系复杂、高频率谋求官府解决争端的"健讼"现象?出现影响社会秩序的"健讼"现象与社会背景、解决纠纷的制度和组织、争端关系人选择解决的方式和习惯等有直接的关联。

关于人类社会产生纠纷与冲突的原因,春秋战国时代就有基于人性和社会机制侧面的理论思考,所谓"人生而有欲,欲而不得,则不能无求,求而无度量分界,则不能不争。争则乱,乱则穷"[4],利益的争夺导致秩序混乱的出现,"人之生不能无群,群而无分则争,争则乱"[5]。在一个群居的社会,存在扩大的欲望及其实现的手段与权益边界之间的冲突。如果没有合理的权责境界与规则界定,没有万众内在的接受和践行,没有带强制性的监督和处理机制,那么社会矛盾与纠纷就会自家庭到州县管辖下的广大地方社会出现。只要基本的权益界限不清晰,而且缺乏确保权益界限有效的政治与社会机制,纠纷与矛盾就会不断地重复与再生。

为构建一个井然有序的理想社会,无论是处于政治顶端的当权者,还是怀抱修齐治平理想的官僚与学者,抑或负有家族村社之责的家父长与村野长老,他们在思想文化、制度规则、组织人事、社会习惯与风俗方面做了长达数千年的努力。但是在现代社会,庞大而古老的中国文明得以绳绳不绝,其秩序究竟是以什么原理,按照什么规则构建、维持?制度、规则通过什么层级、组织系统来执行,底层社会的纠纷经过什么样的环节与政治、社会性权力系统的介入获得解决?即社会秩序的静态与动态——制度结构与实际运用等问题——是极具学术魅力的领域,吸引了致力于传统中国研究的制度史与法制史学者。

二、滋贺秀三与中国法制史研究

立基于近代人文社会科学理论与方法的中国历史学和法制史学始于 20 世纪初,在构建中国历史学与法制史学框架的过程中,日本的"东洋史"与"东洋法制史"学者在某种意义上具有奠基之功。在中国法制史学领域,如果说宫崎道三郎与中田薰的开拓性研究处于中国法制史研究的草创期,那么仁井田陞承接了宫崎与中田等的成果,开始比较系统地展开了中国法制史研究。仁井田陞以唐代律令的复原与解释为出发点,拓宽了中国法制史这一领域[6],滋贺秀三则是其后日本中国法制史研究的代表性学者。

滋贺秀三生于 1921 年,1941 年 4 月考入东京帝国大学法学部,1943 年 9 月毕业,其后在日本法制史泰斗石井良助(与仁井田陞同为中田薰的弟子)教授指导下专攻东洋法制史。1948 年研究生毕业后担任东京大学法学部副教授,1959 年升任教授,1962 年以《中国家族法原理》获得博士学位,1982 年从东京大学退休,其主要的教学与研究生涯在东京大学度过。

滋贺先生的中国法制史研究分为三大块:传统中国家族法的

体系性复原；对以唐律为代表的历代中国法典的考证型研究；对传统中国的审判形态作实证性、原理性研究。[7]研究时段自先秦至现代中国，数十年间的成就得到学术界很高评价。1969年《中国家族法原理》获得日本科学研究最高的学士院奖；1978年滋贺先生成为日本学术会议会员，1994被选为日本学士院会员。[8]滋贺先生1968年利用海外研究学术制度，在香港、巴黎等地以及哈佛大学从事研究。1976年12月作为东京大学第一次友好代表团成员访问北京等地，1981年6、7月作为日本学术恳谈会法制史专家访中团团长访问北京与上海。

滋贺先生在东京大学主修德国法，受西洋法制史与日本法制史的影响，认识到要理解法律的本质，不仅需要熟悉罗马/大陆法系与英美法系，也应该了解法的多样性和世界上不同的法律系统，而当时日本法学界稀缺的是传统中国法的理论与知识。鉴于当时日本法知识结构中有关中国法贫弱的现状，在石井良助教授的指导下，滋贺先生立志将中国法制史研究作为终生的目标，开始向仁井田陞教授（东洋文化研究所）叩门问学。原本有良好汉文基础的滋贺先生也开始选修中国史与汉语，参加文学部东洋史和田清教授、中国文字与文学仓石武四郎教授的课程和讲习班，为此打下了中国法制史研究的深厚基础。[9]

有关中国法制史研究的方法与理论问题，《中国——社会与文化》杂志编辑委员曾向滋贺先生提问："在日本中国法制史学系谱中，滋贺法制史学与中田法制史学、仁井田法制史学、石井法制史学有什么样的继承与否定关系？"滋贺先生在回答该问题，亦即说明学界关心的滋贺在学术系谱上呈现"突然变异"特征问题时，他认为自己认识传统中国社会，进行文明比较的方法论基础多少与信仰天主教有关，这直接影响到他与日本战后教条式的社会形态论、历史阶段论保持距离，而提出独特的中国历史区分论的学术研究理念。[10]滋贺先生的法制史学与强调时代趋势的历史学不同，他始终自觉地将法制史学研究作为法学的一个分支来对待。[11]他认为构成法学根干的解释法学作为探索客观真理的一种工作，本质上是一种价值判断的学问；与历史学的事实认定也许不同，但事实认定与价值判断只是论证方法的不同。法制史学是一门观察与法相关的人的行为轨迹的学问，在基础法学的诸领域中不可或缺。法制史家必须明确自己是与法相关的一员，中国法制史学的研究者应该在具有上述意识的前提下，远眺历史与社会，从中探寻与认识中国文明。

滋贺先生在中国法制史的研究中重视传统中国的固有概念及其内涵的重构，与将近代法学书本上的概念带到历史社会分析的朴素法学型法制史学区别开来。他认为法学是一门以在世界史中被广泛视为规范媒介的<u>秩序形成整体</u>为对象的学问，传统中国的各种现象只是普遍性的法历史中的一个体现，西洋法与近代法也同样是这种普遍性的法现象中之一种，因此他的中国法制史研究的出发点并没有被一些学者误解的、所谓的西方中心主义倾向。[12]滋贺先生的中国法制史研究是以欧美和日本的法学、法制史，以及古今中国的制度与文化为背景的，其学术研究的出发点、问题意识和实际展开中的学通中西、淹贯古今的特点非常明显，随处可见中国与欧洲、中国与日本，以及中国不同时代的横向纵向比较。[13]

在学术传承上，滋贺先生直接师承石井良助教授，研究生阶段获得过仁井田陞教授的指导，从仁井田陞庞大的研究成果中吸取了深厚的养分。除诉讼制度研究外，滋贺先生可以说继承了仁井田陞法制史学的传统。他在高度评价仁井田陞在中国法制史开拓,尤其唐令复原与唐宋法律文献研究开创性工作的同时,从学问角度,自认为与继承相比,对仁井田陞的研究、特别是战后研究的否定与批评方面更多。不过,他在《老兵的告白》一文以及在"叙说先学——仁井田陞博士"会议上,明确提及自己与仁井田陞的学术争论,感恩仁井田陞的指导与学恩,认为在与仁井田陞长期的学术论争中,磨砺、提升了自己中国法制史研究的理论与方法。正是两位胸怀坦荡的无私学者的纯学术争论,拓宽了日本中国法制史研究的边界。[14]在滋贺先生早期的中国家族法研究中,一个目标是挑战中田薰《唐宋时代的家族共产制》(包括中田门下的仁井田陞和戴炎辉)的理论与概念。但作为重要的出发点,内容上他对中田法制史学继承为多,特别是在比较法制史研究方面所受影响甚深。有关指导教授石井良助的日本法制史学的影响,滋贺先生认为并非学问内容,而是在学问姿态上深受熏陶。作为石井法制史学的继承者,滋贺先生长期从石井先生那里学习日本法制史知识,这对他思考中国法制史问题的潜在意义很大。在研究方法上,石井先生强调在纷繁复杂的现象中,通过抽出一些本质性的概念,可以提纲挈领地把握研究对象的全局。滋贺先生深受其影响,在自己的研究中不停地寻求传统中国社会固有的关键性概念。如在家族法研究中,正面批判中田薰唐宋时代家族共产制论,以及仁井田陞的家父长制支配结构论,抽出"分形同气""父子一体""夫妻一体"的原理性概念;在诉讼制度的研究中,浓缩出"作为行政的一个分支的司法——审判的行政性特征"理论;在法律典籍中,提出了"基本法典、派生法典、单行指令"三个层次的区分。[15]通过这些理论与方法,他将潜藏在各种纷乱现象背后的不同层次的内在关联串联起来,使之体系化。

滋贺先生的中国法制史研究承接了中田薰、仁井田陞以来重视史料的传统,其理解中国法制史的三个史料支柱为历代王朝的立法、残存于古籍中的判决文、被收集整理的民众习惯。[16]滋贺先生一生发表了数量众多的论著,这些论著涉及中国法制史的多个侧面,尤其注重传统中国社会秩序原理的探索。

前面已经指出滋贺先生的成就主要在三个方面,对传统中国家族法的体系性复原、对历代法典进行文献学的研究、对审判的形态进行实证性原理性的研究。传统中国家族法研究是前期研究的一个巅峰。滋贺先生因唐代土地法研究受挫而转向家族法研究领域,他挑战了中田薰、仁井田陞的先行研究,以"分形同气""父子一体""夫妻一体"的原理性概念,提出了比较全面解释有关传统中国家族财产处理的各种现象的理论体系。可以说,《中国家族法原理》基本终结了以前相关领域的学术争论。法典作为滋贺先生一生的研究课题,旨在揭示法典中所反映的中国律学的固有逻辑。通过"基本法典、派生法典、单行指令"三个层次设定,他对传统中国实定法的编纂过程与存在形态进行了考证性研究,整理了律令型法律体系的生成与变迁过程,特别提出在衰变期呈现"由法的世界向例的世界转变"特征。这一部分的成就主要体现在《唐律疏议译注篇 1(名例)》(律令研究会编:《译注日本律令5》,东京堂出版 1979 年版),《中国法制史论集——法典与刑罚》(创文社 2003 年版),及其主编的《中国法制史——基本资料研究》(东京大学出版会 1993 年版)。审判研究是滋贺先生后期成就的顶峰。针对战后不久或从近代主义的立场、或从刻意彰显革命中国的立场,将传统中国司法过度地描述成专断性、擅断性形象的日本中国法制史研究倾向,他在研究中复原传统中国社会存在精致的审判制度与非常活跃的诉讼审判活动,进而对传统中国的审判与发轫于西方的现代审判作类型比较,亦即探讨作为人类普遍性问题的诉讼、审判与秩序原理在不同文明、不同历史时代的不同显现这一大问题。他在这个领域里很早提出"作为行政一环的司法"的理论框架,而且发现了传统中国审判中缺乏"具有确定力判决"的契机。受东京大学法学部同僚、欧洲法与比较法教授野田良之"竞技型诉讼"概念的启发,滋贺先生提出了以"判定"契机的有无为核心的审判的文明类型论。[17]这一部分的研究主要集中在《清代中国的法与审判》(创文社 1984 年版)与《清代中国的法与审判续集》(创文社 2009 年版)中。滋贺先生注重在中国的史料与语境中发掘传统中国的秩序原理,这对学界产生了广泛影响。[18]他在知识的生产中追求具有穿透力的洞察,提供长期保鲜的分析概念与框架的学问姿态,也为其高足、中国法制史学者寺田浩明先生,以及社会经济史学者岸本美绪先生继承与发扬。[19]

三、《清代中国的法与审判》

《清代中国的法与审判》凝结了滋贺先生后期的主要研究成果,也是对传统中国社会诉讼制度研究与秩序原理探索的总结和体系化整理的里程碑。下面,按原著的章节对其主要理论与观点进行大致整理。

第一章《清朝的刑事审判——其行政性特征及历史沿革》,除绪言外分为三节,第一节主要探讨诉讼与审判的制度框架、组织形态、官员配置与职能,以及行政长官的辅助人员问题,包括审判机构的内部构成、刑事审判机构的层级、审判机构的上下级关系,涉及各级官员的职责、功能,含协助地方官的胥吏、衙役、长随、幕友的功能,以及滞留省城候补官员的审判机能与专门处理旗地事务的户部现审处这一特殊机构。第二节讨论审判程序问题,涉及追究罪责的形式、证据与自白。第三节讨论作为审判准则的法。在原本具有一本小书规模的第一章中,滋贺先生通过对审判机构与各审级官员职能和上下关系的整理,描绘出了一幅清代诉讼处理与刑事审判的图景,对相关的秩序原理和特征进行了原创性总结。

在帝制时代,审判中的民事与刑事并没有明确分工,清代也不例外,并不存在制度上几种不同系统诉讼程序并立的现象。审判的分界线在徒刑,科以徒刑以上刑罚的案件为实质上的刑事事件,其他案件则为民事轻微罪行事件。虽然有不同的审级与机构,但在诉讼处理的基本结构中,仅各省藩司、臬司以及中央六部层级上出现司法机关的分化,而在行政系统顶端的皇帝和底层州县印官那里,审判与行政事务由同一个人决定,因此审判机构只能作为行政机构的一个侧面来看待。从审判的结果上看,由于上诉并没有时效,而且死刑案犯秋审时的翻异与死刑执行时的喊冤,流放、充军、发遣犯人到服刑之地申诉冤屈,以上种种在制度安排上可以进行再审,因此推翻前判也都是可能的,而且审判的确定力这一观念在清代还没有完全形成。即便对当事人广开上诉之道,但以法律解释为诉讼争点的打官司方式对中国人而言完全陌生,清朝不存在纠缠法律解释性质的上诉案件。清代各级审判机关的上下级关系形态,与日本行政机关的上下级关系基本相同,清代必要的复审制就像日本行政机关中小事交由下面处理、大事决定权由上级掌握这种权限分配方式,各个审级处理案件的独立性很弱。

在两个本不相同的典型意义上,州县可以称为是以印官为审判官的单独制法院,而作为印官的辅佐,刑名幕友具有非常大的作用。督抚送至刑部的案件首先在对口负责的清吏司中审核,下达"准"或"驳"的判断以及理由书,各司的草案很大程度上左右了案件的处理,但司官并无最终决定的权限,要经由满汉尚书、侍郎组成的堂官堂议后才能决定。在追责与起诉的形态上,以私人起诉为原则,同时审判官追责程序并行。不限于清朝,通观整个中国历史,公的起诉都是中国人并不熟悉的概念。在中国的公堂上,原告要么是私人,要么原告不存在。让申诉者承担责任是唐代律令的原则,这是避免将无妄之罪加给无实之人的最周到的制度设计,也可以说是一种彻底地将原告与被告放在平等立场的形式主义。清朝沿袭了唐律,但相对死板的当事人平等原则在清代执行中已不那么严格,追责程序终于得到了正式承认,审判官职权行使于广泛的领域得到了认可,这是清朝审判相比于唐朝的制度特征。对官府职权发挥机能的过多期待,特别是将审判的职责与拘捕犯人的职责交给同一人这一点,自然也潜藏着将无实之人构陷入罪的风险。不过,州县审理因必要的复审制,自动经过几个审级的再审查,相当有效地防止了将无实之人构陷入罪的危险。然而,现实中行使审判职权的人手严重不足,多一事不如少一事也是官员们共同的心愿,所以当事人喧嚣不止的要求是案件审理的主要推动力。一个总体印象是:与官府滥用职权陷无辜于罪罚的现象相比,惩处犯罪的低效率、胥吏从中敲诈钱财等是清朝司法制度的弱点。

在审判官问人以罪之际,犯罪事实必须通过本人的自白来确认,这是传统中国社会一以贯之的大原则。传统中国的公堂审理并非通过事实认定过程,而是通过犯人承认犯罪,来防止审判官判断的独断专行。审判官如果没有充分的自信,不会轻易结案。从根据犯人自白审理案件这一原则,也可知传统中国的审判并非无视证据,地方官在审案中也并不是一概流于专断与苛酷的状态。审判以犯人的自白为基础,公堂讯问以获取犯人的犯罪自认书终结审判,在审判的本质上,传统中国社会不具备对相互争论的两造主张下达公权的判定这一性质。帝制时代中国的公堂审讯中,神判绝迹可能源于不语怪力乱神的儒教合理主义,但更为本质的是传统中国的审判原本就不是一种判定的工作。另外,没有发育出判决的确定力观念,大概也是因为相同的理由。中国的刑事审判在现代法律意义上的检察阶段就终结了,即审判官在处理刑事案件的范围内,本质上是现代意义上的检察官,各个审级的自我完结性并不存在。

在"以法律为根据的审判"表述中,包含实体法的侧面与程序法的侧面,一方面采取绝对性的法定刑主义原则,另一方面对量刑非常敏感,两者同时存在并不自相矛盾。因为"律例有定,情伪无穷","比附"以及"不应为律"承担了填补法律空隙、发挥法律机能的作用。罪刑法定原则在制度上得到了保障,如必要的复审制、事后报告以及刑部、按察司中下级官吏起草文案、上司裁决的处理方式等,即有很多官僚参与进来的复杂过程。这个处理案件的权力结构中,除皇帝外,不存在能从所有批判中拥有自由、而且具有绝对性决定权的机关,也不存在案件处理的恣意裁决与独断专行。由于当事人不能就法律适用问题在公堂审问中展开争论,便通过官僚间相互牵制的结构设置、惩处因错误引据法律而裁决的官僚,这样一种制度设计来确保审判过程中法律运用的恰当。法律是否得到遵守的最终监视者是皇帝,但是法律意义上监视、约束皇帝的机构并不存在。法是王者治世的工具,法律不过是由君主制定、由官僚遵守执行,百姓享受执行过程中辐射效应的一种存在。归根到底,由治人者与被治者构成的一个法律共同体关系在帝制中国并不存在。对百姓而言,官僚是外来者,官僚解释与适用法律的行为亦即司法,也是王朝治理天下的行为——行政的一个环节,刑罚的斟酌量定在本质上属于行政上的事务。

清朝的审判是以皇帝为顶点、州县为末端,结构虽然复杂,但整体由被统一起来的单一的官僚机构运行的。即便在内部有审判事务的分工,但不存在西欧的审判权相克。站在公堂上的百姓只是要调动官方,使其权力朝有利于自己的方面驱动,他们对官府是这样一种利用心理。对百姓而言,官府是一个外在的、平时敬而远之,只有必要时能利用的存在。从刑事审判考察中引出来的百姓对"官府的疏离"的问题,是确认传统中国国家权力特征极为重要的契机。《钦定大清会典事例》等文献中的大量谕旨,让人见到的是对现存机构勤恳地修补,将其维持下去的形象。那种状态正与行政管理名实相符,被百姓敬而远之的官府能够做的也只是行政管理,皇帝的统治绝不是让人感觉到窒息的专制暴政。与官府疏离的百姓既没有守护地方性自生权力,也没有顽强地支持这种自生性权力,其结果导致了没有竞争者的皇权的强大。此外,从历史上看,除了少数民族建立新王朝的时候,政权的分裂状态绝不会长期延续下去的原因,也可以在这里去寻求。

在传统中国社会,除国家权力在制度与组织上有一套比较完整的处理犯罪、诉讼和解决社会纠纷的系统外,个人、家庭与国家行政机构之间还存在着宗族、村落、祭祀与信仰、行会等中间性社会组织,它们不同程度地承担了处理底层社会的纠纷和矛盾、维护秩序的职能。其中依照血缘规则组织起来的宗族深度关涉地方社会的秩序问题,在多种场合发挥着重要作用,它是讨论传统中国的国家体制与法律形态不能回避的问题。一般而言,明清时期广泛存在于华中、华南地区的宗族组织,既有管理族内成员的秩序机能,而从国家的视点来看,也有组织性地诱发与发起地域冲突、破坏地方秩序的风险,其与国家权力之间呈相当复杂的角力关系。[20]第二章《刑案中所见作为宗族私裁的杀害行为——国法的对应》主要讨论具有广泛影响的宗族组织对族内成员的管理,尤其对不良成员惩戒乃至杀害的现象,内容涉及宗族组织解决纠纷的原理,惩罚族人的状况,国家权力如何看待、利用宗族组织的秩序功能,国家对私下制裁甚至致死如何应对。本章讨论家法与国法关系,尤其国家法律与实质性正义抵触的两难问题。

明清族谱中有大量约束族人的宗规族约,不过因隐恶扬善的使命而缺乏对族人恶行的记载,但刑案与判牍等文献可窥见宗族的秩序功能和自治形态。宗族重视自主性解决内部纠纷与处理成员的不端恶行,具有调停族内纠纷与制裁为非作歹族人的功能。与宗族相关的各种事件和纠纷被"投族",即托付给族长等处理,但族长绝不单独肆意行使擅断之权。宗规中屡屡强调自主性解决优先,对族人的制裁手段选择,一般遵循"小则治以家规,大则禀请律究",即所谓"小则于祠堂治以家法,大则于公庭治以官刑"原则。杀害为非作歹成员这种极端制裁,多半是在相当冷静的情况下,与送官究治方式的对比中选择的手段。国家当然不会默认宗族惩戒性杀害的犯罪行为,往往按国法问以谋杀、故杀之罪。但是宗族认为惩处族人致死是实现正义的行为,国家不能将其一律视为通常的杀人。宗族的自治与国家的统治在制度上并存于不同世界,在功能上又相互补充,两者相辅相成,共同维持社会秩序。根本原因在于无论是国法还是家法,都以儒教价值为基础。刑法的确因亲族关系在尊卑长幼的量刑上有轻重差异,国家权力加持基于身份原理的宗族活动,但不认可基于团体原理的宗族活动,并不存在将宗族的自治性功能视为国家体制的一个环节、推动宗族体制成长的这类性质的立法。放松对私刑的监管和打击,意味着将生杀大权交给民间组织,国家不会将审判权的一部分制度性地移让给宗族组织以及其他自治组织。雍正五年条例是对宗族立场最具同情的立法,规定将宗族的私刑杀害罪减一等,或杖一百处理。此条例实施 13 年后被废止,50 余年后以不同面貌复活,但条例停留在对基于身份原理的宗族活动的同情上,体现了国家立法在国法和家法之间寻求平衡的波动。原本相互矛盾的诸要素正因为有了国法的立场与宗族的自治功能,司法官僚为实现正义,不得不在"情"和"法"之间追求均衡而苦心孤诣。不过,通观中国历史,国家统治机构与百姓的自治性组织在制度上具有难以相互结合的倾向。

作为清代社会秩序核心的国家权力系统,在处理诉讼的过程中,能否经一定程序一锤定音,终结纠纷,即判决是否具有无可置疑的确定力,这成为讨论国家权力形态与法以及审判特征的基本课题。第三章《判决确定力观念的不存在——特别就民事审判的实际状态而言》,除绪言外分为三节。

清代判牍文献中惯用"屡断屡翻"一词来表现一度判决了的案件的再诉再判和一个案件诉争不休、迁延岁月,以致"案牍盈尺"的现象。滋贺先生由此认为清代的判决并不充分具备最终处理案件的能力。早在 1960 年发表的清代刑事审判的论文中,他就提出"判决的确定力观念还没有充分形成"的观点(本书第一章),本章通过实证对这一观点进一步延伸,提出清代的诉讼审判,判决确定力观念不是"没有充分地形成",而是"在原理上并不存在"。这一观点也得到熟谙档案与地方习惯问题研究的学者戴炎辉、天海谦三郎的认同或佐证。

第一节勾画出诉讼处理的一个立体性图景。在诉讼处理过程中,"批"是地方官在诉状上以书面形式给予受理(准)与不受理

(不准)的回答,既有带指导诉讼进程性质的"批",也有带略式审判性质的批,在这两者之间,存在着无限的表达含义的空间。"谕"(判)是当事人在口头辩论后,官方给出的意见,但"谕"并非全部都是判决。多半案件仅一次开堂审讯即告解决,但是"即有朱判,亦非定谳"。无论是否是朱判,当事人在闭庭之后,写下接受裁决的保证书"遵结"(甘结)呈交官府。"遵结"在清朝制度中是显示争讼已经裁决妥当的最可靠文书,但"遵结"不具备确保案件不再诉与重审的绝对性力量。

滋贺先生在第一章提出清代"上诉期间限制完全不存在"的观点,暗示诉讼法中重要的问题——审判确定力观念的不存在,本章进一步指出更根本的是判决的拘束力(自缚性)观念存在与否的问题。在现代司法制度中,判决会经过程序使事件发展到无可再争而确定。判决确定的理由为法院不能取消或改变已宣布的判决,上诉限于被允许的期间,而且存在终审法院。但是清朝州县自理案件的裁定,以及因上诉的上级官府裁定,并不存在相当于判决拘束力的观念,带有拘束力属性的实体"判决"这一审判形式原本并不存在。在清代的诉讼中,判决的拘束力,即审级分离这一现象在本质上不可能发生。现代司法审判中不被允许的"知错即改"正是清代地方官审判的行为基准,地方官"必反复体访,果有屈抑,必示期再鞠,不惮平反"。[21]修正或变更前判(误判)是地方官的职责,上诉制度中终审法院并不存在,官僚机构曾经作出的裁断不妥当,无论何时都可修改是基本状态。因为在没有判决形式性(Formeller)确定力的地方,不会产生作为实质性确定力的既判力(Materielle Rechtskraft)概念。在刑罚执行的中途觉察到误判问题,自发地改正判决,对被执行人采取救济措施设定在律的规定中。被判决有罪,服刑中的人申诉无罪也是可能的。

有关判决与执行的关系，徒以下案件在制度上赋予了州县长官判决和执行的权限，地方官在公堂的口头宣示既是判决，又是执行命令。徒以上案件，州县官起草判决原案，逐级审核，经督抚裁可。流、军、遣等刑罚得到刑部同意而决定。死刑经三法司审议，皇帝裁可才确定下来。就性质而言，清代的判决并不是"确定"，而是"生效"。在清代的制度中最高审判只能是皇帝，但是在皇帝这里也没有判决拘束力的观念。皇帝也有对一旦亲自裁决的判决，下令重新审理，更改前判的情况。皇帝与听辖内百姓之讼的知县一样，不惮改过，这才是当时审判的真相。滋贺先生认为争讼并非用光了程序上的所有手段，到了已经不能再争的地步，而是程序累积的结果，如果当事人的哪一方事实上也已无法再争，由此这一案件就解决了。所以取具当事人的遵依后，案件才算处理完结的这类性质的裁断已经不是审判，而是调停。

亨德森（Dan Fenno Henderson）教授在解读江户时代民事处理制度时使用了教谕式调停（didactic conciliation）概念，滋贺先生承认这一概念的有效性，不过在分析清代民事纠纷处理时并未简单借用，他认为清朝与德川幕府制度上有许多不同，上诉、再诉之道几乎无限制敞开是清朝司法制度的特色，但德川幕府原则上初审即终审。在江户时代，普通人提起诉讼时，必须有基层社会首脑村长、町正的印证或说明文书，而清代并不存在这一制度，官衙之门直接对所有庶民开放。村长、町正以权职为背景，实施强制性教谕式调停，但清朝并无相对应的系统。在本质上应称清代处理民事诉讼的司法制度为调停式审判，而民间调停并非国家制度，理解为任意性调停比较得当。

法制史研究首先应从法源起步，除法典编纂外，还存在诉讼依据什么审判这一路径，而审判中的"普遍性的判断基准"就是法源。第四章《民事审判中法源的概括性研究——情·理·法》是滋贺先生长年沉潜文献大海、审视传统中国史料中的固有表达而抽出的概念。这一章专门讨论处理轻微刑事案件和民事案件中的法源及其特征与相互关系。他指出清代并没有民事和刑事的双轨程序，不过徒以上和徒以下案件处理性质完全不同，前者是狭义的刑事诉讼程序，后者则是调停色彩浓厚的州县自理审判。

在清代文献中，可以发现作为地方官判断指针的有"情""理""法"，即"国法""天理""人情"三个概念。情、理、法三者被视为审案的要谛，即本章中所说之法源。在分析大量判语的基础上，滋贺先生指出地方官审理案件有几个特点：第一，国法绝非在所有、乃至大多数的民事案件中被引照，不言及国法的判决占多数；第二，民事判语中被引照的限于《大清律例》，引照专门的法、例的频率极低；第三，国法条文被引照，这未必意味着审判官严密拘泥于法律条文中的文字。几乎在所有的场合，判语都没有明示处罚在法规上的根据。"情理"不是明确定义的法律术语，只能理解为是指称社会生活中健全的价值判断，特别是社会生活中的平衡感觉。与国法是基于成文法典的实定性判断基准相比，"情理"并不能在成文法、先例、习惯法等中找到实证基础，即不具有实定性的判断基准。在法、理、情三者之间，一方面，法具有实定性，理、情具有自然性，法与理、情形成一组对照性的关系。另一方面，与法、理所具有的一律性、就事论事性相比，情具有具体性、心情性，法、理与情又处于一组对立关系的位置上。情具有修正、转圜法与理的严格性功能。理与情虽然是一组对立的概念，但同时紧密连接、相互补充，从而形成"情理"，即中国式的良知良识。而且正因如此，"情理"成了中国诉讼处理中无所不在的审判基准。尤其是"人情"的概念甚至可以视为冠于一切事物之上的原则和戒律。尽管"情理"广泛地作用于诉讼与纠纷处理中,绝不意味着国法被无视,或者被轻视。法是将"情理"明确化,而且赋予"情理"以强制力的存在,因此"情理"与法绝不是敌对关系。无论是否明确说出来,"情理"时刻也没有离开审判官的头脑,可以说中国的判牍集无一例外都是满溢"情理"之书。在传统中国,国家的法律是漂浮在"情理"大海上的冰山。

在提出清代民事审判基于情理法——判断的平衡感觉——这个大的分析框架后,为补第四章有关法源未了的研究,第五章《作为法源的经义、礼以及习惯》进一步深挖与情理密切相关,但未展开的儒家经典和民间(地方)习惯在民事审判中的作用与机制问题,即作为判断基准的常识及其背后的价值基础。

自西汉以来,儒家价值逐渐浸透到法律系统中。但清代刑事审判中几乎见不到援引经义作为审判直接根据的现象,主要是成文法与先例都比较周密且体系化,已无援用圣贤经义填补法源空隙的必要。但在民事诉讼处理中,牵系听讼官僚大脑神经的是"情理",经义与礼给"情理"发挥功能提供了思路与灵感。"礼"与"理"有部分重合,在私法相关事件中,从礼中寻求解决问题的线索与灵感的,仅限于身份法领域,财产法领域几乎与礼毫无关系。礼的效用也是受到制约的,从数量的比率上看,礼被言及的案件出乎意料地少。

与"情理"自身并不拘泥于固定的文辞形式相对,经义和礼则是圣贤古典言辞。与"情理"纯粹是非实定性的言说相对,经义和礼具有某种让人承服的实定性,因此作为一种处理问题的切入手段,能够实际发挥功能。在这一意义上,经义和礼处于与国家法律同类的立场上。但是经义和礼的实定性没有法律那样显著,在处理诉讼案件的效率方面，法律也优于经义和礼。人们在寻求依据的时候，首先想到要援用的是法律，在经书言说中寻找依据则是为补法律之缺，或以加强法律效力的形式出现。与圣贤经典相比，现王朝的制度发挥着优先作用。

判语中屡见地方官对民间风俗习惯的重视，以及国家对民间习俗等的对应与关照，这其实都表明其成为案件处理的判断基准。

"风俗""通例"超越了经验性事实而建立在深刻理解事物本性的洞察力之上，习惯实际上也是"情理"的一部分，尤其与"理"的含义有相当重合。"体问风俗"或"就俗尚之所宜"，并不意味着对当地流行的任何习惯都无条件地加以肯定，并在其范围内进行审判，地方官站在普遍性正统的立场上，对陋习、恶习也多少会持一定的理解或同情。清代中国的习惯或"习惯法"，归根结底不过是一种融汇在"情理"之中的东西。纠纷的情境多种多样，每个纠纷的处理都是摸索妥当的大致范围在哪里的具体过程。摸索具体妥当的大致范围之努力往往是在"情"这一词语下加以把握的，谋求的是平衡感觉在某种程度上的平均值。所谓"情"就是中国的"习惯"。不过，这里所说的"情"和"习惯"反映的都是在中国文明的特定文化情境里包含着千差万别的多样性，同时又可以构成一个总体上的大致形态。清代中国的听讼里完全不存在西洋法学里"习惯"一词"虽然不成文却能够得到实定化的具体规范"的含义，可以说"准情酌理"的判断，不外就是习惯上妥当的判断。

清代地方官对民事纠纷进行的审判实质上是一种调解。在那里，不存在严格依照某种超人格或无个性的规则，以及力图形成或获得这种规则的价值取向，也不存在双方当事者不同主张之间制度化的对决、斗争以及第三者对此判定胜负的结构。审判者与当事者之间所达到的最终解决只是纠纷的平息。民事案件没有发展出一套具有私法性质的规则，也不存在任何使判例得到统一的机制。习惯因此不可能结晶为一套具有实定性的规范体系，也只能主要停留在"情理"这一非实定性规范的状态之中。传统中国的习惯与国家法律的关系一般而言，法律就是情理被实定化的部分，法律也是情理发挥作用的一种媒介，不仅法律本身的解释依据情理，而且法律也可因情理而变通。换言之，法律与情理从根本上就是相互亲和的。这一问题在于中国的诉讼、审判所具有的，即滋贺先生通过一系列研究揭示出来的"作为行政之一环的司法"或"行政式的审判"这种基本性质。无论是处罚犯罪的程序，还是处理民事纠纷的"听讼"，都只意味着作为民之父母（社会秩序和福利的总守护人）的皇帝通过官僚机构而实施的一种社会管理功能。

野田良之教授指出亚洲东部文明圈内并不存在"竞技型诉讼"，究其根源，在于农耕民族本来就重视相安无事的和平，而把纠纷和斗争看作社会的病理现象。农耕民族这种特有的精神素质限定了其自身社会里的诉讼以及法律的形态。[22]

四、情理法与民事纠纷、诉讼处理中的平衡感觉

本书第一、四、五章对清代的法律与审判的基本框架作了比较体系性的探索与整理，与滋贺先生前期的大著《中国家族法原理》提出"父子同体"等原理同样，本书中提炼出了清代民事审判的教谕式调停，以及法律与情理结合的平衡判断的基本特征。第二章探讨了地方社会的民间团体——宗族组织因解决纠纷、惩处族人致死而引发的秩序与法律问题。第三章讨论了诉讼法上的重要概念——判决的确定力缺乏的问题。本书除第五章是临近

出版前所写论文外,基本都是滋贺先生在 20 世纪六七十年代的研究成果,第一章则是 50 年代即 30 多岁时的成果。滋贺先生特立独行,不为日本战后的战争反省、中国认识以及意识形态对立的复杂学术氛围下的热点与时潮所动,坚守自己法律学的视角,站在与日本和欧洲比较法史研究的立场,一如既往地广搜百采法律相关文献,作扎实的实证研究。他在固有的概念、逻辑中追寻传统中国法律与审判的原理和特征,注重不同文明与不同历史时期的类型比较,力图复原传统中国精致的审判制度与活跃的诉讼审判的实际状态。其独特的视角与独创性的研究框架、概念、理论与传统中国理解,不仅对法制史、中国历史与文明研究,而且对日本史等领域也产生了非常广泛的冲击与影响。[23]

滋贺先生的研究成果结集成书之后,有关清代法律与审判的分析框架以及相关的理论在国际学术界产生了重要影响,民事审判的调停论,以及判断基准的情理论——情理法结合的解释让学界耳目一新,当然也出现了针对滋贺先生清代司法制度与实践理论的商榷、论难。如佐立治人先生以宋代《名公书判清明集》为素材,对滋贺民事纠纷处理三原则的情理法论置于宋代社会环境中进行批评,指出《名公书判清明集》中的民事性审判是依据法律,对当事人主张的是非进行二择一判定的审判,绝不是基于情理的教谕式调停。对此批评,除滋贺先生的回应外,唐宋史学者大泽正昭先生指出滋贺情理论中"人情"与"天理"的确存在需要进一步说明的暧昧部分,而且宋代的情理内涵与清代略有区别。他通过对《名公书判清明集》的细致研究,尤其对约占 40％内容的胡石璧与蔡久轩判例的整理与分析,不单从字面,而且广义地解读宋代社会民事诉讼处理中的天理、人情与法意,虽然与滋贺先生的理解略有差别,但赞同滋贺理论在认识宋代民事审判问题的有效性,认为《名公书判清明集》中判语的基准是以"天理"为中心的"人情"与"国法"两个要素。[24]

在相关争论中,著名的有黄宗智教授在《清代中国的法与审判》出版后发表的论著,特别是 1996 年 9 月镰仓国际学术讨论会,实现了日美学者的直接对话。滋贺先生、寺田浩明教授与黄宗智教授围绕《清代中国的法与审判》的理论框架与解释,明确地整理和表达了相互间的分歧以及各自的理解、主张。[25]分歧主要在于知识背景、视点、方法论和历史观的不同上。[26]

滋贺先生从未无视清代民事纠纷与诉讼处理中国法的重要性,但从法理学的角度审视传统中国的民事诉讼处理,认为那不是严格依据法律进行的审判,而是作为国家行政一环的司法,是综合情、理、法的一种调停。黄宗智教授则从州县诉讼档案以及农村社会调查,特别是满铁调查中整理出各种纠纷与诉讼的相关数据,对传统中国社会的纠纷和诉讼处理作了细致深入的探讨,指出清代民事诉讼处理中,县官一般都依法断案,是非分明。他认为将清代州县公堂想象为以调停为主要处理民间纠纷方法的机关,是受清代官方表达的误导,地方官实际很少以情来调解,使双方和睦解决纠纷。亦即清代民事诉讼处理不是一种教谕式调停,而是依法审判。他们各自就争论的核心问题与分歧点作了后续研究和进一步的理论展开,滋贺先生再次对自己的主张,包括对调停论与情理论的关系、遵依结状、当事人对官断的接受与拒绝、听讼的定位、审判的语义、审判的类型、"纠问"与"判定"等问题进行梳理与进一步说明,强调自己与黄宗智教授间的分歧在于滋贺的主张是从制度论出发的,而黄教授的探讨是从行动方式论出发的。这些分歧与讨论扩大了审视清代司法制度与实践的视野,但正如参与论争的寺田浩明教授指出的,日本与美国学术界并没有就双方不同理解的两种研究方向——清代有明确权利意识的人通过契约形成各种社会关系，地方官在情理法中寻找平衡点以说服教谕当事人作裁决——作细致的相互间可能正面相向的理解，或者整合性说明。相关的议论的确有进一步作广泛史料确认，并且站在对方出发点上进行讨论与综合性分析的必要，这也为今后形成有关清代秩序的普遍性认识框架留下了继续探索的空间。特别是清代中国人的一般契约意识、民事诉讼处理的判断准据与处理的原则和特征，以及相关的法意识，包括滋贺先生第二章涉及的介于国家与家庭（个人）之间的自治性社会组织，亦即黄宗智教授称之为"第三"或"中间"领域的部分，需要在深入的实证研究基础上进行理论整理。

在近代意义的民法典自 20 世纪初才开始起步的中国，明清时期涵盖刑事与民事的律例条文规定原本数量有限，即便要限制地方官处理诉讼时的自由裁量，但是律例相关规定疏阔和简略的事实，自然无法让地方官们据此应对情伪万端的社会纠纷与秩序问题。乾隆皇帝在其执政前期就指出法典内容简约的问题：

> 律例一书，原系提纲挈领，立为章程，俾刑名衙门有所遵守。至于情伪无穷，而律条有限，原有不能纤悉必到，全然赅括之，惟在司刑者体察案情，随时详酌，期于无枉无纵则可，不可一人一事，而即欲顿改成法也。[27]

朝廷要解决地方社会日益活跃的诉讼、健讼与刁讼现象，即千奇百怪的民间纠纷和秩序的准据问题，自清初就通过增加条例的方式以补不足。[28]但是，比较系统成型的法律规定的增加，也无法应对因有关财产权责界限的模糊状态，流动的情势、社会经济不断变化中的需求与行为引起的利益冲突、矛盾和纠纷。[29]州县不能最终处理完结的刑事案件,到清代后期有越来越多的例和成案可以参照。但地方发生的诉讼绝大部分为州县自理的民事纠纷,清律中增加包含刑事与民事立法的条例远远无法应对千变万化的纠纷内容。如果暂且将传统中国的法文化以及司法作为行政一环的特征搁置一边,仅就立法没有详细地关照到民间层出不穷的纠纷与争端而言,在很多事件无具体法例可依的情况下,地方官与他的刑名班子只能摸着石头过河,仔细斟酌案件的原委,苦心孤诣地寻找解决矛盾的平衡点即实质的合理主义,组合式地运用情、理、法,进行解释、说服、裁断。[30]这是清代几乎所有地方官处理民间纠纷无法避免的环境,也是一些知名地方官得以发挥能动性,凸显才华,留下不少脍炙人口的处理地方秩序判牍文献的原因。

对清代法秩序整体状态的把握,在文献研究与资料利用方面,除各种法典、省例、刑案汇编、地方官的判牍集、州县诉讼审判档案,三法司关联档案、题本与奏折、以及习惯类的调查报告等外,对清朝不同层级官员与司法相关的知识汲取、运用,以及处理民事与刑事诉讼案件的原则、准据、相关影响要素进行法社会学的综合探讨,亦即司法相关官员的活动与案件审理过程的心理状况等要素的研究也必不可少。

作为清朝官僚体制中的一员,他们通常经过科举考试入选官职,比较长的期间内在行政系统的各个位置升迁(降)调转移动,绝大多数都会直接与诉讼和纠纷处理业务相关。他们如何获取法律方面的专门知识,以及在实际处理诉讼纠纷以及案件审定中的法律运用,对清代诉讼,无论刑事还是民事案件的审判整体特征的把握非常重要。但是,除儒家经典与科举考试的程序训练相对统一外,他们的家庭背景、受教育状况、阅读范围以及个人经历千差万别,需要对不同时期、不同地区、不同层级复数官员处理诉讼纠纷的实际状况进行个案研究积累。如清代晚期的张集馨(1800—1878),除了担任过知府,还担任过数省按察使。他在升任四川按察使前,面谒皇帝时获得处理秋审案件的原则与灵活处理可能性的指示。担任四川按察使时,面对辖下地方官处理案件时构陷入罪而不能法办的无奈,张集馨感慨"州县(官)万不可靠,臬司真不易为也"。[31]这些关于司法腐败的自述和记载,对理解清代的审判具有重要价值。

翁心存(1791—1862)一生仕途坦荡,除了短期担任奉天府丞与学政,没有直接涉及地方社会诉讼审判的省以下州县府官经历。道光十六年(1836)底调任大理寺少卿,作为中央三法司机构的重要官员负责全国各地上报要案的审核。道光十七年(1837)二月十七日,他从东北赶回北京走马上任,日记载二月二十五日临时抱佛脚,"新买《(大清)律例》及《刑案汇览》,读之"。[32]尽管作为清朝行政法规的《六部处分则例》对从中央部院到州县官吏都有着熟读律例、定期考核并作奖惩参考的规定,但是翁氏数十年日记中并无确切的相关信息,这项行政规则可能未得到有效执行。[33]翁氏藏书甚富,可能接触过《大清律例》类法律书籍,但直到47岁担任三法司重要官员时才购入基本法典与重要案例书籍研读。这对清代科举入仕官员的知识结构与政治关联知识储备的认识提供了一个值得深思的案例,亦即苛求涉及司法事务的官僚体系这样一种法律知识结构状态下完全以律条为基准判断、处理案件,其实比较勉强。翁心存在三法司会议审案时,对刑事要案发表意见的出发点还是熟悉的儒家经典立场,所谓"每遇三法司会谳,时援经义驳难"。[34]其后他担任过刑部尚书、代理都察院左都御史以及协办大学士和大学士时,都多少参与过要案的讨论。担任大理司少卿时，日常性参与要案审核，对涉及亲属尊卑秩序的刑事案件处理尤其敏感，在日记中表示对各省及刑部官员实际处理刑事案件的准据与判决结果担忧：

> 近来外省多惑于救生不救死之说，有意从轻，而刑曹又畏因果报应，不敢驳审，遂至卑幼谋故杀尊长之案十无一抵，犯上之渐，伊于胡底"。[35]

> 以鄱阳王氏一案……于引比失当处，仍不肯认错，只以凡杀擅杀两岐其说，……余初欲再驳，继念一官鲍系，将去此而归，执法平情，非区区之力所能旋转也。……服制之案至今日已极轻，乃至并非迫于父母伯叔之命，而活埋其胞兄者，亦照并非有心干犯夹签，恐犯上之风从兹益炽矣。手无斧柯，奈何"。[36]

不过，对三法司共议之案的处理，他也承认自己"余读律未熟"，只能无奈地"照例画题"。[37]刑事案件的处理尚且如此，因为没有受过法律方面的专业而且严格的训练，在遇到民事纠纷的处理与刑事案件的审判时，早期接受的科举考试关联阅读与训练难免对其判断和解释产生重要影响。

清朝法律条文所涉范围受限与纠纷形态复杂多样之间存在的结构性问题，比较多审理案件官员的非专业训练和处理诉讼案件的知识结构，以及对应诉讼的法律运用状况也是讨论清代民事审判特征不可回避的问题。因此，清朝科举入仕者在履审理诉讼案件之职时才认真对待《大清律例》《刑案汇览》等法律典籍的现象，主要法律相关书籍和地方官的行政指南书籍的出版流通的范围与频度、购买者的身份和购买时机，识字率不高的百姓的法律意识以及所具有的法律相关知识等，也是准确认识清代法秩序结构、诉讼处理特征与法秩序整体状态的重要内容。

开拓一个新的学术研究领域,任何理论、方法、概念与视点,即研究理论与框架上的建树并非易事,其中的内容即便成为批判的对象,其在学术上的贡献也绝不能忽视。对新的概念与学说进行拾遗补缺、质疑与批判,甚至否定等也不可缺少。健全的学术批评与争论对参与者和相关者,以及对学术界的知识与理论的生产和完善、对推动学术进步都非常重要。围绕滋贺清代民事审判认识中调停论、情理论的学术争论,从不同的学术出发点促进了清代法律制度与司法实践研究中理论探索方向的清晰化。

滋贺先生以他深厚的日本法制史与欧美法学背景、敏锐的洞察力,长期耕耘在传统中国文献与司法制度及其实践的领域,晚年仍然孜孜不倦。为弥补其著作《清代中国的法与审判》在写作时未能接触州县诉讼档案的缺憾,20 世纪 80 年代他将刚开放的台湾淡新档案纳入研究范围,对地方诉讼作了统计与分析,以确保其学说在学理结构与文献上的坚实可靠、历久而常新。[38]

另外,滋贺先生的清代法制史研究与汪辉祖结下不解之缘。滋贺先生研究生涯最后的学术活动是原定于 2006 年 1 月 12 日在日本学士院的院士例会学术报告,后因健康原因被迫取消。报告的原稿经寺田浩明教授与赤城美惠子教授的整理,在院士星野英一教授斡旋下,在滋贺先生去世后的第二年(2009)发表于《日本学士院纪要》64 卷 1 号,标题为《汪辉祖——其人与其时代》。而且滋贺先生一直期望将汪辉祖的自订年谱《病榻梦痕录》翻译出版,以惠日本学界,但晚年比较繁重的研究影响了这一计划的实施,译注只完成了五分之一。遗稿经寺田浩明教授、铃木秀光教授和赤城美惠子教授的整理,于 2009 年在网络上公开。

注释：

［ 1 ］ "听讼吾犹人也。必使无讼乎"中的"无讼"是孔子的理想社会秩序构想。"无讼"理想在清代不仅散见于官僚教科书中，咸丰三年，最重要的国家考试——会试论述题"子曰:听讼至使无讼乎"也反映了这种期待。见《翁心存日记》，北京:中华书局2011年版，第959页。

［ 2 ］ 许乃普的亲家，高官张集馨在《道咸宦海见闻录》(北京:中华书局1981年版)中对风雨飘摇的清朝吏治腐败与秩序崩溃的描述则是政失讼繁的衰败景象。

［ 3 ］ 很多学者的研究都涉及明清地方社会"健讼"愈演愈烈的现象。参见梅原郁编:《中国近世的法制与社会》，京都大学人文科学研究所1993年版;大岛立子编:《宋至清的法律与地域社会》，东洋文库2006年版，夫马进、山本英史的研究;小川快之:《传统中国的法与秩序》，东京:汲古书院2009年版;夫马进编:《中国诉讼社会史研究》，京都大学学术出版会2011年版。另外，陈宝良以及尤陈俊的相关研究也值得关注。

［ 4 ］ 《荀子·礼论》。

［ 5 ］ 《荀子·富国》。

［ 6 ］ 东京大学法制史科目设置于明治前期，其研究直接与中国相关的有宫崎道三郎(1881—1922年在职)，中田薰(1902—1937年在职)，东洋法制史讲座设置于滋贺秀三担任法制史教授的1960年。参见滋贺秀三、山本达郎、池田温等:《叙说先学——仁井田陞博士》，《东方学回想》Ⅶ，东京:刀水书房2000年版;寺田浩明编:《中国法制史考证》丙编第4卷，《近百年日本学者考证中国法制史论文著作目录》，北京:中国社会科学出版社2003年版;江上波夫编:《东洋学的系谱》2，东京:大修馆书店1994年版，第257—268页。

［ 7 ］ 参照寺田浩明:《追忆滋贺秀三先生》，《法制史研究》58号，2008年。

［ 8 ］ 学士院源于1879年，会员相当于中国的院士，终身会员总数为150人，人文社会科学领域会员定数为70人，会员遴选严格实行补缺制。白鸟库吉、内藤湖南、服部宇之吉、津田左右吉等学者，以及健在的斯波义信、田仲一成等都是会员。

［ 9 ］ 滋贺秀三:《中国法制史与我——老兵的告白》，《清代中国的法与审判续集》，东京:创文社2009年版。

［10］ 他与唐宋变革论(近世)以及社会形态论等主张不同，以春秋战国、清代覆亡两个节点将中国历史分为三个时代——上代、帝制时代、现

代,认为不能否认中国社会长期在一个不太变动的框架内运转,但他对中国社会停滞论持批判态度(《清代中国的法与审判》,第1章,第3—10页)。

[11] 设置在法学部中的日本中国法制史的视点与学术归类,通常有三种倾向:一视为法学的分支,一视为历史学的分支,一为兼具前述两种。参照冈野诚:《日本之中国法史研究现况》,台湾《法制史研究》创刊号,2000年。

[12] 参见注9;另见寺田浩明:《追忆滋贺秀三先生》,日本《法制史研究》58号,2008年。

[13] 冈野诚在《法史学的现状与课题、以及若干的可能性》称从岛田正郎教授那里学到了传统中国学的基础,从池田温教授那里学到了唐代法制史与敦煌吐鲁番学,从滋贺秀三教授那里学到了严密的比较法的法史学方法论。可见滋贺非常重视法学领域的横向与纵向比较(日本《法制史研究》51号,2001年)。

[14] 1989年纪念仁井田陞教授的活动由滋贺教授主持,仁井田夫人与山本达郎、池田温等教授参加。另外,在追忆仁井田陞教授与滋贺秀三教授的相关文章中,提及两位学者的学术胸怀与人品,都涉及两位的无私。此外参照《中国家族法原理》1967年序。

[15] 同注12。

[16] 滋贺秀三:《中国法制史与我——老兵的告白》。

[17] 寺田浩明:《追忆滋贺秀三先生》;滋贺秀三:《中国法制史与我——老兵的告白》。

[18] 滋贺先生去世后,其同辈、门下弟子以及日本法制史学者水林彪、平石直昭等在《创文》《法制史研究》《东方学》《东洋法制史研究会通信》《日本学士院纪要》等期刊上发表了追思。

[19] 滋贺先生早期的学生如中村茂夫、森田成满先生在清代的刑法史、土地法研究方面卓有成就。而后期的弟子寺田浩明先生的论著都充满了方法论与对传统中国秩序的原理性探求。《权利与冤抑——寺田浩明中国法史论集》(王亚新等译,北京:清华大学出版社2012年版)是一部分,另有《中国法制史》(东京:东京大学出版会2018年版)。岸本美绪先生从社会经济侧面的研究同样在实证基础上追寻传统中国秩序的内在原理与认识方法,最近结集出版的《礼教·契约·生存——明清史论集3》(东京:研文出版社2020年版)、《史学史管见——明清史论集4》(东京:研文出版社2021年版)、《风俗与时代观——明清史论集1》(东京:研文出版社2012年版)、《地域社会论

再考——明清史论集 2》(东京:研文出版社 2012 年版)中,社会秩序是核心概念之一。

[20] 参见郑振满:《明清福建家族组织与社会变迁》,长沙:湖南教育出版社 1992 年版,第 3、4、5 章;张集馨:《道咸宦海见闻录》,第 61—62 页。

[21] 汪辉祖:《病榻梦痕录》卷下,乾隆五十六年。

[22] 野田良之:《比较文化论的一个尝试》,《早稻田大学比较法研究所创立三十周年纪念讲演集》,1978 年版;《寻找作为比较法基础的"法"的原型》,《学习院大学法学部研究年报》第 18 号,1983 年。

[23] 滋贺先生的学术立场与研究,对 1970 年代日本历史学界脱离空疏的理论争论,接受法国社会经济史学影响,实现学术研究范式的转型,尤其对具有广泛影响的"地域社会史论"有直接的推动。参照岸本美绪:《法律原理与中国社会——中国史学者眼中的滋贺法制史学》,《创文》509 期,2008 年;王亚新、梁治平编:《明清时期的民事审判与民间契约》,北京:法律出版社 1998 年版,第 97—111 页;王亚新:《中国学界的滋贺理论》,《创文》522 期,2009 年。

[24] 佐立治人:《清明集中的"法意"与"人情"》,梅原郁编:《中国近世的法制与社会》,京都大学人文科学研究所 1993 年版;滋贺秀三:《梅原郁编〈中国近世的法制与社会〉》,《东洋史研究》52 卷 4 号,1994 年;大泽正昭:《胡石璧的"人情"》,大岛立子编:《宋—清的法律与地域社会》,东洋文库 2006 年版。

[25] Philip. C. C. Huang, "Between Informal Mediation and Formal Adjudication: The Third Realm of Qing Civil Justice", *Modern China*, 19-3, 1993. "Codified Law and Magisterial Adjudication in the Qing", in Kathryn Bernhardt and Philip. C. C. Huang ed., *Civil Law in Qing and Republican China*, Stanford University Press, 1994. 黄宗智的《民事审判与民间调解:清代的表达与实践》(北京:中国社会科学出版社 1998 年版)系 1996 年英文著作的中文版,2007 年上海书店出版社重版,尤其重版序言。寺田浩明《清代民事司法论中的调解与审判——评黄宗智教授的近作》(日本《中国史学》卷 5,1995 年)、《权利与冤抑——清代听讼和民众的民法秩序》(东北大学《法学》61 卷 5 号,1997 年)、《清代民事审判:性质及意义——日美两国学者之间的争论》(《北大法律评论》1 卷 2 号,1998 年)。滋贺秀三《有关清代的民事审判》(《中国——社会与文化》第 13 号,1998 年),另外参照寺田浩明《试探传统中国法之总体像》(台湾《法制史研究》

第 9 期,2006 年)。有关这场争论,易平的《日美学者关于清代民事
审判制度的论争》(北京《中外法学》1999 年第 3 期)可资参考。相关
的后续研究,苏成捷(Matthew H. Sommer)利用诉讼档案的统计分
析值得重视(见邱澎生、陈熙远编:《明清法律运作中的权力与文化》,
广西师范大学出版社 2017 年版)。

[26] 参见滋贺秀三:《有关清代的民事审判》,第三部分;黄宗智:《清代的
法律、社会与文化:民法的表达与实践》,上海:上海书店出版社 2007
年版,第 2—11 页;寺田浩明:《权利与冤抑》,第 298—310 页。

[27] 光绪《钦定大清会典事例》卷 852,乾隆二十七年(1762)上谕。

[28] 乾隆条例增加较多。参见张晋藩、林乾:《刑案汇览三编》,北京古籍
出版社 2004 年版,序。

[29] 如因物价和不动产价格上升,普遍地存在土地买卖中的"找价回赎"
问题,以及由此引起众多的纠纷和诉讼。而现存的实定法难以最终
解决,审判官不得不从地方的习俗和惯例中探寻双方接受的平衡点,
通过情理法的综合性判断解决争端。参照岸本美绪:《土地市场与
"找价回赎"问题——宋代至清代的长期性动向》,大岛立子编:《宋—
清的法律与地域社会》,第 213—262 页。

[30] 笔者曾利用乡村生员詹元相在康熙三十八年至四十五年(1699—
1706)间的日记,挖掘徽州乡村纠纷以及解决的具体状况,一些发生
在包括父子兄弟、亲族朋友、邻里、主仆间鸡毛蒜皮的纠纷,其解决也
有不少以诉讼方式表现出来,地方官不得不驱使"情理"来说服与训
诫。而现实状况是地方官日常需要面对一千以上村落发生的各类纠
纷。熊远报:《清代徽州地域社会史研究》,东京:汲古书院 2003 年
版,第 149—219 页。

[31] 《道咸宦海见闻录》,第 85—116 页。

[32] 《翁心存日记》,第 227 页。

[33] 《六部处分则例》卷三"考校律例"有"查律内,凡国家百司官吏,务要
熟读,讲明律意,剖决事务。每遇岁底,在内在外,各从上司官考校。
若有不能讲解,不晓律意者,官罚俸一月,吏笞四十等语。嗣后内外
各该上司饬令所属官员,务将各该衙门应行律例留心讲解。京官交
与各部院堂官考校,外官交与督抚饬令……考校。……岁底将内外
各通晓律例者咨明吏部注册,升迁之时,注明能晓律例,以示鼓励。
不能讲解者,照例议处"。

[34] 《翁心存日记》,第 1856 页。

[35] 《翁心存日记》,第 263 页。

［36］《翁心存日记》,第 312 页。

［37］《翁心存日记》,第 278 页。

［38］ 部分成果发表在《东洋法史探究——岛田正郎博士颂寿纪念论集》
（东京:汲古书院 1987 年版）、《法制史研究》37 号（1987 年）,后收进
《清代中国的法与审判续集》（东京:创文社 2009 年版）中。

熊远报

2022 年 1 月 25 日

序

本书是已发表四篇论文的改订与增补，以及新增一篇近期写作论文的论文集。

第一篇论文问世已经是二十多年前的事情。该论文限于刑事侧面，尽管有不少未尽之处，但是是我在进行详细的史料实证，而且对编著《清国行政法》前辈学者等的著作批判性地消化基础上，对清代司法制度进行的概述性整理。在日语文献中，在本人这篇论文之后，迄今为止并没有相关的新论著问世，所以在给学生授课时，这篇论文作为指定参考文献还是比较合适的。但原载本文的论文集早已销售一空，学生入手很困难，我早就期待着以什么样的形式重新刊载这篇论文，以满足利用者的需求。正好离1982年4月本人将从东京大学法学部退休越来越近的那个时期，创文社社长久保井理津男诚恳地邀请本人将东京大学在职期间的研究成果结集出版，我接受了久保井氏的这一具有魅力的邀约，所以才有了第一篇论文与其后同一系列几篇论文合集再刊的机缘。

在编辑整理的过程中,我发现对已经发表的论文进行改订再版的工作,从结果上看无论增加的分量多寡,都是件十分辛苦的事情。特别是第四章,因原载刊物字数的限制,原作论文过于简略,尤其是结尾部分曾经大幅削减才得以成篇,所以这次修改时就显得非常困难。最后只能将原来的论文搁置一边,重新写作一篇论文才解决了这一难题。由于全副精力集中于新论文的写作,所以把久保井理津男社长约定的时间推迟了两年半,现在才终于完成了全书。

本书各章都是在不同的时期,以及那个时点所抱关心点的特定主题下写作的,写作当时并没有之后将它们编成一书的意图,所以写作的风格也各不相同。不过,现在从整理完结的全书来看的话,发现其中仍然有一贯性的视点。那就是将清代作为研究的时空舞台,通过非常详细地追寻传统中国的司法,亦即审判的形态,如何认识把握社会中法律存在状况的这一视点。虽然是在很长时期内并非连贯地钻研下来的课题,连作者本人也觉得不可思议的是:在基本点上的见解几乎毫不动摇地坚持了下来。

写作第二篇论文稍稍有点意外,总起来说,在第一篇论文中有一些萌芽性思考到的问题,以及前一篇论文完成之后遗留下来、还萦绕在脑海中的一些问题,都在第二篇论文逻辑环节的展开中,一个一个连接起来。先由刑事问题出发,随之将重点转移到民事方面,后来朝着将刑事和民事作为一个总体来把握的方向发展,到第五章这篇新写作的论文,我不禁觉得自己多年的学术研究生涯在这里基本上做了一个整体的总结。将这些论文汇集成一书,并非一个为了方便的随意拼盘,而是一个前后相互关联、逻辑上有机贯穿的整体。只是后来发现第一章第二节中不得不割爱的详细叙说诉讼程序诸制度的工作被排除在其后章节的主要对象外,这成为一个未了之愿。不过,这一遗憾另外去作也未尝不可,我觉得只要对基本性质特征的认识在理论上确定下来,放在那一理论框架下处理应该比较容易。

第五章中论及的"情理"与"习惯"并非截然不同的东西,法律作为给"情理"发挥作用提供机缘的一种合理性的实定物,总起来说,与"情理"也好,"习惯"也好,它们都是相辅相成的存在。这一看法与笔者以前的一本专著《中国家族法原理》(创文社1967年)所驱使的方法论有很深的关联性。在上一本专著中,我使用的方法是:假定在人们的心中共同存在着法意识,但存于人们心中的法意识本身无论何处都没有以文字形式留存下来,因而就不停地关注实定法上几无捕捉之术的法意识这一东西,通过综合性评价法律条文、审判案例、惯行调查的记录等文献,从中抽丝剥茧,勾画出中国家族法这一实体法领域的轮廓。这里所说的法意识与本书中力图解释清楚的"情理"非常奇妙地连接在一起。两者究竟处于一种什么样的关系?其详细情况我认为需要进一步说明,但现在并非展开这一说明的良好时机。不过,作为作者,我对本书的第五章正是无缝连接两本著作的桥梁深感喜悦。

我曾经以"清代判语研究"为题,邀请几位研究同仁进行清代法制史的综合研究,该计划得到了1972年、1973年两个年度文部省科学研究费的资助,本书第三、四、五章的研究写作因研究项目的资助受益匪浅。在上面申请的课题中,我承担了"判语中的民事法源"的子课题,本书的第四、五两章可以说是这一课题已经成熟的研究报告。

在本书的成书过程中,金泽大学法学部教授中村茂夫不逊于创文社社长的鼓励,其满纸列举旧稿中的错误、疑问,对各章的改订与修正工作助力甚多,这些对容易缓劲松气的我重新找回斗志,其功也深不可测。东京大学研究生院研究生唐立(Christian Daniels,人文科学研究科东洋史专业)在本书英文目录作成之际,不惜添削之劳,给予了不可多得的协助。千叶大学法经学部助手寺田浩明不仅以专门的学识和年轻人特有的锐利目光,在本书的校正上所助巨大,而且还提供了不少有益的启示。文字的校正工作主要借助了本人的三女敏子之手。这里一一记载,深表谢意。不过,本书的缺点当然不用说责任全在著者本人。

最后涉及一点私事,我的人生伴侣、有一男四女的妻子瑛子,因为她的存在,我的所有工作都得到了最坚实的支撑。为慰多年之劳、亦含纪念其还历之喜,谨以本书的出版作为礼物献给她!

滋贺秀三

1984 年 7 月 15 日

例　言

　　一、在构成本书的五篇论文中,第一、二、三、四篇论文是旧稿的改订增补,第五篇是没有发表过的新写论文。旧稿的原来标题和刊载地方如下:

　　第一章　清朝的刑事审判——其行政性特征,含若干沿革性的考察。法制史学会编:《刑罚与国家权力》,创文社 1960 年版,第 227—304 页。

　　第二章　清朝判例中的宗族与私刑——特别是有关国家对私裁中死刑的态度。《国家学会杂志》83 卷 3、4 合并号,1970 年 8 月,第 1—49 页。

　　第三章　清代司法中判决的性质——判决确定观念的不存在。《法学协会杂志》91 卷 8 号,1974 年 8 月,第 47—96 页;92 卷 1 号,1975 年 1 月,第 1—64 页。

　　第四章　清代诉讼制度中民事性法源的概括性检讨。《东洋史研究》40 卷 1 号,1981 年 6 月,第 74—102 页。

　　二、在改订中,删除的内容极少。在第四章中发现所列举的一条史料也能作不同的解释，所以换了一条别的资料，这实质上是唯一的一条资料修正（注 46）。正文中增加进去的内容也不多。第一章增加了长随及其中一种的值堂，第三章增加了极短的批的例子，第四章增加了现代学者的论著，除此之外，也就是对已经引用的史料增加同类型的其他史料，或者对只有原文的引用文献添加译文。

有关术语，新增加了"必要的复审"（旧稿的"上申"）、"裁定"（旧稿的"裁"）这两个用语。但是并非将所有的旧用语换成了新的表述。

三、增补最多的在注释之中。在需要特别说明的地方，会在增补部分的开头加上"后记"以示区别。并没有标注"后记"增补改订的地方原本也不少。

注释的序号全部一沿其旧，新增加插进去的注释会在原序号之下附上 a、b。

四、在本书排版过程中新找到的史料，或者发觉写作过程中遗忘的事情，已经无法放进行文中应该放置的位置，所以在本论文之后以"补遗"方式记录下来。

五、本书引用的《大清律例》版本，原则上是《大清律例增修统纂集成》（光绪二十五年刊），条例则根据同书排列顺序以序号显示。

六、在引用史料的出处表示中，以""号显示《大清律例》的律条名称以及刑案、判语、官箴的标题名称等。汉文古籍线装本的页码以数字和显示表里两面的 a、b 来表示。这是由于同一书的不同版本的页码不通用，只具有补助性的意义，不过也有些书籍没有其他版本，就只用页码标示出处。

七、在第一章的脚注中，文献使用了下面的省略格式。

律例,《大清律例增修统纂集成》(光绪二十五年刊)

会典,《钦定大清会典》(光绪)

会典事例,《钦定大清会典事例》(光绪)

处分则例,《钦定六部处分则例》(光绪二十一年刊)

八、在全书的最后,附上写作本书为止已经阅读的判牍文献目录(阅读虽有精疏之差)。因为在第四章、第五章中作了某个事情"没有",或者"很少"的议论,那么究竟在阅读了多少资料的基础上才能作出这样的判断? 所以我深感有显示分母的必要。因此,这个目录并不试图弄成在文献学上完全性、网罗性的东西。

有关其他的史料文献、研究文献已经在注中有显示,我觉得没有特别写出的必要。

九、目录方面稍稍作了一点特殊处理,与本文的章节标题对应,标示了其中的重要内容。

第一章　清朝的刑事审判
——其行政性特征及历史沿革

绪　言

1958 年秋天，京都大学以"刑罚与国家权力"为共同议题，召开了法制史学会研究大会。本章即是我在会上所作报告补充内容之后发表的论文。前述的共同议题委员会给我的报告题目是"中国的刑事审判程序与国家权力"，我认为在有关中国刑事审判制度本身的知识尚未充分生产出来的学术界，仅集中在对与国家权力的性质特征相关的特定论点进行考察，是一个既困难又不得当的任务。与其如此，不如首先针对中国的刑事审判问题，尝试由对历史事实完全没有先入为主的阐明与叙述开始。如果这一工作本身能够自然而然地探讨国家权力问题的一个侧面的话，我想我就完成了自己的使命。[1]

如果用一句话来表现中国，那就是历史很长。为了充分、具体地讨论如刑事审判这样一种实定性的法律制度，为了方便，无论如何都不得不将其限定在某个特定的时期展开叙述,如选择一个王朝。另外,某一个时期就能阐明清楚的事情——尤其越是基本性的事项越重要——往往也是与其他时期具有共同性的事项,这在中国的历史中是屡屡发生过的。在这一意义上,给将讨论的对象限定在某个特定时期以理论性的基础,的确有点棘手。"中国社会的停滞性"这一理论表述,就概念的使用而言并不正确,但是悠久的中国历史基本上在一个不变的框架中长期运转下来,这一点不能否定。不过,那一框架的存在在时间上并不是无限持续的。19 世纪后半以来的历程,简约地说中国近代化的苦恼以及成果是具有全新意义的历史现象,这里姑且不论。把时间放到古代来观察与思考,如果往上追溯,秦汉,以及与秦汉紧密相连的、体制一个个被持续不断地构建起来的战国七国时期就是上限。如果继续上溯,战国以前是尚未形成固定框架的、充满动态性发展的历史。春秋以前则是那种需要我们从固定的社会模型的桎梏中解放思想、充分发挥丰富的想象力才能够阐明的历史——而且其他诸文明发生时期的历史可作为这种想象力的源泉,需要从中吸取很多东西。

因此,如果要强行对中国历史进行时代划分,我觉得应该最宏观地以两个分期点将整个中国历史分成三个时代。第一个分期点大体上在春秋与战国之交。当然,历史时代并不是以某一个时点为界而突生巨变的。一方面,从春秋时代的中期,即孔子尚健在的年代开始,能够发现已经有向新时代转变的胎动;但另一方面,完全清算了旧时代、完全稳固了体制的新时代还要等到汉武帝时期。应该认为从孔子时代到汉武帝时代,是两个时代相互重合、逐渐过渡的时期。第二个分期点大体上是清朝的覆亡。有关这一点,至少可以认定鸦片战争以来的中国社会是在向新时代转变过程中,有关对旧时代的完全清算问题,即便现在要对此进行客观性把握也很困难。[2] 在这种区分下,第二个时代是已经进入固定社会模式的时代,我的这种表述绝不意味着那个时代没有发展。应该理解为基本上在维持固定社会模式的同时,社会也自然而然地与时共进,发生变迁。在那个不变的社会模式中,探索其中不停地展开的状况本身是中国史研究中特有的一个热门问题,沿着这一意义上的发展线路,将第二个时代进一步细细区分成几个时期不仅是可能的,而且是十分必要的。不过,应该如何进行时代范围内的小阶段区分? 除了吸取学术前辈们的诸多论说,我目前还处于没有自己成熟方案的状态。

此处虽没有进一步讨论中国历史时代区分的余暇,但是上面所述的时代观一直萦绕在我脑中,这是一个不能隐瞒的事实。[3] 本章特别限定在清代,也是因为在有限的篇幅中对第二个时代的全部内容展开讨论是不可能的,所以大半只能因操作方便起见而限定时期,并不是基于那是一个构成自我完结体系的时代的认识。因此,有时也禁不住对其他时期即兴讨论若干。

在上述的第二个时代,有关审判问题,民事与刑事并没有明确分工,清代也不例外。不限于民事、刑事这种区分方法,无论其他什么样的方法,中国并不存在将几种不同系统的诉讼程序作为制度并立的现象。所有的审判只有情节的轻重之差,都包含着实施刑罚的可能性。从这一意义上讲,中国社会的审判全部是刑事审判——当然仅仅如此不能穷尽事理——这一判断应该不会错。[4]

但这并不意味民事性案件不会带进国家法庭的审理中。"户婚田土",乃至"户婚田土钱债"案的概念,作为对有关继承、婚姻(特别是不履行婚约)、不动产、消费借贷等方面案件的称谓,在日本通常是作为民事案件等例示性的总称用语。但在清代,无论是在法源之中,还是在一般的文献当中,这是一个屡屡出现的概念。不过应该注意的是,这些事案作为一个进行范畴区别的称呼,并非从因为那是民事案件——亦即以私权保护为主题的事案——的观点出发,而是从这样一种观点来考虑的:那些案件大概都只能给予轻微刑罚,结果、重要度比较低。从下面"凡各省理事厅员,除旗人犯命盗重案仍照例会同州县审理外,其一切田土户婚债负细事,赴本州县呈控审理"等类的表述中[5],能够非常清晰地看到户婚田土相对于人命(以杀人、致死等以及侵害人的生命为内容的事案总称"人命",略称为简单的一个"命"字)和盗犯等的重案而言,往往被行政系统当作细事来看待。这并非从对民事案件关系所具的固有意义、法则的省察出发,而仅仅是从事件的刑事性质——相当于问题的事件性——不高这样一个消极的侧面来把握的。因此在制度的层面,也仅仅出现了由于只是那样一些细小事情,官民同样都有尽量避免小题大做、庸人自扰的简易化考虑[6],所以并没有特意为处理这类事件而设定另外一种在原理上不同的程序[6a]。

事实上,户婚田土类的案件虽说是轻微案件,但是也伴随着刑事性。众所周知,中国古代的成文法是以与刑罚相关的法规为中心发展起来的。对被认为是反道义性的、反社会性的一切行为都制定了刑罚规则,详详细细地根据行为的状况,或者行为反道义性、反社会性的程度,以公开的方式明确表示量刑的基准,这是中国法律的基本性结构。因此,中国法律中对不履行婚姻、侵犯土地境界线、拖延债务返还等事件各有具体的刑罚规定。不用说,处理这类事件的过程中,在给予刑罚处理的同时,审判官也会指示履行婚约或者对破弃婚约进行损害赔偿、确定土地境界线、支付拖延的债务等，即就事件进行民事性关系逻辑自身的解决作出具体的指示。但是，在人命案犯、盗窃等明确地应该称为刑事案件的处理过程中，作为刑罚的附带形式，审判官也指示加害人支付埋葬银（以葬礼为名的赔偿费，对不处以死刑的犯人命令其支付埋葬费）、还回赃物，这种处理方式与前面所说婚姻、田土、债务处理形式相比，并非完全不同性质。如果这样看的话，那么这个案件的性质是刑事性的，还是民事性的？这就有点模糊不清了，其实这里只是一个程度的差别。一方面，如反叛、私盐（食盐的私制、私卖）这类案件，是不含民事性关系的纯粹刑事案件，另一方面也并不是没有不涉及刑罚法规要素，仅仅以民事性关系处理完结的案件。[7]在这两极之间，尽管程度各种各样，自然也有兼刑事与民事两面性的案件。而且所谓各个具体案件的刑事性的层面与民事性的层面没有被区分开来，而是相当自然地通过同一个程序被处理了。根据情节，即便是只有其中一个方面特点的案件，负责此案的官衙总是处在能够从刑事和民事两方面并行处理案件的态势中。这里只能以那样包容性的形式来考虑中国法律中的审判程序。

归根到底，所谓的刑事案件或者民事案件在古代中国只是程度上的差别。以此认识为前提，而且如果以大体上的线来区分两者的话，我认为从应该视为惩罚结果的刑罚程度来看，那条线大概就在徒刑与枷号刑之间吧。[8]"笞、杖"（实际上都使用竹板）刑、枷号刑只要作为对应案件处理构成要件的法律效果，由法律规定而存在的话，至少在形式上的确是刑罚。但是，这些刑罚措施并非作为适用法律的方式——因此并不期待援用明确的法律条例——而是单纯地作为实施公务上必要的强制手段，由行政官衙相当自由地运用了。对拖延交纳租税者、咆哮官庭意图不法者、懈怠官府徭役事务者等,即妨碍官府事务者以枷号或者笞杖的刑罚权力,作为统管("监临"的地位)辖内事务正常而必要的一环,朝廷全部都委托给了地方官。[9]另外,即便是那些在形式上作为刑罚规定下来的场合,我认为在实质性的功能方面,具有不少强制执行(间接强制)的成分。[10]不管怎么说,枷号或者笞杖包含着仅称是刑罚手段所难以说透的侧面。与此相对,徒刑以上则纯粹是刑罚,科以徒刑以上的刑罚,如后面要涉及的,必须要经过慎重的上报、复审程序。从这一角度来看,可以视科以徒刑以上刑罚的案件在实质性意义上是刑事案件或者是刑事性很强的案件,其他的案件是民事轻微罪行事件,将两者这样区别开来考察也并非不可能。

本章以"刑事审判"为研究内容,自然将前面所述意义上刑事性比较强的案件作为主要考虑的对象,而且将凡是案件中有关民事方面处理问题的讨论留待今后,在这里专门考察案件的刑事侧面,刑事限定也只有那一层含义。

本章虽然不偏重历史性事实的叙述,但自然而然地,各种各样的事实——那些事件一个一个出现在我们眼前,确实很奇异——绝不是孤立的,让人不得不想到它们与一个基本性的特征连接在一起。这个基本性特征应该称为"审判的行政性特征",或者称为"作为行政一环的司法"。相关的具体意义上的内容将逐次在正文中触及,不在这里赘言。总而言之,具体的各种各样事实的叙述自然要集中于审判特征,并力求作综合性总结。特别是第二节有篇幅的限制,不能申论程序的始终,而只能集中于二三点,突出刑事审判程序中的特征。

另外,后文中基于上述观点而叙述的事实与现象,在西欧近世初期的绝对王政时期与日本的江户时代等时期也可以发现某种程度的类似。不过,前面指出的那种特征最为纯粹,而且其他体制不可能非常自然地、极为长期地持续下来。因此基于那种特征的发达,可以称之为登峰造极,我想那就是中国特色。一般而言,中国历史在各方面给我们昭示了人类普遍的、内部潜藏可能性中的某种侧面展开到极限的方式。在这种意义上,为了更好地理解人类,中国历史的确是值得我们研究的。

第一节　审判机构[11]

一、各级审判机关

众所周知,中国的官僚制度自战国秦汉以来就已经发展得很成熟。在清朝,天下的统治是通过官僚——无论是直接的还是间接的,归根到底,一切都是由皇帝赋予权限,由皇帝自由任免——来进行的。审判作为统治的一个重要环节,也是经官僚之手进行的。弄清楚由基层最终到达皇帝那里的行政系统——官僚制度中统治机构的主要内容,也就是理解清朝究竟存在什么样的审判机关的便捷之途。[12]

州·县·厅　州、县以及稍稍有点特殊的机构"厅",是官僚机构的最底层,直接与百姓打交道。正常情况下,州县官僚机构都位于由城墙围起来的地方主要城市中,统治、管理周边一带。[13]就州与县的关系而言,仅有州比县级别略高这一区别,在行政职责与工作内容上没有什么差异。厅一般是指相当于知府下属的同知、通判(具体容后说明)官衙所在某一地,直接统治一定范围内百姓的机构[14],多设在新开发的边远地区。厅的职务内容与州县无异,但级别比州县要高。

在州县的官员中,知州或知县一名为长官,具有使用州县官印的权限,所以通常称为"正印官",略称"印官"。除此之外,还设有佐贰官(州有州同、州判,县有县丞、主簿)一两名(也有完全无佐贰官的州县),首领官(州为吏目,县为典史)一名,杂职(其主要的官职为巡检,比较少见的有仓大使、税课大使、闸官、驿丞等)一两名(完全无杂职的州县也很多)。[15]佐贰官负责征税、捕盗、水利等特定的事务,一般与印官住在同一城市,即州城或县城,也有驻扎在辖区内的其他重要地方,履行州县派出机构职责的场合。前者称为"同城",后者称为"分防"。首领官是与知州、知县同城居住,辅佐印官的行政要员,特别是与巡检一样,以捕盗为己任,还兼司狱(拘留所的管理者)之职。巡检日常性地驻在州县城之外的分防辖地内,以捕盗为己任。不过,佐贰官以下的官员虽然负责捕盗等特定的事务,是就治安问题上辅佐印官而言,并不意味着分削印官的权限。[16]印官对其管辖范围内的所有政务,具有亲自处理的责任与权限,被称为"亲民官"与"父母官"。审判权是印官的专属权限,而且说审判事务才是州县印官最主要的职务内容也不为过。[17]

在州县能称为官的只有上述的这些人,而且佐贰官以下的这些官,即便与知州、知县同城,也在与印官不同的地方修建的官衙里办公。[18]因此在印官的官衙内值勤上班,处理千头万绪、多种多样事务的,全都是胥吏与衙役。[19]胥吏是执笔处理公文的脑力事务员;衙役是从事体力劳役的工作人员,如逮捕犯人,传唤和押送诉讼关系人、赋税交纳的拖延者以及看守犯人等实际行使权力的工作,都包含在他们的工作范围内。但两者的地位大体具有相同的特征,被合在一起称为"胥役""书役""吏役""书差"等。与在不长时间内就要转任外地的他乡出身的官员形成鲜明对照,他们是一直盘踞于某一个衙门的存在，与他们相关的人事问题事实上在官方的权限之外，他们的地位也被当成某一权益来买卖[20]，也有通过入会金——新入会者向老资格会员——的交纳来获得的[21]。尽管我们觉得地方官那里支付的"工食"很少，即每州县经费补贴的这类人员的人数定额百名有点太少[22]，但实际上有多达数百到数千的人员聚集在那里[23]。出现人数远远超过定额这种情况，是因为每遇到什么事情，从相关百姓那里索取手续费成为他们的主要收入来源。[24]在有百姓与官府交集的地方，他们总会介入进去，攫取点什么利益。诉讼事件对他们而言，是获取收入的重要机会，他们往往会设计毒辣的捞钱套路，在地方政治中生出各种弊害。[25]他们虽然总是被地方官等以不信任、警戒的目光看待，被百姓视为"官府的爪牙"而嫌恶，但如果没有他们，地方的行政机构就无法正常运转起来。

对胥役不能信赖的印官，可以依靠他自己带到任官地来的广义上的自己人——同姓宗族成员、亲戚、朋友的子弟、家仆等。特别是被冠以长随、家丁、家人等名称的那些处理任内公务的家仆，其作为完全定型化的职能被纳入地方官处理政务的系统内，这群人各分职守，占据重要部门，作为印官的心腹而发挥重要作用。[25a]另外，完全作为印官私人客卿招聘而来的幕友，是印官处理政务不可或缺的存在。幕友是专精法律实际运用领域[26]，作为门客受官长招聘，在不同官员门下四处移动谋生的一种职业，分刑名（主要负责案件处理与审判）、钱谷（主要负责征税与财政）以及其他的名目。印官同时各自招聘二三名乃至四五名幕友是极为普遍的情况。[27]就审判领域而言，刑名幕友作为印官的参谋兼秘书，所起的作用极为重要。[28]

此外，还需要说明的是，不限于州县，大凡官衙机构都有胥吏,总督巡抚以下的地方官都以招聘幕友为常事。[29]

据嘉庆年间的数据,合计天下的厅、州、县,总共有 1603 个,当时的人口约为 3.35 亿,所以大概可以推定每 20 余万人口设一个亲民官。[30]

府・直隶州・直隶厅　府这一级是下面统辖几个州县,上面隶属于藩臬两司(后面详叙)的中级行政机构。府仅仅监督州县,不直接统治百姓是这一级行政机构的原则[31],但在极为特殊的情况下,也有直接统治一定区域的例子(那一地域被称为府的直辖地)。府这一级行政机构中,有印官(知府)、佐贰官(同知与通判)、首领官(经历、知事、照磨、检校等各一两名)。佐贰官有同城与分防的区别,与州县相同,分防的佐贰官有直辖地方的情况,此地被称为厅,已如前述。自明代到清代,府的佐贰官中,有以审判案件的事前调查为专职的推官,但康熙六年这一官职被废止。[32]

州这一行政机构中,在存在作为一个单独的州具有直辖地的同时,另外也有统辖周边几个县,但上不隶属于府,直接隶属于藩臬两司的情况。一般称这种州为直隶州。

厅这一行政机构中,也有直隶于藩臬两司的情况,不过,直隶厅有属县的情况极为例外。

布政使・按察使　附道　布政使与按察使(正确的全称为承宣布政使和提刑按察使)是统辖一省政务的上级行政机关。各自的行政机关称为布政使司(略称布政司,通称"藩司")、按察使司(略称按察司,通称"臬司")。[33]前者被称为"钱谷之总汇",以财政为中心,统管一省的一般行政事务;后者作为"刑名总汇",主管司法事务。二者是平行的两个衙门,虽然不存在上下统属关系,但是藩司的级别要略高一些。

道(通称"道员""道台")原本是布政使、按察使两司的佐贰官。也就是说明代以来，布政使的佐贰官参政、参议习惯上称为守道，按察使的佐贰官副使、佥事习惯上称为巡道，但至清朝乾隆十八年以后，守道与巡道之称作为独立的官名被朝廷认可。[34]不过，这里的守道与巡道是单纯官名，其名称的区别至少在清代并不意味着职掌差异。道这一行政机关在职能上有：（1）分担特定种类的事务；（2）分担特定的地域，即分担省内三四个府，或者直隶州的监督，也就是说承担两司的分署机能（这种情况一般称分守道、分巡道）；（3）兼及前述（1）与（2）两种职能。大部分道的职能都是（2）或者（3）的情况，道的机构多半都是分防驻扎的形式。

总督·巡抚　巡抚是位于布政使司、按察使司这两个行政机关之上，指挥、监督这两个行政机关的一省政务最高责任机构，各省都设有巡抚衙门。在二三省之上，设有总督衙门，作为监控巡抚的机构。这两者被连称督抚。不过，在若干省并不设巡抚，而以总督兼摄巡抚之事，总理一省政务。另外，在若干省份，仅设巡抚，不置总督。[35]由地方向中央的公文呈报完全通过总督（兼巡抚事）、巡抚之名上传[36]，中央给地方的命令也通过他们下达。不兼巡抚的总督即便接受下属的报告，也不一一经手日常性政务，而只以从大局着眼监督辖内下属，向中央报告地方政情、作解决问题的提案为己任。[37]而且总督与管辖内的各省巡抚之间，虽然有级别的差异，但并无上下统属关系。[38]在法源上，称督抚的场合是指所有的总督、巡抚，还是特指一省的执政者（巡抚以及兼巡抚事）呢？有关这一点，必须考虑每个具体场合所言含义，而且其具体所指未必明确的时候居多。

督抚之下完全不设佐贰、首领等属官。[39]不过，督抚掌握着官僚系统中的候任人员，根据需要，可以驱策他们。所谓候任官员，是在中央职能部门吏部任命下级地方官（道府的一部分以及州县的全部)的时候,吏部只是指定该人任命的官名与任职省份,具体应该赴该省何州何县任职,交由该省督抚决定,这是一般的惯例。其结果就是新得地方官之任者,首先要到住在省城的督抚那里去,直至省内哪里出现缺员,自己获得替补机会为止,在相当长的时间内要在省城等候,他们被称为候补人员。他们既希望得到收入,也希望自己的才能得到认可,渴望找到什么临时性的工作(差使)。而从督抚的立场上看,这些人都是最容易驱使,而且马上能够达到很好效果的人员。[40]从中间选择应该从事审判关系工作的人员,让他们进入发审局(或称谳局)这种地方的人才储备池,协助处理督抚衙门、臬司衙门行政层面应该处理的案件,去省内的地方出差审理、监督要犯的护送等,这是很多省级机构的行政常态。[41]

刑部　附户部现审处　在首都北京设置了以吏(文官人事)、户(财政)、礼(文教、祭祀典礼、外交)、兵(武官人事、军政)、刑(司法)、工(土木、营缮)六部为首的中央行政机关。六部之一的刑部是被视为天下"刑名总汇"的重要审判机关,除审查督抚上报的重要案件外,在有的场合,还直接进行案件初审的审理。六部直属皇帝,督抚也同样直属皇帝。因此在理论上,六部衙门与督抚衙门之间没有上下级关系。[42]但是,督抚衙门寻求皇帝裁可呈送的事务性公文(具题)全部经由六部衙门。另外,有关一定范围的案件,督抚衙门必须在寻求中央某部意见(咨部)的基础上决裁。而且六部衙门各自作为专门的机构,既掌握全国的信息,也了解过去的事例,其判断也大体比督抚衙门更准确,所以在中央六部衙门与督抚衙门意见相左的时候,皇帝通常倾向接受中央某部的意见。由此,中央的某部事实上具有如督抚衙门上级机关一样的权威。在这一意义上,我们能够把刑部作为位于督抚衙门之上的审判机关来看待。有关刑部的内部组织结构将在后面叙述。以六部衙门为首的中央行政机关，由经过合议进行意志决定的"堂官"、事务分担的"司官"以及连接两者的首领官构成。[43]

另外，中央机关里还设置了隶属户部的现审处，但其仅是处理以旗地为中心，旗人与民人之间发生诉讼案件的特殊机关。而且，除现审处外，户部审判百姓的事实不被认可。织田万编纂的《清国行政法》中所谓"户部是审判有关民事一切案件……最高的民事审判所"这一说法是没有根据的。[44]

三法司 在中央行政机关中，刑部、都察院、大理寺三个部门总称为三法司。将犯人判处死刑，需要经过三法司的审议。都察院是具有下属监察御史以及给事中等人员的权威监察机关；大理寺作为三法司的一个成员，是除了关于死刑案件的审议，没有什么其他职掌的沉寂小规模机关。

皇帝 一切权限之源的皇帝居于上述所有的官僚机构之上。最高的审判权由皇帝所有，而且由皇帝行使。

设有内阁大学士，其作为皇帝的顾问兼秘书。大学士的地位，如果将其视为如同对州县印官而言的幕友的话，就比较容易理解。[45]以皇帝之名发出来的为数众多的立法、训令、行政处分、判决等——没有依据内容进行区别，所有的都称"谕"或者"旨"——皇帝究竟在什么程度上，实质性地借助了身边这些助理的建议？这是一个几乎没有办法确证的问题。但清朝历代皇帝大体上都是比较杰出的明君，皇帝自身的判断因素绝不能无视，这一点是的的确确的。[46]

以上，就诉讼处理的基本结构综合起来看，仅各省的藩臬两司以及中央政府的六部这一层次上出现了司法机关的分化，而在处于行政系统顶点的皇帝和基层的地方印官那里，审判与一般的行政事务同样,由一个人来处理。但是,即便可以说在某个阶段出现了司法机关的分化,那也不过是分担国家事务一般性现象的一个环节。从与人事由吏部分掌、财政由户部分掌完全相同的意义上看,仅仅是司法由刑部分掌而已。因此,对即将就任刑部官职者,并没有就作为任职资格的法律知识而作特别的要求。不过,偶尔因为某人长期担任刑部的司官等职务,自然而然地出现被视为"法律通"的人物——正如日本的行政机构内部着意培育某个领域的专家一样。因此审判机构只能作为行政机构的一个侧面来看待。

二、审判机关的上下级关系

上述各个官僚机构如何分担了审判机能? 它们相互之间处于什么关系? 这不是以日本审判关系中的"管辖"这一概念能说通透的问题。这并非指依据专属管辖方面的规定,下级审判机构的审理被排除在外,或者当事人不接受下级审判机构已经下达的判决结果而提出申诉的时候,上级审判机构出面审理此案这一类情况,而是指一个案件到给出判决的整个过程中,上级机关与下级机关之间发生的复杂关系。下面就中国的实际情况,尝试对这一形态进行分析和叙述。

必要的复审 对于一个案件,一方面,行政机关首先全部交由下级机关处理;另一方面,案件审理的决定权根据事情的重要度,通过上级机关保留一定的处理权限,规定重要的案件自动形成由几个审级叠层关与的制度性形态,我暂且称这种形态为必要的复审制。复审制在汉代还没有充分明确,在唐代的律令中,复审制已经十分明晰。到了清代,复审制则极为周密地制度化。

在清朝的制度规定中,"告状"原则上首先应该在所辖州县进行,州县在原则上对全部案件有进行审理的权限与义务。[47]但是州县就能自行判决(完结)与执行(发落)的[48],只是惩罚程度在笞、杖、枷号等的案件[49],亦即只是一些惩罚程度不在徒刑以上的案件。这些案件被称为州县自理案。民事性很强的户婚田土案件多半包含在这个范围内。[50]州县在判断应该科以徒刑以上惩罚的案件时,会作成一份包括事实的认定以及对此适用惩罚程度的<u>最初方案</u>的书面文件——这个书面文件被称为"拟""定拟"——与犯人正身一起送交知府衙门。在知府衙门那里,会对照州县上报的公文,讯问犯人,如果认为州县的"定拟"妥当,就将犯人正身与相关文书送交按察使司。直隶州在审理属县案件的时候,也经过同样的程序。不过,直隶州直接管辖地发生的案件在该州进行初审,其后原则上送交所属的分巡(分守)道复审,由道再送按察使司(直隶厅与府直辖地方的案件处理程序也相同)。[51]按察司反复审理,如果认为原拟惩处妥当的话,将此案上报督抚(一省的最高官员)。如果督抚作认可裁决的话,除人命以外的罪行,该科以徒刑的案件处理程序就此完结。[52]亦即督抚的裁决就是判决——可以说是由州县上报,经过府、臬司认定原来拟定的案件处理意见,经督抚的裁可转化成了案件的判决。这类案件被称为督抚"批结"之案。

有关侵害人命的案件,以及不管定罪种类如何,应处以流、充军(略称时只用"军"字)、发遣(略称单用"遣"字)的案件[53],督抚衙门也只是另拟惩处罪罚,以书面呈咨刑部寻求意见。刑部同意后给出回答——这也称为"咨"[54]——时,此案在处理程序上才算完结[55]。这类案件被称为"咨结"之案。

应科以死刑的案件,督抚衙门将拟定罪罚以书面形式作成具题公文(上报皇帝),呈送刑部。[56]尤其对指定的凶恶犯罪案件,

用具奏的文书形式。[57]刑部对那些上报皇帝的案件——也是应
处以死刑的案件——进行审核,如果认为上报的罪行与惩处方案
妥当,就将案卷送交都察院、大理寺,寻求这两个机构的同意。这
也就是通常所说的交三法司议。[58]如果在三法司的机构中没有
异议,刑部以此上奏,由皇帝裁可,此案处理在程序上就此完
结。[59]这类案件被称为"题结"之案。"咨结""题结"合称为"内
结",督抚批结称为"外结"。[60]

总结上面的叙述:只有笞杖、枷号案件的刑罚决定权给与州
县印官;一般徒刑案件的决定权在督抚;人命案件的徒刑以及流
放、充军、发遣刑罚案件的决定权在刑部,但是仅限于对地方案件
处理意见与督抚一致时[61];最后,死刑的决定权在皇帝。不同的
层级各自拥有不同的案件处理权限。[62]

另外,死刑分为"立决"与"监候"两种类型。死刑之中,凌迟
处死不用说是立决,但是有关斩刑、绞刑,执行起来要么是"立
决",要么是"监候",其在法律上也由一条条详细规定来指定。[63]
在判决中,一定会明确指示出结果是立决,还是监候,是斩,还是
绞。如果有判决,立决这一结果就是马上执行的意思。也就是说
皇帝裁可"立决"的话,其裁决本身是判决结果的同时,也具有执
行命令的含意。所谓"监候"就是在重新下达执行命令为止,将犯
人放在牢中监禁。这一执行命令的时间并非对每个具体的案件
随时下达,而是一年一度,在冬至前一起下达所有要处以死刑非
"立决"案件的执行。而在这之前,有关各个案件,就当年度是否
执行,要进行慎重的审核。[64]这一审核手续被称为"朝审"(就刑
部监禁的犯人而言)与"秋审"(就外省监禁的犯人而言)。从事务
处理程序上看,"秋审"始于各省督抚主导的准备程序[65],接着刑
部接受各省的案件上报并起草处理方案;"朝审"最开始便由刑部

起草处理原案,然后刑部的处理方案交由九卿科道这一朝廷内广大范围官员进行大规模协商[66],之后将审议结果上奏,最终听从皇帝的裁断[67]。根据这样的程序,将死刑犯人分类为"情实"(适于执行)、"缓决"(延期至第二年)、"可矜"(减刑)以及作为特殊情况处理的"留养"(对那些如果将犯人处以极刑,其老病父母将失养无依这一情况的特别考虑)。接着,皇帝从已经定为"情实"的犯人中间选择若干名,对选出的犯人做"勾决"处理(执行命令)。[68]在不同的年份,也有皇帝下恩诏免除当年应该实施"勾决"这一程序的情况。被归类为"情实"而当年免于"勾决"的犯人以及"缓决"的犯人,在第二年重新接受上面程序的审查。在接下来的几年中——年数因所犯之罪的情况而异——连续几年被认定为"缓决"的犯人,在下一年就归类到"可矜"之中,按惯例最终被处以免死发遣等刑。

朝审、秋审理论上是皇帝表现出法外仁慈的地方,但实际上具有缓和伴随法律规定而必然发生的一般化(僵硬)倾向,为针对一个个案情进行具体评价开了一个小门。这原本是法律规定以外的要素,但是在很长时间,某种"情实"的罪行在朝审、秋审中归于什么样的类别,自然而然地形成了相关基准,或者某种程度上将此基准明文化。[69][70]

死刑的决定权通常掌握在皇帝手中,不过也有极为稀见的情况,即作为重大的例外,所谓"恭请王命"制度。"恭请王命"指在各省督抚那里,在确认犯人犯罪事实的基础上,立即处死罪犯,同时紧急上奏,处死罪犯后向皇帝报告案情原委的特殊案件。清朝的制度对若干特别的凶恶犯罪作了相关规定。[71]另外,作为临时性的例外措施,道光末年,因太平天国之乱引起的天下治安恶化的时候,制定了一个权宜之法《就地正法章程》。这个章程的具体内容现在还弄不清楚[72]，不过我觉得，总起来说这个章程考虑到地方行政系统在捕捉到匪贼及之后转送匪贼途中被其同伙劫持的风险，从而允许地方官采用以书面形式向督抚上报，获得督抚的裁可之后，立即对被捕匪贼处以死刑，以事后报告的形式上报中央政府结案这一处理方式。一旦作为权宜之计的章程被认可，通常的人命、盗贼案件也用同样的方式处置，甚至出现了连督抚的裁可也不经过，直接对犯人处以死刑的地方官。而通过正式程序，由督抚具题上报中央的案件已经到了十不足一二的状态。朝廷痛感这一做法的弊端，于光绪八年，不顾众多督抚的强烈反对，除甘肃与广西外，在其他省份废除了这一章程。[73]

正如前面已经叙述过的一样，为了复审案情，犯人的正身要送到上级机关，这被称为"解审""招解"等。[74]解审原则上送到省城为止。送到省城的犯人，如果臬司、督抚的审核结束，犯人的正身又被送回，关进州县的监牢中——或者被保释——原则上在此等待判决、执行。[75]不过将案犯送去送来需要花费，于官府、于当事关系人都非常麻烦。就地正法章程那样非常特别的措施在这里暂且不论，与送往送来程序的繁复和高成本相比，也有其他一些简易化了若干做法的措施。[76]在远离省城的地方，除死刑等特定的案件外，犯人正身先送至府城，然后又各自送到指定的邻近的道。由道向臬司上报案卷而结案（始于道光年间）[77]，或者就特定的罪行，解审押送犯人正身的程序到府为止（直隶州初审案件送到道为止），亦即面审到二审为止[78]，在某种场合，还完全省去了解审过程，复审程序只通过书面进行审理[79]。另外，犯人是官员的时候（此又称官犯），也有将犯人正身送达刑部的情况。[80]此外，在首都北京城内发生的案件，由握有首都警察权的五城兵马司以及步兵统领衙门进行审讯[81]，在判明属徒刑以上案情的时候,当即将正身送交刑部审理[82]。在刑部直接当面审理的那种案件被称为刑部的"现审"之案。

在必要的复审各阶段,如果认为原审拟定的罪行认定与惩处不当,乃至粗漏,上级机关——甚至进一步向上级机关转送至有决定权的机关——当然会不承认此案的结案。这种做法被称为"驳"。"驳"有以案件事实认定上存在不足、有诸多疑点等作理由的情况,也有以法律适用不当作理由的情况。有指责案件原拟刑罚过重的场合,也有正好相反的场合。有因为案件原拟从最初开始就不完整而被驳回的场合,也有因为案犯翻供而不得不驳回的场合。

被驳回的案件如何处理呢? 府衙驳回州县原拟的场合,将犯人正身送回原审的州县,下令重审案件,这是普通的处理程序。[83]如果原审官固执成见,重复此前案件处理论调,知府能够将此案移交自己管辖下的别的州县官,让其另行审理此案。[84]如果属于案情重大的场合,也有知府直接传唤案情关系人,调来原审的所有记录,在府衙中进行再审理的情况。[85]经过这样的过程——不限于府——一般来说,上司亲自开庭审理案件被称为"提审""亲提"("提"即从辖区下边提来之意)。在案件事实认定上并无粗糙疏漏,只是在法律适用方面有问题的场合,并不将犯人送回原审州县,而是以文书形式表达知府的意见,让州县官改拟案犯的惩处方案。[86]这种场合,如果州县仍然固执原拟的话,知府能够依据独自的判断,重新拟定案件的惩处方案,直接送往上级机关。[87]

督抚、臬司驳回案件时候的处理程式也同于上面所述。不过,对离省城很遥远的州县案件处理,可能不会打回州县令其再度审理,而是采取代替方式,即让州县官员出差到省城,对案件进行重新审理。[88]另外,因为案情重大,必须提审的场合,令发审局的待补官员接手案件,进行审理[89],或者交给首府(以省城为治所的府)[90],或者让管辖案件发生州县的知府到省城出差、亲自审理,这都是普通的处理方式[91]。另外,作为一种权宜处理方法,也有将犯人的正身抑留省城,派出负责的审理官员到案件发生地州县出差,讯问案件相关人,补充原来审理之不足的情况。[92]

督抚驳回臬司案件处理方案的情况非常稀少,但也不是没有实例。[93]

正身被送到上级机关的犯人出现在各层级的上级机关官员面前的时候,他们随时都可以翻原审的自供,为自己鸣冤。这种情况被称为"翻异"。翻异在很多场合,伴随有揭露原审官员不法专断的含义。在这种场合,认为案情重大,翻异多少有些理由的上级机关,已经不能单纯地将案件打回原来的州县,必须采取亲自提审,或者委派官员再审,即便是将案件交还原审州县,也会采取另外派遣委员出差,与原审官一起审理等的措施。[94]一般而言,翻异可以作为与后述的上诉具有相同性质的现象来把握。

督抚处理案件的方案被刑部驳回的场合,如果是咨结之案,刑部以自己衙门之名驳回。这被称为"咨驳"。如果是题结之案,得到皇帝之旨意驳回,这被称为"题驳"。[95]不管是哪一类,仅就法律适用方面有异议的时候,刑部就会指出问题,促使督抚重新拟定罪与罚的方案。并非完全是法律适用不恰当问题的时候,刑部会自己动手重新拟定罪与罚的方案,具题而结案。[96]在认为案情的事实认定方面存在疑点与不足的时候,刑部敦促督抚在补充疑点审理的基础上,再度咨结,或者题结。[97]其后的场合,接受案件驳回的督抚——犯人通常已经押回原州县——所以会有命令原审州县报告审理情况,但如果对原审持强烈不信任感的时候,会命令其他人员接手审理。

通过以上的整理可知,原审官员如果觉得上级机关的驳回不当的时候,制度规定可以进一步向监管上级机关的更上一级机关提起申诉。[98]

在三法司会同审核的案件中,都察院与大理寺对刑部的原案唱反调仍然称"驳"。这个时候,三个机关的堂官们汇聚一堂,就案件处理进行意见调整。[99]无论如何协商,三者意见都难达成一致的时候,能够以多数意见定案,添加少数派意见上奏。但是禁止一个衙门的官员暗中勾结,固执一个意见的现象发生。也就是说三法司会议是以官员个人为成员的单一合议体制,而不是以衙门为单位的联络协议机关。另外在制度上禁止多数派针对少数派的意见添加反驳文的现象发生。[100]

不仅仅对有关三法司发生意见分歧的案件,其实对各种上报的如对具题、具奏的案件,皇帝都具有在完全自由的立场上给予裁断的权限。不用说,在大多数场合,皇帝都会单纯地裁可臣下对案件定罪与惩处的方案。另外,与臣下所拟的人犯罪责与惩处相比,皇帝会给以更轻,或者更重惩罚的例子也有不少。此外,也有皇帝拒绝裁可三法司的案件处理意见,将案件处理交由比三法司更广泛的朝廷大臣们协商,下令对案件再作处理的情况。[101]甚至不是针对法自身的评论,而是皇帝对被认定的事实抱有疑点,进而命令大臣再审此案的事情也并非不可能。[102]

报告　与上述的必要复审程序密切相关,很多事前的预备性报告以及事后的报告在程序上成为必要的义务。

作为预备性的报告,对有关命盗案件[103],处理此案的州县官立即向督抚、臬司、道、府等机关,即省内各个上级机关报告此案件是一项义务[104]。这类报告有"通禀""通详"两种文书形式[105]，对同一案件，报告者必须提出"通禀"与"通详"两种报告文书。所谓"通禀"，是报告人暂且用书信方式将事件的发生与大体上的情况报告给上级机关的文书。州县官如果遇到辖区发生事件的报告，得立即赶往现场进行实地调查，从亲临现场调查之日开始，人命相关案必须在五日之内，盗案必须在三日之内向上级机关通禀。[106]所谓"通详"，是正确记录现场调查的结果、被害人以及相关人的申诉，以押盖官印的公文形式向上级报告的文书，以文字记录方式将案情留在上司衙门中，规定从现场调查之日开始，十日以内必须上传。[107]犯人被抓捕过来后，地方官要讯问案件情由，记录犯人的自供（初供），这种犯人审讯记录也应该向上级机关通详。清代江苏省规定审讯记录内容的通详期限在一个月以内。[108]正常情况下，事件发生后，犯人马上被抓捕起来的场合，地方官只需要向上级机关通详一次也能将案件处理完结。

将"通禀"作为地方官行政义务来规定的趣旨有两点。其一，有些地方官担心自己政治生涯留下污点，特别是案件处理不力而陷入死胡同的时候，他们可能会隐瞒事件发生过。通禀可以防止此类弊端。[109]其二，从上司立场考虑，如果可能的话，通禀也是为了让地方官不失时机地采取有效抓捕犯人的措施。[110]将"通详"作为地方官行政义务来规定的理由有两点。其一，如果事件发生之后马上采集的最新鲜资料以记录形式留在上级机关手中的话，州县衙门事后歪曲事实，弄出一个修饰过内容的定拟，将犯人招解上来，或者犯人作完全虚构的翻供的时候，上级机关很容易识破其中的虚伪情况。[111]其二，对有关案件审理的关键点，有利于上级机关——特别是作为"刑名总汇"的臬司从法律专门的立场——给予适当的指示。[112]州县的定罪处罚方案已经固定，将犯人正身送到上级机关来，上级机关如果发现案件审理有问题，一作驳回处理，势必将犯人送还州县，案件处理就会变得非常麻烦。为了尽量防止这种事态出现，要求上司在接受通详的阶段，就应该在一定要审理确认的各个方面做出指示，州县也会在等到上司的具体指示之后，对案件正式做出事实认定与惩处方案的拟，将犯人正身送到上级机关。另外，对匪贼等重大案件[113]、自供明显让人感觉缺乏合理性的案件，也有在接受下级的通详阶段，上司就亲自出马，将州县手中的案件调过来亲自审理的情况[114]。

关于事后的报告，首先可以列举的是"汇报""汇题"制度。也就是说，督抚能够通过自己对应该科以徒刑的普通案件的裁可而结案（批结），但是对这些裁可的案件，督抚衙门必须每三个月一次汇总，详细记载每个案件的案情，向刑部作事后报告。因为是<u>一次性汇总</u>报告，所以称之为<u>汇报</u>。与此相同，有关人命案情的徒刑以及流放、充军、发遣刑罚等需要咨询刑部的意见才能结案的案件，督抚每年必须一次汇总案情，向皇帝作事后报告（<u>汇题</u>）。另外，制度还规定刑部对现审即当面审理结案的徒刑、流放、充军、发遣刑等的案件，每三个月汇题一次。[115]无论是刑部还是皇帝，对审查送上来的"汇报""汇题"案件，发现其中有错判的时候，理论上也并非不具有完全推翻已经结案案件判决的可能性。至少在"汇题"案件中，法律适用的解释错误被发现后，有作为尔后的审判心得，被指示要作出正确解释的实际例子。[116]

就州县自理案件而言，并不曾像上述的案件一样被要求作详细的事后报告。但是，州县对自理之案，必须在每个月末，分成"旧管"（上个月转入）、"新收"（月内受理）、"开除"（月内处理完结）、"实在"（转入下个月）四个项目，制作一个记录案件名称和简单内容的一览表向上级机关报告。这种文书被称为"循环簿""四柱简明清册"等。[117]循环簿之制主要具有防止案件审判拖延的司法行政性意义。但是要说上司完全不加干涉枷号以下的自理案件,其实也未必都是如此。比如,在主犯应处以徒以上刑罚的案件中,从犯、案件相关人中有适用笞、杖刑罚的时候,对这类人一般在州县范围内实施刑罚,然后释放。不过,这类情况要在有关主犯的报告书中报告上级。如果审核案件的上司认为州县施予的杖、笞之刑罚不当的时候,会命令州县加以纠正。如果是情节轻一点说的纠正,在州县官的政绩评价上只是一个减分的范围,但是如果是重一点说的纠正,根据相抵计算,州县官可能不仅会留下政绩污点,还会受到相应刑罚惩处。[118]

此外,在司法行政方面,还规定有很多如刑罚的执行情况报告、监牢中囚犯出现死亡情况的报告等报告义务。

上诉　必要的复审制是通过下级机关的判断,自动地暴露在上级机关的批判、审核中而期望审判公正实施的一种制度。另外,认为下级机关的判断不公正的当事人自发地向上级机关申诉,以求纠正不公正审判的制度也同时存在。法源通常称这种申诉为"上控"。上控既有原审判决终了之后,对其结果不满而进行的,也有在原审的审理过程中,要求对审理过程的不法现象、审判的怠慢进行救济而进行的。虽然我暂时将这些都称为上诉,但与我们现在司法制度中的上诉有实质上的差异,有关此点,将在下面的叙述中一一说明。

尽管存在必要的复审制,上诉主要源自下面这些场合。

第一,州县自理案件,亦即不以徒刑以上的刑罚为结果的民事性色彩比较强的案件,因为不在复审制处理的对象之中,这类案件中当事人对州县官的判决不满,或者为审理过程的拖延所折磨,无论是原告,还是被告,都只有通过上诉谋求解决。[119]

第二，原告不满的场合，亦即从他人那里蒙受侵害，比如己方人员被杀，尽管已经向州县告状，但未获得让人心服的解决，这时原告可以上诉。我认为特别由于官府以多一事不如少一事的态度，或者被社会上有势力的被告笼络，而不认真审理案件，因此产生了比较多的上诉例子。[120]

第三，背负冤罪者因必要的复审制而被送往上级机关，在上级机关翻供。翻异正如前述，是与上诉具有相同性质的行为，在这种场合，不仅当事者本人会翻供，而且家人等也能够同时上诉。[121]特别是人犯正身送往上级机关到省城的过程中，根据具体的案情，正身送审也可能到道、府层级为止，在这一过程中，当事人仍然得不到雪冤的场合，进而认为赴省城、赴北京上诉的必要性很大。在此情况下，当事人的正身多少会受到官府的拘束，所以一般由家人等代替本人去上诉。但是本人的正身——大概在保释中逃离了官府的监视[122]——跑到北京来上诉的情况也不少见[123]。另外，这种雪冤上诉，以否认被加在身上的犯罪嫌疑事实，即单纯的纯防御性的形式很少，以揭露原审官、诉讼对手的罪行等——根据场合，捏造事实也在所不惜——的形式来相对性保护自己的场合居多。因此这样的上诉与原告不满的上诉相比，在形式上很难明确区别开来。[124]

第四，在审理过程中，受到官府的不法虐待，被害人可以立即上诉。一般而言，百姓在遭遇官吏的不法对待时，什么时候都可以将此事实向处于监督立场的上级机关申诉[125]，对有关审判关联的不法现象也能采取同样的上诉行动。

与必要的复审制中由下而上的顺序，以及经由什么机关有很明确的相关规定对照，有关上诉的过程几乎没有这类规定。只是禁止不经由州县官府直接向上级机关的申诉。[126]在州县得不到满意解决的当事人向府申诉,也得不到满意解决的时候,进而按顺序向道、司(藩司、臬司)、督抚上诉,这大概是上诉的普通形式。从官方的眼光来看,也是他们所期望的顺序[127],但是在法律规定中并没有见到这样的明确要求[128]。而且与必要的复审制度完全无关系的布政使、只有在例外情况下参与审理过程的道员也接受上诉案件。[129]在布政使与按察使之间,也不存在根据案情内容分担处理的规定,当事人可以根据自己的喜好选择上诉机关。[130]不过,有关布政使处理刑名案件——大体上指徒以上的刑——下达裁断,在规定上仅有必须与按察使会商的要求。[131]总而言之,只要是具有对原审官府有监督权的上级机关,无论向哪里上诉都行,而且可以期待有相应的效果。

官司在地方上得不到满意解决的当事人可以到北京向中央政府上诉,这种上诉行为被称为"京控"。按大体上的规定,京控是当事人在案件向各省督抚申诉得不到满意解决的时候,才开始的上诉行为。[132]但并非所有没有经历督抚等处理场合的京控一概会被拒绝。京控案件主要由都察院与步兵统领衙门受理,这两个衙门是京控的窗口。[133]上诉者认为通过向官僚机构上诉来解决问题的前景暗淡,因此进一步在皇宫前下跪,或者阻拦出行途中的皇帝行列,直接向皇帝告状,这种情况被称为"叩阍"。有关阻拦皇帝出行队列告御状的情况,明代以来就有明确的禁止条例,规定违反者处以充军之刑,而且不受理其上诉。[134]在宫门下跪告御状的现象在清初屡见不鲜,不过带有强迫性的这类行为是不被官府允许的,后来拦路告御状的行为全部被禁止。[135]这种叩阍虽然被禁止,但是常常会有阻拦出行途中的皇帝行列的告状者,这种情况下,皇帝也并非一概加以斥却,而往往是接受拦路者的告状,命令官府进行审理。由此而得雪冤屈者,往往会被免除违反禁令之罪的惩罚。[136]

那么,上诉案件究竟是如何被处理的呢? 首先就京控来看,不同的时代,其处理稍有变迁。在嘉庆四年以前,受理案件的都察院、步兵统领衙门仔细推敲申诉内容,分具奏(向皇帝上奏请求处理)、咨回(交还该省督抚,督促其审理)、驳斥(驳回上诉)三种方式处理案件。[137]被"具奏"处理的案件在通常情况下,最终也是通过皇帝的敕命交还该省督抚处理,根据场合,也有皇帝派遣特使(钦差),专门去地方负责此案审理的情况,也有刑部接受皇帝的命令,调来犯人正身与案卷进行审理的。[138]这一类京控案件一旦在中央被审理,其大多数还是会回到管辖的督抚手中。督抚视这类案件为"京控发交"之案——如果是经过具奏的案件,则称为"奉旨发交"之案。以户婚田土钱债等芝麻绿豆小事出现的京控,或者越过督抚层级的京控案件——只要不是特别重大的案情——都会被以"驳斥"方式处理。[139]嘉庆四年以后,在要剔除哪怕是细微要素妨碍下情上达的意义上,"驳斥"这类处理方式被完全禁止,有关"咨回"的处理方式,也要每一、二月汇奏一次。[140]由于这一措施在另一方面产生了滥诉之弊,到光绪八年又开始认可某种程度的"驳斥"处理。[141]另外,在地方被问罪的人到北京来雪冤的时候,受理者将其送往刑部,刑部审核当事人申诉的趣旨与督抚送过来的案卷内容,如果认为需要进行再次审理的话,会采取与前述相同的措施。[142]

以上是就京控案件处理程序的整理,督抚以下的地方行政机构在受理上诉案件时,也会根据情况考虑将案件交给管辖内的下级官僚机构审理,让其报告审理结果,以这种方式处理的上诉案件很多。这种案件的处理被称为"委审"。对接受上级委审案件的机关而言,这类案件被称为"上司批发"之案。案情重大的时候,接受上诉的上司会"亲提",即上司亲自审理。在《大清律例》刑律·断狱"辨明冤枉"条例七中,对上司亲提什么样的案件,应该委审什么案件有详细规定。其大要如下面所言。

(1)督抚必须亲自提审京控发交案件[143],司(藩司、臬司)、道以下的各官员必须亲自提审上司批发的案件——也就是说他们不能再度委审此案。不过,有关因户婚田土关联引起的事实关系错综复杂的案件,派员调查,在接受调查报告的基础上审理结案则无不可。

(2)百姓申诉原审官员营私枉法(接受贿赂舞弊)、滥用刑罚毙命(不法拷问致死人命)的时候,上司必须亲自提审此案。其他如"事关重大,案涉疑难"的上诉事件也必须亲自提审。

(3)原审审判结束后,对审判结果不满而上诉的案件,以及即便在原审的审理之中,有抑勒画供(逼迫人犯在自供书上画押)[143a]、滥行羁押(不法拘束人犯正身)、延不讯结(故意拖延不下判决)、书役诈赃舞弊(胥役凌虐人犯榨取钱财)等情况,如果是对督抚上诉的话,督抚要委托藩司、臬司,或者道员进行审理,如果是对司、道上诉的话,司道会委托管辖原州县的知府,或者近邻府州县官审理,如果是向府州上诉的话,知府知州要亲自提审。不管怎么说,不会将上诉案件交还原审机关,也不会让原审官参加审理。

(4)当事人对委审结果不满,再次上诉的案件,上司已经不能再次委托其他官员审理此案,必须亲自提审。

(5)原审官员在审理中并无前述(2)与(3)中列举的事由,而当事人仍然上诉的时候,上司将案件发还原审,让其继续审理,并报告审理结果。[144]

如上面叙述的一样,条例一般性地认可上级机关受理上诉案件,发还下级机关处理的这种方式——为了不让诉讼处理流于简单,而加以某种程度的限制。这个时候,下级机关必须向发还上诉案件的上级机关报告审理的结果。[145]说起来,在制度设计上有下面的意图:因为是上司如此重视的案件,所以能确保下级不草率敷衍,自然而且公正迅速地进行审理。

但是,现实的上诉案件处理未必都处在比较理想的状态。因为"官官相护"习气的影响,即便在内心里认为案件上诉有道理,但是考虑到原审官员的面子,上级官员并不会简单地推翻原审的结论,存在如劝解上诉当事人,诱导其妥协,或者拖拖拉拉不给出结论等弊端。[146]另外,也有以奸诈狡猾见长的一部分百姓利用他人之诉和以牵制官府追究自己为目的,捏造、夸大诉讼对手以及官员的恶行,滥行上诉,利用官僚机构处理事务的复杂性,钻行政机构的空子,掩盖自己恶行的弊端。[147]皇帝屡屡以上谕下令严格审理上诉案件,特别是京控发交之案,训令臣下应该严格执行诬告反坐法,但是这类捏造夸大的诬告弊端难以简单除去。[148]

在制度上,当事人上诉的时限规定一般情况下完全不存在。[149]已经被判死刑的犯人在秋审之际当堂翻异,接受再度审理的例子也并不稀见。[150]也有马上就要面临死刑行刑的时候喊冤的案子,这个时候,规定要求停止人犯死刑的执行,将案情上奏皇帝,皇帝派特使进行再度审理。[151]另外,被处以流放、充军、发遣之刑的人犯到了服刑之地后,向官府申诉冤屈,推翻前面的判决也是可能的。[152]由此可以说在清代,审判的确定力这一观念还没有完全形成。[153]

值得注意的是,在清朝即便如前面所述对当事人广开上诉之道,但我认为绝对没有以<u>法律解释为争点性质</u>的上诉案件。有关这一点,依据史料进行详细的实证研究是非常困难的事情,相反从暗示这种争端的语句完全不被认可的史料中,可以推断以法律解释为争点的事情对中国人而言,完全是预想之外的东西,我想这一看法应该不会错。不限于上诉,一般可以说法律的适用并不是法庭上应该争执不下的问题。[154]

巡回 与接受向上级申报的复审、上诉的审理平行,由上级机关向管辖范围内的下级机关巡视,监察司法事务的制度,从历史沿革上看,履行了非常重要的功能。特别是在必要的复审制尚未充分制度化的汉代,这一制度的作用很显著。[155]汉代的一般做法是郡守每年秋冬时节,亲自到辖区的各县巡视,或者派遣使者去辖区"录囚徒",即到巡视的县狱中,面审系囚,听其供述,调阅案卷,对未结之案件迅速审结,认为案件存在冤罪的时候,推翻原审结论(这被称为"平反"),给当事人以相应的补救措施。[156]不仅郡守如此,州的刺史也在辖内郡国巡视录囚[157],中央政府的廷尉(大理寺的前身,是当时最主要的司法机关)也会派人巡视天下,作与郡守、刺史录囚以审理在押囚徒案件相同的事情[158]。天子还亲自对在京城监狱中的囚犯进行审理。[159]时代顺延至其后的唐代,也规定州的刺史在每年一度巡视下辖各县,监察各种政务的时候,"录囚"即审理在狱案件是一项应为之事。[160]在明代的制度中,每五年一度,刑部、大理寺要抽调录审官若干,令其每人各负责一省,巡回录囚,检审在押囚徒。[161]这种巡查制度另外也具有给普通百姓一个比较容易进行上诉机会的意义。[162]

巡回检审在押囚犯与基于下级呈报的复审是两个相互补充的制度,如果后者作为必要的程序非常完善的话,那么前者的功能自然会缩减。明代五年一度的审录制度在清朝初年被废止。[163]但是,在清朝存在着另外一种巡回制度:让分守道、分巡道每年冬季巡历管辖的州县。其主要目的虽然针对州县的自理案件,核查案件名簿,检举审理延迟现象,视察监狱设备的好坏等,实施对司法行政的监察[164],但是本来应该是督抚、藩司臬司让下级机构将囚徒正身送往省城,作秋审应有的准备程序,道员在冬季的巡历中将这些事情已经完成,在这一点上,道员的冬巡具有司法内容方面的重要意义[165]。

查询　对于不知应该如何处理的难以判断案件,查询上级机关的制度也与基于下级向上级呈报的复审相互补充。在汉代,作为复审尚未制度化的一个替代,皇帝屡屡下奖劝下级询问上级如何处置的诏书。[166]唐代也规定对那些难下定论的案件(疑狱不决者)应该向大理寺、尚书省询问处理办法。[167]清朝也能见到相当多称为"咨请部示",由督抚咨询刑部的事例。其中最多的是有关新制定的法律——不以具体案件为咨询契机——的查询[168],以及有关围绕审理程序、刑罚的执行、恩赦的适用等问题的查询[169]。这些查询的目的并非在具体案件的审判之际,谋求上级机关实质性的判断,但是偶尔也有以下情况:下级明确认为在法律上存在矛盾,或者在法律规定使用了太暧昧模糊的语言而难下判断的时候,本来应该以拟定罪罚形式呈报上司以求复审的案子,却以询问上级机关的形式,即没有原拟罪罚之案而谋求刑部意见。[170]

民国初期,相当于最高法院的大理院有回答抽象性疑问,进行法律解释的权限,大理院中与判决例并存的法律解释例这一形式的存在也正是基于上述历史传统,这一点正如艾斯卡拉所重视的那样。[171]

总结　通过以上的论述与整理,可以说清代的各级审判机关的上下级关系形态,与日本现在行政机关的上下级关系基本上并没有什么不同。也就是说,日本在考虑司法本质性要求的各审级所具有自我完结性的性格，在清代司法实践中完全看不到。[172]清代必要的复审制度正如行政机关中的小事交由下面处理、大事的决定权由上级掌握这种权限分配方式一样，从最初处理的立案人到手握大权的决定者为止，同一案卷上要签押很多人的职务印章，可以说与行政机关处理事务如出一辙。而且某种程度交由下级的决定权，也通过向上级报告、上级的巡查而受到监视，案件处理的事后——而且即便没有当事人的上诉，因上级机关握有的监督权——也可能有结论被推翻的情况，由此显示各个审级处理案件的独立性其实很弱。并且上诉正是谋求上级机关行使监督权的行为，那也恰似在行政机关的窗口受到不公正待遇的人向官衙中相应的负责官员申诉不满。有关上诉的路径没有另外的规定，一旦受理的上诉案件很多又交由下级审理，这也意味着所谓的上诉自然会因为前述的清代审判中各层级独立性很弱这一特征而带有其必然的归宿。

三、审判机关的内部构成

下面在应该说是两个本不相同的典型这一意义上，从传统中国各种审判机关中选出州县与刑部进行考察。

从州县的司法功能方面来看，称其是以印官为审判官的单独制法院大体上没有问题。佐贰官以下本不具有审判权，除了由印官或者上级机关委任，以及印官不在的场合，根据法律规定代理部分的审判事务外，他们是不允许涉及审判事务的。地方上发生的盗贼祸乱等紧急事件被报上来的时候，他们虽然也要去逮捕犯人——他们其中的某官职正是以此为职责的，但是必须把捉到的人犯交由印官处理。如果是那种缺乏紧急性的通常性申诉，佐贰官以下的官员受理案件在制度上是被严厉禁止的。[173]

在印官的主导下，法庭通常情况下可以说是在公开状态中开庭审理案件的。尽管州县法庭公开审理案件并没有用明文规定来作保障，但是一般也没有特别将开庭审案作为秘密处理的。[174]不过，在民事性色彩很强的案件中，仅仅通过在法庭中的对质解决事件，既是可能的，也是妥当的。但是人命、盗贼等刑事性很强的案件，可以采用法庭对质，当然也有必要在密室中对共犯、证人等分别审讯。[175]而且那种——在现代的日本是由警察与检察官进行的——在法庭外的审讯，与在法庭中的审理在制度上、概念上并无严格区分，由同一个人作为一个连续的程序而实施，这与以公判这一概念为骨骼的日本的司法制度有显著区别，是值得特别注意的地方。但是在清朝的制度中，规定最终性的犯罪自供书上签字画押手续应该在正堂上进行，这一点在某种程度上可以说具有保障公判的意义。[176]因此我觉得州县审判首先就没有从头到尾仅仅都通过秘密审讯来解决的事件。

刑名幕友作为印官的辅佐，起到了非常大的作用。将应该传唤的案件关系人范围订立一个标准，把开庭日期纳入官衙的日程安排中，这一类事情都是幕友的工作。[177]有关审理的结果，刑名幕友能够与印官毫无阻碍地进行意见交换，将审理的结论最终以一定的格式写成文书形式也是幕友的职责。不过，幕友终究只是印官的私人助理，责任一切归于印官。在法庭上，幕友即便在背后交头接耳，也不会亲自抛头露面。[178]长随（家丁）亦即印官带到任地办理公务的家仆，其中有称为"值堂"这样一个职位，他在法庭上侍立印官之旁，察言观色，事事留意，是辅佐印官的一个职务。[178a]在法庭上作文书记录的是胥吏，警备、拷问的实施由衙役来执行。在官话不通的地方，法庭上还设置翻译。[179]官员坐在正堂桌子后面的椅子上，诉讼当事人跪在大堂里接受审理。[180]

以上叙述的州县审判情况，基本与府、道等官府的审判形式相同。

总管天下司法事务的刑部这一机构最能引起我们的兴趣。刑部由堂官与司官组成已经在前面作了叙述，刑部内部的司官（郎中、员外郎、主事）由18个（早期为14）"清吏司"（这一名称的由来与语义不详，本文中略称司）编成，各司包含满人、汉人定编为6人到8人不等。十八司之中，除督捕司外的各司，规定均按地域分担事务。大概地方的一省与刑部的一司相对应，比如由山东巡抚送来的案件交由山东清吏司处理的这种模式。进而在各司的内部，根据每一个案件分配负责担任之人。不管怎么说，由督抚送来刑部的案件首先在负责担当的清吏司中审核处理，对此案应该由刑部下达的"准"（承认送上来的原拟案），或者"驳"的判断以及理由书，通过司内官员之手整理成一个草案。司内官员起草的这个草案事实上很大程度左右了案件的处理，有关这一点，在刑部若发现冤案，要受到奖赏，若进行了不恰当的驳，要受到惩戒。其奖赏与惩罚的对象大多是"定稿之司官"[181]，这可以从堂官受到赏罚极为稀少的事实来推测。

但是司官并无决定事情最终结果的权限。草案要拿到堂官（尚书、左侍郎、右侍郎满汉各1名，共6名）的会议，即堂议之中，在这里通过之后，案件处理意见才能决定。堂议并非多数决定制，各人如果对草案有异议，可以拒绝署名。[182]但是，又与三法司会议不同，笔者没有见到显示刑部堂议之中附录了少数意见的史料，我认为应该是对所有审议案件的结论每每要求全员意见一致。[183]这看上去是矛盾的，但实际上就是这样处理案件的。也就是说，无论如何讨论，案件处理也不能达到全员一致通过，这种情况在现实中最初就不会发生。往往会以刑部堂官中的某人——

由同部司官出身、被视为法律权威的人物为中心进行案件讨论和处理。[184]另外,如果堂议发生意见分歧的场合,定稿的司官会想方设法努力地让堂官全部都署名。[185]

另外,刑部现审案件的每一案件,通过抽签方式分给各司,司官进行讯问、审理。[186]堂官是否也为了慎重起见进行审问,或者只看司官作的文书在堂议中作决定? 对这一点我们还不清楚。刑部的现审与州县不同,并不公开进行。[187]

三法司会同处理的案件,也是三个衙门的担任司官首先聚在一起准备草案,然后进入将这个草案分别呈送给各自堂官的程序。应该交由三法司处理的现审案件在三个衙门的司官到场进行审理之后,三个衙门的堂官也会到场,很慎重地进行反复审讯。[188]

现在,我们是就刑部的内部结构而言,还不能特定是诉讼法意义上的法院这一最重要的司法专门机关。如果把刑部堂官的合议体当成法院来理解,又有刑部司官发挥的实质作用过大的问题,而且那样的话,把并不具备决定权的刑部负责司官当成法院来理解,原本也不妥当。事实上,如果把这一过程只看成是下级官僚起草方案、上级官员裁决这一行政机关事务处理方式,那就是一种最自然的理解。

在刑部能够见到的下级官僚起草方案、上级官员决裁的处理方式,如果稍稍换一下形式,各省司法汇总之所的按察使司中的案件处理过程也就值得注意。相当于刑部堂官的官员在这里就是长官按察使一人(其佐贰官的道员独立行事),在单独制这一点上,按察使司与刑部有很大的差异。另外,在这里并没有设置大量相当于刑部属官的司官。不过,按察使司内部设有很多“房”,而且大多数的房与刑部的十七清吏司相似,根据地域分担职掌,担任省内一定州县的案件处理。[189]按察使司内各房具体处理事务的人员,可以考虑的只有胥吏。事实上,按察使司的胥吏"拟稿""请示"的现象在史料中出现了不少。[190]也就是说刑部由司官们承担的职责在各省按察使司内,正是由胥吏们来承担的。可以想象这样一幅图景:按察使手中拿着胥吏们起草的文书,对诉讼案件作出判断与处理。[191]

此外,人犯的正身要送到按察使司来。那个时候的当面审理自然也首先是在各房中进行,但最终要给人犯在按察使面前接受审讯的机会,在此基础上最后处理事件。

第二节 审判程序上的二三问题

一、追究罪责的方式

在刑事审判展开的过程中,作为原动力,自然有一股将人纳入定罪程序的力量在某个地方发挥着作用。依据追究罪责的功能由什么样的人来承担,以此对审判形式作大的区分的话,可以分为两类,一是身为审判官、同时作为对犯罪人罪责的追究者,站在法庭上的纠问主义;二是将罪责追究者作为当事人,站在法庭上对犯罪人提起诉讼的起诉主义。后者又进一步分为以被赋予特定资格的国家机关代表对犯罪人起诉的公的起诉,以及以私人身份对犯罪人进行的私的起诉。而这里的私的起诉,又进一步可以根据对自己并没有直接关涉的事件能否构成私人起诉,分成公众起诉与被害者起诉两种。

清朝的审判制度如果按上面的分类来衡量的话,可以说是以私人起诉(从形式上看是公众起诉,但实际上多半是被害人起诉)

为原则,同时也与前述审判官追责程序并行的形式。公的起诉——作为审判过程当事人出庭的国家起诉机关——这一观念不限于清朝,通观整个中国历史,都是中国人并不熟悉的。[192]也就是说,在中国的法庭上,要么原告是私人,要么原告不存在,只有上面两种情况之一种。作为原告的私人,除了特定的亲告罪(苦主或者法律指定者如果不去法庭申诉,检察官就不能起诉的犯罪),法律的原则是并不需要被害人。但实际上即便如此,有关有特定的被害人存在的案件,由第三者出面起诉的事情是很异常的,官衙对这类第三者申诉的案件通常以猜疑、警戒的态度对待。[193]

另外,考察这个问题的历史沿革,会发现其中很有意思。在唐代的律令中出现的审判制度贯穿了非常鲜明的起诉主义——当然是私的起诉。也就是说,首先,强调"诸鞫狱者,皆须依所告状鞫之。若于本状之外,别求他罪者,以故入人罪论",原则上宣称如果没有申诉,就不行审判之事。[194]其次,要让提起那种申诉的人承担重大责任——只是准确匹配与被诉者所蒙受的相同危险——是唐代律令的原则。向官府提诉的内容如果被判明是虚构的,那么原告也一定要接受若提诉是真实时,被告所受到的刑罚,这被称为诬告反坐法。[195]说起来,原告也好,被告也好,也可以称之为让其在同一刑罚上下赌注的关系。因此,在处理程序上,两者必须平等对待。如果要拘禁被告正身,原告的正身也要受到同样的拘禁。[196]如果被告受到拷问(唐代的拷问用杖),在接受法律规定的杖击之数后,若仍然坚不招认,那么原告也必遭与被告相同数量的杖击,接受诬告之非的拷问(反拷)。[197]为了提醒相关人要小心谨慎地提起那种伴随重大责任的申诉,官员要对提诉之人陈说诬告反坐法律的存在,反复质问其是否有提诉的确证。而且这一程序分三天,反复进行三次,在制度规定上是所谓的三审之制。[198] 通过这一方式,仅让具有充分自信的人提起申诉,有了这种提诉之后,才开始进入论人之罪的审理程序,可以说这是为了避免将无妄之罪加给无实之人的最为周到的考虑。而且这也可以说是一种彻底地将原告与被告放在平等立场的形式主义——总的看来,中国法律中形式主义的要素比较少——这是十分引起我们兴趣的地方。[199]

不过,起诉作为一项风险很多的工作,我们也对起诉依据交由私人之手的这种制度安排,其能否充分地满足确实揪出犯人、给予犯人惩罚这一刑事司法方面的要求,抱有很大的怀疑。最终在《唐律》中,有关盗窃、杀人等直接威胁普通百姓日常生活的显著犯罪事件中,只要是被害人及其亲属提诉的场合,他们就会被从反坐以及反拷规定的适用范围中排除出去。[200] 总而言之,有关这些事件,被害人的提诉被官府当成类似日本的司法程序中的"被害申告"性质的东西来处理,在事件的审理中,加进了追责性要素。

清朝沿袭了上述《唐律》的相关规定中的基本内容,但相对僵硬的当事人平等原则在清代已经没有那么严格执行,同时,追责程序终于得到了正式承认。用一句话来表现,就是审判官职权行使于广泛的领域得到了认可。相比于唐朝,这可以说是清朝审判制度的特征。

唐代宣称不告不理原则的法律条文,在稍稍换了一下文辞表现后,基本上被清律原样承袭下来。但是,围绕这一条文的判例几乎不存在,那就意味着这是一个几乎没有实际意义的法律条文。[201] 诬告反坐之法不仅在清朝存在,而且清朝的相关规定比唐律更加严厉(诬告者企图让人蒙受的虚构罪罚,在清代将受到在这一量刑的基础上加重三等的惩罚）。而且在实际的过程中，显著、恶劣的诬告的确也会被问以反坐之法。[202]但是，即便判明是诬告，如果找点"怀疑误控""事出有因""到案即行供明"等的口实，官府通常不对诬控者适用反坐之法[203]，而反坐之法完全按照法律规定来执行其实是极其特别的场合。在这里，在实际事务处理上，也可以看到当事人平等主义变得松懈了。反拷之法、应该平等地拘禁原告与被告正身的规定在清代并不存在。另外，前述的三审制也不存在。相反，是否应该受理提诉的判断，这个时候已经由官员自由裁量了。[204]而且，基于口头调查或者风闻，以官宪的职权对人犯进行逮捕、审讯的程序被称为访拿（根据调查逮捕的意思），其作为一个正常的程序被认可。案件还因是依据报案，或者依据访拿的不同开始的审理，也存在称呼区分的专门用语"讼案""访案"。[205]那种通过官府的职权开始的审理程序不可能是对所谓户婚田土那一类民事性很强的案件进行的，这是理所当然的。但是作为法律上的原则，除了极为稀少例外的案件，因提诉开始的审理程序，与因官府的职权开始的审理程序同时进行也是可能的。[206]有关命盗案件（这在唐代法律中也接受特殊的对待），在有被害人报案——那也能说是向官府提出的被害报告——的时候，原本即便单纯地在街头发现被他杀尸体的场合，州县官要即刻到现场作实地调查勘验，向上司报告，接着被赋予在一定的期间内应该拘捕犯人、解决案件的义务。[207]

如上面所述，对官府职权发挥机能的过多期待，特别是将审判的职责与拘捕犯人的职责交给同一人[208]，这自然潜藏着将无实之人构陷入罪的危险。不过，州县审理的结果会根据前述必要的复审制，自动地经过几个审级的再审查，可以说相当有效地防止了将无实之人构陷入罪的危险。而且即便说对官府职权发挥机能有过多的期待,但现实中应该行使审判职权的人手严重不足[209],并且尽量多一事不如少一事也是官员们共同的心愿[210],所以可以认为出自当事人之口的喧嚣不止的要求是案件审理的主要推动力。笔者在阅读各种各样的史料后得出的一个总体印象是:与官府滥用职权陷无辜于罪罚的现象相比,惩处犯罪的低效率、胥吏从中敲诈钱财等可以说是清朝司法制度的弱点。[211]

二、证据与自白

在问人以罪之际,犯罪事实必须通过本人的自白来确认,这是帝制中国(本章绪言所述的第二个时代)一以贯之的大原则。这一原则虽然不曾从正面在法律规定上大声宣言,但这对中国人来说是一个不言自明的原则,所以没有特别必要以文字表现出来。[212]

西欧社会进入近世初期的时候,也曾经强调"自白是证据中的女王"。中国的情况大体与这一表述相近,但是在中国既没有上面的谚语,也不可能有上面的表述。在中国人的思考中,证据与自白是并立的两个方面,无论自白是否是证据中的女王,他们连自白是证据中的一种这种问题也没有考虑。[213]作为原则,中国的审判应基于犯人的自白,只有极少数例外的场合,才允许仅凭证据进行审判。[214]

在清朝的法源中,自白——特别是被记录了的自白——被称为"供招"等。另外,根据黄六鸿《福惠全书》(卷十二)的记载,可知在法源中被称为一口招供的自白中,其实有供状与招状两种。供状又被称为草状等名目,是面对讯问,当事人以及证人叙述内容的记录,让本人画押的文件[215],也就是讯问记录,尽量接近本人叙述的原样,以掺杂口语的文体记录。这样记录下来的各人的口供中,当然会出现不同的内容,因此需要进一步对此讯问,同时对照实物证据,如果有什么疑点,就会穷追不舍。经过这一过程,审判官自己也慢慢形成对案件判断的基本轮廓,一步步将犯人逼入吐露真相的境地。对有充分的嫌疑,而且死不开口坦白者,也在制度规定的一定范围内用刑拷问。经过这些过程,审判官胸中一个基本案件判断呼之欲出,随后也就到了判断犯人完全坦白真相的状态。这个时候,重新以一定的格式将罪状写成符合规范的文章,把写下的文章读给当事人听,让其画押,这是招状。让犯人在招状中画押后,这种获得决定性自白的状态被称为"成招"。这个招状已经不是单纯的讯问报告记录,而是罪状自认的意思表示。[216]因这个罪状自认书程序结束——成招,法庭上的审理也就完结了。其后,官府以犯人的自认内容为基础,作成包含整理事件的要点和梗概叙述,以及对此案适用的法律条文的文书后,只需要将案件的文书与犯人正身一起送至上级机关——亦即招解。至于案件处理适用什么法律,那是官府考虑的事情,并非属于法庭上当事人应该计较争论范围内的事项(有关上诉,参照前述)。[217]

中国的审判官并不受非常麻烦的证据法规则的拘束。无论是传闻证据,还是私下的见解,他们都可以自由地利用,还能够利用所谓的"五听"(辞听、色听、气听、耳听、目听。这是出自《周礼》秋官小司寇中具有典据的一种常用套语),观察当事人的言行举止以作案件判断的线索受到重视。此外,也会用一些为识破案件真相的所谓奇计。审判官根据场合,甚至也可能派人做侦探来刺探案情。[218]但是,审判官通过这样的方式得到的有关案件的知识与印象,归根到底也只具有为让犯人吐露真相的过程与手段的意义,绝不是原封不动地将其作为审判的基础。确定性的罪状最终必须让犯人亲口说出来。无论何人,有关自己不承认的行为,不会被问罪。于是在那里,存在程序上很严肃的一个保障,同时也必然会出现允许拷问这样有别的弊端的形式。在现代日本的审判中,会在公开的法庭上详细审核一个个证据,从而防止审判官的独断专行。与这一方式相当,在传统中国的法庭上,可以说有这样一个结构:并非事实认定的过程,而是通过总体上由犯人自我承认犯罪的结论这一方式来防止审判官判断的独断专行。

而且,即便获得了犯人亲口承认的罪状,如果案件缺乏本来应该充分有效证据的证明过程,自白的内容也不是十分合理的话,在必要的复审过程中,上司会毫不留情地就疑点驳回,另外,因犯人的翻供,断罪原案也很容易被颠覆重来。[219] 而且,如果出现这样的事态,原审官会因为"草率定案"的理由受到惩戒,在左右将来升官的政绩表上会记上一个减分点。[220] 因此,审判官如果没有充分的自信,不会轻易结案。从审判根据犯人自白这一原则也可以知道传统中国的审判绝非无视证据,同时也不是一概流于专断与苛酷的状态。

不管怎么说,正如上面叙述的一样,审判以犯人的自白为基础,法庭以获取犯人的犯罪自认书终结审判,这只能说在我们考虑审判的本质的时候,传统中国不具备对相互争论的主张下达公权的判定这一性格。这里暂时把法律的解释适用并非当事人相互争论的问题搁置一边(这一问题与下一节将讨论到法律的基本性格密切相关),涉及的事实认定也绝不是以判定的形式进行的。

所谓判定,是指在真实情况谁都不能知道的前提下,而且因为有应该知道的事情真相在时间上逼近的实际必要,只能以特定的人的判断来替代真实情况。不用说这个判断接近真实情况的近似性——人类力所能及、能够考虑到的最高的近似性——必须得到保证。这个近似性的保证不用说只能是法庭的构成与审理程序上的严格限制。在这一点上，无论是远古朴素的神判，还是现代极为精致的诉讼程序都没有什么不同。在那个时候，与当时的人智水平相应，人们采用了能够确保与真实近似性的最强手段和相关办法。对作为判定者的法官而言，他们除了对自己良心的忠诚（这当然也对中国的法官有同样的要求），也要求对正确的审理程序的忠诚。同时，正确的审理程序也保护法官自身。机构性与程序性的拘束强求判定者无私无欲，由此将判定神圣化。因此，判定已经不是判定者的个人行为，只能是判定者作为一个职员所服务机构的产物。所以判定即便有在上级机构的审理中被推翻的情况，判定者也不会因此被问责。那只不过因为上级机构审理的判定，具有更高的与真实情况近似性的保证这一机构上的约定而已。

中国的法官并不是被委托进行上述意义上判定的人。他以为己任的是将<u>真实情况本身</u>弄清楚。围绕行为本身的真实，行为者本人最清楚。赢得行为者本人的心服，让其亲口说出真实情况，这就是法官的任务。因此对他的要求并不是对程序正确的忠诚，而是能够洞察人情机微的<u>手腕</u>。不受审理程序拘束的他也不会严格遵守程序。如果因上司的复审、犯人的翻供，原来拟定的案件处理判断被推翻的话，从结果上来说，他会因能力不足，未能发现事实的真相而被问责，必须受到惩戒（有关因法律适用错误也受惩戒的问题将在后面讨论）。

这里，我们通过对帝制中国（即指公元前 4 世纪以来）长远历史的观察，会想起在国家的法庭中，神判已经绝迹，不再登堂入室的这一应该特别注意的现象。这可能来源于不语怪力乱神的儒家的合理主义，但是从更为本质的侧面来看，只能是因为传统中国的审判原本就不是一种判定的工作。另外，没有发育出判决的确定力观念，大概也是因为相同的理由。

说起来，中国的刑事审判在现代法律意义上的检察系统处理阶段就终结了，也就是说审判官在处理刑事案件的范围内，本质上就是现代意义上的检察官。[221]不过，那并不是让犯人自己服从审判的具有绝对性的检察官，因而也不带有对什么人形成对立性的诱因，而是要在被害人与加害人之间作公平裁判人的检察官。各个审级的自我完结性并不存在，如果加上日本现在的"检事一体"（日本的检察官统一服从于以检事总长为首的检察指挥系统）的原则一起来考虑的话，则完全是自然不过的事情。在检察系统是行政系统的一个组成部分的相同意义上，能够说中国的审判是行政事务的一个环节。

第三节　作为审判准则的法律

本节想讨论的是"以法律为根据的审判"这一理念在清朝的刑事司法实践中，以什么样的程度、在什么样的状态中被实施的问题。在"以法律为根据的审判"的表述中，包含实体法与程序法的问题，我们也必须就这两个方面进行考察。

有关实体法的问题，直截了当地说就集中在是否存在罪刑法定主义这一点上。

在中国，在某种意义上，明确存在罪刑法定主义。在断罪之际，一定要明确昭示法律方面的根据，这在《唐律》中已有明文规定。在清朝的律例中，除了规定"凡官司断罪，皆须具引律例"（《大清律例增修统纂集成》刑律、断狱，断罪引律令）[222]，在引用条文的文字表述时，还禁止断章取义。[223]虽然引用在文理上适合犯罪事实的条文,但特别过重强调具体的情状——使用所谓的抑扬字样的文字游戏——从而加重刑罚等,这种事项在条例中也明文禁止。[224]在犯罪时与判决时的时间差之间,如果出现法律的变更,原则上根据犯罪时的法律,禁止适用仅对被告人有利、依据判决时的法律条文,亦即禁止依据事后出现的法律问人之罪。而且在基本法律发生修正的场合,不管怎么说,也都仅限于条例的修正范围,法律的变动几乎都是以条例的修正、制定形式进行的,这是明确被认可了的法律原则。[225]

在讨论作为松弛罪刑法定原则要素的时候,以明文认可的、相当于一种类推解释的比附[226],以及并不特定的所谓"作了不应为之事者"的构成要件(构成要件指根据刑罚法规定义的犯罪类型,下同),不加区别地将所有轻犯罪纳入一个条文即不应为律的存在[227],屡屡被学者论及[228]。在评价这种现象的意义之际,我们有必要将中国的法源的一般特征作为背景来考虑。也就是说,一方面,在中国有关刑罚法规,绝对性的法定刑主义被一贯坚持下来。如果某一行为被判断为适用于某种构成要件的话,那么据此,刑罚必然会被确定下来,进入一种不纠缠量刑问题的处理系统。另一方面,中国的刑事司法对保持犯罪与刑罚之间的均衡——即量刑的妥当性——极为敏感。现在日本的刑事司法,特别是刑法学,如果可以说是以<u>是否构成犯罪</u>的判定为中心课题的话,那么中国的刑事司法,可以说是以<u>什么程度</u>的罪行测定为中心课题的。[229]违反人伦的行为应该受到惩罚是不言自明的,这得到总体性认可。不过,对制定具体到什么样的行为、应该给予什么程度处罚的规则,则是法律应承担的使命。自古以来,就被高度完善的这一点上,中国刑律在世界中也极为罕见地竟然发展到了以那样精细的量刑标准的程度。[230]那样,一方面采取绝对性的法定刑主义原则,另一方面对量刑非常敏感,这两者同时存在并不自相矛盾。也就是说,在那里,通过构成要件,量刑得到议论——影响量刑的所有要素如果不全部成为构成要件的话,就不会放进来考虑。这当然促进了构成要件没完没了地细分条目以及特殊化。这就是无论什么时代在基本的正律之外,需要补充复杂的附属法规的理由。在清代,前述意义上法律复杂化的状况,可在附于正律之下的近两千条的条例之中清晰可见。

但是,无论犯罪类型在律条中如何细分,相反犯罪类型越细分,就越无法避免一些不能用既存的某种犯罪类型来正确地套用的事件发生。根据中国人自己的语言表达,就是所谓的"律例有定,情伪无穷"。[231]因此,有关某个明确违反人伦的行为,即便存在偶尔缺乏完全无缝套用的法律条文,那并不是因为法律不欲惩罚那种行为,而只是因为法律文本不可能事先就考虑到了对罪行轻重应该发挥作用的所有事实条件。承担填补那种意义上的法律空隙、发挥法律机能的设置就是"比附",以及对应极为轻微罪行的"不应为律"。也就是说,比附和不应为律的存在是一种不得已的现象,是在量刑的最细枝末节也要依照法律条文的原则下产生的。比附虽然说能够换成另一概念"类推",我们可以指出的是那在中国只是以明文认可的事情。相比于日本的刑法给予审判官广阔的量刑幅度,——这是中国法律做梦也不会想到的,那就不得不说将比附等同于类推是一种很片面的评价。[232]而且在明清时代的制度中,规定了依据比附方式断罪的场合,最后一切都要由皇帝裁可[233],因为有这一点,审判官以比附为口实而恣意地量刑处罚的余地就被封堵了。

正如我们前面已经讨论过的,从制度上来保障罪刑法定原则在现实中是被遵守的,有必要的复审制、事后报告、刑部及按察司中下级官吏起草文案并由上司裁决等的处理方式。对一个具体的案件，那是一个从法律的适用到决定——根据不同的场合，进一步还有事后审查——的过程中，让很多阶段的官僚参与进来的复杂审判机制。在各个阶段的复审中，如果出现案情被认为不准确（事实挖掘不够）或律例不符（法律适用的错误）的任何一条缺陷，其自然会成为驳回的理由。特别是法律适用是否适当会在书面上明确表示出来，是具有无法隐瞒性质的事项，所以会面临各级上司充分的审核与批判，恣意性的处罚方案逃过众上司审核之眼的可能性几乎不存在。而且上级作为上级，只要从下面逐步累积起来的原拟处理方案已经存在，对此加以恣意性的变更也很困难。如果对下级拟定的案件处理方案加以不适当的驳回，下级进一步向更高层级的上级机关以及监察机关鸣冤叫屈的可能性也总是存在的。除了皇帝，在这种处理案件的权力结构中，不存在一个能从所有批判中拥有自由、而且具有绝对性决定权的机关。另外，弄错了法律条文的适用而对犯人拟罪的场合（是否真的弄错了，其判断取决于最终阶段如何定案），原审官以及与其同调的各级上司必须接受根据各自场合而规定的惩戒处分，从这一点来看，审判官不得不慎重其事。[234] 事实上，在阅读集录于所谓的例案类书籍中的大量判例时，我们就发现清朝的审判官如何非常细心、谨慎，而且总是依据实定性的法源作出判断，深感恣意裁决与独断专行的行为如何与他们没有关系——至少在法律适用方面。正如前述，百姓不能就法律的解释适用问题在法庭上争论。作为一种替代，制度上通过官僚相互间的牵制的结构设置、对错误适用法律作出裁决的官僚的惩处措施，保障在审判过程中法律得到恰当运用。

上面所论的内容，实际上意味着法律是否得到遵守的最终监视者是皇帝自身。但是进而在法律意义上监视、约束皇帝的机构已经不存在。法律并不支配皇帝。相反,皇帝可以控制法律。在这个意义上完全可以说传统中国罪刑法定主义并不存在。[235]

具体地说,正如前面叙述过的有关比附问题,在法律上产生空隙的时候,填补法律空隙的机能在皇帝那里。此外,臣下依从法律的明文条款来拟罪的时候,若其结果被认为有失均衡,那么皇帝可以不管法律规定,加重或者减轻对案件当事人的刑罚。如果仅仅是比法律规定从轻变更刑罚的话,那也不是不可以用"启用恩赦权"来说明,而且事实上从轻变更刑罚的事例不用说有不少,但是如果稍微找找史料的话,就会发现加重刑罚的变更例子有很多。[236]

因此依据皇帝的机能——也包含比附的场合——按现行法律中没有设定的方式处置案件的时候,这在某种场合只是仅有一次的处置形式。[237]在某种场合,同时宣称将来遇到同样的案件时,应该以相同的处断方式来处理,于是以一个案件为机缘,出现了诞生出新的法律条文的结果。[238]另外,根据不同的场合,若皇帝遇到他自己也觉得套用现行法律规定来处理会有失均衡的案件,这时皇帝就会咨询臣下,设定一个什么样的法规处理为好。将臣下设计的方案作为法规裁可的同时,就以刚刚裁决的法规为依据,来处理那个有问题的案件。[239]不管怎么说,只要是涉及皇帝处断的案件,那么事后法的禁止条例适用就会不存在。与此相反,正是那种溯及性的法律制定,才是促进法律发展的主要动因。在考察《大清律例》后面所附条例形成的由来时,我们可以确定,相当多的条例是以针对某个具体案件的平衡性处理为机缘而生出来的法律条文。[240]

整理上述要点,作为审理案件过程中限制官僚行为的原理,罪刑法定主义的确存在。但是,罪刑法定主义并不是限制皇帝处理案件的原理。换句话说,如果将以皇帝为首脑、官僚为手足的统治机构作为一方,使统治机构与百姓形成对立状态的时候,所谓的罪刑法定主义并不是作为两者之间的约定而存在的,只是作为统治机构的内部规则而存在的。这种规则是作为统治机构首脑的皇帝,施加给作为自己手足的官僚的。不用说,若仅凭这一点,官僚们就认为皇帝在处理案件时会恣意地独断专行,其实这种想法是比较轻率的。官僚在审案时需拟律定罪,被法律条文的字句束手束脚;与之相比,皇帝作为法律精神——如果用一个词来形容,可以说是均衡精神——立场上的修正者而发挥机能,这至少在清朝是一种很现实的状态。案件审判中应称为政治性的要素(政治性判断)几乎完全不被认可,这是从史料中得到的直观印象。[240a]

　　上面是就实体法侧面理清的事情,并且从审判程序法的侧面来看也基本上没什么不妥。也就是说,审判的程序性限制是作为官僚机构的内部规则存在的。这一规则并不是以当事人针对违法审理程序,能够主张其审判效力的瑕疵这种方式出现,而是通过上级对违反规则的审判官僚进行惩戒处分的形式得到保障,老百姓仅仅是享受了官僚机构内部规则运作过程中的辐射性利益。有关这一问题,现在暂时无暇进行具体性的详细论证。[241]作为一个例子,我只想指出一点:用法律规定中不被认可的手段进行违法拷问,其结果也只是事件的始作俑者受到惩戒处分,因拷问得来的当事人罪状自认书从形式上并未作无效处理。[242]原本如现代日本的诉讼中出现的那样,通过诉讼行为的连锁效应,一点点落实到实体层面的法律状态中去的观念,并不是中国人熟悉的方式——无论诉讼的实体侧面通过什么程序展开,总是原样地流存下来,连判决也不具有充分意义上的确定力。因此,一方面,即使套用日本的诉讼法观念,尝试整理、构建出一部清朝时期中国的诉讼法,那也不得不以失望告终。另一方面,在规定官吏服务规则以及惩戒处分基准的《六部处分则例》中,正是"提解""审断""禁狱""用刑"等诸篇,构成了弄清楚清朝司法制度的很好资料。即便只是通过这样一件事情,读者也可以理解审理程序是经过什么样的方法被限制的。

将以上的叙述用一句话来表达,那就是中国的法是王者治世的工具。他一个人不能治理天下,所以需要作为自己手足的官僚。而且,为了让众多官僚毫无错漏地为统治目的服务,将他们组织成一个机构,给予他们一定的执行职务的基准,并且统一管理起来是很必要的,满足那种必要的东西就是法律。换句话说,所谓的法律不过是由君主制定、由官僚遵守执行,百姓享受其辐射性效果的一种东西。"夫不敢议法者,众庶也;以死守者,有司也;因时变法者,贤主也"(《吕氏春秋》察今),这种明确来自法家思想的表述,可以说预卜了以后两千年中国法律的存在形态——至少是其基本的方面。[243]

在中国广泛的生活领域,特别是大部分的私法领域,法律基本无所作为,而放任习惯来主导,并且人们还因此比较顺利地经营各自的生活,在这一意义上将中国称为习惯法的国度的确是正确的。但是,必须注意的是在那里所谓习惯性的规范绝不被作为法源的一种来考虑。习惯性的规范最终没有通过在国家法庭上的适用,成长为一个实定性的法律体系。

归根到底,一个由治人者与被治者构成的法律共同体关系——法官言说相互之间的法律是什么,百姓倾听法官的说教、相互间确认自己的法律意识——在帝制中国并不存在。对治下的百姓而言,高高在上的官僚是外来者。"国家"在古代汉语中原是用来表示现王朝的词语[244];而包含王朝与百姓,用来把握一个作为法律性的、政治性的共同体的概念并不存在。"国家"领有"天下"是中国人的世界认识。[245]而且法律就是这种意义上"国家"的东西。[246]所以,解释与适用法律的行为(亦即司法),也只是王朝治理天下的行为(亦即行政)的一个环节。那种法律系统,以量刑的基准为主眼而发展起来也并非没有理由。大概因为刑罚的斟酌量定在本质上属于行政上的事务。[247]

结　语

正如第一节讨论过的,清朝的审判是以皇帝为顶点、州县为末端的,虽然审判结构很复杂,但整体是在被很好地统一起来的单一的官僚机构中运行的。即便在官僚机构的内部有审判事务的分配问题,但是完全不存在西欧历史中所见到的审判权的相克问题。如果要讨论中国的国家权力性质,首先必须注意这个统治机构伟大的单一性的事实。其次,正如第二、第三节已经讨论过的,由那种官僚机构实施的审判,无论是对有关事实问题,还是对有关法律问题,都不具有对相争双方的主张下判定的这种性格。不如说这种审判对待无论纠纷还是犯罪,凡是意味着搅乱人世间调和的事件,是作为统治者为采取适当的处置的程序。作为处置前提的事实认定要等待当事人的自白,对事实进行的处置方法是统治机构根据内部程序自身决定裁量的问题。无论如何,这种审判并不具有以下意义:为了回答当事人以及公众神圣的委托,确定、给出究竟有一个什么样的事实,以及对此适用处理的法律是什么。

对这样的审判,即便百姓在外在性方面感到畏惧恐怖,但是要他们产生发现事实真相的<u>内在性参与</u>意识是很困难的。正如将出庭表现为"匍匐公庭"所昭示的那样,因纠纷在法庭抛头露面,本身是善良的百姓绝不愿意沾身的屈辱性事情。尽管如此,站在法庭上的人,或者不得已出庭的人的心理,都只是要调动官方,使其权力朝有利于自己方面驱动的<u>利用</u>心理。诉诸官时的夸大捏造也由此而生(注 119、125、141、147)。归根到底,对他们而言,官府毕竟只是一个外在的,一个平时敬而远之、只有必要的时候能利用就行的存在。

这样,从刑事审判的考察中导引出来的百姓对"官府的疏离"这一问题,不得不说这是限定中国国家权力性格极为重要的契机。也就是说,在中国,至少是清朝,在国家的机能中,只有行政这一要素具有决定性的意义;不仅司法的独自性欠缺,而且政治这一要素也还欠缺的事实,正是与刑事审判中百姓对官府的疏离密切关联的。这里所谓的政治,能够指导社会前进的方向,具有调动人们的力量朝该方向前进的功能。这种政治是在指示方向的指导者与循此方向前行的百姓之间存在紧密的<u>一体感</u>的时候,才可能开始产生的,然而百姓对官府的疏离心理正是这种状况的相反状态。即便是稍稍看看收进《钦定大清会典事例》等文献中的大量谕旨的内容,在那里仅仅能见到的是对现存的社会机构勤恳地修修补补,将其维持下去的形象。那种状态正与所谓的管理(行政)名实相符。被百姓敬而远之的官府能够做成的事情也就只有行政管理那一点了。[248]在理论上具有不容置疑、极为强大专制权力的皇帝自上而下统治,实际上绝不是让人感觉到难以忍耐的专制暴政也是因为这一点。[249]同时,那也是 19 世纪后半期以来,在与西方各国的抗争中,中国饱经折磨与痛苦的原因。在另一方面,与官府疏离的百姓既没有守护地方性的自生权力,也没有顽强地支持这种自生性权力。其结果就是没有对立面(竞争者)这一外延意义上的皇帝权力的强大。另外,从历史上来看,除了异民族入侵建立新王朝的场合,政权的分裂状态不会长期延续下去的原因,也可以在这里去寻求。

最后再添加一句,追溯到春秋以前,即便史料非常稀缺、仅能窥见一端,我还想指出:与上面讨论的、作为行政一环的审判具有显著不同的审判形式出现了——这反而让我们有某种熟悉的感觉。我想在最后以讨论此点结束本章论述。

众所周知,春秋以前的社会体制是各自具有世袭性权力基础的独立性诸势力间的统合关系——作为与郡县制度相反概念的所谓封建制度(对这一问题具体深入的讨论必须另找机会)。仅存的少数史料中关于诉讼的例子,几乎都是那种封建制度下的统治阶级,亦即具有自立性基础的大小势力之间的争讼。由此看来,审判并非后世民政性(处理百姓间的纠纷)的性质,应该说带有国制性(诸侯国之间的)的性质。许国的灵公与郑国的悼公到楚国去兴讼(《左传》成公四年、五年),周王室中的王叔与伯舆之间的政权之争,范宣子从晋国出差到王庭去听讼(《左传》襄公十年),晋国的郤至因争讼周室之田,周王派人去晋国诉讼(《左传》襄公十年),这些都是著名的例子。在西周时代,有胜诉者铸制鼎等青铜器铭刻审判结果的习惯,这给我们留下了珍贵史料,同时也告诉我们那是具有铸造青铜器力量的势力与同他对立的另外势力的诉讼。[250]

因场合不同,也并不是没有君与臣在法庭上相争的情况。卫国的成公与其臣下的元咺去晋国诉讼就是一个例子(《左传》僖公二十八年),另有鲁国的中行献子梦见与被自己杀了的厉公发生

诉讼之事(《左传》襄公十八年)。这一类的诉讼与秦汉以后的君
臣关系是完全不同的类型。汉代的周勃虽然位极人臣,但一旦被
皇帝疑忌下狱,他就强烈地体会到狱吏(监狱中的小官吏)的高高
在上(《汉书·周勃传》)。仅从周勃这一事例上看,也会获益
良多。

在这类诉讼中,审判者与当事人之间没有如后世的官民之间
或者狱吏与周勃之间存在的那种地位悬隔。像在前面引用的《左
传》中一些事例所见到的那样,身势俱隆的人物因被迫而选择应
讼这种形式。在开庭审判之际,有当事人提供一定的贵重物品
(如一定量的金属,或者成把的箭束等)。[251]那一定量的贵重物品
究竟是给审判者相当于报酬的一种东西呢,还是神圣的赌注呢?
这是需要进一步考究的问题,但不管怎么说,值得注意的是将是
非判断托付给审判的意志表示得到承认。秦汉以后的国家法庭
上并不存在这样的习惯。[252]另外,在当时,有当事人全副武装出
庭诉讼的习惯,这在秦汉以后是不可想象的事情。[253]而且在中
国,很遥远的上古时期实施过的神判,学者们已经就其与汉字中
"法"字之间的关联性作过多次说明;最新的研究中,有关神判存
在的确实性得到了更深入的论证。[254]另一方面,整个帝政时代,
拷问都没有被废止过,但在春秋之前,其存在没有得到论证,这一
点我们也应该加以充分关注。[255]

总而言之,上古时代的诉讼虽然比较朴素,但那里有对两造
主张之争的判定这一审判原本应有的形态,这正是引人入胜的地
方。把中国古代的诉讼制度有条不紊地整理出一个明确的轮廓,
并非本文的任务,而且尽管这一课题具有魅力,但确非轻而易举
的事情。这里只想明确地指出,这个时期的诉讼制度与后世相
比,是完全不同的类型。我的这一观点,如果能被理解为本文开

头涉及的时代区分论的一个小小注脚那就万幸了。[256]

补遗：

一、围绕中国的神判是否存在，在瞿同祖(T'ung-tsu Chu)的著作 *Law and Society in Traditional China*（Paris/La Haye, Mouton,1961）第207—213页中有很详细的论述。瞿氏在总论中也断言"显示中国的神判是某个时期正规司法程序的历史资料并不存在"（第209页）。但是，他指出，作为"显示前史时代实施过的神判的遗影"，有所谓的獬豸的传说等，作为其延长，称"显示神判在历史时代也曾经实施过的资料，也许能够从《论衡》中引用一个事例"，虽然与总论中的表述稍稍矛盾，他介绍了《论衡》卷十六"乱龙篇"中的李子长的事例（第210页）。其最后的一点难以让人理解。根据这一资料，李子长为了寻找审讯中囚犯的真实情况，以桐树做了一个木偶，在地上挖坑，以芦苇作棺，将木偶放入棺中，观察木偶是否移动。如果木偶不动，那审讯中的囚犯就是真犯人，如果木偶动了，那么他就是冤罪。这只是法官个人性地借助占卜之力的行为，并非神判。占卜的结果对他以后对在押囚徒审讯的方向能够提供启示，但这个行为本身不能作为证据。原本在密室中进行的事情是不是神判，难以明言。围绕审判的奇怪之谈、利用人们对神明的敬畏与恐怖，弄清真相的故事等，都应该理解为与神判没什么关系。以上是对本论文第三节所叙述内容的脚注。

二、本论文原稿面世之后到今天的24年间（1960—1984），围绕清代的诉讼制度，中国与欧美出现了很多优秀的研究成果，尤其近年出版的下列论著具有很高的价值。

戴炎辉：《清代台湾之乡治》（台湾研究丛刊），台北：联经出版事业公司 1979 年版,其中的第八编《地方官治组织及其运用》。

那思陆:《清代州县衙门审判制度》,台北:文史哲出版社 1982 年版。

张伟仁:《清代法制研究》("中央研究院"历史语言研究所专刊之七十六),台北:台湾商务印书馆 1983 年版。

上面三部著作在本章的注释中没有言及的机会,特在此附记。

注释:

[1] 当然本章仅以国家公堂中的审判为对象。有关民间团体所扮演的司法性功能,仁井田陞在同一研究大会上作了报告。参照仁井田陞:《中国旧社会的结构与刑罚权——所谓国家性·非国家性是什么?》,法制史学会编:《刑罚与国家权力》,东京:创文社 1960 年版;仁井田陞:《中国法制史研究(刑法)》,东京大学出版社 1959 年版,收录此文。

[2] 这一时代划分是我在没有对中国史抱有成见的情况下,通过观察导出的,至少没有把与其他社会的历史发展过程的比较作为直接的基础,而且与种种社会发展阶段论完全无关。所以如果要强行给三个时代冠以名称的话,我尽量选择不带特别色彩的概念,以上代(上古)·中代(中古或者帝制时代)、近代来表现。如果在我以前写的文章、著作中使用了中国古代这一概念,那其全部是这里所说的上代(上古)的含义。

[3] 我自 1957 年以来在给学生的讲义中,一直如此主张。

[4] 在《周礼》"秋官大私寇"郑玄注中,"讼谓以财货相告者","狱谓相告以罪名者",经常作为显示中国也有民事(讼)、刑事(狱)区别的证据被引用。但是,讼也好,狱也好,并不是作为制度上诉讼程序的表述,而是针对各个具体事案而言的叙述。这两个字之间,即便有郑注中所言之差别,那也只是相当于下面所言清朝的户婚田土细事与命盗重案的区别说法。因此"凡狱讼对文者,皆讼小而狱大,本无争财争罪之别"(孙诒让《周礼正义》卷六十六)的看法也完全能够成立。无论如何,从狱讼的字面意义上不能论证两种程序的存在。"告"(上告

他人之罪)与"诉"(申诉自己的冤屈)这两个字的区别也是根据申诉内容的大体上的区分,而且多半是根据叙事者的主观性感受与判断被使用,并非在形式上要表现两种不同申诉的概念。详细说明请见滋贺秀三译注的《名例》(律令研究会编:《译注日本律令五》,东京堂1979年版)49页注1。而且在清朝,不偏于"告"与"诉"任何一方的"控"字作为表达申诉意义的用语最普遍地使用在各种场合。织田万的《清国行政法》站在民事与刑事属于不同机关管辖的立场,一贯强调和评价告与诉的区别,但其叙述所到之处,都与史料发生冲突(参照注130与注28)。另外,有关在中国制度的文脉中如何看待民事与刑事的关系,笔者自身的见解有所发展,在本章中言而未尽,具体请参照本书第四章开篇的论点整理。

［5］ 《大清律例增修统纂集成》卷三十"军民约会词讼"条例四。

［6］ 如无需复审(参照注50),上诉也不会立即被受理(参照注119),农忙季节不开庭审理(《大清律例增修统纂集成》卷三十"告状不受理"条例一)等。

［6a］ 户婚田土之案被当成"细事"绝不意味事实上那是可以简单明快处理的案件,不如说正好相反,户婚田土往往被认为是事实关系错综复杂的麻烦案件。被称为"案牍盈尺"的那种繁杂案件,多半都是所谓的户婚田土之案——包含以此为因引起暴力杀伤事件的情形——如此考虑应该没错。

［7］ 正如《大清律例增修统纂集成》卷三十"越诉"条例十七所称的"至钱债细事争控、及地亩、并无罪名可拟各案云云",立法者也将这类案件的存在作为当然之事来设想。

［8］ 有关刑的种类,参照注释53。

［9］ 《大清律例增修统纂集成》卷三十七"决罚不如法"律中将监临之官因公事殴打人,即"监临责打人"与"官司决罚人"完全放在同等位置,规定为无论什么场合,必须以法律规定的刑具对法律规定的身体部位进行责罚。也就是说,官衙殴打本身与作为审判结果笞杖的执行同样,完全是合法的行为。

［10］ 我觉得比如对悔婚(拒绝履行婚约,试图解除婚约的言行)的罚条(《大清律例增修统纂集成》卷十"男女婚姻"律)、借贷返还拖延的罚条(《大清律例增修统纂集成》卷十四"违禁取利"律)等就是那一意义上的。根据地主的申诉,地方官衙督促交纳租佃费用时的强制手段,正式的也是杖与枷号(《江苏省例》同治七年臬政"比佃不准　云云")。

［11］ 在现行诉讼法学中,审判机构与当事人作为诉讼组织或诉讼主体,将

两者放在一起讨论比较普遍,但本节只处理审判机构。有关当事人仅在第二节里涉及。另外,下面记述的范围,从地域上看只限于主要部分的十八省——将苗族等少数民族居住区域除外——而且需事先说明,作为原则,本文内容只讨论以普通百姓为对象的审判,不涉及以官员、旗人等为对象的审判。

[12] 与以下叙述处理民政事务的等级制度几乎平行的,另外有武官与教官系列的等级制度,武官有逮捕盗贼之责,后者有惩戒生员(名义称学生,实际上是在科举初级资格考试中合格的地方绅士)之责,在这一点上,都与司法制度有关联,具体记述从略。

[13] 根据不同场合,也有在同一个城市里设置两个以上县衙的情况,以北京市内置大兴、宛平两县为首,全国类似情况不下十个。如在江苏省的苏州市内,设置了吴县、长洲县、元和县三个县治(从《钦定大清会典》卷十三至十六小注"府之治所"的记载可知此事)。这种场合,县城的城内辖地以及周边的农村地带各自分成两县或者三县辖地进行管理。这一事实很好地说明县是天下官僚机构的纯粹末端,并不是具有自治体要素的机构。

[14] 《钦定大清会典》卷四中,与知州、知县等职并列,厅这一机构列举了同知、通判。这两个官职与知府等的佐贰官同知、通判没有不同,在《钦定大清会典事例》卷一百五十二(浙江省)"道光三年,移宁波府海防同知驻石浦,为石浦厅"等例中可以确证。《钦定大清会典》卷四"府分其治于厅"条注也有"凡抚民同知、通判,理事同知、通判有专管地方者为厅,其无专管地方之同知、通判,是为府佐贰,不列于厅焉"。

[15] 日本律令时代的中央行政机构内部官僚由四个等级构成,众所周知,这是将唐代官制略为简化而成的。正好作为与此相对应的事情,明清时代,实际执行的是各个中央行政机构内部由正官、首领官、属官(或者所属衙门)构成的制度(康熙《钦定大清会典》卷三—五,雍正《钦定大清会典》卷三—五中明确地记载)。中央部门的正官是要代表机构作出相应意见和政策决定的决策人员,以复数人员的存在为原则,分出应称为第一、第二、第三这样的先后顺序。属官是负担具体事务工作的人员,以有较多人员为原则。首领官则负责接收部外送来的案件,分发各个属官,然后将负责此案属官的处理原案传送给正官,再将正官的裁决发送给部外机构等等事务。我认为首领官是通过对机构内的各种文案移动的一一确认,以全面性掌握、检测事务处理过程为己任的职能官员。这样的官员只设一名或者少数几名。地方行政机构内部的组成结构在构建原理上基本以上面的制度为蓝

本,但是机构内的各官员的功能方面产生了很大的变化。也就是说,在地方行政机构中,决策权集中在正官中的第一位,即印官,第二位以下被作为佐贰官而区别开来。另外,地方行政机构中,完全不置属官,只是设置一些所属衙门(本章中讨论的杂职即属此类),所以首领官——至少州县设置了——也丧失了首领官本来的意义,不用说都被视为佐贰、杂职同一类的官职。

[16]　因此比如盗贼在一定期限内没有被逮捕的时候,就意味着州县的印官和巡捕官员(吏目、典史、巡检)要受到惩处(《六部处分则例》卷四十一"外省盗案")。在吏目、典史、巡检之间有地域分担的不同(同上),但印官对整个辖区负有全责。

[17]　从各种官箴书中有关审判事务的教训所占比例较大就能很容易地想象。

[18]　在遇到地方官衙署老朽破败的时候,将会从预算方面不太紧急的项目暂时挪用经费修缮改筑,规定从官员的养廉银(可称为职务补贴,或者机密费)中以分年方式偿还,其挪用的最高额度,州县的场合,分别规定为印官 1000 两,首领官、佐杂官 200 两,从这些规定上可知,州县印官衙署与佐贰等官的官署分别在不同地方设置(《钦定大清会典事例》卷二六四,乾隆三十年谕)。地方官的居宅与衙署合在一处——在同一建筑之中,所以各官的衙署也自然而然地分别在不同地方。胥吏也分别配置在各官的衙署里(《钦定大清会典事例》卷一四八)。

[19]　有关胥吏以及后述的幕友,参照宫崎市定《清代的胥吏与幕友——特别以雍正朝为中心》(《东洋史研究》16 卷 4 号,同氏《亚洲史论考》下卷,朝日新闻社 1976 年收录,下面的页码为《论考》一书页码),以及 T'ung-tsu Ch'u(瞿同祖)*Local Government in China under the Ch'ing*,Harvard University Press,1962 等。前者是对包含中央以及地方的上级机构的考察,后者则是集中于州县衙门的专著,对长官、佐贰杂职之官(其重要性较低)、胥吏、衙役、长随(家丁)、幕友等构成州县衙门的各个重要人员,进而到乡绅与州县衙门的关涉,以及州县衙门的日常性机能等作了最为细致详尽的说明。很遗憾本章起草在瞿同祖大著出版之前,未能参照其成果。

[20]　前引宫崎市定书第 325 页;Ch'u,op. cit. p. 52。胥吏身份的买卖文书实物留存至今。参照山根幸夫《资料介绍:胥吏缺让渡文书》(《明代史研究》2 号,1975 年),《东洋文化研究所所藏中国土地文书目录·解说》(上)(东洋文献丛刊第 40 辑,东京大学东洋文化研究所东洋文

献中心,1983 年)第 90—94 页,以及卷头插图。

[21]　一个清初涉及后述道台衙门的衙役中的例子,某健步如飞的衙役因死亡,衙门中出现缺员问题,接替死亡者充任衙役的人交纳了 25 两"顶首银",其中 5 两用来作死亡的前任的埋葬费,20 两作为"众人公用"(李之芳《棘听草》卷一"分守道一件为昧天大蠹事")。

[22]　比如,同治六年在安徽省新设涡阳县时,在同县被正式认可的工食定额人员合计知县与典史两个衙门共有 86 名。而且只是各种衙役,不见胥吏在内(《钦定大清会典事例》卷二六四)。宫崎市定认为胥吏不领官衙的工资与补贴,我觉得这一看法大体上是正确的。但是,在决定四川省泸州州判驻扎九姓这一地方的道光十五年的复准公文中,可见能够明确判断为胥吏的督捕房典吏一名、书识一名、盐茶房典吏一名等纳入工食定额人数之中的事例(《钦定大清会典事例》卷二六四),所以不能以工食定义作为衙役的工资这种标准,称胥吏与官衙支付的工食银没有关系。另一方面,正如后面将要叙述的一样,衙役中也有被排除在定额之外的无工资人员——所谓白役——大量存在,所以在工资作为收入源并不具有什么重要意义这一点上,胥吏与衙役两者很相似,这种理解应该没有什么不妥。

[23]　前引宫崎市定著作第 351 页注 1 称仅胥吏就有三四百到二三千人。《六部处分则例》卷十六"严禁白役",据嘉庆十一年上谕,在直隶的正定县"吏役多至九百余名",浙江的仁和、钱塘等县"正身白役不下一千五六百名"。这些还仅仅是衙役之数,请进一步参照下注。

[24]　因此地方官行善政,如果涉官事务不多的话,他们就因丧失收入来源而作鸟兽散。据道光年间成为巴县知县的刘衡所说,他首先对诉讼的原告仔细讯问,严斥虚构的申诉,所以诉讼事件激减,其结果是"尤自慰处,巴县衙役七千,予莅任一年后,役等无所得食,退散六千七八百人,存者寥寥百余人"(《蜀僚问答》卷二)。这里所言衙役并非狭义上的衙役,也许具有包含胥吏的意思。

[25]　那不仅意味着他们接受贿赂、做背后对判决产生影响的坏事,更重要的是在诉讼的最初阶段,他们能够通过各种手段骚扰迟迟不能拿出足够金钱满足他们贪欲的诉讼当事人。地痞流氓找点有钱人什么岔子故意兴起诉讼,胥吏谄媚官僚,暗中让官迅速受理此案,一旦将官府发出的传唤拿到手后,他们就联合起来敲诈勒索被告,即所谓的讼棍与衙蠹勾结的现象是当时随处可见的恶劣弊端。

[25a]　有关这一类人的特征与功能,瞿同祖在前引书中专辟一章详论。

[26]　"夫幕客之用律犹秀才能用四子书也",把四书搞错了,也仅仅是科举

考试名落孙山,但把律弄错了,则事关人命。在汪辉祖如此言论中,可见他的气魄(《佐治药言》"读律")。幕友在官衙中被尊称为"师爷"。

[27] 幕友多为浙江省绍兴出身者,参照泷川政次郎:《中国法制史研究》,东京:有斐阁 1940 年版,第 326 页。

[28] 幕友有刑名与钱谷之分,审判事务正常情况下全部由刑名处理。《清国行政法》第五卷 110 页称"民事案件由钱谷幕友,刑事案件由刑名幕友处理"是否属实,是一个疑问,至少不是普通的事例。以幕友身份始终处理刑名案件的汪辉祖在基于个人体验叙述的《佐治药言》中,屡屡涉及口角争斗、户婚细故等案件,特别是"余佐幕时,凡遇呈粘契据、借约之辞,俱于紧要处纸背盖印,用图记"(《学治臆说》"据笔迹断讼者宜加意"),这也是所谓的民事案件由刑名幕友处理的明证。

[29] 作为一个例外,仅军机处没有胥吏,有关此点,参照宫崎前引著作第 351 页。

[30] 嘉庆《钦定大清会典》卷四、卷十一。因为光绪《钦定大清会典》的人口统计不完整,故以嘉庆统计为据。

[31] 因此府治所在的城市另外置县。这种府治所在的县被称为"附郭"。同样,统辖全省的藩臬两司治所所在地的府被称为"首府"。

[32] 《大明会典》(万历)卷一七七。这是来自元朝的制度,参照岩村忍:《元典章刑部研究——刑罚程序》,《东方学报》(京都)第 24 册,1954 年,第 52 页。《钦定大清会典事例》卷二十六中有"(康熙)六年,裁各府推官一百四十二人",此后,同卷中不再现推官之名。

[33] 江苏省特置两个藩司衙门(南京与苏州)、一个臬司。

[34] 《钦定大清会典事例》卷二十五。

[35] 督抚的配置不停地发生变动(清初省的数字也只有 14 个),据光绪朝《钦定大清会典》,直隶、四川不置巡抚,有专管一省的总督。甘肃、福建也没有巡抚,由陕甘总督、闽浙总督兼任此省巡抚,北京附近的山东省、山西省、河南省只有巡抚,没有总督。

[36] 不过,应该称为是给皇帝个人私信的奏折,布政使与按察使也有资格发出。雍正时代,甚至连知府也有资格向皇帝上奏,而且此举受到奖励(宫崎市定《雍正帝》,同氏《亚洲史论考》下卷收录,第 228 页)。乾隆以后恢复旧制,但嘉庆四年重新给予道员上奏皇帝的特权(《钦定大清会典事例》卷二十五:"嘉庆四年谕,雍正年间,道、府同知等员俱准封章奏事。……嗣后除知府以下等官仍不准奏事外,其各省道员,均著照藩臬两司之例,准其密折封奏。")。

[37] 《清国行政法》第五卷认为总督管辖下的巡抚,审判权受到限制,称"在总督巡抚并置之省一定要联署上奏",是不符合事实的。翻检《例案全集》《例案续增全集》等书中的具体案例,总督巡抚联署的实际例子几乎不见,各省大部分的案件都由巡抚具题上报,在比较少见的总督具题上报的题本中,多为包含官员惩戒——特别是巡抚也是惩戒对象——的很特殊的案件。

[38] 藩臬两司对督抚发出的公文为"详",督抚对此的回答意见称"批",上下统属关系非常明确。但督抚之间的往来公文相互称"咨"(见《江苏省例》收录的各文书)。有关详与咨,参照本章注 105 与注 54。

[39] 因为他们原本只是皇帝的特使,并非正式的地方官。

[40] 《清国行政法》第一卷,第 189—190 页、236 页以下。

[41] 参照《江苏省例》同治八年臬例"筹议清厘京控章程"、光绪三年藩例"待质公所章程"、光绪十七年臬例"漱局委员云云"等。嘉庆十二年金光悌在江西省扫滞案,于省城设置"总局"大概具有相同性质(《钦定大清会典事例》卷一二二)。

[42] 《清国行政法》第一卷,第 189—190 页。

[43] 参照本章注 15,对正官、属官官职稍稍拆开后的通称为堂官、司官。

[44] 这是《清国行政法》(第五卷,第 84 页)的说法,在同书引用的史料中,很明确地说明现审处是处理有关旗地诉讼的机构。不存在旗地与旗人的明代就没有现审处,在清代初期,这一组织被称为户部八旗司,乾隆三十年改称现审处(《钦定大清会典事例》卷一二一"部院承事件"乾隆三十年又奏准),从这一沿革来看,《清国行政法》说法错误也毫无疑问。

[45] 前引宫崎市定《胥吏与幕友》,第 330 页。

[46] 内藤湖南《清朝史通论》(《内藤湖南全集》第 8 卷收录)第一讲;有关雍正皇帝,参照宫崎市定《雍正帝》。

[47] 越过州县衙门,直接向上级机关申诉的行为被称为"越诉",规定越诉者应受惩处(笞五十),而随便受理越诉案的官员也应受到惩戒(《大清律例增修统纂集成》卷三十"越诉"律以及条例十、十三。《六部处分则例》卷四十七"滥准越诉")。不过,越诉在被受理后,上级机关开始审理时,即便是有当事官员的惩戒问题,并不发生此上诉审判自身法律效力问题之争。而且,也会有不以当事人的申诉为由,因官府对人犯的逮捕而开始的审判就在上级机关——比如府抓到盗贼人犯的时候,就在府——开始初审的情况。

[48] 一般称死刑以外的刑罚执行行为"发落",称执行死刑刑罚为"正法"。

[49] 有关刑罚的种类与项目，参照下注 53。

[50] 《钦定大清会典》卷五十五有"户婚田土之案，皆令正印官理焉。**罪至徒者**，则达于上司以听核"。不仅笞杖，枷号也是州县独自处理的案件，有关这一问题，就北京城内的事件来看，有相关的规定："五城及步军统领衙门审理案件，如户婚田土钱债细事，并拿获窃盗斗殴赌博，以及一切寻常讼案，**审明罪止枷杖笞责者**，**照例自行完结**，……**如应得罪名在徒流以上者**，方准送部（刑部）审办"（《大清律例增修统纂集成》卷三十七"有司决囚等第"条例二）。一般的州县也按同样的原则处理，这从汪辉祖的著作中可以得到明确的答案，他称"定例：徒罪以上通详，杖枷等罪均听州县发落，所以归简易也"（《学治臆说》上"寻常讼案不宜轻率申详"）。案件的重要性主要只是根据刑事侧面来判断是值得注意之点。即便是钜万之资的家产继承相争，如果不伴随徒以上犯罪事实的话，也还是州县自理之案。

[51] 《钦定大清会典》卷五十五"狱成则解上司以转审"之小注。

[52] 《大清律例增修统纂集成》卷三十七"有司决囚等第"条例二十九"外省徒罪案件，如**有关系人命者**，均照军流人犯解司审转。督抚**专案咨部核复**，仍俟**年终汇题**。其寻常徒罪，各督抚批结后，即详叙供招，**按季报部查核**"。所谓的"专案咨部"是指"每个案子询求刑部意见的意思"（参照注 55 的后半部分）。《清国行政法》将此句解为"是督抚的专属审判"（第五卷，第 69、79 页），认为督抚有涉及人命罪犯徒罪惩罚决定权的理解完全不正确。这样一来，就会与同书中"督抚无流刑决定权"这一正确理解自相矛盾（第 78 页）。另外，《清国行政法》将"批结"理解为事后批准之意，认为知府与臬司也有一般徒罪的决定权（第 69、72 页），这也是有违"结"字的一般性用法的武断说法，并不正确。一般的徒罪也在原则上将人犯正身送至省城的规定，道光以后才出现了仅仅对离省城很远的偏僻州县免除监送一般徒罪人犯至省城的特例，由此看来，一般徒罪人犯要送至省城也不容置疑。

[53] 清朝的主要刑罚种类与项目以轻重顺序排列的话，就是笞、杖、枷号、徒、流、充军、发遣、死刑。徒流军遣一定会科以杖刑，枷号与其他刑罚并罚的场合也不少。

有关笞杖的刑罚，律与条例上记载的数字是一个名目，实际上会换算成数目更少的板（板是制作成扁平的竹板）来执行。枷号则是确定了天数，人犯每晚上在牢房监禁，白天以木制枷锁套在脖子上站立街头示众的一种刑罚。

徒刑是按一定的年数（从一年开始至三年，每半年为一个档次）发配到驿递服役的刑罚,当然这只是法律的一个原则,发配至驿站服役后来成为一纸空文,实际上只是在本省之内将其有期驱逐出故乡。流刑(分二千里、二千五百里、三千里)与充军(附近:二千里;近边:二千五百里;边远:三千里;极远:四千里,烟瘴之地)都是终生驱逐出本省的刑罚。充军在明代有编入军籍,让其屯守荒无人烟之地的意思,但在清朝,与流刑没有实质上的差别。只是充军烟瘴之地具有指定至云南、贵州、广东、广西四省内风土特别恶劣州县的意思。以上被驱逐出故乡的有期与无期人犯,只是被禁止离开指定的服役地方(如果逃亡被抓将接受更重的刑罚),人身自由并没有受到限制。能够自食其力生活下去的人自谋生计,无法谋生的可作官府的杂役过活。发遣是终生驱逐到蛮荒的满洲北部和新疆等的边境之地,在人犯脸上将罪名与发遣之地刺青,让其在当地垦荒种地。更重的场合是给当地的旗人为奴。有关死刑的种类将在本文作叙述。以上就刑罚的种类项目以及实际状况的沿革作了简要叙述,更详细的整理,请参照滋贺秀三的《刑罚的历史——东洋》(庄子邦雄等编:《刑罚的理论与现实》,东京:岩波书店 1972 年版)。

[54] 同级别官衙之间来往的文书称为"咨"。督抚和刑部都直属皇帝,所以前者的查询与后者的回答都称"咨"。

[55] 注 52 所引条例。另外,在收进《例案全集》以及《例案续增全集》的具体案件中有一些这类案例,不过不含死刑的案件一般以"刑部为某事,……据某督抚某咨称……"开始(即专案咨部),以"应如该督抚所拟完结,于岁底汇题可也"等表现收尾,并没有"奉旨"之文。

[56] 在决定死刑的过程中,有关需要皇帝的裁可,可以见到如下文显示的叙述性表述,"斩绞重案,例应专本具题,军流等罪,例止专案咨部年终汇题"(《钦定大清会典事例》卷八四八乾隆五十三年又议准),但难以找到直接作一般性规定的条文。应该理解为皇帝的裁可实际上被当成诸条文不言自明的前提。另外,具题也经由刑部在顶层处理的事情在以下的用语例子"分别题咨,专案报部"(《六部处分则例》卷四十七"外省徒犯承审期限")、"外省题咨到部"(《大清律例增修统纂集成》卷三十"越诉"条例十七)可以明确。

[57] 《大清律例增修统纂集成》卷三十七"有司决囚等第"条例四十九列举了并非具题,而应该依据具奏文书格式的案件(《清国行政法》第五卷第 82 页将本条例中所称的具奏主体理解为刑部是不正确的。如果细读条例末尾的数行文字,自然不会出现上面的理解。另外,有关这一条例的字句理解,需要参照《钦定大清会典事例》卷八四五)。具奏

是具有给皇帝书信这一意义的文书格式,大体上是在皇帝直接过目后交给刑部处理的。

[58] 《钦定大清会典》卷五十三有"凡刑至死者,则会三法司以定谳"。乾隆《钦定大清会典》卷六十八有"五曰死刑,曰绞曰斩,皆下三法司核拟,罪当者监候,秋后处决。其罪应立决者,三法司奏上得旨乃行刑。若罪大恶极者,枭首示众,凌迟处死,皆决不待时"。参照注 61 所引条例划线之处。

[59] 一般情况下,皇帝裁可的时候,只在臣下提交的文书末尾写下"依议",但是对死刑裁可之际,往往以"依某拟,应绞立决/斩监候,余依议"的形式,一定明确具体地开示刑罚内容(收进《例案全集》《例案续增全集》的案例都是这种形式)。

[60] 题结、咨结、批结等用语见《钦定大清会典事例》卷七二九乾隆元年谕,外结、内结的用语见《江苏省例》光绪二年枭例"查吊当赃一案详批"等。

[61] 有关刑部对普通百姓相关的流放、充军、发遣刑罚具有决定权(如果犯人是官员等特殊身份的话,则另当别论),《清国行政法》说"并无……明文"(第五卷,第 81 页),但是至少在有关现审案件的处理中,有"刑部奉特交事件,即审明无罪可科,应具折复奏。如罪至斩绞,仍会同三法司核拟,特题完结。其他案件,除枷杖等罪竟行发落外,……寻常徒流军遣等罪,审结之日先行发落,按季汇题"(《大清律例增修统纂集成》卷三十七"有司决囚等第"条例四)这样的规定。

[62] 具有决定权的机关也并非必须作出决定。也可以见到本级决定就行但仍然上报上级机关的例子。

[63] 条例一定在本文中,律则通过夹注对此明确指定。只有律而没有夹注的场合就是立决的意思。《钦定大清会典》卷二十六"谋杀祖父母父母"上栏的辑注中称"……此谋杀缌麻以上尊长绞斩,皆不注监候,则应立决矣"。同书卷二十九"骂祖父母父母"上栏辑注中称"不注监候,查总类则立决"。《清史稿》刑法志中也明言"凡律不注监候者,皆立决也"。

[64] 因为审查需要时间,设定一定的期限,在截止日期之后判决的案件(所谓"臣部题结之案")原则上顺延到第二年。其截止日期因省而异,从云南等省的前一年年底到直隶的当年三月三十日不等。比如四月份出了判决,犯人至少可以活到第二年的冬天(《大清律例增修统纂集成》卷三十七"有司决囚等第"上栏,《钦定大清会典事例》卷八四九嘉庆四年又奏准)。

[65] 这个时候，犯人原则上要送到省城，接受督抚、布政使、按察使的面审。

[66] 六部与都察院、大理寺、通政使司的堂官总称为九卿。詹事（詹事府的堂官）是给翰林院（进士考试优等合格者的储才所）大前辈的一种名义上的官职。科是指六科给事中，道是指十五道的监察御史，两者都是都察院的下属官。以上的各官职加在一起约百人。要将案件记录印刷分发这个范围内的各官员手中。另外，有关上面九卿的语义，乾隆《钦定大清会典》卷三"官制一"的开头部分有明文的典据，"内阁经纶是职，政本系焉。六部、都察院、通政使司、大理寺为九卿。刑部、都察院、大理寺为三法司。以详谳国是，均平政刑"。

[67] 也有皇帝修改臣下所拟的案件。如《钦定大清会典事例》卷八四七乾隆十四年又谕："此次勾到办理侵贪各案，有督抚轻拟，九卿改入情实者，有九卿混入缓决，经朕指示情节，改入情实者云云"。

[68] 所谓勾决大概是皇帝取笔在犯人姓名上面打勾表示已经审核之事而来的用语。但是清朝末年以一面记录情实犯人之名的纸上，皇帝以朱笔简单地画圈，以画进红圆圈的人名为勾决，就是另一种例子（Ernest Alabaster, *Notes and Commentaries on Chinese Criminal Law*, 1899, p. 28. 泷川政次郎博士在法制史学会的报告中也谈及此点）。

[69] 有一个由 200 余条构成的《秋审情实、缓决、矜缓比校条款》，很多私家出版的《大清律例增修统纂集成》中都附录了这一文献。

[70] 上面与朝审、秋审相关的史料主要基于《大清律例增修统纂集成》卷三十七"有司决囚等第"与《钦定大清会典事例》卷八四四至八五〇。"情实"一语原为"情真"，雍正以后为了避皇帝胤禛之讳而改称（内藤乾吉：《中国法制史考证》，东京：有斐阁 1963 年版，第 126 页）。《清国行政法》第五卷第 86 页称九卿会议是刑事案件的终审法院，这就看漏了秋审是对已经——经过三法司之议——下达判决犯人执行的相关审查手续这一点，其观点并不恰当。而且在清朝，真正值得称终审法院的除了皇帝其人，没有别的。

[71] 除子孙杀祖父母、父母者（《大清律例增修统纂集成》卷三十七"有司决囚等第"条例五十三）、杀一家三口以上者（《大清律例增修统纂集成》卷二十六"杀一家三人"条例十）等明文规定之外，如免除死一等被改处发遣等犯人，服刑期间逃亡成盗者之类，即便没有明文规定，被认为是"核其情罪实在重大，不容稍稽显戮"的时候（《大清律例增修统纂集成》卷五"徒流迁徙地方"上栏嘉庆二十二年三月上谕，《大

清律例增修统纂集成》卷三十七"断罪引律令"上栏)也会同样处理。有关为何要"恭请王命",张伟仁的《清内阁大库法制档案的研究》（《食货》复刊7卷8期,1977年）第71页注13有详细考证。将象征皇帝权威的"王命旗牌"拿出来竖在刑场,将犯人放在此旗牌前执行。

[72] 道光二十八年由林则徐奏请,针对云南、广西两省,实施"如有党羽众多匪犯,准其批解该管道府,于审明移交臬司具详督抚复准后,就地正法"措施,朝廷允许此法以五年为期限（《钦定大清会典事例》卷八五〇）,各省督抚其后一个接一个地上奏请求在自己省里也效仿此法。死刑执行程序在内容上开始松弛下去的理由,我认为并不是所谓的就地正法章程。

[73] 《钦定大清会典事例》卷八五〇光绪二年谕、同治七年谕、同治八年谕。

[74] "招"与"供招""承招"等词,具有同样的自我供述的含义。"解"无论物也好,还是人也好,是指将实际的东西送达。"招解"是指为了夯实犯人自供内容,送达人犯正身的意思。

[75] 死刑原则上在州县执行,依据《大清律例增修统纂集成》卷三十七"有司决囚等第"的各条例可以清楚（立决相关的条例二十、四十八、五十七。监候犯先被监禁在州县的牢房中,为准备秋审手续会被送到省城,最后还是会被送还州县,此点据监候条例三十三、四十可知）。例外的情况是,立决犯会被留在省城执行死刑的时候,犯人的首级要被送还犯罪地悬挂示众（立决条例三十九）。有关发遣、充军、流放、徒刑的犯人也有一度送还各自的州县,从州县开始执行被判刑罚的规定,这一点可以从如果执行出现拖延懈怠的场合,首先受到惩罚的是州县官可知（《大清律例增修统纂集成》卷五"徒流迁徙地方"上栏"嗣后军流徒犯,俱以奉文日为始,俟两个月起解,如无故逾限不解者,州县降一级调用,未经行催之上司罚俸六个月"）。

[76] 有关费用的筹措支付,各州县的情况各式各样,既有从公费（或者官员的养廉银）中支出若干的情况,也有完全没有支付的情况。而且作为费用,除了实质性的费用名目外,也必须将送达的上级机关衙役要求的陋规概算进去（有关陋规,《六部处分则例》卷十六"衙役滋事"中有咸丰五年制定的禁令）。在经费不足的情况下,承包护送人犯事务的衙役凭自己的手腕,从事件关系人手中强行榨出钱财,以补费用之不足,而且他们还会从中挣得自己的补贴。官员深知此道,也不得不多少默认衙役们的这种恶劣行径。江苏省为了剔除此类弊害,曾经规定严禁上级衙门衙役的陋规,而应由官衙对护送衙役支付一定的

相关经费（《江苏省例》同治七年臬政"禁革招解规费""招解命盗杂案由官给费"）。

[77] 《大清律例增修统纂集成》卷三十七"有司决囚等第"条例五十四。但是同书中条例的部分出版时脱了二字。《钦定大清会典事例》卷八四五以及其他地方"距省窎远府厅州所属之各厅州县，寻常遣军流徒人犯，及命案拟徒人犯，均毋庸解省……"的表述正确。这一内容与这一条末尾的"其命案内遣军流犯，仍各解省复审"对应。也就是说除了死刑与人命案件的遣军流，徒刑的所有项目与人命以外的遣军流都成了特例适应的对象。

[78] 《大清律例增修统纂集成》卷三十七"有司决囚等第"条例五十九、六十一。

[79] 省去解送的大体为下面的情况：对亲生祖父母与父母有非常突出不孝行为的子孙在应处以发遣刑罚的时候（《大清律例增修统纂集成》卷三十七"有司决囚等第"条例十二），妇女因犯奸罪而应执行以杖赎徒刑的时候（《大清律例增修统纂集成》卷三十六"原告人事毕不放回"上栏、"因应禁而不禁"上栏），以及其他一般罪状比较轻，事实完全明白无误的时候（《大清律例增修统纂集成》卷三十六"鞫狱停囚待对"条例八"其或情罪本轻，供证明确毫无疑窦者，亦不必概行解送，致滋稽延拖累"）。

[80] 《钦定大清会典事例》卷八四九嘉庆五年谕称"且各省官犯中，务有令其解交刑部监禁者"。

[81] 兵马司是置于都察院派出的五城巡城御史管理之下的机关。步军统领是指挥八旗的步兵、警备首都的旗人衙门。北京城内的警察与司法由这两者管辖，大兴与宛平两县的权限仅这两个方面被排除在外。

[82] 参照注50所引条例划线部分。

[83] 此被称为"驳令复审"（此语见于《六部处分则例》卷四十七"承审限期"）、"驳回另拟"（后面注87）等。

[84] 《钦定大清会典事例》卷一二二乾隆六年复准"地方案件，原问官审断未当，固执成见，必应改委别员承审者云云"。接受命令的官员既有出差审问的情况（《六部处分则例》卷四十七"审案展限"中即有此预测），也有将犯人移送过来的情况。

[85] 《江苏省例》同治十三年臬例"命盗案件奉批再行拟解"中有"……而各府州遇各属解审之案，倘有情罪不符，或案多疑窦者，亦即就近驳饬，另行核审，或行提人证质讯明确，再行解勘"。

[86] 《大清律例增修统纂集成》卷三十七"断罪不当"条例三"凡州县审解

案件,如供招已符,罪名或有未协,该上司不必将人犯发回,止用檄驳云云"。

[87] 《六部处分则例》卷四十八"上司驳审"中所谓"州县承审事件,经上司按律改正,或驳回另拟,或委员审正……"第一即指此。

[88] 《钦定大清会典事例》卷一二二乾隆二十七年复准"距省遥远之州县解审案件,如有应行指驳之处,案情重大者,或令该管知府赴省再审,或委员会审,毋庸令原审州县官会审。其寻常指驳命盗事件,准令原审州县官赴省会审,均听督抚酌量办理,总不得发回原审州县另审,致稽时日。其州县官赴省会审之案。审明原审官并无出入者,即由附省知府审转,仍许原审知府一体列衔申详"。《大清律例增修统纂集成》卷三十七"弁明冤枉"条例五虽然是这一复准的条文化,但行文十分难以理解。

[89] 参照《江苏省例》光绪十七年枭例"谳局委员承审案件功过章程"。

[90] 《江苏省例》同治十三年枭例"命盗案件奉批再行拟解"有"若一经驳回,则长途往返,不特多费周折,而且疏脱甚虞,若驳交首府提审,或委员驰往访查,则又动须时日"。

[91] 注 88 划线部分。

[92] 注 90 划线部分。

[93] 《例案全集》卷二十二"过失杀收赎云云",《例案续增全集》卷三十四"改造口供诬陷云云"等。

[94] 《六部处分则例》卷四十七"承审限期"有"原问官审断不当,或犯供于解审后翻异,该上司另委贤员复审,或委员会同原问官审理,俱扣限一个月"。《大清律例增修统纂集成》卷三十"越诉"上栏道光十六年上谕有"各省州县审理词讼承招后,详解各上司核转,遇有供词翻异,及控诉原审不实者,不得不委员复审……"。在这种情况下委任官员处理的时候,接受任务的有可能是其他州县的官员,也有可能是谳局中候任之员等。

[95] 题驳、咨驳用语见《钦定大清会典事例》卷八四八乾隆五十三年又议准,《大清律例增修统纂集成》卷三十七"有司决囚等第"条例四十二等文献。《驳案新编》卷十八"李化为案"是咨驳之例,《例案续增全集》卷四十一"黑夜殴死窃贼云云"是题驳之例。

[96] 只允许刑部作减轻罪罚方向的改拟,在有加重罪罚方向改拟必要的时候,有一定要驳回,让督抚改拟的条例(《大清律例增修统纂集成》卷三十七"断罪不当"条例二)。这大概是刑部鉴于系书面审理的规定,但证之实际例子,这一规定未必为相关机构遵守。根据别的规

定,刑部驳回三次仍不满意的时候,可以由刑部改拟(《六部处分则例》卷四十八"固执原题")。这里的三度驳回,实际显示相关机构并不遵守上述规定。

[97] 比如《例案续增全集》卷三十九"图财谋命重案赃据悬虚云云",总督以强盗杀人,拟罪罚为斩立决具题,刑部指出拟罪罚依据的赃物和凶器真伪不明,犯人自供方面也有疑点,奉皇帝旨意而驳回,"应令该督另委贤员,务将此案赃据详审明确,按拟具题,到日再议可也"。

[98] 雍正六年新设了允许不满上司驳回的官员直接向三法司提诉的条例。乾隆五年,这一条例虽然被废止了,但是其理由主要在于"知府混驳,诉两司(藩臬)可也,两司混驳,诉两院(督抚)可也,……实无以一事之批驳直诉三法司,与省内上司遍生嫌隙之人",在条例废止之后,其实也敞开了按层级逐渐向上级申诉之门(《钦定大清会典事例》卷八四三)。《清国行政法》第五卷第58页有稍过重视这一条例废止意义之嫌。

[99] 《大清律例增修统纂集成》卷五"断罪无正条"条例一。接受送过来的刑部定稿钤印的原案(大概是指经过刑部堂议决定下来的确定性原案)后,都察院、大理寺必须在八天之内,认可署名送回,或者提出不同意见。提出不同意见的场合,在刑部确定日期,都察院与大理寺官员赴刑部召开会议(《钦定大清会典》卷六十九"凡重辟必三法司之议协于一而后狱成"之小注。《大清律例增修统纂集成》卷七"官文书稽程"条例三)。

[100] 《钦定大清会典》卷六十九"凡重辟必三法司之议协丁一而后狱成。<u>不协,许两议,候上裁决焉</u>(注)三法司核拟重案,如迹涉两是,有一二人本能尽归画一者,许各抒所见,候旨酌夺,<u>但不得一衙门立一意见</u>,判然与刑部立异。其有两议者,刑部进本时,<u>亦不得夹片申明前议之是</u>,指驳后议之非。惟当两议并陈,静候上裁"(《钦定大清会典》文的一部分来自乾隆六年因某事件相关而下达的上谕。《例案续增全集》卷二十五"扭夺确檩撞伤云云"中可见此上谕)。

[101] 但是,在这种情况,与其说是遇到皇帝纠正了法律解释适用之误,还不如说是因为考虑到根据法律条文处理中有失轻重之宜,而皇帝下达独自判断的例子为多。也就是说案件处理送达皇帝裁决这一层次,在这里,最高审判权、立法权、恩赦权等已经浑然一体,归于一人。参照第三节。

[102] 在秋审之际,有皇帝视为"情节尚有可疑",交还巡抚"详细讯问"而发现新事实的例子。

[103] "命"指人命,"盗"有时在狭义上仅意味强盗。这里并非那种程度的狭义,但不包含偷鸡摸狗的那种小偷小摸。

[104] 有关命盗以外的案件,虽然不是明文规定的义务,但多要进行报告。

[105] 《学治臆说》上"禀揭宜委曲显明"中所谓的"申上之文曰验、曰详、曰禀,验止立案,详必批回。然惟府批由内署核办。自道以上,皆经承拟批,上官有无暇寓目者。禀则无不亲阅。遇有情节繁琐不便入详,及不必详办之事,非禀不可",禀与详是从下面呈送给上级的文书格式名称,禀是私人性质的书简,详是事务性质的公文,这两者正好与臣下给皇帝的奏与题相当。另外通详在习惯上也称通报、详报等。

[106] 《六部处分则例》卷四十三"开检迟延"、同书卷四十一"州县官报盗"。《江苏省例》同治十一年臬例"命盗案件依限禀报"引用咸丰十一年上谕中有"嗣后各州县凡遇命盗案件,一经到官立即前往勘验,盗案限三日,命案限五日,先将大概情形切实通禀"。

[107] 《六部处分则例》中只有"督抚人命案件,州县官于亲诣相验之后,即用印文通详"(卷四十三"命案详报迟延"),"地方盗案,州县官于会营诣勘之后,即用印文通详"(卷四十一"州县官报盗"),并没有另外设定期限,但是在此规定的后半部分,犯人没有抓到,也没有向上司通详,州县官转任他地的时候,从事件发生到转任为止,如果是在十天以内的话,规定可以免除通详迟延的惩戒处分,由此可知十天是规定的期限。另外,有关命案,乾隆二十二年议准有"嗣后州县遇有人命案件,务于检验尸伤时,讯取已经到案犯证切实供词,并将案内人犯是否齐全,及有无要犯未获之处,同验尸图格造册,于十日内申报督抚,该督抚即据州县验详,转咨部科备案……"(《钦定大清会典事例》卷八五三)的表述(不过,最后的部科备案规定在乾隆二十七年被废止)。有关盗案,参照两江总督命令管辖下的行政系统"嗣后报有盗窃之案,即日会营诣勘,盗案定限十日,抢劫案件定限半月,估造赃册,将勘验缘由通详。……各州县拿获盗窃人犯,应限一月内,讯取确供通详,仍遵例限按拟招解"(《江苏省例》同治五年臬例"详报盗窃等案期限")等内容。

[108] 参照前注 107 引用的《江苏省例》划线部分。同治十一年江苏巡抚的布告(《江苏省例》"命盗案件依限禀报")中也能见到"限一月内录供通详"的表述。

[109] 如果以暗中遮掩为目的而故意不向上司通禀的,将会以"讳命""讳盗"名目受到重惩。

[110] 《江苏省例》同治十一年臬例"命盗案件依限禀报"有"命盗案件,承审故有例限,不容稍事违逾,而勘验情形,尤应及早禀报,以便批饬通缉确审,一经延缓,在盗案则贼逸赃销,难期破获。若命案则串供避就,枝节横生"。

[111] 不用说,通详时的初供与招解时的确定性自供不一致也没有关系(《六部处分则例》卷四十八"初审不实"),但是必须要将其间发生的情况向上司作令人信服的说明(注107所引乾隆二十二年议准内容之后,接下来还有"其于复审时究出实情,据实详叙,审转之上司,并核议之法司,虚衷体察云云")。因此,比较聪明的幕友在"通详"中不多写无用之事,以免给上司提供找茬的材料是切身的体会(《佐治药言》"审初报")。另外,并非由犯罪造成的非正常死亡案件等等如果通详及时的话,对预防事后狡猾之徒利用此事兴虚妄之讼有帮助(《钦定大清会典事例》卷八五一"检验尸伤不以实"乾隆二十二年又议准,又奏准)。

[112] 《江苏省例》同治十三年臬例"命盗案件奉批再行拟解"有"署按察使司……本署司衙门为刑名总汇之所,每遇各属禀详命盗及一切杂案,如有情节支离,供词扭捏,皆经随时批饬,……仍有未协者,亦复再三明切指示,令其细加审核,以免解省后辗转驳审之烦"。

[113] 巡抚命令知府将抓到的盗贼团伙立即送往省城,自己亲率藩臬两司等官员严厉审问的例子在刑部的说贴(东京大学东洋文化研究所图书馆大木文库抄本)中可以见到。
后记:这本书现在以大木文库·法类·例案45的编号陈列在文库的书架上,是二帙12册的抄本,书名、作者等相关记载缺失,实际上是本来历不明的书籍。所谓《刑部说贴》只是在目录上提及,书中任何地方——连封面和书套——也没有记入此名。内容上与例案全集等书同类,绝非说贴(参照本书第二章注105)。上面所指的例子是书中"襄阳府拿获纠伙结盟抢夺妇女奸污之沈添重等一案"(嘉庆八年)。

[114] 乾隆四十一年安徽省英山县的僧人广明之案,是一件本为杜如意之舅的和尚广明与如意之妻通奸,因厌恶如意之父杜得正的监视,将其杀害的事件。知县为广明之言所惑,反而拷问原告杜如意,强迫其承认"杜如意遭遇其父与其妻遂行奸淫现场,执斧将其父击杀,让广明在旁助其行凶"。在通详中,见到这个自供觉得可疑的直隶州知州取调此案亲自审理,为杜如意雪冤(《大清律例增修统纂集成》卷三十七"官司出入人罪"条例四以及条例五是以此为机缘而制定

的法律条文。事件的详细经过见《大清律例增修统纂集成》条例四上栏与《钦定大清会典事例》卷八四三）。

[115] 参照注 52、55、56、61 所引资料划线部分。

[116] 《例案续增全集》卷三十七"旗奴告主应问徒云云"。

后记：有关事后报告的机能，这里止于比较低调的叙述是因为相关的研究不够。参照本书第三章。

[117] 《大清律例增修统纂集成》卷三十六"告状不受理"条例二、四、五、九。《江苏省例》同治六年藩政"月报词讼监押各册式"。

[118] 《大清律例增修统纂集成》卷三十六"原告人事毕不放回"条例二以及其上栏部分，有"先行发落杖犯，部改徒罪，照例贴杖"。《例案全集》卷四十三"词讼事无轻重云云"，有"查各省具题案内笞杖人犯，例应先行发落，……其罪轻法重，及无罪而误用法者，已经发落无由驳正。嗣后……其有援引失宜，经三法司指驳者，将承审官亦照出入人罪律，交部议处"。

[119] 那种场合，如果仅仅不加修饰地叙述民事性纠纷的经纬，上司往往会以"口角细故"为由，并不认真对待，所以会将实际发生过的事情、子虚乌有的事情夹杂一起写进去，弄得好像包含着重大刑事案件一样，刺激上司重视，即所谓的"捏词耸听"现象屡屡发生。另外，这也不限于上诉案件。诉状必定夸大其词是中国人的常识。谚语中也有所谓的"无谎不成状"（《佐治药言》"核词须认本意"）。

[120] 比如《大清律例增修统纂集成》卷三十六"鞫狱停囚待对"上栏部分，嘉庆十二年知府鸣清之案可以说是一个典型。该案中，尸亲（杀人案件被害人的亲人）向府上诉两次，知府不予受理，所以向道、司、督抚等两三个上级机关申诉，上司都以"批"发给知府，促其审理，知府在历经 9 个月之后才开始审理。由于知府继续寻找口实，拖延审理，迟迟不给审理结论，尸亲上京控诉，最后由朝廷派遣特使，亲临审理而获得解决——原告接受自己的主张不合道理的结论。

[121] 《大清律例增修统纂集成》卷三十"诬告"律本文中预想到了这一情况。顺治十七年木榜条例中有"凡民间冤抑，必亲身赴告，果本身羁禁，亦应嫡亲正身，……方准抱告"（《钦定大清会典事例》卷一〇四二）。

[122] 《大清律例增修统纂集成》卷三十"越诉"上栏部分陈廷瑜之案，是一个在刑部的审判中被定罪者"在保潜逃"，申诉负责司官审判不公正的案例。另外，清朝的保释以立保证人，将人犯托付给保证人的方式进行。

[123] 下一个注引用的法源中也能见到这一预想的言说。

[124] 《大清律例增修统纂集成》卷三十"越诉"条例十四以及此条上栏部分嘉庆二十年七月通行、《钦定大清会典事例》卷七五〇嘉庆十二年谕等的诸法源,究竟是以什么为对象而定下的规则? 颇为费解,但是不管怎么说,两者是很难判然区别开来的。另外,"冤"一词也并非只意味着是冤罪,真实情况不被认可的事情全部都被认为是冤。

[125] 既然如此,也自然存在如下文所谓"此等莠民,平日赋税则任催不纳,词讼则抗断不遵。地方官决狱催科,小施刑罚,辄即捏词<u>上控</u>,<u>希图报复</u>"(《钦定大清会典事例》卷八一六嘉庆五年谕),让地方官深感棘手之辈。

[126] 注 47 所引诸法源中也没有明确规定在州县得不到满意解决的时候,应该向什么上级机关申诉。

[127] 《钦定大清会典事例》卷八一六嘉庆十七年谕的前半部分(进入制定的规范内容之前的状况说明部分),可见下面的表现"州县官听断不公,则由府、道、司院<u>以次申诉</u>,如实有冤抑重情,准于刑部、都察院等衙门呈诉"。

[128] 实际上有如下一个例子:上海的海昌公所追究一个公所同仁成为牺牲的放火事件,因会审衙门(mixed court)的审理并无结果,海昌公所开始向上海道申诉,请求将案件移交知县审理,但知县的审理也毫无进展,于是公所同时向知县与按察使司申诉,最后实施了如海昌公所请求的将案件移交给府处理的程序(根岸佶:《上海的同业公会》,日本评论社 1951 年版,第 89 页)。

[129] 本文第一节解说的条例原文中有"司道"一词,其中的司意指藩、臬两司,可以明确知道曾经表现在各条例中的"藩臬两司""督抚藩臬"等说法集大成于这一条例中(《钦定大清会典事例》卷八四三)。嘉庆十二年金光悌赴任江西巡抚的时候,据称辖内各大衙门的未结案件如下:"巡抚衙门未结词讼,即有六百九十五起,<u>藩司</u>衙门未结者有二百六十八起,臬司衙门未结者有五百八十二起,<u>盐粮各巡道</u>未结者有六十五起"(《钦定大清会典事例》卷一二二)。

[130] 《清国行政法》中称"布政使、按察使二司在审理上诉案件之际,……刑事案件属按察使司管辖,民事案件属布政使司管辖,刑部、户部之管辖亦与此同其趣,此应谓殊为出色之事"(第五卷,第 56 页)。
《清国行政法》这一看法就刑部与户部的关系而言,应该予以否定,有关这一点已经在正文中叙述。有关布政使与按察使两司的关系,《清国行政法》完全没有列举什么史料根据(如第 71 页也是如此)。《钦定大清会典事例》卷一二二乾隆三十五年又议定"各省案件,经

督抚两司派员复审,除细小事情,及原复审官所拟罪名不甚相悬者,毋庸置议外,如原问官承问不实,所拟罪名,以致生死失当,经委审官究出实情,案律改正"的时候,褒奖委审官员的规定显示:包含死刑案件的上诉,两司亦即不仅仅臬司,藩司也会受理——接着批发给与原审不同的官员,令其复审——的事情也是可能的,从这一点也应该否定《清国行政法》的上述观点。

[131]　《例案全集》卷二十五"藩司径将刑名批结"中,布政使郭洪因为"将拒捕殒命案件,竟不会同法司径行批结",受到罚俸 6 个月的惩戒。另外,藩司虽然不能单独将包含刑名在内的案件处理结案,但能够受理上诉,批发给下级,命其审理(前注 130),强调这一点并非不合理。这个时候,审理结果在向藩司报告的同时,如果要处以徒以上刑罚时,要以正式的处理路径,向臬司呈报(招解)(注 145)。

[132]　违反这种规定的京控,在嘉庆四年以前原则上不被受理(注 139)。嘉庆四年以后在科以越诉的惩罚之后,受理其京控(《钦定大清会典事例》卷八一六嘉庆五年谕、《大清律例增修统纂集成》卷三十"越诉"条例十六)。

[133]　过去刑部并非没有接受过京控,但在史料中最常见的是这两个衙门。而且,根据嘉庆十一年制定的条例,刑部自身被禁止接受一切诉讼案件(《大清律例增修统纂集成》卷三十"越诉"条例十七"概不准由刑部接受呈词")。另外,有所谓的登闻鼓这一设置,最初在都察院,其后在通政司的管理之下,有冤抑的百姓可以自由地敲打鸣冤,我觉得这种设置只具有装饰性意义。

[134]　《大清律例增修统纂集成》卷十八"冲突仪仗"条例一。

[135]　在《钦定大清会典事例》卷八一六的最初部分,这类事情频繁出现。康熙七年"叩阍之例永远停止"。

[136]　有下面这样的例子。乾隆四十六年,一个叫汪进修的人一而再,再而三地向官府申诉被翟氏一家欺凌,但在官府那里没有得到申冤,所以去杭州叩阍。事实由此真相大白,曾经审理此案的官员受到惩戒,汪进修也"加恩即予释放,免其治罪"(《大清律例增修统纂集成》卷十八"冲突仪仗"上栏部分)。嘉庆十年,一个叫洪明宣的人因为堂弟在为皇帝巡幸奉天作准备的道路修整工役中逃离,结果被官府衙役凌虐致死的事件,直接向皇帝申诉。此案得以大白真相,加害者与原审官都受到重罚,洪明宣"控诉得实,并听从尸亲嘱托,虽冒昧叩阍罪有应得,而其心究属可嘉,著加恩免罪"(《大清律例增修统纂集成》卷三十七"辨明冤枉"上栏部分)。在法律的规定方面,光绪

十九年规定只有"嗣后叩阍案件,……户婚田土钱债等项细故,牵涉人命重案,情节支离,显系捏砌耸听"案件,适用冲突仪仗条例(《大清律例增修统纂集成》卷三十"越诉"上栏部分)。另外,也有将无理之事"直至轿前喊诉",尤为不逞的叩阍案件,按条例规定以上之罪处以绞监候的事例(《大清律例增修统纂集成》卷十八"冲突仪仗"上栏部分李知止案)。

[137] 《钦定大清会典事例》卷七五〇"事应奏不奏"嘉庆四年谕:"向来各省人民赴都察院、步军统领衙门呈控案件,该衙门有<u>具折奏闻者</u>,有<u>咨回各省督抚审办者</u>,亦有径行<u>驳斥者</u>。<u>办理之法有三</u>,似此则伊等准驳,竟可意为高下,现当广用言路,明目达聪。原俾下情无不上达,……<u>嗣后</u>……<u>俱不准驳斥</u>,其案情较重者,自应即行具奏,即有应行咨回本省审办之案,<u>亦应于一月或两月,视控案之多寡汇奏一次</u>,并将各案情节,于折内分析注明,候朕批阅"。

[138] 《大清律例增修统纂集成》卷三十"越诉"条例十四有"外省民人赴京控诉,……将该犯交刑部暂行监禁。<u>提取该省案卷来京核对质讯</u>,或交该省督抚审办,<u>或请钦派大臣前往</u>,临时酌量请旨查办"。作为实际的事例,注 120 中所举鸣清一案就是派遣特使审理的例子。道光四年阎思虎一案是一个知县把强奸案断为和奸,妇女羞忿而自杀,尸亲京控的事件,皇帝降旨该省巡抚审理此案,巡抚还是以和奸拟案定罪,对此御史提出异议,要求"<u>将人犯案卷提解刑部审讯</u>",这才真相大白(《大清律例增修统纂集成》卷 37"弁明冤枉"上栏部分,《大清律例增修统纂集成》卷三十"越诉"上栏部分)。

[139] 参照《钦定大清会典事例》卷八一五乾隆三十四年条例(《大清律例增修统纂集成》卷三十"越诉"条例十四的前身)。

[140] 注 137 划线部分。《大清律例增修统纂集成》卷七"事应奏不奏"条例三(嘉庆十五年纂)。

[141] 根据光绪八年的上谕,"其有口角微嫌及一切细故,意图牵累,捏情妄控者,<u>一经发交本省</u>,传提人证,辗转滋累。是徒使刁狡者得遂其倾陷之计,<u>良民受害不可胜言</u>",因此规定"嗣后遇有京控案件,……如控词琐屑,情节支离,并未在本省督抚衙门控告,即予<u>驳斥</u>,不准接收"(《大清律例增修统纂集成》卷三十"越诉"上栏部分)。

[142] 《大清律例增修统纂集成》卷三十"越诉"条例十四、二十三。

[143] 条例中虽然有"奉旨交发",但在光绪二年将御史的上奏交给刑部议论,裁可刑部议奏的一个案件中(根据《钦定大清会典事例》的用语,应该称为"议准"),再次确认了应该认真遵守这一条例的一节中有

"其京控交审案件,无论奏咨,均应亲提审办"(《大清律例增修统纂集成》卷三十七"有司决囚等第"上栏部分)。虽然说是亲提审理,实际上实质性的审理多交给发审局的官员承担。

[143a] 所谓"画押"从功能上讲是署名,但没有必要自署姓名。在别人准备好的文字书面上,通过记名本人以自己的手弄出一个什么样的记号,给予对文书内容承认而且难以更改的意志表示。以契约文书等的实际例子来看,画押既有用两三个文字组合在一起的复杂纹式,也有非常简单、只画一个"十"字的场合。台湾的淡新档案中的遵结(在本书第三章中叙述)屡屡按墨色拇指印,按上全部手模印的属于非常少见的情况。无论形式如何,我们不得不将这些统统都称为画押。因为难以找到合适的译文,下面直接使用原文。

[144] 那种条例也没有得到很好的执行,不管怎么说,即便是上诉,屡屡有案件又回到原审的情况(前注143光绪二年议准之中,在叙述现实的弊端时,称"一经上控,仍复发交原问州县审办。该州县自顾考成,每多回护,不为审理。小民冤抑莫伸"。可见与《钦定大清会典事例》卷一二二嘉庆八年又谕相类的言说)。

[145] 而且如果是徒罪以上的刑罚案件,要将人犯正身送往规定的上级机关(不限于批发案件的上司),走必要的复审程序。条例称"系例应招解者,仍照旧招解。系例不招解者,即由委审之员详结"。"详结"一词的"结"即报告之意(注105)。

[146] 道光四年上谕有"若如该御史所奏,查核咨结之案(京控咨回案件),所控得实者百无二三。是明系委审各员赡徇附和,该上司回护属吏,顾虑考成,从而弥绩完结"(《大清律例增修统纂集成》卷三十"越诉"上栏部分)。道光十六年上谕有"若如该御史所奏,近年以来外省咨结控案,审实平反,及审虚将原告诬告办理者,十不得一。大半皆以调停了事。……皆因问官将实作虚,无以服原告之心而杜其口,惧其复控,故不敢援诬告加等之律以治其罪……藉以调停完案。甚至压搁控案,待其串和。然后讯供两造,均不重办,含糊了事"(《大清律例增修统纂集成》卷三十"诬告"上栏部分)。

[147] 参照《资治新书》卷首"论一切词讼"中指出"做得一日上司准告,可免一日下司拘提"之后,有论述有关做捏造、夸大之词,其后巧妙地偷梁换柱,免于诬告反坐的健讼之徒的部分。

[148] 注144与146所引上谕都是这一趣旨。

[149] 《钦定大清会典事例》卷八一六康熙四年(1665)又复准所谓的"凡官民将顺治十七年(1660)以前已结之案,叩阍控告者,俱不准行,仍照

例治罪",个别性被限制的例子存在极少数,但清以前的情况不能一概而论。

[150] 《例案续增全集》卷三十四"秋审鸣冤照雪驳"与"秋审鸣冤",《例案续增全集》卷三十七"失入人罪之案议处不准抵销"等,最后的例子是一个冤罪得雪,成功翻案的案件。

[151] 《大清律例增修统纂集成》卷三十七"辨明冤枉"条例六。这是嘉庆十二年以一个实际发生的案件为契机而生出的一个条例(《钦定大清会典事例》卷八四三)。

[152] 《大清律例增修统纂集成》卷三十"越诉"条例二十二中规定:被处以发遣、充军、流放、徒等刑罚的人从发配之所上奏告言人罪(特别是审判自己的官员之罪)的时候,会受到更重的惩罚,但是如果"本案实有屈抑",允许他们"赴内外风宪衙门申诉"。那种情况,"本案准予审理、更正"。指示这个条例立案的上谕中也称"罪囚如因本案屈抑,到官申诉,即临刑呼冤,亦所不禁"(《钦定大清会典事例》卷八一六嘉庆十七年谕)。

[153] 被判无罪的场合,也仅仅是释放了事,并不另外给一个什么无罪判决文书。因此,同一案件再次被问罪的可能性充分存在。《例案续增全集》卷三十四"秋审鸣冤"有一个实际的例子:共犯四人之中,让一个人担了罪,其他三人都逍遥法外了,但是几年之后,因秋审时戴罪者翻供,案情得以真相大白,先前被免于处分的三人也被问罪。

[154] 如宫崎市定在《宋元时代的法制与审判机构》(收录《亚洲史研究》第四卷中)第212页指出的一样,宋代也是如此,"法律是官府的东西,并非百姓的东西"。

[155] 有关汉代司法制度相关问题的研究,参照 A. F. P. Huleswe, *Remnants of Han Law*, 1955, p. 71*f*. "The Administration of justice"。

[156] 《后汉书》百官志有"凡郡国……秋冬遣无害吏,案讯诸囚,平其罪法"。担任京兆尹的隽不疑巡行下辖各县录囚返回的时候,其母总是会问他此行平反了几个案件,救了几人性命(《汉书》隽不疑传)。

[157] 《后汉书》百官志有"诸州常以八月巡行所部郡国,录囚徒"。

[158] 为此设有担任廷尉平这种官职者四人(《汉书》刑法志)。

[159] 《后汉书》安帝纪永初二年与六年,同书《邓皇后纪》。是因皇帝年幼而由垂帘听政的皇太后实施的例子。

[160] 《大唐六典》卷三十。也曾有中央派遣复囚使的情况。参照小早川欣吾:《唐朝司法制度》,《法学论丛》41卷5号,1939年,第76页。

[161]　《大明会典》(万历)卷一七七。

[162]　《大清律例增修统纂集成》卷三十"告状不受理"律本文。

[163]　雍正三年以"各省按期差官恤刑之事"已经停止为理由，自明代就有条例的字句被修正(《钦定大清会典事例》卷八五二"赦前断罪不当"，《钦定大清会典事例》卷八四三"弁明冤枉"，《钦定大清会典事例》卷七三九"加减罪例")。

[164]　《大清律例增修统纂集成》卷三十"告状不受理"条例五、九。《大清律例增修统纂集成》卷三十六"淹禁"条例三。

[165]　《大清律例增修统纂集成》卷三十七"有司决囚等第"条例三十一、三十二。

[166]　《汉书》刑法志有"高皇帝七年，制诏御史，……自今以来，县道官狱疑者，各谳所属二千石官，二千石官以其罪名当报之，所不能决者，皆移廷尉，廷尉亦当报之。廷尉所不能决，谨具为奏。傅所当比律令以闻"。在其后的景帝时代也能见到同样的诏。

[167]　仁井田陞《唐令拾遗》狱官令三十五。

[168]　《钦定大清会典事例》卷八五一乾隆三十八年议准。如存在有关新颁检骨图格这种检尸指南是否有误植等问题的问询。

[169]　《大清律例增修统纂集成》卷四"犯罪存留养亲"上栏部分。道光九年调查是否符合留养的要件，将犯人的亲人叫到省城是一个原则，但是有若其亲人年老，是否可以派遣委员出差调查的问询。《大清律例增修统纂集成》卷四"赎刑"上栏部分(《钦定大清会典事例》卷七二四)乾隆二年。有有关赎枷号刑罚场合金额问题的问询。《大清律例增修统纂集成》卷四"流囚家属"上栏部分，嘉庆五年有关于发遣犯死亡后的家属处理的问询。《大清律例增修统纂集成》卷四"流囚家属"上栏部分，乾隆四十一年，有有关因缘坐充军的妇女再婚问题的问询。《大清律例增修统纂集成》卷四"常赦所不原"上栏部分，乾隆四十九年有有关恩赦的适用问题的问询，等等。

[170]　《大清律例增修统纂集成》卷三十"子孙违反教令"上栏部分。有关嘉庆十一年江德周、郑安氏通奸案的处理过程中，有"妇女与人通奸，……若本夫与父母纵容通奸，后因奸情败露，愧迫自尽者，奸夫奸妇，止科奸罪"(《钦定大清会典事例》卷八〇六)，这一乾隆三十年制定的刑律·人命(威逼人致死)条例，与"凡子孙有犯奸盗，……如祖父母、父母纵容袒护，后经发觉，畏罪自尽者，将犯奸盗之子孙，发黑龙江给披甲人为奴"(《钦定大清会典事例》卷八一九)这一嘉庆九年制定的刑律·诉讼"子孙违反教令"条例相矛盾的问询。刑部虽

然以制定时间最新为准回答,搪塞了问询,但是也立即奏请改正条例,两个条例中的前者——乾隆年间的条例当年就改正了,这就是现在见到的《大清律例增修统纂集成》卷二十六"威逼人致死"条例二。《大清律例增修统纂集成》卷五"徒流迁徙地方"上栏部分嘉庆二十二年李胜先案,有一个就有关"(特定的)烟瘴充军之犯,如在配无故脱逃,已逾五日拿获者,无论有无行凶为匪,请旨即行正法。若于五日内拿获,该管将军、大臣、督抚严行确审,如仅仍在<u>附近处所</u>暂行躲避,并未远扬……若此可免死"(《大清律例增修统纂集成》卷三十五"徒流人逃"条例十四)规定中"附近"的定义的问询。刑部回答说五日之内是要点,不必拘泥于附近二字。

后记:到了清朝后期的判例集《刑案汇览续编》时期,没有原拟,甚至并记两个案子以寻求刑部意见的例子比较频繁出现,给人留下深刻印象。

[171] J. Escarra, *Le droit chinois*,1936. p. 283 et s. 谷口知平译:《伊斯卡纳中国法》,东京:有斐阁 1943 年版,第 318 页以下。

[172] 田中耕太郎:《司法权与教育权的独立》,载田中耕太郎:《法的统治与审判》,东京:有斐阁 1960 年版,第 158 页。

[173] 参照《六部处分则例》卷四十七"稽察佐杂",《例案全集》卷四十三"佐杂官受词云云",《资治新书》卷五"严禁佐杂擅受民词"等。印官不在的场合发生的人命事件,进行检尸等事务按照法律规定,有胥吏代理审理一部分的例子(《大清律例增修统纂集成》卷三十七"检验尸伤"诸条例)。不过,受理诉讼案件,特别对该衙门的胥吏而言,具有很大的魅力,所以,此禁往往会被他们突破。向不具审判权的官员申诉案情的现象存在让我们觉得是很奇妙的事情,佐贰官以下的官员虽然说没有审判权,那也是官僚系统的内部规定,从百姓的眼光看,那也等于衙门,所以向其申诉,如果被受理的话,对纠纷对手而言,形成事实上的压力,能够期待取得相当的效果。

[174] 天海谦三郎的亲身体验(东京大学《东洋文化》25 号,第 123 页);R. H. van Gulik(高罗佩),*T'ang-yin-pi-shih*(《棠阴比事》),1956,p. 60. 等等。汪辉祖也劝诉讼尽量不要在内衙处理,而应该在大堂听讼,他说"内衙听讼,只能平两造之争,无以耸<u>旁观之听</u>。大堂则堂<u>以下伫立而观者不下数百人</u>"(《学治臆说》"亲民在听讼")。另外,他还指出:根据场合,从<u>堂下稠人</u>之中呼出老成数人,就眼前的问题可以询问当地的风习(《学治臆说》"初任须体问风俗")。在大堂审判的时候,很多旁听者赶来的场景,州县官能够亲眼所见。此外,官

员往往喜欢在内衙听讼,根据《学治臆说》的前后文可知,那并不是出于保密的要求,而是出于不必强装官场威仪,能够轻松办事。

[175]　刘衡《蜀僚问答》"要案隔别取供之法"等力说这种方法的必要。

[176]　《大清律例增修统纂集成》卷三十七"吏典代写招草"条例有"各有司审狱时,令招房书吏照供录写,当堂读与两造共听,果与所供无异,方令该犯画供"。

[177]　《佐治药言》"词讼速结""须示民以信""摘唤须详慎"。

[178]　《佐治药言》"草供未可全信"。

[178a]　光绪时期的方大湜说"值堂"的工作只是在审判官就法庭之席后,将相关文件放在桌上打开,审讯结束后收拾整理。所以让跟班(作杂务的家丁)相随就足够了,并无专门置"值堂"的必要(《平平言》卷二20b"用印值堂不必专派")。但是,他又劝诫世间有"值堂"屡屡显摆自己之弊,他说"值堂家丁,往往于审案之时,多言乱语,或述本官之已言,或发本官之未发。或斥两造之刁,或骂中证之狡。……堂下之人望此,坐者一问官,立者(即值堂)又一问官。且听审之人与侍立之人(值堂)往复辩论,若只知立者之问官,不知坐者之问官。云云"(《平平言》卷二63a"不许家丁多言")。官原本是不能容忍这种紊乱秩序行为的。龚德柏的《也是愚话》(台北:传记文学出版社1969年版)收录一篇"县太爷"文章中所谓"站堂的"也是相同的情况,虽然通常情况下他像一个木偶一样侍立在官之旁,如果知县有什么错误的时候,他就会用脚敲地,提醒知县注意。知县如果觉察到了什么问题当然会继续审理,如果知县不明白他提醒的意图,有时会暂时休庭,在背后询问理由。因此,值堂这一工作实际上非常重要,方大湜称如果不是资深老吏就无法体悟到这种心得(第60页)。淡新档案中,有时会出现的"堂事",我想应该是"值堂"的别名吧。

[179]　《清国行政法》第五卷,第63页。

[180]　作为州县法庭的视觉资料,我觉得 Arthur Smith(明恩溥),*Village Life in China*,1899,p. 218 中的照片比较好地传达了法庭审理的气氛。《台湾习惯记事》第二卷8号的卷首插图中揭载了在福建省拍摄的照片则不太有价值。中川忠英的《清俗纪闻》中有依据从中国来的人的口述调查,看上去是发挥想象力绘制的插图,也被陶希圣《清代州县衙门刑事审判制度及程序》(台北:食货出版社1972年版)收进卷头插图中。S. Van Der Sprenkel 的著作(参照第二章注2)的卷头插图中,收录了西方人画的铜版画(出处不明)。《台湾私

法附录参考书》第三卷第 470 页中,将法庭中的人物的排列方式以图示表现出来。即便说是皇族,如果有涉讼嫌疑,出庭的时候,也必须"与平民一体,长跪听审"(《大清律例增修统纂集成》卷四"应议者犯罪"条例七)。

[181]　《钦定大清会典事例》卷八四三雍正五年议准规定了定稿司官的工作情况评价的基准。在当事人认为刑部的审断不当而上诉的时候,也要控诉负责此案的司官(注 122)。

[182]　参照本章注 185。

[183]　虽然泷川政次郎在《清代司法制度概说》(收进泷川政次郎《中国法制史研究》)第 330 页称会有少数意见,但并没有出示史料上的证据。

[184]　泷川前引著作第 331 页引董康氏所谈内容。1955 年 8 月因向山宽夫的斡旋,笔者获得了听取隐居东京的曹汝霖的怀旧谈机会,那个时候曹氏也说到了同样的事情。在光绪《大清实录》卷五三三光绪三十年七月己丑给事中潘庆澜的上奏中,也可以见到"刑部堂官向有一堂当家之说,余则随同画诺。积习相沿,流弊甚大。请饬同僚,切实讲求",将这种现象作为一种弊端表现出来。

[185]　在《六部处分则例》卷十一"部院事件科道注销"中有"刑部现审寻常事件,如遇反复推鞫。难以速结之案,堂画未全,适届限满,该司即将未曾画全缘由,于注销册内预行声明云云",这让人想象多数堂官已经署名,但有一两名拒绝署名,司官们对此左右为难的样子。

[186]　《钦定大清会典》卷五十六"当月处","现审则呈堂而分司焉(注:五城及步军统领衙门移送案件……开列清单呈堂,当堂掣签分司注册云云)"。

[187]　《清国行政法》第五卷第 161 页有关"清国的审判公开"的说法,只是有关刑部与臬司的部分是正确的。

[188]　《钦定大清会典》卷六十九都察院十五道的小注、《钦定大清会典事例》卷一〇四三"大理寺·谳狱·会题"。

[189]　《清国行政法》第五卷,第 72 页。

[190]　在《佐治药言》"定罪时有鬼物凭依"一文中,汪辉祖先引用一个鬼怪故事:在臬司的官邸中,深夜一老吏在准备秋审案件的官方意见,杀人事件加害者父亲的亡灵、奸淫案件被害妇女的亡灵出现在旁,觉得他们正盯着老吏处理各自相关的案件,强调"吏之拟稿,不过请示,鬼犹瞩之,况秉笔定罪者,可勿慎欤"。《钦定大清会典事例》卷一四六乾隆元年谕有"又闻司院衙门,凡州县申详事件,每先发各房书吏拟批送签"。本章注 105 引文中有"自道以上,皆经承拟批"。

[191] 与州县的胥吏不作比抄录文书等更重要的工作不同,臬司的胥吏是涉及实质性内容的案件处理起草人,这一点特别值得注意。臬司一向被视为封闭性衙门,大概和工作期间胥吏被禁止与外界联系有关(前引宫崎市定《清代的胥吏与衙门》,第 328 页)。

[192] 唐代的御史台、清代的都察院等监察、弹劾机构恒常性地存在,但这些是以纠察检举官员的违法乱纪为己任的机构,并不是起诉百姓犯罪的机构。

[193] 有关如私盐那种没有特定的被害对象的犯罪,自然只能要么由官府的侦查探访而得,要么由公众的提诉而知。一般而言,公众提诉的主观性意图,有以奖金为目的(私盐等场合)的,也有因怨恨而作为恐吓手段的,等等。

[194] 《唐律》断狱第十二条"依告状鞫狱"。不过,基于告状搜查出别的犯罪事实的时候,也能对此进行审理(同条疏),所以不告不理也未必是绝对的。

[195] 《唐律》斗讼第四十一条"诬告反坐"。

[196] 《唐令拾遗》狱官令二十三"前人合禁,告人亦禁"。

[197] 《唐律》断狱第十条"拷囚限满不首"。也参照同律第九条。

[198] 《唐令拾遗》狱官令二十三。

[199] Escarra , *Le droit chinois* p. 62(b),谷口翻译本第 67 页。

[200] 《唐律》斗讼第五十四条"告人罪须明注年月"有"即被杀被盗,及水火损败者,亦不得称疑,虽虚皆不反坐"。《唐律》断狱第十条"拷囚限满不首"有"其被杀被盗,家人及亲属告者,<u>不反拷</u>(被水火损败者亦同)"。《唐律》疏中在叙述其理由时称"以杀盗事重,例多隐匿,<u>反拷告者,或不敢言</u>"。三审之法也并不适用于杀人、强盗以及其他案件。

[201] 《大清律例增修统纂集成》卷三十六"依告状鞫狱"律。本件只有一个条例(而且条例的内容有将本律的严格适用放松的意味),《刑案汇览》等文献中,没有围绕本律的具体案件。

[202] 《大清律例增修统纂集成》卷三十"诬告"。以及此条中上栏部分的各个案例。

[203] 从《大清律例增修统纂集成》卷三十"诬告"上栏部分道光十六年上谕,《大清律例增修统纂集成》卷三十"官吏词讼家人诉"上栏光绪二十年上谕等资料可以窥见。

[204] 接受诉状称为"收",决定受理称为"准",不受理称为"驳"。对已经接受的诉状的处理,是准,还是驳,后日会在官衙外揭示公开。

［205］ 在《佐治药言》中有"访案宜慎",《学治臆说》中有"寻常讼案不宜轻率申详"等标题。

［206］ 妻子殴打丈夫的场合,官府等待丈夫的申诉而论妻子之罪(《大清律例增修统纂集成》卷二十八"妻妾殴夫"律夹注)等,被规定的亲告罪的若干场合,访拿自然是不被允许的。相反,有如吸食鸦片罪等只允许访拿,不允许旁人提诉等非常特殊的例子(《大清律例增修统纂集成》卷三十"诬告"条例二十七)。另外,在那种由官员的职权发动的审判程序被认可的制度下,当事人的报案也与日本诉讼法中提起公诉不同,并不具有特定诉讼主题的含义。作为原告,因出庭本身而结仇,或者相反导致自己的恶行被发觉,就在提诉他人的法庭上,自己反被问罪的情况也是可能的事情(注 114 杜如意的冤罪就是一个例子)。

［207］ 在管辖范围内发生凶恶犯罪案件,而且还未能拘捕到犯人,就成为官员惩戒的事由。《六部处分则例》卷四十一、四十二"盗贼"、卷四十三"人命"有详细规定。

［208］ 虽然有以拘捕人犯为己任的专职官员,但归根到底他只是印官的辅助者(参照注 16)。"巡捕与推鞫的分离"的说法(宫崎市定:《宋元时代的法制与审判机构》,《亚洲史研究》第四卷,第 207 页)至少在清朝的制度中不能说具有很大的意义。而且在宫崎市定前面论著中叙述的"推鞫(调查事实)与检法(确认法律的适用)的分离"这一现象是清朝完全见不到的、宋朝特有的极为有趣的制度。

［209］ 20 万人口规模的州县只有一个还兼任行政长官的审判官,而且成为他办事的手与脚的还是不能信赖的胥吏。

［210］ 《佐治药言》"访案宜慎"也主张访案容易引起误判,所以作为贤明的州县官应该尽量避免。

［211］ 即便百姓以受"强盗"之害报案,官员因为嫌强盗案有伤自己的政绩,让报案人将内容改为"盗窃",或者派遣去的捕役们首先不是捉拿犯人,而是涌到被害人家里,索要酒食钱财,所以会发生百姓即便是有损害之痛,也会对报案踌躇不前之弊(《钦定大清会典事例》卷一二六嘉庆十二年谕,同书卷七八六同一内容重复出现)。

［212］ 从这一类的例外事情必须明确记载(注 214),我们相反可以知道原则的存在。另外,那也是为很多学者如 Gulik,*T'ang-yin-pi-shi*,p. 56;John Macgowan(麦嘉温),*Lights and Shadows of Chinese Life*,1909,p. 156 等认可之处。引用明律系统的日本《新律纲要》以及《改定律例》中,仅后者就有"凡断罪要依口供结案"(第 318 条)

这一规定,更接近明律的《新律纲要》中,不用说文字记载,依口供断罪被视为当然的原则,应该理解为在《改定律例》的开头部分——通过与西方的法律制度对比——到了上升至意识层面重视规定的状态。

[213] 近年在《政法研究》杂志上出现的萧常纶、刘崐林两位的研究成果非常有意思。与前者主张"证据与口供应该并重"(1955年第1期)相对,后者认为口供也是证据的一种,批评不应将二者作为并立的两个事项考虑(1955年第4期)。前者在强调应该重视客观性证据的这一点上,的确也是接受了近代精神洗礼的表述,但还是将自供放在与证据并重的位置上考虑,确实留有传统的观念。后者正是抓住了这一点。

[214] 在《唐律》中,限于有关"议请减"这一类具有高贵身份的人以及老幼不具者等禁止拷问的人(断狱第六条),以及"赃状露验"(罪状极为明确)、没有合理性的疑问余地场合(断狱第八条),可以根据"依据众证""据状"定罪。《大清律例增修统纂集成》中没有相关规定。详细论证留待今后。

[215] 参照注143a。

[216] 在关键地方屡屡以"不合"文字来表述是"招状"的规定格式(《福惠全书》卷十二)。这个所谓"不合"被称为"招眼",在内阁文库收藏的《法家引用》抄本中可以发现其使用。这是拟罪的前提。

[217] 因此并不存在公认的律师制度。以给诉讼方面提供帮助为业,进而操纵当事人的所谓讼师在官方的眼中,一直被视为仇敌。

[218] 一旦将其释放,让手下跟踪,调查其与谁会面等(《棠阴比事》"蒋常觇妪"),将两三个相关人叫到私室中调查,伪装成来客,坐到他们当中,偷听他们的私语(《蜀僚问答》"要案伏人潜听私语之法"),在找不出杀人凶手的时候,以要与被害人的灵魂对质为由,深更半夜将众人带到城隍庙中,找出有出现害怕举动的可疑人(《鹿洲公案》"幽魂对质")等。

[219] 《江苏省例》同治十三年臬例"命盗案件奉批再行拟解"等,谆谆告诫州县官应该好好做实证据。

[220] 《大清律例增修统纂集成》卷三十七"官司出入人罪"上栏部分嘉庆九年通行。

[221] 而且在民事方面,大概能说是以刑罚为威胁手段的调停人。这只是我个人的预想。
后记:这在以后成为超出预想的东西了。参照本书第三章。

[222]　本条是承袭唐律与明律的条文,只是在唐律中为"律令格式的正文",而在明律中则是"律令",法源的名称因时代不同有区别而已。

[223]　《大清律例增修统纂集成》卷五"断罪无正条"条例:"引用律例,如律内数事共一条,全引恐有不合者,许其止引所犯本罪,若一条止断一事,不得任意删减,以致有出入。"

[224]　《大清律例增修统纂集成》卷三十七"断罪引律令"条例一有"承问各官,审明定案,务须援引一定律例,若先引一例,复云'不便照此例治罪',更引重例,及加'情罪可恶'字样,坐人罪者,以故入人罪论"。此外,"不足蔽辜","从重"等等表达被视为抑扬字句,要求在案件处理中禁止使用(《大清律例增修统纂集成》卷四"赎刑"上栏部分嘉十六年上谕)。但是这一禁令在例案相关史料中,征之实例,也没有被严格遵守。相关详论留待日后。

[225]　《大清律例增修统纂集成》卷五"断罪依新颁律"律。承袭明律,规定"凡律自颁降日为始,若犯在已前者,并依新律拟断",但在其夹注中称"如事犯在未经定例之先,仍依律及已行之例定拟,……若例应轻者,照新例遵行",明确强调条例的修正应该只向有利于被告的方向援用,而且其原则即便征之《刑案汇览》等书中的实际例子,也可以发现被很好地遵守。不承认溯及如条例这种补充性法律对既往事件的处罚效力,这实际上是传统性的原则。在唐代有关因"格"而产生的法律修正,也有相同的规定(《唐令拾遗》狱官令二十二,我对其复原稍稍有点疑问)。有关作为基本法的律的修正后的运用,唐律中缺乏规定,明律开始,出现了如上面所规定的一样,设置了应该一律溯及性适应新律处理案件的规定(在洪武元年实施的律令中,已经在令中设定了这一规定)。在明朝之前的元朝,律并不存在,而且因元末的动乱,刑罚制度发生了很大的混乱。废除乱世中的苛酷刑罚,制定万世不变的、正常的刑罚制度基准,是明律之父的太祖朱元璋制定律法的动力。这一时代背景与立法者的意图使得明律中设置了上面的规定。但是,以此就认定明朝一般性地承认刑法的溯及效果就未免操之过急。而且自从明太祖制定明律以来,有明一代未曾修改一次,明律就顺势被蹈袭成为清律。清代也只是清初加以几次细微修改,一直存续至清末。前面提及的刑法的溯及效果相关规定,除了制定明律当初,几乎不具备实际的意义。如此看来,可以说刑法不应该溯及性地适用于不利于被告的方面,是超越时代的共同常识。另外有关上面所说,请参照仁井田陞《中国法制史研究(刑法)》,第 248、292 页。

[226] 《大清律例增修统纂集成》卷五"断罪无正条"的律本文规定"凡律令该载不尽事理,若断罪无正条者,援引他律比附,应加、应减,定拟罪名,申该上司议定奏闻。若辄断决,致罪有出入,以故失论"。那种法的适用方法称为比附。

[227] 《大清律例增修统纂集成》卷三十四"不应为"。但是其刑重者杖八十,轻者笞四十。一般如果认为笞杖等即便不是正规的刑罚,也是可以执行的,不应为律的存在也不应该过分强调。

后记:详情请参照中村茂夫《不应为考——以"罪刑法定主义"的存否为中心》(《金泽法学》26卷1号,1983年)。

[228] 参照前引仁井田陞著作,第265页。

[229] 所谓无罪只是指量刑为零。所以并不存在积极地宣判无罪的判决(参照注153)。

[230] 《唐律》名例律中能够存在"诸断罪而无正条,其应出罪者,则举重以明轻;其应入罪者,则举轻以明重"这样一个有名的条例,正是因为唐律全体就是具有量刑尺度这一性质。另外,上面的条例在明清时代并不存在。作为一个替代形式,植入了比附规定。

[231] 《例案续增全集》沈如焞自序中的表现。

[232] 另外,在思考方式上,比附是否可以说与我们所说的类推完全相同?这也是应该特别推究的一个问题。如果刨根问底的话,我觉得就会触及中国式的逻辑结构——与语言结构有密切关联——一个极有意思的问题。

后记:有关比附的专门研究,有中村茂夫《清代刑法研究》(东京大学出版会1973年版)第二章"比附的机能"。滋贺秀三《从法制史的立场看现代中国的刑事立法》(《法学协会百周年纪念论集》第一卷,东京:有斐阁1983年版)中也论及比附的性质。

[233] 除注226所引《大清律例增修统纂集成》律的规定以外,附在同律之后的条例中也有相关规定,"其律例无可引用,援引别条比附者,刑部会同三法司,公同议定罪名,于疏内声明'律无正条,今比附某律某例科断'或'比照某律某例加一等减一等科断',详细奏明,恭候谕旨遵行"。从律例变化的经纬来看,南宋的《庆元条法事类》中,并非比附的全部内容,只是认为在稍稍有问题的场合,要求应该提请敕裁(仁井田陞前引著作269页)。另外,在1980年1月1日实施的《中华人民共和国刑法》中也有容认比附的规定,不过,为了适用比附规定,加了必须向最高人民法院申请获得许可这一限制条款(第79条)。出现这样的规定也与1957年刑法第一草案中无条件容认

比附,1963 年的第 33 草案中附加需要获得高级法院,或者最高人民法院的许可有关,在经过激烈的争论之后,统一成为最高人民法院的许可这一规定上来(陈逸松:《中华人民共和国的新刑法——其立法经过与问题》,《法律时报》52 卷 1 号,第 141 页)。明清的律中规定比附须请求皇帝的敕裁,正好与现行的刑法方式对应,所以应该对明清法律的进步性予以评价。

[234] 《六部处分则例》卷四十八"承问失入""承问失出"是这类惩戒处分的基本规定。但是在督抚以下的层级阶段,被上司驳回重新拟案的时候免于处分(《大清律例增修统纂集成》卷三十七"官司出入人罪"上栏嘉庆六年则例中引用的旧例)。被刑部驳回才重新改拟的时候,督抚司道免于处分,知府以下官僚由基本规定轻减处分(《六部处分则例》卷四十八"部驳改正")。被驳回的案件,如有仍然固持原拟等情事,由刑部以及其他上司无视原拟,重新审判的时候,原审官要接受规定条款的处分。

[235] 罪刑法定主义不存在,从中国历史沿革上看也没有什么变化。像韩非子等对法的安定性特别关心的所谓法家,在他们的学说中,也找不到法成为法之后,即便是国王也必须遵守这类思想。关于实定的法规毫无疑问地一律适用万人的这种思想,仅仅停留在人们主张这对王者而言是最善的治国手段层面上。而且,与法相提并论的是应该潜藏于君主胸中的术的必要性。西汉那位著名的廷尉张释之不惧皇帝的天威之怒,将过失冒犯皇帝车驾者,依法处以四两罚金,面对皇帝的责难也认为"且方其时,上使立诛之则已"。也就是说如果当时皇帝要亲自处理的话,当然悉听帝便,一旦将案子交由廷尉,那么廷尉就不能随意曲法处理。这是他的立场(《汉书·张释之传》)。晋代主张严格遵守罪刑法定原则的刘颂有关审判也认为"主者守文""大臣释滞""<u>人主权断</u>"三个层次的判断作用是必要的。东晋的熊远也同样认为"若开塞随宜,权道制物,<u>此是人君之所得行</u>,非臣子所宜专用"(《晋书刑法志》)。在唐代,被认为"非常之断,人主专之"(《唐律》名例第十八条疏),法律中已经预设了"制敕断罪,临时处分"(《唐律》断狱第十八条)的可能性。但是,即便如此,<u>事实上皇帝在处理案件时也并非毫无拘束</u>。如果皇帝至高无上的权力将要不恰当地以粗暴方式行使的时候,臣下会起来尝试着说服皇帝打消念头,皇帝也不是不担心人心疏离导致王朝的秩序大乱,对言之成理的臣下谏言也不能无视(《唐会要》卷四十"臣下守法"中收有这类谏言)。

[236] 在下面的注释 237、238、239 中，只选择有大幅修正的例子来考察。

[237] 比如说《大清律例增修统纂集成》卷三十"子孙违犯教令"上栏部分嘉庆四年杜梅兆案。招致母亲自杀的不孝之子，三法司拟绞监候，皇帝——认为原拟"固属按例办理"——觉得情状重大，变更为绞立决，下令将来若有同样的案件，自然以<u>从前</u>的法律拟罪，不过作为参考，将本案附记于此，以求皇帝之裁定。一般称审判的前例为成案。皇帝的处断即便只是一次性处理，也会成为一个成案。因为成案并不是法律，官僚引用成案拟罪不被允许（《大清律例增修统纂集成》卷三十七"断罪引律令"条例三）。但是成案也具有某种程度的参考价值，官僚往往先引用成案，然后奏请依例处理，这样的请求往往被允许。雍正皇帝就<u>拟</u>与<u>请</u>的区别做过详细的解释（《例案全集》卷三十五"未通行之例援引两请"）。

[238] 比如《大清律例增修统纂集成》卷三十"越诉"上栏部分嘉庆十九年刘觐朝案件。这是一桩兵丁对上司心怀怨望，来北京诬告凭空捏造出来的重大事情的案件。四川总督依据"蓦越赴京告重事不实例"（"越诉"条例八）将兵丁拟以边远充军之刑，皇帝认为这类刁风不可长，四川总督衙门处罚过轻，改断为枷号三个月，期满重责四十板，发烟瘴之地充军，而且命令"<u>嗣后如有革兵控告本官，审系全虚者，即照此办理</u>"。这一命令被条文化的是"越诉"条例中的第二十条。

[239] 比如《钦定大清会典事例》卷七三四乾隆四十四年刘糜子案件。这是一桩九岁小孩杀死同龄小孩的事件。对于四川总督根据律（名例·老小废疾收赎）实施双请（请求是否能够免除其罪）的做法，皇帝认为有必要考虑加害者与被害者年龄差异等因素，不能一概允许双请，命令刑部制定新法案的同时，指示本案也要等到新条例制定出来后，依据新条例处理。于是产生出来的新条例就是"老小废疾收赎"的条例七。根据场合的不同，一边在制定新的法案，但也可以见到仅仅这一案件比新法案规定处理更重的例子（《大清律例增修统纂集成》卷三十七"官司出入人罪"条例四是在注 114 中对英山县知县以"草率定案"的理由，即仅仅处罚，处理过轻而制定的新法，但审判有过失的知县本人受到比新法"杖一百徒三年"更重的处罚，被"发伊犁，永远不准回籍"）。另外，官犯的场合，即便不是死刑，也可以上诉到皇帝那里。

[240] 类似那种条例成立的由来，依据《钦定大清会典事例》卷七二三至八五四刑部历年处理的事例可以得到很明确的解答。一部分实际例子除前面的注释238与239外，参照前面注释151。另外，有关唐代

的格中也可以见到相同的现象,Karl Bünger, *Quellen zur Rechtsgeschichte der T'ang - Zeit* ,1946,S. 53。

[240a] 不过,这是通观刑案类案件获得的、说起来是有关民政层面的刑事司法的印象,但不能忘记也存在与此完全不同层次的"文字狱"那种政治性审判的局面。

[241] 作为迄今为止经常触及的事情,参照注 47、注 131。

[242] 《钦定大清会典事例》卷七二三嘉庆十七年谕"嗣后著各督抚严查所属,如有私造非刑问狱者,即指名参处,<u>虽用以成招定谳,案非诬罔,除将本案拟结外</u>,其承审滥刑之罪,仍一并附参示惩"。

[243] "夫生法者,君也;守法者,臣也;法于法者,民也"(《管子·任法》),"罪决于吏则治,权断于主则威,民信其法则亲"(《管子·七臣七主》)等的说法是相同的思想表现。中田薰《关于法令体系发达的补考》(《法制史研究》3,第 52 页)和《法制史论集》(第 4 卷,第 161 页)中对中国法律性质的简要整理也很适合清朝的状况。

[244] 明清时期经常使用"国朝"一语,"国家"与"国朝"同义。

[245] "国家有天下,是我所谋"(《旧唐书·裴寂传》。裴寂因为说了大逆不道之言,受到讨伐)等等的概念使用中可见那种表达。元代的王恽的表述中也有"今国家有天下六十余年"(《秋涧先生大全》文集卷九十"乌台笔补")。天下一词指在天地之间展开的人世生活的各种状态,并不具有凌驾这之上的、由什么组织起来的共同体的含义。

[246] "法者,天子所与天下公共也"(《汉书·张释之传》)等表述是统治者的自制之语,并非百姓的声音。

[247] 兼子一、竹下守夫:《审判法(新版)》,有斐阁法律学全集 34,1978 年版,第 285 页注 1。

[248] 在任官地域被疏远的官员内心深处的根,总是与自己出身的故乡同族同党连在一起。也就是说进入官场成为官员,本质上只是一个<u>打工的工作</u>。强有力的政治无法诞生的原因也在这里。

[249] 正是在皇帝权力衰落的乱世容易出现暴政。

[250] Henri Maspero(马伯乐),"Le serment dans la procedure judiciaire de la Chine antique"(*Melange chinois et bouddhique* Ⅲ 1934),白川静《甲骨金文学论丛》第四集"古代的审判与彝铭"一文等是利用那一类资料的珍贵研究成果。

[251] Maspero,pp. 269-271,白川静前引书第 86 页,箭矢的"矢"在文字上通誓言的"誓",另外也有"直"的含义。

[252] Hulsewe(何四维), *Remnants of Han Law* , I,p. 93.

[253]　晋国长鱼矫、清沸魋二人暗杀三郤的时候,以"抽戈结衽,而伪讼者"接近他,非常好地说明了这一事实(《左传》成公十七年)。晋国邢侯杀了惑于贿赂,使自己败诉的叔鱼及其诉讼对手雍子,从同时杀了两人这一点来看,大概是在审判场所动手的。如果这是事实的话,他们以全副武装出庭(《左传》昭公十四年)。在梦中,梦见与厉公诉讼的献子也被厉公以戈击杀(《左传》襄公十八年)。血斗审判的存在作为一种可能性,也不是不能考虑。无论如何,为了自己的名誉要为自己的主张而战的样子可以充分想象到。

[254]　Maspero,pp. 286-292,白川静前引书第 26 页,白鸟清《日本·中国古代法研究——神判·誓盟研究》(柏书房 1972 年版),特别参照其中的第 138 页。神判的方法是将牺牲(动物)之血涂在两个当事人的嘴唇上,让其发誓如果作伪将受神罚,之后让他们声说各自的主张,在其间,如果在两造的一方发生了牺牲之兽突然刺上来等异常的不祥之事,就将判那一方败诉(《墨子·明鬼篇》)。

[255]　Heinrich Plath, *Cesetz und Recht im alten China*, 1865, S. 97. 等等。有主张上古时代没有拷问的学者,但没有听说有学者主张其存在的。下面的注中列举的 Creel 的论著中也主张没有显示制度上拷问存在的史料(著作第 176 页,论文第 32 页)。

[256]　这篇论文完成以后,出现了新的研究成果。在 Derk Bodde and Clarence Morris, *Law in Imperial China*：*Exemplified by 190 Ch'ing Dynasty*, Harvard University Press,1967, p. 48 note 95 中,作为《成文法出现前的上古中国的纠纷处理》的参考文献,列举了本章注 250 引用过的昂利·马伯乐的研究成果。这一最新研究是这样表述的:"在(上古中国的)这类纠纷事件中,显著的互相让步精神是与中国帝政时代垂直性设置(vertically oriented)的法庭程序明确区别的东西,让人联想起这是一个在中国政治机构官僚化的后世,难以想象的、在精神上更加接近西欧形态的社会。不过,必须注意的是,我们所能知道的上古中国的纠纷,全部都是贵族成员之间,即大大小小的社会性对等人物之间的纠纷,作为一般百姓并没有包含在纠纷当事人中的这一结果,我们的认识因此必然是不全面的。"在这一欧美研究的表述中,笔者仿佛听到了本章所叙述见解的反响。抽出 Herrlee G. Creel(顾立雅)的 *The Origins of Statecraft in China*, *volume one*：*The Western Chou Empire* (University of Chicago Press,1970)第八章"The Royal Government：Justice "(pp. 161–193)的论点,以及他详细讨论过的见解,还有他

的一篇关于周代诉讼制度的论文,讨论的时间范围下到春秋战国时代,"Legal Institutions and Procedures during the Chou Dynasty"(Jerome A. Cohen and others（eds.）, Essays on *China's Legal Tradition*, Princeton University Press, 1980, pp. 26-55）,这些应该是现在有关中国上古时代司法研究中最具网罗性的。在方法论上,顾立雅只相信经过严密论证认定的西周的同时代文献(具体地说主要是《尚书》中的几篇和若干金文),另外,他又百分之百地相信一度认证是真正的文献。在内容方面,他认为西周王权的政治机能与过去的研究成果相比,实际上已经具有非常强有力的系统,这是该书一贯的特点。在司法方面,以《尚书》的"康诰"为主要史料,将清晰描出作为权力发动的审判——纠问程序——放在叙述的重点上。对笔者而言,必须以反省的态度来对待。顾立雅也引用而且肯定上面提到的卜德(Derk Bodde)的表现——尽管也不是没有一点唐突的感觉(Herrlee G. Creel 著作第 164 页,论文第 42 页)。

另外,笔者自己在此之后,有一篇从刑罚的一个侧面考察上古到帝政时期刑罚发展的论文《中国上古时期刑罚的一个考察——以誓与盟为线索》(《石井良助先生还历祝贺法制史论集》,创文社 1976 年版)。现在看起来虽然有在云梦秦简出土之前所写论文这一文献上的弱点,如果能被参照将十分荣幸。

第二章　刑案中所见作为宗族私裁的杀害行为

——国法的对应

第一节　宗族自治与团体原理、身份原理

在过去的中国，作为处于国家与一个个家庭之间的自治性组织，宗族、村落、行会应该受到关注，可以说这已经成为今天学术界的一种共识。[1] 为了全方位地论述过去中国的国家体制、法律，只研究狭义的国家机构（官僚制度下的统治机构）及其活动形态是不够的，必须同时将前面所言的民间自治组织纳入视野。而且不是将两者割裂开来讨论，必须通过深挖两者如何相互关联的问题，勾画出一个综合性的社会结构来。[2] 本章并不是直接涉及这一大问题的研究，仅限于对宗族问题进行考察，而且聚焦于以前从未受到学术界关注的一批史料，希望对深入考察传统中国的国家体制、法律形态问题助一臂之力。[3]

所谓宗族，是总称由同一祖先的父系血缘分支出来的子孙以及他们的妻子。作为亲属组织上的一个词语，它可以用在着眼于

能够无限追溯到遥远父系血缘事实这一观念上的场合；作为社会学的概念，也有用在无论其作用大小，作为一定范围的宗族成员而能履行自治、互助功能的社会集团现实存在的场合。本章主要在后者含义上使用宗族一词。在这一意义上的宗族，其作为社会集团，规模、组织化程度、宗族成员之间连带感的强度等都因具体情况而异，宗族差别可能非常大。一方面有组织规模很大的宗族，数千族人聚居，形成一个村落，族人们在祠堂中祭祀祖先的同时，讨论族中大事；通过族内长老管理、经营族田之类的基本财产，对族内的贫困者提供救助、扶助族内成员的婚丧嫁娶、对优秀子弟的就学提供奖学金；编纂、刊印规模庞大的族谱，努力维持族内成员的连带感。另一方面也有可能大家相互熟知范围的族人仅仅限于狭小空间内，仅有数量很少的成员，他们之间不过是不拘形式的亲戚间交往程度的宗族。因而非常自然地，具有大规模组织的宗族会留下非常显著的历史资料，很容易成为学者研究的对象。本章也属于附这类研究骥尾的一个探讨。不过，我想事先强调的是，过去的中国人并非都是在这种具有组织的宗族统治管制之下的。规模很大的宗族组织是多见于华中与华南地区的社会现象。

宗族组织无论规模大小，都会重视自主性解决、管制宗族内部的纠纷与宗族成员的不端恶行等问题。在有正式组织的宗族，具有成文的族规和在祠堂之中举行裁断集会的场合不少。胡朴安在《中华全国风俗志》叙说安徽省合肥地方的风俗中，有下面这样的内容：

> 族中规例极严重，颇具自治之雏形。举凡族人争吵沟洫等事，均取决于族中贤者长者。必重大案件，为族人调解不

开者,始诉之于官。官之判断,仍需参合族绅之意见。族中
有不法而败坏一族之名誉者,族人得召集会议,于祠堂中处
分之。或罚之以金钱酒席,或责以杖,重且至于绞死。[4]

这一内容作为对宗族自治机能的简明叙述,屡屡被学者援引。

长期以来,有关宗族自治机能方面的研究不少。在进行这方
面的研究时,族谱是作为基础性史料被使用最多的,这不用说是
宗族内部的文献;其次是上面引用的风俗志这类在广义上以观察
者的记录为主的文献。另外,还必须利用国家层面的文献,特别
是国家机关审判记录中有关宗族的自治形态究竟是以什么形式
出现的。

在过去的中国,广义上可以称为判例集的文献,传至今日的
大体有两类。第一为刑案类,这是以中央政府的审判机关刑部的
档案为素材,取舍节略,分类编辑,作为参与司法实务工作的官僚
等参考用的出版物。在全国范围内发生的重大案件(具体而言,
要处以某种程度以上的重刑罚事件)的审理,发生于州县,经送达
各省总督或巡抚几个层级的复审,以书面形式上报刑部,接受刑
部的审查,包含死刑等的重案还要进一步上奏皇帝,接受皇帝的
裁决,才最终决定其判决。[5]在这个审理系统中,刑部处于至为关
键的环节,发挥着统一全国性判例的功能。因此可以说刑案类的
文献也具有类似日本最高法院的审判案例集的意义。但是这一
类文献偏于刑事案件,其实也是由上述审判系统层层筛选带来的
不得已的事情决定的。

第二为判牍类,这与个人的诗文结集印行具有同样的意义,
是某个人作为地方官,因在某地任职而写下了判决文,以流传其
作为文章的作品为主要目的而结集出版的文献。与其称之为判

例集,不如说是判决文集。虽然将其作为史料,并不是说它是能够观察判例变迁等的文献,不过内容上,不仅仅有刑事案件,而且包含了丰富的、广泛涉及民事和行政方面的案件,也有故事性,能比较如实地、通俗地反映普通百姓的现实生活。本章暂时不对判牍类文献作进一步的讨论,主要通过刑案类文献来研究宗族的自治性活动。下面,首先从上述刑案的特征出发,聚焦于显著出现的、作为宗族自治性制裁的极端手段——将族中恶人处以死刑的事件。

先从刑案中举几个例子看看。

金文利等谋死金献赐一案(江苏省,康熙四十九年二月二十七日作案)。[6]

> 金献赐家贫乏资,(康熙)四十九年二月二十六日夜,偷窃族房金中袁家中米鸡等物。次早中袁投同族,众搜,起获赃物,将金献赐交付伊叔金文利。当有金献齐者喊令送官究处。文利不依,以向犯行窃,受其坑累,即起意谋杀,设立埋杆,以图扯死。伊妻余氏闻言,跪求饶夫,愿以身代。文利坚执不理。致余氏归房自缢。文利遂主使伊子献尊、伊侄献纯以树作杆,文利作绳套,逼勒献赐套头颈,举手先扯,复使献尊、献纯帮扯,以致献赐殒命。

蒋太龄等活埋族匪蒋阿璞身死一案(福建省,乾隆八年七月二十六日前后作案,乾隆九年十二月十七日结案)。[7]

> 蒋阿璞窃无服族兄蒋阿吉鹅只,与陈超玉宰食,当为蒋阿吉查知认赔。蒋阿吉遂向其取钱,反为蒋阿璞逞凶欲打。蒋阿吉同胞弟蒋阿茂携绳缚住蒋阿璞,牵投蒋太龄。蒋太龄即与蒋阿吉齐邀约正蒋聿环、族房长蒋明基、蒋丹照、蒋起

凤、蒋建镐，及练总蒋祖康，并蒋阿璞胞兄蒋阿奇，同至祖祠众议。欲将蒋阿璞送官处治。蒋太龄即倡言牵去活埋，以除族害。时蒋聿环随声附和。蒋太龄随出钱三十文，往雇蒋帮龄挖坑。蒋起凤、蒋建镐不敢预谋，先行散归。蒋太龄随牵蒋阿璞前行，蒋阿吉、蒋帮龄在后推送。蒋聿环、蒋明基、蒋丹照、蒋祖康、蒋阿奇亦跟随往看。比至坑所，蒋太龄即将蒋阿璞推入，蒋阿吉、蒋帮龄帮同掩埋，致蒋阿璞毕命。

徐永（允）耀与徐兆祥等同谋捆缚伊子徐亚老淹死一案（浙江省永嘉县，乾隆十五年七月二十七日作案，乾隆十七年十月二十一日结案）。[8]

徐亚老平素为匪。曾于乾隆八年偷窃无服族兄徐圣扬棉花，十年又窃徐康若银物。俱经事主报县究追责惩。讵徐亚老始终不听父训，又于乾隆十五年七月十五日夜，乘驻劄该县南溪县丞何森公出，即入署偷窃木料两株，唤同伊工人徐云法，帮同背回。有看守衙所赵亚毛，系徐亚老无服族叔徐兆祥家工人。次日搜获原赃，禀报该县丞。（县丞）拘执徐亚老，徐亚老即迁怒于徐兆祥，唤同徐云法将神庙香炉掇放徐兆祥家内，又持刀赴徐兆祥家吵闹。时值该县调省入闱。徐兆祥控府，府批令查。徐亚老之父徐永（允）耀因徐亚老从前犯窃破案，牵连受责赔累，今怙恶不悛，又持刀行凶，并闻徐兆祥控府，复惧连累，起意捆缚，欲淹死徐亚老。七月二十七日，往邀徐兆祥相帮。徐兆祥不允，劝阻。徐允耀用言哀恳，徐兆祥始行允从。徐允耀、徐兆祥又往唤徐圣扬帮忙。徐圣扬亦劝阻不听。徐允耀即拉徐亚老至祠堂内，令徐兆祥抱头，徐圣扬按足，徐允耀捆绑置于篰内，与徐兆祥、徐圣扬

同抬至黄桥之上。徐允耀年老手软,欲使徐兆祥帮推落水,
又经徐兆祥、徐圣扬劝阻,徐允耀坚执不从,逼令徐兆祥推徐
亚老入水淹毙,徐圣扬未经下手。徐允耀备棺,唤同赵亚毛
捞尸掩埋,匿不禀报。嗣经该府批词下县,(县)饬差拘审,该
差役查知徐亚老为父淹死情由,禀县拘齐各犯。

以上,在认定原文中的叙说为事实之后,接下来考察司法官
僚围绕各自案情的法律适用问题的议论,相关的具体情况分析留
待以后。上面看到的实际事例正是国家审判记录中出现的,这些
案例证实了《风俗志》中"有重且至于绞死者"的现象不限于合肥
一县,所载内容也非夸张之言。

另外,上面的事例中,第二个案例与第一个、第三个案例的情
况稍稍不同。在第二个案例中,宗族内的长老们和事件关系人齐
聚宗祠,虽然没有进行充分的事前组织安排,但是是一种审判集
会,而且在宗族中最有影响力长者的主导下,活埋了犯事人。聚
集起来的族中长老与整个事件的主导者蒋太龄(文章中没有详细
记载,但他应该是一族中称为族长的人物),都没有将自己与应被
裁断人物之间血缘上的亲疏远近关系作为一个问题,而是以宗族
这样一个由"等质成员"构成集团的领导人的立场来行动的。我
想把这种状况称为基于**团体原理**的宗族活动。

与第二个案例不同,比如上面的第三个案例是为非作歹者的
父亲成为主导,请人帮忙下的手。但是我们必须看到,这个事件
正如叙述中徐亚老被拉扯到祠堂、被绑入竹笼的情节非常明确显
示的一样,那并不是因作为父亲个人的愤怒而出现的行为,而是
在祖灵的神明照览下,以宗族的名义进行的制裁,其父作为身边
最直接的责任人亲自执行的。如果不是父亲,就会出现第一个案

例所见到的那样，伯父、叔父等近亲尊长来充当同样的角色。这种情况并非把所有的族人都当成等质性团体的成员，而是以一个个族人之间相互的亲疏、尊卑、长幼的个别性身份关系作为基础，以最亲近尊长的权威进行教导、惩戒子弟。我想在这里将这一状况命名为基于身份原理的宗族活动。

对族内为非作歹成员的制裁使用了杀害这一手段，从宗族活动的整体情况来看，自然是极为特殊的场合。宗族的普通活动究竟做了些什么？多贺秋五郎编辑的《族谱研究（资料编）》（东洋文库 1960 年）收入了众多宗规族约，为我们提供了丰富的资料。以下来看看宗族活动的概略。

宗族组织发挥了调停族内纠纷与制裁为非作歹行为的两方面功能。要对调停与制裁明确划线区别是非常困难的。有关纠纷的产生，通常情况下是其中一方，或者双方有过错。宗族屡屡通过根据过错的程度，给予适当惩罚的方式，劝解受害一方，促使事情的和解。这种情况正好与国家司法中也难以峻别刑事诉讼和民事诉讼是同样的情形。不过还是能够对调停和制裁做一个大体上的区分。

首先，有关纠纷的调停，宗规族约中作如下规定的情况不少：族中如果发生争端，首先必须向族长投诉，听其剖决，如果在那里解决不了，则可以向官府投诉；对未投诉族内，直接投诉官府的行为要加以制裁。另外，族人与族外者之间发生的争端，有如下的规定：在要向官府投诉打官司的时候，宗族调查涉事族人的主张有无道理，如果有理，采取从宗族的共同财产中拿出钱来充当诉讼费用等措施，以举族之力援助族人打官司；如果族人没有道理，宗族会斥责惩处族人，让其收拾打官司的念头，与族外者和睦相处。[9]

其次,有关制裁,使用的最普通手段如下:

叱、斥(使用"众叱""呵斥"等词语):即进行口头训斥。

罚:自发性地用什么方式进行补偿。多为罚钱、罚酒席等。也有在祖宗牌位前面长跪以及向受害一方道歉等礼仪上的补偿。这些全部都称为罚。

责:给予肉体性的痛苦、耻辱。主要以杖责即用棍棒责打身体。[10]

停胙(不许入祠):停止其族内交际的资格,规定期限为一年、三年、五年等期限。[11]

出族(永不许入祠):从族内除名,将其从宗族中赶出。

送官究治:将其交给官府惩处。

上面的出族与送官究治往往双惩并举。[12]若某人在官府被问以某种罪名(尤其是奸罪),也会有宗族组织将其开除出族籍这样的场合。[13]到开除族籍为止,这些都是宗族的自治性制裁,即根据"家法"进行的处置;达到族内制裁的最高标准之际,就开始有了送官究治的依据。"小则于祠堂治以家法,大则于公庭治以官刑",就是表现这类事情的常套言辞。[14]总而言之,宗族总是以官府发动国法惩治为后盾,尽量在还不到动用这一措施的阶段处理好纠纷。[15]直接从正面提出将作为制裁手段的杀害纳入宗族的规定中的例子虽然可以找到两三个,但极为稀少。[16]有关置人于死地的制裁,认为应该交由国法处理,宗族插手到那种程度确实过头了。从宗族的立场来看,这也可以说是常识。

国家对宗族的自治性制裁是什么态度?可以说将宗族的自治性功能视为国家体制的一个环节、将宗族置于一定限制框架的同时,帮助宗族体制成长的这类性质的立法几乎不存在。刑法的确在量刑的轻重方面,将加害人与受害人之间的亲族关系细致地反映其中,也就是说尊长对卑幼的加害行为会比一般关系的加害人的惩罚更轻,相反则会加重刑罚。而且导致近亲关系人之间的加害与受害的惩罚结果那么悬隔的现象,具有从国家法律层面证明尊长对卑幼的权威的作用。因此,从这一角度可以说基于宗族的**身份原理**的活动的确因国家权力得到加持,但是有关基于宗族**团体原理**的活动,国家一概比较冷淡。无论是族长还是宗族组织中其他什么名目的职衔,立法中几乎没有特别正面评价宗族里这种集团统辖者的地位的规定。仅仅在与保甲制度相关联,能看到在同族百人以上聚居成村的地方,有要求设置族正,让族正负有一般地域社会中保正、甲长相同责任之类的规定。[17]

如果使用审判权这一概念,国家对天下所有事情都具有审判权,看不到存在某种程度将审判权的一部分制度性地移让给宗族组织以及其他自治组织的现象。从国家的立场上来看,所谓的法就是专指国法,而所谓的家法只是属于单纯的事实领域的事情。[18]

不限于清朝,通观中国历史,由官僚组成的国家统治机构与百姓自发组织起来的自治性组织具有在制度上难以相互结合的倾向。对这一倾向,历史上有一个几乎是唯一的例外,那就是明代初年的里老人制度。所谓的里老人,是指每个乡村从居民之中推举出的、受到广泛信赖的德高望重者,由官府任命的一种职衔,以教化百姓和调解民间纠纷为职责。规定轻微的事件首先应该投诉至里老人,越过里老人,直接向官府投诉被视为越诉而加以禁止。[19]将民间的自主性解决程序放在官府的审判前,这一考虑屡屡出现在自治组织的规定中,如宗规,这在前面已经讨论过;但里老人制度则是国家提出的要求。将地域社会的自治性机能作为国家体制功能的一部分纳入国家政治系统中,应该称之为实在具有特殊性的制度。不过,这一制度不久便徒具虚名,并没有起到最初期待的作用。大概是因为真正善良稳重的人物尽量避免承揽与官府事务相关的职务,这一认识在中国社会根深蒂固,所以里老人也由此得不到合适的人选。[20]从这一失败的例子中也能知道官治与民间自治的结合何其困难。

宗族的自治也从国家的统治中截然被分割出来。两者具有因为相互分割开来才各自发挥原本的强项而正常起作用的这一性质。也就是说,在制度上完全并存于不同世界的两者,在功能上又正是相互补充的关系。在宗族方面,有关明确地将官府作为最后依存的后盾已如前述;在官府方面,民事性纠纷、轻微犯罪行为经宗族之手处理,而不会一一都弄到官府的公堂上来,这一定是实现"官事少"的政治理想最值得推崇的事情。两者相辅相成,共同高效地起到维持社会秩序的功能。两者能够如此互补的根本原因在于,无论是国法还是家法在把什么视为善、把什么视为恶的价值体系上具有共同的东西。亦即我们必须指出的双方都立基于儒教伦理之上。

只是本章要讨论的是,宗族在对为非作歹者采用杀害这种极端手段来实施自治性制裁的时候,国家的统治与宗族的自治之间产生冲突的问题。无论是否是在家法的名义下进行的,如果人命被戕害的话,这在国法上就是杀人的犯罪行为,国家的法庭必须对此作出一个明确处理。从实证的立场来说明国家以什么样的态度来对应这种事件的审判,这在考察中国的官治与民间自治的关联性之际,可以说是必不可少的准备工作。下面就围绕这一问题,追寻清朝的立法与判例的变化轨迹。

第二节　雍正五年条例的兴废、复活与宗族私裁致死案

　　清朝的刑法中有"六杀"的概念,即谋杀、故杀、斗杀、戏杀、误杀、过失杀六种。谋杀与故杀相当于现在的杀人罪,斗杀以下是根据各自状况的致死罪。[21]致死罪中,另外还有要追究引起人自杀刑事责任的威逼致死等。[22]对杀人者处以死刑是中国自古以来的刑法原则,清朝规定六杀之中,除过失杀以外,其余全部都定为死刑。[23]以命偿命,所以对那种死刑往往用"抵"这一词汇来表现,也有一命抵一命的说法。但是并非被判死刑的人都最终被执行死刑了。死刑分为"立决"与"监候"两种,立决刑如果下达判决的话,要立即执行,没有免除死刑的余地,但是监候要重新等待执行命令才能执行死刑。不过在执行之前,要经过一年一度秋审这一围绕死刑执行可否的审查。在秋审中,被断定为入"情实"(即可以执行)册中,进呈皇帝审核,其中只有被皇帝亲笔勾决者,当年度接受死刑;进入缓决(缓期执行)名册的人,第二年也接受相同程序的审查,历经几次反复的审查,会出现减死一等的处理结果。[24]归类于六杀的死刑全部为监候。但是也有一点区别,谋杀与故杀在秋审中几乎都会被核准入"情实"册中,与此相对,斗杀以下则多为缓决。[25]尤其是戏杀、误杀几乎可以很确实地期待减死一等,判其死刑其实是名义上的。[26]另外,以上的犯罪和处罚是针对一般人,即没有亲族关系情况而言的。如果加害人与被害人有亲戚关系,特别是近亲关系,那么尊长杀卑幼,尊长不会被处以死刑,但卑幼杀尊长,卑幼会被处以立决的死刑。

　　概略地看一下上述的制度,作为宗族自治性制裁的杀害行为相当于谋杀、故杀。但是在基本法的律中,并不存在考虑这种制

裁是具有意图性实现正义的行为而对此作出特别处理的规定。只是在类似情况的规定中,《大清律例·刑律》"罪人拒捕"条下有一个"擅杀"的规定,这一规定偶尔因其内容的扩张解释,有适用于宗族私刑的场合,而且以此为契机,以附于律后的条例形式,产生了考虑宗族立场的新的立法。

"罪人拒捕"条例分为三层情况,第一层规定了罪犯对追捕者进行暴力抵抗,进而杀伤了追捕者场合的犯人刑责。第二层规定由于犯罪人手持武器拒捕,追捕者因抵抗而格斗,将其格杀,或者因犯逃脱,因此追捕,将其格杀,或者被追捕的逃犯自杀的场合,追捕者应以无罪处理。所谓"格杀"是特别指称在上述情况下格斗将犯人杀害,结果无罪的场合,将其与"擅杀"之间进行细致区分是一个很微妙的问题。有关擅杀,第三层有如下规定:

> 若已就拘执及不拒捕而杀之,或折伤者,各以斗杀伤论。罪人本犯应死,而擅杀者,杖一百(以捕亡一时忿激言。若有私谋另议)。

这里暂时将伤残的场合放置一边,来看看杀害问题。一般而言,擅杀虽然是故意杀害,但不以故杀名目,而是以斗杀名目论处。斗杀也要判处死刑,但与故杀判以斩监候不同,斗杀被判以绞监候,不仅斩、绞刑罚不同,而且正如前面已经叙述过的,故杀在秋审中被列入"情实"册中,执行死刑的可能性比较大,与此相比,斗杀通常被作为缓决处理,免于死刑执行的可能性很大。以斗杀论处的话,在上述规定的意义上等于实质性的减刑。[27]不仅如此,被杀的犯人如果是犯了相当于死刑之罪的场合,即便是已经经官之手审判了,也不过是该死之命被稍早夺走而已,从这一立场出发,将此件排斥在以命抵命处罚的原则之外,仅以杖一百这一极轻的刑罚来处理擅杀者。[28]但是，律注明确指出，本条的适用只限于没有特别的其他意图，而是在逮捕犯人之际发生的场合。犯人对逮捕虽然并不抵抗，却想要逃跑，所以被杀，一旦被拘执，但不老老实实，希图挣脱，或者怒骂追捕者，追捕者一时气急上头将其杀死的场合，适用本条例。如果追捕者方面有要报复平时怨恨的意图，或者受人之托将其杀害，以及对被逮捕者索要金钱被拒的情况，那么适用的就不是本条中所说的"擅杀"，而必须要问以其谋杀、故杀之罪了。[29]

这一"罪人拒捕"条原本是有关官府的捕役在执行公务之际犯事场合的规定。[30]但是，类似于被害人在捉拿盗、奸、放火等犯人之际，杀了犯人，或者在私下将犯人绑送官府的途中，痛恨犯人的骂詈，将其杀害的场合，适用这种私人擅杀行为的实际例子并非没有。到道光十二年时，从前的判例不统一成为审理案件中的一个问题，以"通行"即向全国各地方官衙通报的形式进行了统一解释，朝廷认可了不限于官府的捕役，对处于捉拿犯人立场的所有人都适用这一条例的方案。[31]不管怎么说，对意图性地回避官府审判的宗族内部的私下制裁行为而言，这原本就不是可以适用的法律规定。而且我认为在清朝初期，并没有其他特别考虑宗族立场的立法。

前面例举的金文利等谋死金献赐一案（康熙四十九年二月二十七日作案），正是清朝前期发生的一个案件。如前面已经说明过的，这是在盗窃惯犯当事人的叔父主导下，让惯犯的堂兄弟出手帮忙，将惯犯吊死的事件。官府对此的处理是，将主犯即被杀者的叔父金文利作为"伯叔故杀侄"之罪，处以杖一百流二千里之刑。[32]金文利之侄、被杀者的堂兄金献纯作为"谋杀大功服弟"之罪，处以绞刑。[33]金文利之子、被杀者的堂弟金献尊作为"谋杀缌麻以上尊长"之罪处以斩刑。[34]但是金献纯、金献尊两人平时与被杀者并无怨仇,因被杀者屡教不改的盗窃之癖,且由于亲生父亲或叔父的指示而将其致死的,所以被认为如果"照律拟死,则情有可悯",双方都被免死处以发边卫充军。[35]一度促其送官,结果未能阻止将其杀害的金献齐被以"知其欲行谋害他人,未即阻挡救护,被害后未行首告",处以杖一百的刑罚。[36]对两个从犯,其处罚进行了酌量减轻,结果在这个事件中没有判决一个死刑就完结了事。从这个案件中可知,案件处理显示了国家某种程度对宗族自治的同情态度,但是在法律中并没有特别的规定。

但是进入雍正时期,突然出现了一个值得注目的立法。作为附于《大清律例·刑律》斗殴"同姓亲属相殴"条,雍正五年(1727)制定的一个新的条例,为后面叙述方便起见,添上编号,全文如下:

> ① 凡同族之中,果有凶悍不法偷窃奸宄之人,许族人呈明地方官,照所犯本罪依律科断,详记档案。若经官惩治之后,尚复怙恶不悛,准族人公同鸣官。查明从前过犯实迹,将该犯流三千里安置。不许潜回原籍,生事为匪。② 倘族人不法,事起一时,合族公愤,不及鸣官,处以家法,以致身死,随即报官者,该地方官审明死者所犯劣迹,确有实据,取具里保甲长公结。若实有应死之罪,将为首者照罪人应死擅杀律,杖一百。若罪不至死,但素行为通族之所共恶,将为首者照应得之罪,减一等,免其拟抵。③ 倘宗族之人捏称怙恶,托名公愤,将族人殴毙者,该地方官审明致死实情,仍照本律科断。[37]

在第一段中,对由宗族送官的惯犯,如果犯罪属于较轻的场合,也要加算其屡犯的事实，将其处以流三千里之刑。也就是对宗族组织将其驱逐远方，官府伸出援手的形式。在第二段中，涉及宗族的私自性制裁的杀害行为，被杀者如果犯了相当于死罪的场合，准用"罪人拒捕"条擅杀的规定，给予杖一百的处罚；在不适当的场合，也会比"以斗杀论"的规定更轻微，以减死一等的方式惩罚。在第三段中，明确规定私自性制裁中，借故进行恶意杀害的场合不适用本条例。也就是说，这是非常明确显示对宗族同情立场的立法。

这一条例是遵旨定例，亦即皇帝以上谕形式指示立法的大纲，命令臣下具体立案作成的。而且皇帝下令立案一般是以某个事件作为契机的。在江西省永新县发生了这样的事件，由于弟弟屡屡盗窃不改，哥哥不得不卖了自己的土地，甚至卖了自己的儿子来替弟弟赔偿。但是弟弟仍然不改，又盗窃他人的耕牛被抓，哥哥无法，终于请一侄儿帮忙将其弟致死。该省巡抚与刑部都对其哥哥与侄儿按法律规定确定刑罚，皇帝却认为此案的哥哥"治以家法，以致身死。又是惩恶防患之道，情非得已"，命令宽减两人之罪，同时下达指示"嗣后凡遇凶恶不法之人，经官惩治，怙恶不悛，为合族所共恶者，准族人鸣之于官，或将伊流徙远方，以除宗族之害。或以家法处治，至于身死，免其抵罪，著九卿详悉定议具奏"。亦即皇帝指示了将来如果发生同样事情对应的新的立法轮廓，命令相关官僚琢磨细部环节。接受皇帝指令编制出来的就是上面的条例。[38]

如此成立的新法仅仅实施了十三年，到乾隆五年(1740)就被废止了。[39]因此这一条例并没有载入流布于坊间的各种版本的《大清律例》中。这一条例的废止是由两广总督鄂弥达建议，刑部律例馆审议的结论也与鄂弥达相同，经过上奏裁可后得以实现。

废止之后,仍有此条例甚善之论;内阁大学士反驳这种论调,力说旧例之非,相关议论在乾隆十年的记录中仍然能见到。[40]这些废止论以及复活反对论的理由都大同小异,无非叙述"族大人众,贤愚难辨。或以富啬招众怨,或以刚直致同仇,或一人煽诱,群相附和,或共挟微嫌,辄图报复。架词串害,往往有之"这类实际情况。[41]亦即虽说是宗族,虽说是家法,实际上其组织并不一定总是正常发挥作用,论证这个有问题的条例在实行过程中如果稍微弄错的话,就有带来极为不正义结果的风险。站在"生杀即朝廷之大权"这一原则论的立场上[42],强调即便是圣天子,"也要使法司详加核议,以至法无可逭,另必复奏三次",才对罪犯执行死刑,岂能放纵匹夫任其好恶,令其操生杀之大权? 所以这个成为议论焦点的条例系一时权宜之法,"若行之久远,必滋流弊"。[43]

上面的条例还在有效期间内时,发生了张璜殴死缌麻①叔张相才的事件(云南省宝山县,雍正十年九月二十六日作案,雍正十一年十二月十一日奉旨驳回)。[44]案情的大概如下:

> 张相才素行不端,前因犯窃被获,通族共恶,公议将伊投河。张相才曾立有"日后如再乱行,不论长幼,听凭处死"甘结交与族长收存。讵伊未知悛改,罔顾伦常。于雍正十年九月二十六日夜,乘孀居小功弟媳蓝氏之子完姻,赘入岳家,族人致贺饮酒各散,张相才知蓝独处,潜入其卧室,欲行强奸,蓝氏力拒喊救。邻族张相远、张璜、张相引、张相彩等闻声,疑有盗贼,各持枪棍趋救,……欲拿送官。张相才即持棍行凶,……张璜亦持枪杆打中张相才,……致枪戳伤殒命。

---

① 缌麻为五服中最轻的一种。其余四种为斩衰、齐衰、大功、小功。——译注

　　对这一事件,云南巡抚根据律例初判张璜处斩刑罚。[45]但被杀的张相才有盗窃与强奸未遂的罪过,虽然其罪不至死刑,却满足了"所犯劣迹,确有实据"的要件,根据条例将张璜判处流刑,将参与乱斗的张相远等人判处杖刑,案件送往刑部。刑部驳回巡抚的处理意见。作为驳回的理由,刑部指出成为议论焦点的条例附在"同姓亲属相殴"条下这一点。也就是说这一条例原本应该适用于无服亲属之间,并不适用于五服以内的族人。但张璜杀了相当于缌麻的族叔张相才。但是由于张相才曾经提出了前述的保证书,所以自然在第二天交给族长将其处以家法不会有什么问题。这是刑部认为以卑幼之分敢致尊长之死,其罪不可原谅,张璜必须依律论处。刑部的这一解释的确不是没有牵强附会之感,但这是为了防止对杀害尊长的五服之内的<u>卑幼</u>实施减刑措施的一种解释。如果将刑部的解释彻底实施的话,就会出现下面这样一种很奇怪的现象:尊长杀害卑幼的场合,若为有服大功、小功、缌麻关系的尊长,会按律处以绞监候[46],而无服之尊长,则可以根据条例减死一等。这也许与中央司法部门对因皇帝的关照而出现的这个特别立法感觉到不安,而极力进行狭窄解释的心理作祟有关。不过皇帝也同意了刑部的驳回意见。张璜最终被如何判处,没有记载。

　　上面的条例被废止后不久,发生了彭国正等勒死彭蓝的事件(安徽省虹县,乾隆八年二月十三日作案)。[47]案情的大概如下:

　　　　彭蓝年幼丧母,与弟彭二生被伯父彭国正抚养成人。彭蓝不务正业,伯父为其所娶之妻,不及一年即休弃,整日与宵小之徒偷鸡摸狗,"犯案虽无确据,久为亲族见闻所共恶"。彭国正屡屡劝训,彭蓝不思怙恶,终恐酿成大贼,辱及祖先,

因起杀害之意,并与其舅娄元济相商。娄元济劝阻,而且亲
自斥训彭蓝,但未起作用。乾隆八年二月十三日,彭蓝又行
外出,深夜不归,彭国正终于决意将其杀害,说服娄元济,乘
彭蓝四更归家熟睡之机,二人将其勒杀,沉尸湖底。第二天
早上,邻居吉柱举等察知此事,鸣保报县。

对于这个案件,该省巡抚认为此件适用宽减族众擅杀不法族
人之例(雍正五年条例),将彭国正由期亲故杀卑幼之罪应处以杖
一百流二千里减罪一等,改为杖一百徒三年之刑;娄元济由谋杀
小功卑幼从犯之罪杖一百流三千里减罪一等,处以杖一百徒三年
之刑。对此案的处理,刑部除了"有争议的条例业已废止,本不该
援用"这一理由外,认为即便条例继续存在,在这一案件中,缺乏
被杀者为非作歹的确实证据,既非"事起一时",也非"合族公愤",
以不适用该条例为理由,驳回巡抚的审理意见。巡抚也听从刑部
的意见,改判处罚,收拾了这一案件。

前文例举的蒋太龄等活埋族匪蒋阿璞身死一案(乾隆八年七
月二十六日前后作案,乾隆九年十二月十七日结案)也几乎是相
同时期发生的案件。正如前面已经叙述过的,对盗食族人家鹅却
不仅不思悔改,反而倒打一耙的蒋阿璞,经过祠堂中审判会议的
结果,在蒋太龄主导下将其活埋。对这个案件的处断,如果严格
按律论处的话,蒋太龄相当于被杀者的小功堂兄,所以应该以"故
杀小功弟"之罪处以绞监候[48];根据蒋太龄的指令,动手活埋蒋
阿璞的蒋阿吉(被杀者的无服族兄)以"从谋杀人加功"之罪处以
绞监候[49];同样参与活埋的蒋邦龄(被杀者的小功弟)以"谋杀缌
麻以上尊长"之罪判处斩立决[50],而且被没收受雇挖坑所取得的
劳务费 30 文;在祠堂的审判集会上随声附和的蒋聿环以"从谋杀

人非加功"之罪,处以杖一百流三千里的处罚[51],但结果因七十岁以上高龄而被收赎[52],和革去约正之职;参与审判集会,乃至随行活埋现场的蒋起凤、蒋建镐、蒋明基、蒋丹照、蒋祖康、蒋阿吉奇(蒋阿璞胞兄),以"知其谋害,不即劝阻救护,被害之后又不行首告"之罪,各处以杖一百之刑罚[53],蒋祖康革去练总之役;与兄(蒋阿吉)一起,听从尊长指使,捆绑被杀者而投至宗族的蒋阿茂免于刑事处罚。与被杀者一起盗食家鹅的陈超玉,以不应为重律之罪处以杖八十之刑罚[54]。但是在处理过程中,刑部援引康熙四十九年金献纯的先例,请求对蒋阿吉、蒋邦龄酌情处理,其内容如下:

> 今查蒋阿璞系屡经犯案之积匪,蒋阿吉、蒋邦龄听从蒋太龄主使,帮同活埋。若俱按律定拟,固属情有可悯。但查蒋邦龄一犯系已死蒋阿璞小功服弟。虽与金献纯案情事相同,究攸关伦纪。若与蒋阿吉均拟减等充军,似属过轻。应将蒋邦龄量减末等,改为斩监候。其蒋阿吉系已死蒋阿璞无服族兄,应照金献纯减等之案,准拟减其等充军。云云。

也就是说,在康熙时期的先例中,被杀者的堂兄金献纯与堂弟金献尊无论其长其幼,都被减死一等。但是蒋阿璞案子则论及与被杀者的长幼关系,只给相当于尊长的蒋阿吉予减死一等的处置,而对相当于卑幼的蒋邦龄,只是给予将斩立决改为斩监候的处理。有关雍正五年的条例的争论已经细到这一程度。皇帝对刑部处理的意见裁可,之后蒋邦龄以斩监候,蒋阿吉以发边卫充军而结案。

在第二年即乾隆十年的秋审中,都察院左副都御史陈述了对上面一案中蒋邦龄的同情性意见,而且论及将已废止的雍正五年条例重新复活的问题,但内阁大学士反对此议。结果"攸关服制"这一点受到重视,蒋邦龄最终被划归"情实"册中定案。[55]

通过以上两个案例,可以看到清朝法制史中非常有意思的一面:法令的改废要让官员心服口服需要花很长的时间。

刘大嘴等同已故刘宾活埋无服族叔刘彩文身死一案(福建省宁化县,乾隆五年十一月二十四日前后作案,乾隆十年六月二十七日结案)也是同一时期发生的案件。[56]这个案件充分展示了宗族自治功能形态。

> 刘彩文素行不端,伙同李什盗窃刘大嘴之父刘章耕牛一只,刘章访知原牛在李什家中,随往获原牛。将李什拉回欲行投官,李什吐出刘彩文伙窃情由。刘章随拉刘彩文投族众,时有族长刘宾以刘彩文做贼有犯族规,唱言"罚银八十两,置酒谢族,免其送官究治"。将刘彩文交与刘公允领交伊母陈氏收管。刘彩文欲卖陈氏赡田备酒,陈氏不允。刘彩文辄肆嚷闹,并将陈氏推跌倒地。迨刘宾、刘章、刘大嘴、刘汉三、刘文登等赴刘公允家问信,刘公允同众即往陈氏家中,向刘彩文催索罚银。陈氏告知刘彩文逼卖赡田推跌情由。刘宾声言:"刘彩文既系做贼不孝,不如埋死,以免族人后累。"比刘汉三在旁亦言:"刘彩文不肖,留之无用,应行活埋。"陈氏允从。刘宾遂令刘大嘴取出吊狗细链,将刘彩文牵住,拉牵前走,刘彩文不行,刘宾又令刘登文在后帮推。陈氏携带稻草,唤刘彩文之弟刘相、刘牙跟随同往。行至途中,刘相先即逃避,刘牙随至哀哭求饶,刘宾不允。令刘文登挖坑,陈氏将稻草铺垫。刘宾令刘大嘴将链解放,即同刘大嘴将刘彩文推落下坑,刘登文与陈氏推土掩埋而散。刘章贿嘱(刘彩文

之妻)李氏等,扶同隐讳。

在这个案件处理中,封口与伪证奏效,在县衙的初审中,知县认定其母陈氏殴杀了刘彩文,照"子孙殴骂父母,父母殴杀子女勿论"律条[57],作无罪处理上报。刑部对此抱有疑问,命令再次审理,结果弄清楚了前述的事实。时光荏苒,从事件发生到结案花了五年的时间。在这一案件的处断中,主事人刘宾、从开始就赞同活埋的刘汉三、挖坑埋土的刘文登都已经病死,剩下的相关者中,情节最重的是刘大嘴,被以"从谋杀人加功者"之罪,处以绞监候之刑。其他的如作伪证的刘公允被处以杖一百徒三年之刑。[58]将被杀者投至宗族的刘章,以"知谋害他人,不行阻止"之罪,处以杖一百之刑。[59]刘彩文之母陈氏以"子被杀,父母私和"之罪,被处以杖八十之刑,其妻李氏以"夫被人杀而私和"之罪,处以杖一百徒三年之刑,其弟刘牙(另一弟弟刘相病死)以"期亲尊长被杀,卑幼私和"之罪,处以杖八十徒二年之刑。[60]在处理整个案件的过程中,刑部援引康熙四十九年金献纯的先例,请求将刘大嘴酌量从轻,发边充军,但是这一要求没有被接受,最终以绞监候定刑。虽然说刘大嘴与刘彩文是无服亲族关系,大概是致死尊长这一点被考虑进来,从而妨碍了减刑处罚。

前面例举的徐永耀与徐兆祥等同谋捆缚伊子徐亚老淹死一案(乾隆十五年七月二十七日作案,乾隆十七年十月二十一日结案)也是相同时期发生的事件。正如前面已经说明的一样,这是一件对素行不端,因盗窃官府木材等惹事的儿子,其父借助同族二人之手,将其投河淹死的事件。在案件的处理中,其父徐永耀以"子孙违犯教令,父母非理殴杀"之罪,被处以杖一百之刑。[61]淹杀事件中帮忙的徐兆祥以"从谋杀人加功者"之罪,被处以斩监候之刑;徐圣扬被拟以相同罪罚,但因为没有直接下手推被杀者入水,而且有几次劝阻的情节,巡抚请求酌量轻减刑罚,这一意见得到认可,最终被处以杖一百流三千里之刑。乡长①徐维京、徐克佩因"隐匿不报",依不应为重律被处以杖八十之刑。盗窃木材的同犯徐云法作为盗窃案的从犯,处以笞五十,脸上刺字之罚。[62]协助埋葬尸体的赵亚毛业已病死,无特别刑罚。对木材被盗事件隐瞒不报的永嘉县丞何森处以罚俸9个月之惩(但此件成为其后实施的恩赦对象,免于罚俸)。

将那些凭借宗族的力量无法管制的族人送官究治,但在途中愤恨其态度恶劣,因而将其杀害的事件也有不少。比如郭相辉等活埋郭朋万、邓氏身死一案(四川省大竹县,乾隆十六年二月十九日作案,乾隆十七年八月结案)就是这一类。[63]事情的主要情况如下:

> 郭朋万与小功堂兄寡妇邓氏私情同居(两者为禁婚亲关系,其同居在当时的社会常识中属乱伦关系,在法律上也属犯罪行为,不能正式结婚)。私誓将来不娶不嫁,并许观音保(邓氏之幼子)与郭朋万为子嗣。郭朋万另娶,邓氏生嫌,遂携幼子观音保搬回。郭朋万以观音保既不允继,欲邓氏给还累年饭粮投族。郭相辉等调处,邓氏将郭朋万哄诱通奸背盟娶妻情由当众说出,族邻恶闻而散。邓氏吵闹不息,郭相辉恐人耻笑,复邀族人郭川林、郭殿元、郭万先、郭汉宗、郭汉章、郭新隆、郭荣锡并邻佑袁日光、钟作士、钟朋高等,……理讲,邓氏之弟邓天仁、郭朋万之弟郭朋亮先后踵至。讵郭朋万、邓氏罔顾廉耻,仍将诱奸负约情事当众理论,郭相辉喝阻

---

① 原文如此。应为乡村保甲负责人。——译注

不止，遂同郭川林等先将郭朋万、邓氏手足捆缚，令……抬赴县，送官究治。……郭朋万肆行嚷骂，声言"必要尽杀仇人"，郭相辉气忿，起意活埋。……亦即避回，郭相辉遂主使郭殿元同郭万先扛抬邓氏，自与郭川林同抬郭朋万上山，放入坑内。郭殿元、郭万先将邓氏抬至半坡，不忍活埋，丢弃奔回。郭相辉复拉郭川林，又将邓氏抬赴坑内，刨土一同埋死。

对上面这一案件的处断，鉴于被杀者二人属于"近亲相奸"的有罪之人，对主犯郭相辉以"罪人已就拘执而擅杀，以斗杀论"之律，处以绞监候之刑。根据以威力主使他人，殴杀第三者致死的场合，以主使者为主犯，下手者为从犯，减罪一等的规定，郭川林被处以杖一百流三千里之刑。郭殿元与郭万先作为斗杀的相关"余人"，被处以杖一百之刑。[64]其他知道郭相辉起杀害之意而逃回者，以"知谋害他人，不即行阻止首告"，被处以杖一百之刑。[65]知其送官而散归者中，其后知道杀害的事实，以"地界内有死人，不报官司者"之罪，被处以杖八十之刑[66]；不知杀害事实者，以及作为主犯、从犯的近亲，在法律上免除其告发义务者被判无罪。

这个案件处理中适用"罪人拒捕"条的擅杀规定，是超出了同条例原有趣旨的扩张性解释。但事情起于当事人原本将被杀人送官究治的行动，突起杀意是在送往官府途中被郭朋万嚣张的叫嚷触发引起的，这一点与典型的宗族私下制裁在性质上不同，可以说援用这一条例相对比较合理。

在接下来的二三十年间，还可以看到好几件与上述案情相同的事件，但有的场合被问以故杀之罪，有的场合被问以"罪人已就拘执而擅杀"之罪，案件并非完全按同一标准处理。[67]

邵在志殴伤服侄邵朴身死一案（四川省，乾隆五十五年十二月九日作案,乾隆五十六年十一月十一日结案)也属于同一类型的案件。[68]值得注意的是,该事件成为制定新法律条例的一个机缘。案情大致情况如下:

> 邵朴(出继他人)系邵在志降服小功堂侄,邵朴素性游荡,曾行窃他人之物,邵在志将赃偿还。乾隆五十五年十二月五日,邵朴泊于符璜之家,盗其白布而逸。符璜投邵在志告知,邵在志亦即赔赃。十二月九日晚,邵在志同兄邵在恭将邵朴寻回,搜出原赃。邵朴祖母(邵在志之母)唐氏见而向责,邵朴将唐氏推跌倒地,唐氏生气,令邵在志等将邵朴捆缚柱上,待明日送官。唐氏进房寝息,邵在恭亦出门挑水,邵在志劝其改过。邵朴声言"送官并无死罪,回家当须放火杀人"。邵在志因其行窃玷辱祖宗,复不知改悔,出言强横,一时气忿,起意杀死,……又用锄头殴伤邵朴顶心偏左颅门左太阳,立时殒命。

四川总督据律判邵在志以绞监候之刑,接受这一案件报告的刑部向皇帝请求对案犯减刑处理。邵朴盗窃在先,不服祖母的训斥,反而将其推倒在地。恶逆逞凶,其罪当处以死刑。邵在志如果当场将其打死,与母亲一起告官的话,当然会以"擅杀相当于死罪犯人"较轻的罪名被处断。但是邵在志是在其母就寝之后起意杀害的,与为了救母当场将其殴杀不同,但总是担心辱及祖宗,因公忿而杀了有罪之卑幼,另外没有报私怨之事。将这一情节与凭借尊长地位惨杀无罪的卑幼行为相同论罪不适当。应该根据情节酌量减刑一等,处以杖一百流三千里之刑,这是刑部请求皇帝减刑判决意见的主要部分。刑部进而继续请求面向将来相同情况下的减刑措施立法化,并且提出了相关方案。刑部的请求都被皇帝裁可,其立法方案当即"通行"全国,亦即以向全国的所有官僚机构通告的方式赋予其法律效力。在其后条例修纂的时候(乾隆六十年)[69],推敲文字表现,作为附于刑律斗殴"殴期亲尊长"条下的一个正式条例而法制化了。其全文如下:

> 有服尊长,杀死有罪卑幼之案,如卑幼果实属罪犯应死者,无论谋故,为首之尊长,俱照擅杀应死罪人律,杖一百。听从下手之犯,无论尊长凡人,各杖九十。其罪不至死之卑幼,果系训诫不悛,尊长因玷辱祖宗起见,忿激致毙者,无论谋故,为首之尊长,悉按服制,于殴杀卑幼各本律例上减一等。听从下手之犯,无论尊长凡人,各依为从余人本罪上减一等定拟。若有假托公忿,报复私仇,及畏累图财,挟嫌贪贿各项情节者,均不得滥引此例。[70]

将这一条例与前面提及的雍正五年条例的第二部分、第三部分比较起来看的话,就发现两者内容酷似,一度被废止了的条文又以更加详细的形式复活了。不过值得注意的是,与雍正条例相比,这一新法在两个方面被比较狭窄地限定了适用范围。第一,将新法的适用范围限定在有服尊长主导杀害卑幼的场合。雍正时期的条例中没有这种限制,甚至正好相反,是只适用无服亲属的规定,看上去是让人觉得稍有不通情理的解释。第二,新法对从犯,两次重复提及"无论尊长凡人",也就是将卑幼排斥在外。即便是因尊长(此处尊长是指,无论是从犯人自己,还是从为非作歹者看,都相当于尊长的人物)的难以抗拒的命令而引起的场合,对由自己看来相当于尊长身份的为非作歹者下手,是关乎人伦根本的重大事件,这被设定为不能适用法律上规定的一律性减罪措施。有关这一点,我认为雍正时期的条例只是在规定方面的不完善,立法者的原意并非积极地对卑幼采取减刑措施。雍正时期条例原本是以无服亲族为对象的立法,将条例作有点勉强的理解是针对有服卑幼的案例而言的,亦即通过这一解释,实际要达到的目的就是将加害有服亲族尊长的卑幼排除在这一条例的适用范围。

有一个案件因为这个新条例的适用问题而饱受争议:罗其中因小功侄女李罗氏与李怀玉通奸,主使罗洪氏勒伤李罗氏身死的案件(四川省,乾隆五十九年十一月十六日作案,嘉庆二年七月十四日结案)。[71]案情大体如下:

> 生于罗姓,嫁与李添锡的妇人李罗氏,多次与邻居通奸,被捉奸在床。其夫将事告官,然而女人娘家的尊长罗其中(系李罗氏小功叔父,因李罗氏出嫁,服属降为缌麻)愤恨此女"败坏门风,玷辱祖宗",图谋绞杀其人,以免将丑态暴露在公堂之上。罗其中强行说服族中侄媳妇辈妇人罗洪氏,让其下手。罗洪氏早上进入李罗氏的房间,以绳勒住尚在床上的李罗氏脖子,当场并未致命,但是李罗氏因由此出现的伤害在三天后死亡。

四川总督判断此案适用前面的条例,将罗其中以殴杀缌麻卑幼之罪,由绞刑减一等,判以流刑上报朝廷,刑部驳回了这一处断。对已经出嫁别家的女性,娘家的尊长是否也包含在这一条例所谓的有服尊长之中,成为争议的问题。刑部虽然在原则上认为条例中的所谓尊长包含夫家,也包含娘家的尊长,但是强调管制与处理妻子为非作歹最重要责任的,首先在丈夫一方。如果丈夫追究妻子的通奸行为,离婚将其休回娘家,或者如果发生丈夫不追究妻子的责任,放任妻子通奸行为的话,娘家的尊长起而制裁已嫁女子是合乎情理的，的确也能适用这一条例。但是刑部认为这一案件中，丈夫已经向官府告发了妻子通奸之事，还没有等到官府的审判就动手实施制裁的娘家尊长的行为，属不应当接受条例中规定的减刑事项。结果罗其中以"罪人已就拘执而擅杀"被处以绞监候之刑，罗洪氏作为从犯被处以流刑结案。不以谋杀律条，而是用"罪人拒捕"条的适用来处理这一案件的背后，大概是因为不希望用两条人命来抵偿一个有罪被杀者的心理起了作用。[72]与前面郭相辉相关的那个案件相比，不得不说这一案件的处理是对擅杀概念更为大胆的扩张解释。而且有关这一点，刑部并没有弄出哪怕一句理由进行议论。

乾隆六十年（1795）纳入律例中的上述条例在嘉庆六年（1801）有相当大的修改与增补，又在嘉庆十九年（1814）进行了极为细小的增补，此后一直沿用至清末。修正后的条例全文，在主要的增补、修正的地方加下线，列于下面：

> 期亲以下有服尊长，杀死有罪卑幼之案。如卑幼罪犯应死者，为首之尊长，俱照擅杀应死罪人律，杖一百。听从下手之犯，无论尊长凡人，各杖九十。其罪不至死之卑幼，果系积惯匪徒，怙恶不悛，人所共知，确有证据，尊长因玷辱祖宗起见，忿激致毙者，无论谋故，为首之尊长，悉按服制，于殴杀卑幼各本律（本例）上减一等。听从下手之犯，无论尊长凡人，（①）各依余人律，杖一百。若卑幼并无为匪证据，尊长假托公忿，报复私仇，或一时一事，尚非怙恶不悛情节，惨忍致死，（②）及本犯有至亲服属，并未起意致死，被疏远亲属起意致死者（如有祖父母父母者，期亲以下亲属以疏远论。虽无祖父母父母，尚有期亲服属者，功缌以下以疏远论。余仿此），

均照谋故殴杀卑幼各本律(本例)定拟,不得滥引此例。[73]

仔细阅读这一条例的全文,由于在这一条例中非常明确是针对相当于死罪者,或者有确凿证据的为非作歹惯犯的私下制裁问题的规定,除了在两三个地方修改了文字表述外,有两个地方对法的内容进行了修正(标示①②的部分)。第一,有关并没有犯死罪的为非作歹者致死场合中的从犯之罪,乾隆六十年制定条例的时候,修改了以亲属服制中加功的状况,区分为"为从""余人"的基础上各自减罪一等的处罚内容,此时改为从犯全部都作为"余人",处以杖一百之刑罚。第二,作为应该将从本条例适用中排出场合的一个方面,追加了"有罪卑幼最亲近的亲属都还没有起杀害之意,疏远的亲戚却起意杀害的时候(祖父母父母健在的场合,期亲以下的亲属都被以'疏远'关系论。即便祖父母父母已经不在,如果有期亲亲属在,大功、小功、缌麻关系亲属则被以'疏远'论。其他也均准此例)"这一条项。这一条例的最后一点,作为与雍正条例相比,在制定之初就狭窄地限定了适用范围的新法上进而附加了第三限定要素值得注意。在前面讨论过的罗其中因小功侄女李罗氏与李怀玉通奸,主使罗洪氏勒伤李罗氏身死一案中,无视丈夫、婆家尊长的意向,直接对犯事人进行制裁的娘家疏远尊长罗其中的行为等正是触碰了这一限制条项,当然会被排除在适用范围之内。如果发挥想象力来推测的话,也许是先有罗其中这样的一个事件,发生了由刑部驳回四川总督处理方案的问题而成为在条例中追加限制条款的机缘。

其后,可以见到几个因这一条例适用问题的案件。原本某个条例一般情况下完全没有议论的余地,仅仅单纯运用条例就能解决问题的案件,因为在实际审理案件过程中参考价值比较小,故而在判例编纂过程中容易受到轻视。即便是对有争议的条例,符合其要件的典型案例很少,而且只留下了简略的记录,能够让我们看到的多数都是潜藏了某些问题的案件。[74]中间非常显眼的是由无服尊长作案的杀害事件。这种案件在法律条文规定中,本来明确要排除在条例适用范围的,但是遇到具体的案件,从掌管司法官员的均衡感觉上,容易产生只能如此决定的场合。下面的三个案件就是这类例子。

童大潮案(江苏省,嘉庆二十五年结案)。[75]

童在祥詈骂伊母,致母气忿自尽。族长童大潮愤其不孝,遂起杀意,逼令童在祥之弟童连祥捆绑童在祥投河致死。

詈骂父母,因此导致父母自杀是重大犯罪,其罪当判斩立决。[76]也就是说童大潮制裁犯了死罪的卑幼,致其死亡。在与童在祥的关系看来,相当于"祖"辈的尊长,在族中属于"辈分最尊之人",但是他与童在祥之间并没有服制上的关系。也就是说并不满足"有服尊长"这一法律要件,因此自然难以适用法律规定上的减刑措施。不过,卑幼所犯之罪系逼迫父母自杀这一关涉人伦根本问题的重罪,而且对卑幼而言,其有服尊长并不存在(即并非越过近亲尊长的行为),将这些要素考虑在内,结果作了比照有服尊长相关规定加一等,即以杖一百加一等,杖六十徒刑一年的惩罚处理了这一案件。另外,对根据族长命令,亲自向亲兄动手的童连祥的罪行,在法律规定中原本没有减刑措施,其罪应为凌迟处死。[77]有关对他的惩罚,附有一个夹签声明(酌量具体情节的上奏请求),案件最终被改判为斩监候。

罗绍成主使罗九茎等殴伤为匪无服族侄罗锡华身死一案(四川省,道光九年结案)。[78]

罗绍成向充罗姓祠堂族长,因无服族侄孙(相当于血缘关系疏远的远房孙辈)罗锡华素行游荡为匪,屡经其母彭氏送祠堂,并伊训责。嗣罗锡华又窃熊文炳晒谷,被获送族。罗绍成转叫彭氏等同到祠堂训责,彭氏与夫弟罗九茎、罗九发及长子罗赞华同往斥骂。罗锡华顶撞,并将母推跌垫伤左臂。罗绍成因其屡教不改,又敢忤逆,喝令罗九茎等用竹片殴打罗锡华左右臂膊、左右腿。因伤处进风,越十八日殒命。罗绍成畏罪,出银四十两,嘱令彭氏顶认,验讯拟详。经访闻,审悉前情。

对于罗绍成的处理,四川总督最初以适用有服尊长杀死有罪卑幼条例裁断,因在没有满足"有服尊长"要件这一点上被刑部以拟律之误驳回。四川总督重新以普通斗殴中伤口进入细菌,历经多天死亡的相关规定[79],又因试图封口隐匿真相而加重处罚,判处充军之刑。但是罗绍成结案之前在关押的牢中死亡,结果以没有最终处断而结案。另外,下手殴打罗锡华的罗九茎、罗九发、罗赞华均属期亲尊长,所以照殴打卑幼致其重笃,按律例规定,被作为无罪处理。[80]亲手行凶、试图隐匿案情的母亲彭氏作为"亲子被杀,父母受贿私和"的当事人,被处以杖一百之刑[81],因为是妇人,所以最终被以收赎方式处理[82]。

吴德仁案(江苏省,道光十年说贴)。[83]

吴德仁系吴许氏之翁吴均重无服族弟。因吴许氏屡次违犯吴均重教令,吴均重因其不养赡面斥。吴许氏辄肆行顶撞,并将吴均重赶逐出外。吴均重寄信与其子吴修道告知。吴修道因生意羁绊,未能回家,复信内有"投族处治"之语。嗣吴均重回家,吴许氏仍不养赡。吴均重赴宗祠,将吴许氏忤逆情由向族众告知,并取吴修道之信给众阅看,后回家抱怨自缢。经人查知,吴德仁系族内辈分最尊之人,往告,吴德仁忿激,以吴许氏罪犯应死,如投保(地保)送究,往返需时,起意将吴许氏活埋致死。令吴显幅买棺两口,先将吴均重收敛,随令吴许氏自进棺内。吴许氏啼哭延挨,吴德仁称欲动手,吴许氏随自爬进棺内。吴德仁等将棺掩钉,抬至祖山掩埋。旋被访获。

江苏巡抚以吴德仁为无服尊长,所以不符合适用条例规定的要件,原本必须对吴德仁问以谋杀之罪,但是又考虑到被杀之吴许氏的罪行即便在死刑罪中,也是特别恶劣的重罪,是否可以酌量减刑? 遂将这一问题抛给刑部。刑部回答,擅杀该判死刑的罪人,以杖一百处罚了事只限于有服尊长擅杀卑幼的场合,以及官府差役擅杀逮捕罪犯的场合。吴德仁均不符合上述情况。不过,将此案单纯地问以谋杀之罪,以激于公忿的族长之命抵一个被杀的重罪犯人之命的确有失均衡(未免情轻法重),指出"查吴德仁虽非有服尊长,吴许氏终归死罪之人,且其夫信中亦称投族处治,其翁生前赴祠堂告知,故该犯吴德仁即有逮捕之责。酌情定裁,以罪犯拒捕,照擅杀拒捕罪犯之律问拟为妥"。案情处理的结果虽没有记载,根据刑部的见解,吴德仁应该被处以杖一百之刑了事。

上面的三个例子中,第一个案子与第三个案子的卑幼所犯之罪系将肉亲或公婆追逼自杀的重罪,如果对将其制裁的尊长严格按法律规定论处的话,那么尊长将会获死刑。在这种场合,负责审理的法律机构被迫需要给一个相应处理。其解决对策在第一个案子中求诸比附手法[84],第三个案子则求诸"罪人拒捕"条擅杀规定的准用。第三个案子中出现的解释,终于在道光十二年因朝廷的通告而被正式认可。通告指出,处于应该拿捕人犯立场者,一般性地适用擅杀规定这种处理方式。可以想象:与这个通告相结合,第三个案例作为一个处理案件中应该依据的先例固定下来。但是,由于缺乏其后情况有关的可用资料,尚不能确认其作为先例运用的情况。[84a]

上面所举两个案例,都考虑了卑幼所犯之罪特别重这个要素。如果卑幼所犯之罪是更严重的、应该称为极恶不道的,那么将其杀害的尊长是不是应该作比条例规定更轻的处罚?这成为一个问题。

这一类事件的例子有缪慕勋主令缪慎保等勒死罪犯凌迟之胞侄缪云孙案(浙江省,道光十年)。[85]这是叔父让自己的妻子以及与犯人有缌麻关系的卑幼两人帮忙,将因芝麻小事杀害自己母亲的犯人绞杀的事件。浙江巡抚处理此案过程中,认为条例中所谓"罪犯应死"的卑幼是"系指寻常为匪应死之罪而言,若至犯逆伦,尤不可以寻常死罪概论"。站在本案处理中应该说"罪无正条"的立场,缪云孙的叔父及其妻子是否应该无罪,或者问以不应为轻律(笞四十)之罪?两个有缌麻关系的卑幼附以不问,还是问以不应为重律(杖八十)之罪?或者比照条例中所谓的"听从下手之尊长凡人",处以杖九十之刑罚?浙江巡抚的疑问提示了两种处理方式,以此询问刑部意见。无论是浙江巡抚的设问,还是对此问题的刑部回答,都暗含了与处理各种其他案子相关的均衡论等要素,这是很精彩的地方。但是作为这一案子处理的结论,刑部的回答是:杀害了母亲说起来是犯了凌迟处死之罪,但仍然还是死罪,作为一个原则,不应该加以特别考虑。不过,对那两个只因属于被杀者的卑幼关系而不能适用条例的族人,可以比照杀害了与自己妻子通奸的尊长场合的处理方式[86]，恳求皇上酌情减为流刑。

第三节　实质性正义的实施与情、法均衡点的摸索

以上，细小琐碎地啰唆了半天，列举了不少相同类型案件的审判记录梗概，根据这些审判记录，多少能够确认，而且加深对社会中发生的有关现象的认识。

即便是围绕杀害这种非日常性事件的审判事例，从事件经纬的记录中，也能窥见宗族日常活动的一些侧面：各种各样的事件与纠纷被投族。吵架的族人谋求调停投族[87]；被媳妇虐待、苦不堪言的老人为求助也投族[88]；对为非作歹的儿子无可奈何的母亲，为了责罚他，将其送祠堂惩戒[89]；如果判明偷盗的犯人是某族人，被害人为求制裁而将人犯押送投族[90]。面对这些情况，宗族对偷盗初犯的处罚，往往以罚酒席、让当事人书写改正的保证书方式收拾[91]族人盗窃族外人钱物的时候，被害人将抓获的人犯交给其近亲或者族长处置[92]这种时候的处理是首先向族外被害人赔偿，斥责之后在族内进行制裁。也有觉察到被盗的受害人投族，分头搜查赃物与犯人的情况[93]这类形形色色的事件的处理，被托付给平常视为族内的中心人物，即族长——"辈分最高"的人，"充祠堂族长"的人——之手。但是，族长决不单独肆意行使擅断之权。他会召集长老议事，动员族内的年轻人来执行族内的决定。在所谓众人的同意基础上处理纠纷。如果将为非作歹者处以杀害这类极端性手段，就会出现逃脱事件处理现场干系的族内相关人。如果大家都逃离现场的话，虽然说有族长之尊，自然也是什么事情都办不成的。

以上可以说是以族谱等作为资料勾画出来的宗族组织处理问题的形象,这种印象通过官府的审判记录也同样浮现在我们面前。另外也为人所知的是:在宗族组织的自治机能正常起作用的情况下,也不能固执地相信所谓宗族组织在可能范围内避忌官府介入宗族纠纷处理的这种说法。也能见到被害人根据状况,将族内为非作歹成员告官究治的事例。[94]

杀害作为制裁的极端手段,往往由宗族之手对为非作歹者实施,这也是毫无疑问的社会事实。

族内惩罚中的杀害,多半情况下是在与送官究治方式的对比中被选择的手段。可以看到成为杀害惩罚对象最多的是盗窃惯犯、对亲生父母和公婆有虐待行为的人,另外近亲相奸、近亲通奸的人也容易成为这种惩罚的对象。事件的发生地以四川、江苏、福建最多,云南、安徽、浙江次之。在本章的注释中,直隶、山东、陕西也各有一个案件。但是总体上可以说,这类事件,尤其典型性的基于族议的私刑惩处事件发生在华中华南地区。杀害的方法多为活埋和沉水。而且在典型的事例中,印象很深的是那种私刑的执行并非由瞬间性的冲动而起,而是在相当冷静的情况下进行的。

宗族组织的这种行为在国法上当然是犯罪,国家对此也没有采取默认的态度。这表现在上面的不少事例中,私刑杀害的事情并不是接到百姓的控告、揭发,而是基于访查的这种官府能动性作为而发觉的。另外,这在结案之际,对除了隐瞒核心犯人,处心积虑地隐瞒事情,以及知情不报的当事人问以"私和""不报"之罪也可以明确知道。在清朝的法制中,一般而言,刑事审判有由控告、揭发开始的场合,也有由行政职权的逮捕而开始的场合,前者被称为"讼案",后者被称为"访案"。前者有身份属私人性质的原告,后者没有原告。但是在地方官的实际体验中,"访案宜慎",亦即由行政职权逮捕犯人开始审判程序的事情应该极力回避才能够平安无事。[95]在这种背景下,值得注意的是,上面列举的事例中,有不少属于"访案"。这是因为如果日后被发觉管辖范围内发生了掩盖人命侵害事件,或者疏于案件访查与揭发的情况,当事地方官要受惩戒。[96]

在本章中列举的事件如果严格按国法的立场来处理,必须问以谋杀、故杀之罪。但是从宗族的立场上看,那是明确地为实现正义的行为,作为国家,将其一律作为通常的杀人案件处理是不妥当的。但是如果过于放松对私刑的监管和打击的话,就意味着国家将生杀大权交给民间组织,又会由此产生弊端。在这种正好相反的要求之间,围绕应该在什么地方寻求平衡点的问题,立法上也出现了左来右往的震荡波动,而且在一个个具体事件的审判中,面对案情的各自的情状,也反反复复地展开了比较微妙的议论。

从大的方面看,清代有两个立法受到关注。第一个是雍正五年的条例,在承认宗族是纯粹基于正义感惩处族人的时候,规定将宗族的杀害罪作减罪一等,或者杖一百处理。这是显示对宗族立场最具同情的立法。但是这个条例仅仅实施了13年就被废止了。在被废止50余年后的乾隆末年,又制定了一个新的条例。这个条例无论是行文,还是编入法典中的场所,与雍正条例都不同,即便两者之间没有直接的谱系关系,在实质性的内容方面却极为相似,是一个完全在预想之外的被废立法条文的重新复活。不过乾隆条例的适用对象限于为非作歹者的<u>有服</u>尊长,此外,嘉庆六年条例修正后,适用对象限于为非作歹者<u>最近亲</u>尊长起意杀害的场合,在带有承认减刑措施的限制这一点上,与雍正时期的法律相比,属于非常慎重的。如果使用本章开头定义的概念,可以说雍正以后的条例就是避开支援基于**团体原理**的宗族活动,只是对基于**身份原理**的宗族活动而显示同情的立法。[97]

无论哪个条例都是以具体的事件为机缘产生的。在面对某个事件,深感过去的法律不完善,需要进行新立法的时候,可以想象产生的新法多少有些冒进性的、容易粗糙成事的背景。无论哪个条例,有关其制定后不久发生的事件,可能会出现因不同的法律解释而拒绝适用新法处理的情况,这一点值得关注。[98]可以将这种情况视为立法的某个方向走过了头,终于出现细致的反省现象。所以雍正时期的这个条例最终被废止了,乾隆条例经过嘉庆时期的修正被加以更为严密的限制。另外,雍正时期的这个条例单纯被废的结果,自然会发展至让人感到处理案件时法律不完善的问题,于是不久就产生了乾隆条例。而且乾隆时期的这个条例,之后通过修正来限制适用对象,如限于有服尊长,这在具体案情的处理时,让人觉得适用的范围太过狭窄,实质上也限制了宗族权力的使用范围。[99]

从正面直接处理问题的立法正如前述案件那样,另外因捕亡律"罪人拒捕"条例的准用以及个别情节酌情处理的上奏请求,而采取仅限于一个个具体案件的调整措施的案例也不少。尤其是听从尊长——无论是族长等人看来,还是为非作歹者本人看来,都是尊长——的难以抗拒的吩咐,而协助杀害为非作歹者的卑幼,因其身份"攸关服制",涉及重大的名分论,所以常常被立法的减刑措施排除在外。属于特别情有可悯的场合,则以个别性的情状酌量解决。[100]大体上,所谓情状酌量,在本质上是限于用在一个个具体案例的处理方式,但其仍然会努力参照、援用先例,尽可能依据客观标准来处理。[101]司法相关的官僚围绕法律条文措辞的普遍性妥当问题,对具体事件处理中的个别调整展开讨论,其中出现的情状酌量不久就会成为此后案件审理的先例,由此产生了一种规则。可以说清代案件处理基准由普遍原则到个别特例,又由个别特例到普遍原则,这两种方向是相互交织纠缠在一起的。换句话说,针对不同案件的特征,不断追求妥当解决的实质性正义和平衡要求,与谋求相同案情无论何时何地都按同样标准审判的法律的稳定性要求,二者相互纠缠。司法者心底涌动的自然性的均衡感觉并非以直接的方式表现出来,而是尽力在某种实定性法源(包含先例在内的广义上的法源)中寻求解决线索上表现出来。

若说本章所讨论的立法判例的变化过程可以视为一个时代社会变动的指标,那就有点勉强。不过如果顺这一思路硬行整理,那就是至乾隆末年为止的清朝前期,除雍正条例外,整体上看,国法的立场比较严格地运用到审判中;等到清朝后期,多少有些国法对宗族的立场较为宽大同情的印象。另外,也许可以指出的是:关于参与杀害尊长的卑幼的名分论,在初期仍然是被比较粗枝大叶地对待的,随着时代的推移,对名分论的立场有变得严格细致的倾向。[102]但是无论哪一面都不是板上钉钉的。而且把立法、判例的变化与社会形势的变化连接起来进行考察,在本章范围内几乎是不可能的。这正如增减天平的秤砣重量以求平衡一样,只能把立法、判例的变化理解为属于作为微调整的震动性质内的东西。

有关中国历史上法律变动的原动力,有学者从统治者与百姓的力量对抗关系中考察,称"法从根本上讲是由统治者决定的。但是统治者不得已会进行法律调整,也就是说必须改变统治手段。无论是法律的强制与压迫,还是法律运用时的斟酌,都是从力量的对抗中产生的。矛盾对立是推进法律历史进步的原动力".[103]笔者也认为不能无视法制史中的力量要素,但是不赞成只以一个方面就覆盖所有的超逸性表达方式。在作原理性的分析之前,必须要经过反复的实证性研究的积累——具体地通过某个立法的成立、修正、废止的经过——证明什么样的事件成为立法的机缘,其中经历了什么样的争议。如果遇到了因为力量的对抗而引起法律变动的场景——笔者推测特别是在地方立法中能够找得到那种场景——在那里如果如此说明当然好,如果不是因为力量对抗引起法律变动的话,那么必须进行别的说明。本章处理的场景很明确地属于后者,力量对抗这种阶级斗争式的分析视角好像在本章不起什么作用。进一步思考,中国法制史变动的大部分场景正是笔者在本章中讨论的、在官僚体制的统治机构内部静悄悄地却是坚韧而持续调整的结果。

原本就相互矛盾的诸要素——就本章处理的方面而言,正是国法的立场与宗族的自治功能——有着需要在其间谋求平衡点的调整工作,但是矛盾的各要素并非都处于力量对抗的这种简单粗暴的模式中。相反,如果想象力量对抗而导致法律发生变动,那么,这种力量对抗也不是盲目性的力量抗争,不管其为自觉性的,还是不自觉的,肯定都是对过去不均衡的纠正,向新的均衡点推进的变动。而且这个所谓的均衡点,换言之就是正义。正义自古以来的象征就是天平秤。中国的司法部门官僚在其日常性的工作中,究竟是如何在"情"(即罪责)和"法"(即刑罚)之间苦心孤诣地追求均衡的?[104]本章主要通过使用史料成案(判例)、说帖(刑部内部的意见书)等文献资料,作出各种各样的解读。[105]司法官僚的这些苦心孤诣的均衡追求,也是实现正义的努力。不得不说,实现正义的努力才是维持法律的日常性状态及促进其变动,扎根于法律本身以及法历史深处的最根源性的、最普遍性的原因,这是我个人的结论。

注释:

[1]　清水盛光的《中国社会研究》(东京:岩波书店 1939 年版)是最早系统地阐述这个观点的著作。

[2]　Sybille van der Sprenkel, *Legal Instinitions in Manchu China*: *A Sociological Analysis*, The Athlone Press, University of London, 1962, reprinted in 1966. 这是一部从那一观点综合性地考察清朝中国社会司法状况的代表著作。也许该书过分认为自治性的司法是组织化了的,因而有过低评价国家司法功能之嫌。但它的意义在于充分整理了既存的知识,为将来的研究提供了一个必须经常关注的新的出发点。在日本学术界,仁井田陞的《中国旧社会的结构与刑罚权》〔本书第一章注 1 所引《中国法制史研究(刑法)》〕,以及奥村郁三的《中国官僚制与自治的接点——以审判权为中心的论述》(《法制史研究》第 19 号,1969 年)引人瞩目。

[3]　笔者 1964 年秋在神户大学召开的法制史学会研究大会上做过同样内容的报告。将当时的报告整理成文发表拖了很长时间,到现在才得以完成。

[4]　胡朴安:《中华全国风俗志》第四册下编卷五,上海:1936 年版,第3—5 页。

[5]　参照本书第一章。

[6]　张光月编:《例案全集》卷二十二 3a《听从叔父主使致死尊长者减等》。

[7]　沈如焞编:《例案续增全集》卷二十二 25b"活埋犯窃亲属比拟宽减"。

[8]　《例案续增全集》卷二十三 11b"捆溺族匪致死帮同按足之人量减满流"。

[9]　作为规定以上两个方面的典型案例,安徽省合肥的《邢氏宗谱》(光绪元年)有"a,凡族中口角斗者,必先鸣户宗房长,听其剖决,然后控县。若不先鸣户族,而即逞强刁讼,虽然得理,亦为无宗。合族公究。b,族人与外人争诉。如族人理直,即为帮助。族人理曲,即当禁止。再向外人赔过讲和。若不顾本宗,反助外人,欺压族姓者,合族公究"〔多贺秋五郎:《宗谱的研究(资料编)》,第 738 页〕。其中有关 a 的情况,多贺书的第 638、656、684、696、700、703、710 页;有关 b 的情况,

第 699 页等都有同样内容的宗规。

[10] "罚""责"的用语例在族谱中不胜枚举。绍兴《山阴州山吴氏族谱》称"所谓罚者,或拜或跪,或银米之类。所谓责者,或以礼扑,或以法捶,或以礅锁之类。临时听宗长公同酌处"(多贺书第 697 页)。这段类似定义的文字几乎适用所有的用语例。

[11] 停胙之语,频见于《南海廖维则堂家谱》(道光二十八年)等文献(多贺书第 712—714 页)。前注 10 所引《吴氏族谱》称"所谓不许入祠者,非止不入祠已也。即卑幼者亦不必以尊长待之矣。其人能改,三年之后,方许入祠。所谓永不许入祠者,非止本身不入祠也。族谱将其名注定,即其子若孙亦不许入祠矣。其人若能悔改,教子孙为善,其子孙有大功德,克盖前愆者,方许入祠。云云"。

[12] 京江《赐礼堂戴氏重修家乘》(光绪十一年)有"其有不孝父母,忤逆尊长,伤害彝伦,及玷辱家声者,合族人等,公同押入祠中。尊长按罪责惩,决不宽恕。如不改前非,即革出祠堂,禀官究治"等规定(多贺书第 640 页)。

[13] 前引《南海廖维则堂家谱》中规定"邪淫已成,众证确凿,若事主禀官,亦要先依族法,将本人在祠领责,永远出族"(多贺书第 712 页)。

[14] 《萧山朱家坛朱氏族谱》(多贺书第 635 页)。该书第 710、715 页散见"小则治以家规,大则禀请律究"等语。

[15] 也能见到族规中将反抗家法制裁者送官究治的规定。《孙氏族谱》(同治九年)有"不思同宗共祖之情,以强凌弱,以众暴寡,党恶害良,引诱子弟奸淫嫖赌者,族长纠族中有才有德者,锁入祠堂,严加责罚。倘恃强横,不遵家法,合族公呈,送官究治"等(多贺书第 818 页)。

[16] 《桐陂赵氏宗谱》(安徽桐城,光绪九年)有"若盗他人财物者,须为处分。一犯仍令改过,再犯令其自尽","发冢、谋杀、蛊毒、威逼、奸淫、斗殴及骂者,各依律罚治。凡系绞斩以上,罪当死者,处死。若有他人在内,俱送官"(多贺书第 26 页注 71、第 740 页)。牧野巽介绍的安徽《桐城施氏宗谱》有"初犯如攘窃之事,量处责罚,俟其自新。或再犯故犯,结党成群,伤人掠财,则合族共击之,使其自尽"〔牧野巽:《中国家族研究》,第 599 页。此规定在多贺秋五郎的《宗谱的研究(资料编)》中未收录〕。《齐氏宗谱》(安徽桐城,同治四年)有"……自今以后当为严训。有图财自鬻者黜之,毋玷我祖。窃盗非为者,则缢之先茔,永为后鉴"(多贺书第 861 页)。《交河李氏八修宗谱》(河北交河,1937 年)有"凡族中有不遵法律,败坏伦常,或做贼放火,任意邪行者,合族公议,立刻处死。伊家眷属不得阻挠"〔多贺书第 26 页注

72、第 781 页；前注 2 奥村郁三《中国官僚制与自治的接点——以审判权为中心的论述》第 38 页；仁井田陞《中国法制史研究（家族村落法）》第 310 页注 34]。《吴氏宗谱》（安徽怀宁，民国三年）有"至灭伦为盗，及行窃不改者，责其父兄及亲伯叔举手，即行溺死不贷"〔仁井田陞《中国法制史研究（家族村落法）》第 305 页注 31，多贺秋五郎《宗谱的研究（资料编）》第 781 页只收录了项目〕。收藏于美国哥伦比亚大学的大量宗谱中，《张氏宗谱》（1919 年）和《泾川小领曹氏宗谱》（1914 年）都有对藏匿匪徒、盗窃者处死的规定（Hui-chen Wang Liu, *The Traditional Chinese Clan Rules*, New York, 1959, p. 38）。以上仅为本人所见到的例子，可以说处死的规定极为例外。奥村氏与 Wang Liu 女士也持相同见解。而且如多贺氏所指出的（多贺书第 19 页），安徽省桐城地区的宗谱，以及战乱频仍的民国时代宗谱中这类规定比较多的事实引人关注。

[17] 《大清律例·刑律》盗贼"盗贼窝主"条例十一有"编排保甲，保正、甲长、牌头须选勤慎练达之人点充。……果实力查访盗贼，据实举报，照捕役获盗过半以上例，按名给赏。倘知有为盗窝盗之人，瞻徇隐匿者，杖八十。……其一切户婚田土，不得问及保甲。惟人命重情，取问地邻保甲。……再，地方有堡子村庄，聚族满百人以上，保甲不能编查，选族中有品望者，立为族正。若有匪类，令其举报。倘徇情容隐，照保甲一体治罪"。另外，还能见到对盗卖宗族祀产、义田族人的处罚规定（《大清律例·户律》田宅"盗卖田宅"条例六）。

[18] 有时也将宗规在官府登记备案（Hui-chen Wang Liu. *The Traditional Chinese Clan Rules*, pp. 23-24. 但该书所据史料均为民国时期）。这自然也不应认为经过官府登记的宗规就已纳入国法体系中。

[19] 关于里老人的问题，参照和田清编《中国地方自治发达史》（1939 年版）第四章第五节（松本善海、中村治兵卫执笔）；松本善海《中国村落制度的史学研究》（东京：岩波书店 1977 年版）第 119 页、第 465 页；小畑龙雄《明代极初的老人制》（山口大学《文学会志》创刊号，1950 年），《明代乡村的教化与审判——以申明亭为中心》（《东洋史研究》11 卷第 5 号，1952 年）；清水盛光《中国乡村社会论》（岩波 1951 年版）第一编第三章以及第 128、355 页；清水泰次《明初的民政》（《东洋史研究》13 卷第 3 号，1954 年）；栗林宜夫《明代老人考》（东京教育大学《东洋史论集》三，1954 年），《里甲制的研究》（文理书院 1971 年版）第 59、242、275 页；Kung-chuan Hsiao, *Rural China*, *Imperial Control in the Nineteenth Century*, University of Washington Press,

1960，pp. 553-555；江原正昭《里甲制与老人》(东京都立大学《历史研究》第 2 号，1959 年)；奥村郁三《中国的官僚制与自治的接点》(《法制史研究》第 19 号，1969 年)第 33—34 页；细野浩二《里老人与众老人——关于对教民榜文的理解》(《史学杂志》78 编第 7 号，1969 年)。

[20] 本章注 19 细野浩二论文第 67 页注 4 引用了顾炎武的"后因所任非人，有司概轻遇之。于是耆年有德者多避不肯为。而其乐为而不辞者，举皆人役也。是岂太祖设立老人，以助教化之初意哉"(《天下郡国利病书》卷八十七，浙江)，这段话可以证实其推测。另外，顾炎武在《日知录》中也言及里老人。根据他的说法，清代初期，县衙门前多竖有"诬告加三等，越诉笞五十"的告示，这里的所谓越诉，就是原本没有经过里老人，直接向县官提出诉讼的意思，但当时一般人已不知道越诉的含义了。《日知录》卷八《乡亭之职》有"今代县门之前，多有榜曰：'诬告加三等，越诉笞五十'，此先朝之旧制。亦古者悬法象魏之遗意。今人谓不经县官而上诉司府，谓之越诉。是不然。《太祖实录》洪武二十七年四月壬午，命有司择民间高年老人公正可任事者，理其乡之词讼。若户婚田宅斗殴者，则会里胥决之。事涉重者，始白于官。若不由里老处分，而径诉县官，此之谓越诉也"。《日知录》还引用了何文渊洪熙元年(1425 年)七月所谓"太祖高皇帝，令天下州县设立老人。……比年所用多非其人。或出自隶仆，规避差科。县官不究年德如何，辄令充应使。得凭藉官府，妄张威福，肆虐间阎。云云"，表达了自己的见解："近世之老人，则听役于官，而靡事不为。故稍知廉耻之人，不肯为此。而愿为之者，大抵皆奸猾之徒，欲倚势以凌百姓者也。其与太祖设立老人之初意悖矣。"

[21] 区别使用谋杀与故杀的概念，并非依据预谋杀人比单纯的故意杀人罪罚更重的这种想法。如果预谋而实施了杀害，其首犯被问以故杀罪，这是唐明清律一直没有变化的原则。也就是说，谋杀是具有杀人准备、阴谋、作案未遂以及共犯刑责等含义的概念。但是，律虽然始终贯彻这条原则，不过在清代的条例中，除了特殊的场合，并没有特别加重处罚谋杀之罪的条文(《大清律例·刑律》人命"谋杀人"条例一等)。

[22] 有关侵害人命的各种罪名，参照中村茂夫的《清代刑法研究》(东京大学出版会 1973 年版)第 28—30 页。有关威逼致死，参照该书第四章。

[23] 在唐律中，戏杀、误杀不是死刑。

[24] 参照本书第一章。

[25]　《大清律例增修统纂集成》附录的"秋审情实、缓决、矜缓比较条款"对谋杀、故杀有"凡人谋故之类,俱应情实……"规定(《人命》第三号),有关斗杀称"寻常斗殴杀人之案,最难参酌划一,云云"。在判断是情实还是缓决之际,缕缕陈述应该考虑进去的各种因素,称"以上各项,历年成案,均不划一,总须临时平日参核,先衡情,后论伤,汇比办理"(同上第三十七号)。事实上,斗殴案通常也有在列入缓决的情况下转为情实的例子。其界限极为微妙,作为州县参与实际讼案审理事务的官员,为了不堵塞秋审时的救命之路,处理时要极其小心谨慎。汪辉祖在《佐治药言》的《求生》一文中说:"凡斗杀等案,多出无心。苟非情重伤多,皆得缓决邀恩。但亦有片词之未协,即介于实、缓之间者。办案定罪时,不可不先查秋审条款,以免错误。"

[26]　这些都是一次缓决,即如果在秋审中定为缓决——虽然已经决定为缓决——无须等到第二年,立即决定减刑至杖一百流三千里。《大清律例·刑律》断狱"有司决囚等第"条例第五十二有"戏杀、误杀……应入缓决之案,秋朝审一次之后,刑部查核奏明,将戏杀、误杀之犯,减为杖一百流三千里"。条例的这一部分在嘉庆六年制定之初,与戏杀、误杀并列的还有擅杀,但嘉庆八年删除了"擅杀"二字〔《光绪会典事例》卷八四五 1ab。《刑案汇览》卷四十三 23b 附于"故杀放火之小功堂弟"末尾的查语〕。但在清末光绪三十二年(1906),作为法制近代化的一个内容,那种名义上的死刑规定已经失去意义,在改为惩役刑的时候,擅杀也与戏杀、误杀并列进来。参照 M. J. Meijer, *The Introduction of Modern Criminal Law in China*, Batavia, 1949, reprint Hong Kong, 1967, p. 29。由沈家本编纂的当时朝臣的奏文中说:"中国现行律例,不分戏、误、擅杀,皆照斗杀拟绞监候。秋审缓决一次,即准减流。其重者缓决三次减流。盖虽名为绞罪,实与流罪无殊。不过虚拟死罪之名,多费秋审一番文牍而已"(《大清光绪新法令》第 15 册第 62 页,《沈寄簃先生遗书》"寄簃文存"卷一《虚拟死罪改为流徒折》)。

[27]　如注 26 所述,在秋审之际,擅杀比斗杀作宽大处理已成为惯例。

[28]　最后的部分,明清律与唐律极为不同。在唐律中,规定"即空手拒捍而杀者,徒二年。已就拘执及不拒捍而杀,或折伤之,各以斗杀伤论。用刃者从故杀伤法。罪人本应死而杀者加役流"(捕亡第二条)。在无罪的格杀与以斗杀论处的擅杀之间,设置了一条杀死空手拒捕者徒二年的中间性规定,同时设置了对使用刀刃擅杀者以故杀论处的加重处罚规定。另外,对擅杀死罪犯人,仅仅免去死刑,而以次于死

刑的最高刑罚的加役流来惩处。与擅杀死罪犯人仅杖一百了事的明清法律相比，唐律对人命的慎重态度也应该说是比较出色的。

另外，唐律中无"擅杀"概念。在明清律中，除罪犯拒捕条例之外，规定例如对抓到夜间擅自进入家中的人而"擅杀"者，处杖一百徒三年的刑罚，类似这样的趣旨在其他地方也能见到（《大清律例·刑律》贼盗"夜无故入人家"条）。《光绪会典》卷五十五列举"凡命案，有谋杀；有斗殴杀，有戏杀，有误杀，有擅杀，有过失杀，有义杀"，通过夹注对上述概念一一加以说明。本章为避免混乱，"擅杀"专指罪犯拒捕条例的第三段。

[29] 《大清律例》同条上栏部分引辑注"若捕人与逃囚罪人<u>有仇</u>，或受人<u>指使</u>，<u>或诈财不遂</u>，而杀之者，各依谋故杀本律，不在此限。故注曰若有私谋另议也"。

[30] 《刑案汇览》卷五十四 20b"擅杀放火应死罪人未便拟杖"（嘉庆九年说帖）称"查，擅杀应死罪人拟杖之律，<u>系指官司差捕而言</u>。其余平人擅杀各例，除尊长杀死罪犯应死卑幼，始拟杖责外，别无拟杖之文。诚以人命至重，虽罪犯应死，总宜送官究治，明正刑章。不得私自擅杀"。这里涉及的是某人在路上碰见先前放火烧了自家房子的纵火犯，欲扭送官府，但被对方谩骂，不由怒而杀之的事件。这个案件不适用"罪人拒捕"条例，杀人者被判处绞刑。

[31] 《刑案汇览》卷二十五 7b—9b"应捕之人擅杀应死罪人通行"。通行中称"嗣后，<u>凡应捕之人</u>，擅杀应死罪人，俱著援照罪人本犯应死而擅杀之律，划一办理，以免歧误"。

[32] 《大清律例·刑律》斗殴"殴期亲尊长"律。

[33] 《大清律例·刑律》人命"谋杀祖父母父母"律。《大清律例·刑律》斗殴"殴大功以下尊者"律。绞刑为监候。

[34] 《大清律例·刑律》人命"谋杀祖父母父母"律。斩刑在这个场合为立决。

[35] 对于巡抚按法拟律处理方案，刑部建议巡抚酌量减刑处理之后被裁可。

[36] 《大清律例·刑律》人命"同行知有谋害"律。

[37] 《光绪会典事例》卷八一一 1a。

[38] 《世宗宪皇帝实录》卷五十七 9a，雍正五年五月十日乙丑条有"刑部议复，署江西巡抚迈柱奏，永新县民朱伦三，同侄朱三杰，致死伊弟朱宁三一案，朱伦三应拟流徒，朱三杰应拟徒。得旨：'从来凶悍之人，偷窃奸宄，怙恶不悛，以致伯叔兄弟，重受其累。本人所犯之罪，在国

法虽未至于死,而其尊长族人,翦除凶恶,训诫子弟,治以家法,至于身死,亦是惩恶防患之道,情非得已。不当按律拟以抵偿。如朱伦三因伊弟朱宁三屡次犯窃,累伊鬻男变产,代赔赃银。又复偷牛被获,故将朱宁三致死,朱三杰并未与谋。著将朱伦三、朱三杰,徒流等罪,俱从宽免。嗣后凡遇凶恶不法之人,经官惩治,怙恶不悛,为合族所共恶者,准族人鸣之于官,或将伊流徙远方,以除宗族之害。或以家法处治,至于身死,免其抵罪,著九卿详悉定议具奏'。寻议:'凶悍之人,伯叔兄弟治以家法,因而致死。若必按律拟抵,则不法子弟,终不知所儆惧。(以下为条例案)嗣后许族人呈明地方官,照所犯罪科断。若已经官惩治,仍不悛改,该地方官查明过犯实绩,流三千里。倘事起一时,合族公愤,处以家法致死,该地方官查明所犯,确有应死之罪,将为首者照罪人应死而擅杀律予杖。若罪不至死,将为首者照应得之罪减一等,免其抵偿。若本人并非凶悍不法,无过犯实绩,而族人诬捏殴毙者,将为首之人仍照本律科断'。从之"。这里的《实录》内容是从接受巡抚具奏后刑部的议复、皇帝对此的指示、九卿详议的结论这三份原件中摘取要点与文章表现而作成的,所以文意很难有严密的逻辑关系,但内容的大致情况还是能够明确理解的。朱伦三当初被判处流刑,而没有判死刑是根据《大清律例·刑律》斗殴"殴期亲尊长"的"其(期亲)兄姐殴杀弟妹……者,杖一百徒三年。故杀者杖一百流二千里"的规定。朱三杰帮助别人杀相当于自己伯叔父的人物,只判了徒刑让人觉得不可思议,可能是他的"帮助"行为被认定为系轻微参与的缘故。

[39] 《光绪会典事例》卷八一一 2a 乾隆五年议准。参照下面注释的《例案续增全集》,就可以发现实际上废除的时间为乾隆二年,在乾隆五年修纂条例时,根据废除这一既成事实,从法典中删去了该条文。

[40] 有关废除的过程以及反对恢复的意见,都可见于《例案续增全集》卷二十二 30a"致死族匪之例已停不便复议宽减"。

[41] 在本章注释 39 与 40 的文献中能见到刑部律例馆之议。

[42] 同上。

[43] 参照本章注 40 中大学士的论调。

[44] 《例案全集》卷四十三 82b"处死族人不法者照服制分别首从治罪"。

[45] 《大清律例·刑律》斗殴"殴大功以下尊长"律,依律当判斩立决。

[46] 《大清律例·刑律》斗殴"殴大功以下尊长"律。

[47] 《例案续增全集》卷二十五 61b《致死不法族人之例已经删除仍复援引驳改》。

［48］ 参照本章注 46。

［49］ 《大清律例·刑律》人命"谋杀人"律。

［50］ 参照本章注 33《大清律例·刑律》人命"谋杀祖父母父母"律。

［51］ 参照本章注 49《大清律例·刑律》人命"谋杀人"律。

［52］ 《大清律例》名例"老小废疾收赎"律。

［53］ 参照本章注 36《大清律例·刑律》人命"同行知有谋害"律。

［54］ 《大清律例·刑律》杂犯"不应为"律。

［55］ 参照本章注 40《例案续增全集》。

［56］ 《例案续增全集》卷二二 28b"行窃殴母族愤活埋其从犯部议援案减军声请未准"。

［57］ 《大清律例·刑律》斗殴"殴祖父母父母"律。

［58］ 伪证罪作为一个结果，导致被告人当受之刑罚被不公正地操作，其减轻的幅度为以减二等的形式量刑（《大清律例·刑律》断狱"狱因诬指平人"律）。

［59］ 参照本章注 36《大清律例·刑律》人命"同行知有谋害罪"律。

［60］ 《大清律例·刑律》人命"尊长为人杀私和"律。

［61］ 参照本章注 57《大清律例·刑律》斗殴"殴祖父母父母"律。

［62］ 《大清律例·刑律》盗贼"窃盗"律。两根木材的价值大概不到银一两。

［63］ 《例案续增全集》卷二十三 67b"活埋有罪二命不照谋杀科断"。

［64］ 《大清律例·刑律》斗殴"力制缚人"律。根据同律的条例四规定，听从主使者为复数的时候，导致负伤最重者为"为从（从犯）"，其他为"余人"。

［65］ 参照本章注 36《大清律例·刑律》人命"同行知有谋害"律。

［66］ 《大清律例·刑律》贼盗"发冢"律。

［67］ 李萃与监毙之李谟听从李之密捆拉堂兄李聪送官及李之密将李聪推溺身死一案（四川省平武县，乾隆二十五年十一月十七日案作案，乾隆二十八年四月五日结案）（《驳案新编》卷二十二 1b）。

> 李聪欲与寡居之嫂结婚，与认为这是违背人伦、力图阻止的李之密（小功堂叔）、李萃、李谟（均为大功堂弟）发生了争执揪斗。李之密等人将李聪捆绑起来准备送官究治，行至途中，李聪叫嚣"即便官府审判，我也不会是死罪，回家后要和你们没完"。李之密极为愤怒，将其推至河中溺死。李萃、李谟欲救李聪，被李之密斥骂制止。此事由受害人之子告县被发觉。此案的判决为：
>
> 李之密：故杀小功卑幼，绞监候。

李萃、李谟：无预谋与知情加功之事实。作为参与殴打之余人（杖一百），因属大功卑幼加三等，处以杖八十徒二年。

王焕文等活埋王囹吞身死一案（直隶邯郸县，乾隆四十年十一月四日案作案，四十二年十月二十一日结案）（《驳案新编》卷二十二,9b）。

王囹吞数年来屡屡行窃，先是累及父亲，父死后累及王焕文（囹吞的缌麻叔祖）。再次入别人家中偷盗被抓，因待天亮后送官究治的约定交给王焕文领回。王囹吞被王焕文带回途中，不服训斥，叫嚣"在官府要是吃了苦头，就杀掉王焕文一家"。王焕文激愤起意活埋，叫来孙子王林保（囹吞的缌麻服弟）、囹吞的无服族兄王福成。两人犹豫不听从，王焕文强迫他们挖坑活埋。第二天向官府报案。此案判决如下：

王焕文：直隶总督初以谋杀缌麻孙罪判处绞监候，但被刑部驳回，以罪人已就拘执而擅杀，判以绞监候。但王焕文在监狱羁押中死亡。

王福成：以"毙命埋尸案内，听从抬埋之犯，如审系在场帮殴，律应满杖者，即照弃尸不 失本律，杖一百徒三年"之例（《大清律例·刑律》贼盗"发冢"条例八），处以杖一百徒三年之刑。

王林保：以谋杀缌麻尊长已杀，判斩立决，但根据夹签中的注明，知改判为斩监候。

（在此案中如问以谋杀罪，就会以三条人命抵一匪徒之命，这种判决显然失当，即成为刑部驳回的一个理由。可以看到援引擅杀规定是补救这一难题的方式。）

易肖氏捆溺夫侄易绍华身死一案（四川省仪陇县，乾隆五十四年七月十六日案作案，五十六年七月十一日结案）（《驳案续编》卷三,1a）。

易绍华系易肖氏丈夫之侄子，易家兄弟分居已久，易绍华母亡，父兄外出未归。易绍华曾盗他人衣物，易肖氏赔偿了结。又窃易肖氏谷物，易肖氏与其子易绍富（绍华之大功堂兄）据理斥责其非，易绍华反抗，遂持竹片将其殴打致伤，后捆绑送官究治。途中在河边休息时，易绍华叫嚣"送官也不是死罪，以后一定要杀了易肖氏"。易肖氏听后，怒不可遏，顿起杀意，将其推入河里溺死。易绍富及邻居张文灿等跑来相救，但木已成舟。于是他们私埋不报。县衙门经访闻发觉此事。此案的判决如下：

易肖氏：四川总督以因罪人已就拘执而擅杀，以斗杀论，殴杀夫之兄弟之子，初判杖一百流三千里之刑。被刑部驳回，改判为故杀丈夫兄弟之子,处以绞监候之刑。

张文灿等:以地界内有死人不报官而辄埋藏罪,处以杖八十之刑。

易绍富:因系犯人易肖氏近亲,不追究私埋匿报之情,判以无罪。

[68] 《刑案汇览》卷四十三 22a"尊长杀死为匪卑幼分别科罪",也见于《驳案新编》卷二十二 13a。

[69] 乾隆五年以后,规定每五年(起初每三年一次,不久改为每五年一次)对条例进行一次全面的整理、修订。实际上,乾隆五年纂修以后,在以下的年份进行了纂修(《光绪会典事例》卷七四〇):

乾隆八年、十二年、十六年、二十一年、二十六年、三十二年、三十七年、四十三年、四十八年、五十三年、六十年(1795 年)、嘉庆六年(1801 年)、十一年、十五年、十九年(1814 年)、道光元年(1821 年)、五年、十五年、三十一年、二十五年(1845 年)、咸丰二年(1852 年)、同治九年(1870 年)。此后直到宣统年间制定《大清现行刑律》,没有继续纂修条例。

[70] 《光绪会典事例》卷八一二 7b。

[71] 《驳案新编》卷三 2a。

[72] 如果此案适用的不是擅杀,而是问以谋杀之罪,罗其中就要被判以斩监候,罗洪氏则以"从而加功者"被判以绞监候。

[73] 《大清律例·刑律》斗殴"殴期亲尊长"条例九。两处出现的括号中的只有"本例"二字是嘉庆十九年追加的。

[74] 张玉恭砸死张玉明案(山东省,嘉庆十九年说帖)、陈以礼因胞弟陈以僖屡窃张老公等家衣服以其玷辱祖宗,起意邀同大功堂兄陈以幅将陈以僖捆溺毙命一案(四川省,道光六年说帖)(均见于《刑案汇览》卷四十三 23a《故杀为卑幼应照例文减罪》),郑世学推溺为匪堂弟郑世灿身死案(四川省,嘉庆十七年说帖)(同上 23b)等都是比较单纯地适用条例的案例。案情只是抽象地记录下来,被杀者的违法行为都是惯偷、盗窃以及调戏妇女等。

徐罗氏案(四川省,嘉庆七年说帖)(《刑案汇览》卷四十三 24a《听从伊母勒死行窃为匪胞弟》)、丁西显主使丁造儿割伤伊子丁步云身死案(陕西省,道光十一年说帖)(同上 24b)这两起都是父母杀死为非作歹惯犯的儿子的案件。对父母,应依照"子孙违犯教令,而祖父母父母非理殴杀者,杖一百"律(殴祖父母父母)判处,与有服尊长杀死有罪卑幼条例并无关系。但是,受父母之意下手的从犯应该依照该条例判处。

[75] 《刑案汇览》卷四十三 27a 附载于"违法族长活埋忤逆应死族妇"。

[76] 《大清律例·刑律》人命"威逼人致死"条例八。

[77] 《大清律例·刑律》人命"谋杀祖父母父母"律。

[78] 《刑律汇览》卷四十三 27a"母将为匪子送责被族长责毙",同卷五十 22b"子被他人杀死其母受贿顶凶"。

[79] 《大清律例·刑律》斗殴"保辜限期"条例六。根据受伤的部位是否致命,以及负伤轻重程度,以五日至十日为限,如超过限期后死亡,加害者可免判死刑,而判杖一百流三千里。

[80] 《大清律例·刑律》斗殴"殴期亲尊长"律夹注有"笃疾至折伤以下俱勿论"。同条,条例四。

[81] 前注 60《大清律例·刑律》人命"尊长为人杀私和"律。

[82] 《大清律例》名例"工乐户及妇人犯罪"律。同"赎刑"条例十五。

[83] 《刑案汇览》卷四十三 36a"无服族长活埋忤逆应死族妇"。有关说帖的含义,参照注 105。

[84] 有关比附,参照第一章第三节,以及注 232 与注 233。

[84a] 关于以后的刑案史料,在我写作本章之后,可以很方便地利用文海出版社影印出版的薛允升监修《刑案汇览续编》全三十二卷的资料。其中前面所举案件中"本犯有至亲服属,并未起意致死,被疏远亲属起意致死者",是否符合排除特例适用的这个条款成为一个微妙的问题,在下面的案件中可以看到。

　　李植绍是一个为非作歹的青年,不务正业,屡屡行窃,虽然也曾经在族众面前写过痛改前非的保证书,但偷窃积习难改。最亲近血缘关系的尊长胞伯(亡父之兄)李相定因自己体弱多病,将李植绍委托给与自己同辈最年长的堂兄李相一管束。李植绍侵入别家的住宅偷盗衣服,受害者将被盗事告到李姓,李相一命李植绍的大功兄李植炳把李植绍拉至祖祠,并召集李相定以及李植绍的小功堂兄李植云一起查问。李植绍承认自己偷盗,但声言决不交出赃物。于是将其捆绑,准备送官究治,李植绍骂不绝口。这时李相一起活埋之意,便与李相定商量。李相定对此也无异议,称"李植绍为匪玷辱(祖宗),不服训诫。李相一乃亲房(李氏宗族中与自己系近亲房支)的最年长者,系李植绍的年长尊属,以其判断处置乃理所当然",然后以自己有病为由,起身离去。其后李相一指使李植炳、李植云活埋了李植绍。

该省(湖北或湖南)巡抚对此案处理拿不定主意,不知是否适用"有罪卑幼的最亲近亲属未起杀意,而疏远的亲属起意杀害"这个条例的规定,因此提出两个方案咨询刑部:(1) 认为不适用该条例,是否适用条例规定的减刑措施;(2) 认为适用限制条款,因而以谋杀、故杀罪论处,但酌情减刑。刑部认可了第二种方案,结果李相一以故杀小功堂侄罪被判绞刑减一等,判为杖一百流三千里;李植炳、李植云又以李相一所判的流罪减一等,判为杖一百徒三年(《刑案汇览续编》卷二十四 65a—69a,同治七年说帖)。

[85] 《刑案汇览》卷四十三 24b"谋杀逆伦卑幼从犯"。

[86] 《大清律例·刑律》人命"杀死奸夫"条例十七。

[87] 参照本章涉及的郭相辉案。

[88] 参照本章涉及的吴德仁案。

[89] 参照本章涉及的罗绍成案。

[90] 参照本章涉及的刘大嘴案。

[91] 同上案,另外参照张璜案。

[92] 参照注 88 案,以及本章涉及的邵在志案,注 67 王焕文案、易肖氏案。

[93] 参照本章金文利案。

[94] 参照本章徐永耀案。

[95] 参照第一章注 210。

[96] 《六部处分则例》(光绪二十一年刊印)卷四十三。

[97] 有关村落、行会这类组织,没有发现类似有关宗族那样的立法。因为这两者中并不存在身份制度的原理,所以难以想象会像宗族那样成为同情对象。

[98] 张璜案,罗其中案。

[99] 童大潮案,吴德仁案。

[100] 童大潮案的童连祥,注 67 王焕文案中的王林保等。

[101] 康熙末年的金文利案成为以后屡屡被作为先例引用的重要案例。

[102] 有关后一点,本章有涉及。

[103] 仁井田陞:《中国法制史研究(刑法)》,东京大学出版会 1959 年版,第二章《关于推动中国旧社会法的力量》,第 38 页。

[104] 在专门处理案件的司法机构的议论中,经常出现"情轻法重""情重法轻"的表现。

[105] 所谓说帖,一般指刑部内向上级提出的案件处理意见书,但本文所指则是刑部律例馆的说帖。律例馆原来是为编纂律例临时设立的编辑班子,但随着条例每五年修订一次制度的确定,事实上成为常设机构。平时的工作,就是对下次纂修条例之际成为检讨对象的材料,从朝廷中随时出来的谕旨、议准(经皇帝批准的臣下立案)中,按

照与罪行轻重相关的记录进行整理，此外，还对疑难案件的堂官咨询，以提出说帖来回答为职责。据《大清会典》，"常年由堂官设提调满汉各四人"。也就是说，不像刑部内其他部局（清吏司）那样，设置正规的郎中、员外郎等定员，而是由刑部有关部门抽调，提拔人才担任馆事。堂官把负责司官所陈述的应予驳回的案件，以及对司官的意见表示异议的案件，全部转给律例馆，征求处理意见（参照《大清光绪会典》卷五十七"律例馆"，以及《沈寄簃先生遗书》"寄簃文存"卷六《刑案汇览》三编序）。律例馆的说帖作为文件按照年代顺序保存在该馆，虽然有抄件流传于世，但说帖原文并未刊印过。其中重要的说帖摘要收在《刑案汇览》里（该书素材一半以上出自说帖）。因为说帖是刑部的内部文书，与成案不同，没有被在其他案件审理时引用过。但是在详细记录作出结论的逻辑过程方面，具有比成案更高的价值。收入《刑案汇览》本身就说明说帖对从事法律业务的人具有参考价值。本章在论述嘉庆以后的事案时，多有结论不明确之处，这是因为案件引自《刑案汇览》，而《刑案汇览》的案例又出自说帖。说帖这种文献本身当然不会记录案件的结果。

第三章　判决确定力观念的不存在

——特别就民事审判的实际状态而言

绪　言

在过去的中国社会，处理诉讼案件的地方行政长官会以某种形式书写具有裁决意义的文章，后世留存下来的这类文章相当多，可以将其广义地总称为"判语"或"判牍"。既有专门收录判语的书籍，也有将一部分篇幅用来辑录判语的书籍；既有辑录很多人判语的书籍，也有收录个人判语的集子。在这类文献中，南宋时代的《名公书判清明集》最为有名[1]，而且它在内容方面的确具有很高的价值。清代这类文献多以个人文集形式出现，至少在数量上，判语远远超过了其他时代。关于这类文献的研究还未充分展开，在中国法制史研究中，尽管受种种要素的制约，但这类文献是有待将来开拓的一个重要的史料领域。[2]

在翻阅一些上述判语类文献后，会有一个一般性的印象：一度决定了的判决，往往会重新再诉与再判，难以见其最终解决的案件屡见不鲜。判语中的惯用词"屡断屡翻",所指的正是这种现象。其结果,一个案件十年以上诉争不休,处理此案的地方行政长官转任他地,几经交替,以致"案牍盈尺"。我认为在这里,判决并不充分具备最终完全处理所诉问题的能力。

关于此点,不光是阅读书籍中的判语会有这种印象,那些有机会翻阅地方官府的档案(亦即作为记录保存的原始文件)的学者们也均作如是观。多年来一直参与台湾新竹(古代为淡水厅,后来成为台北府)的地方官府档案的整理、研究的戴炎辉指出:

> 所谓堂谕是指地方官开堂听讼后宣告的内容,因而虽说是审判,并没有像现在一样的判决、决定的这种区别。现代意义上的中间判决、最终判决,或者有关程序上的判决、有关实体法的判决,过去全摆在一起称为堂谕。另外,不仅仅民事案件,对行政性的各种各样的程序的指示也称为堂谕。因而堂谕是用现代意义上的判决这一词汇难以表达的东西。(以下省略)

> 最后,现行的法体系中,还留下所谓的判决的实质性,或者形式上的确定力的问题。在前述的地方官府下堂谕时,通常由当事者取"遵依结状"。遵守判决,结束诉讼,著之于文书的形式就是"结"。通常将此称为"具结"。亦即在服从判决这一意义上,由当事者取"遵依结状"很为普通。如果取了"遵依结状",自然意味着不能推翻这一判决。但是,虽然取具了"遵依结状",但其后争讼不断,重新诉讼的事例屡见不鲜。因此,判决的实质性,或者形式上的确定力究竟实际执行到什么程度,很值得怀疑。或者也让人觉得判决的实质性,或者形式上的确定力原本是不是从一开始就不存

在呢?[3]

另外,长年从事中国东北地区习惯调查,具有实际接触各地诉讼原始档案的天海谦三郎也指出:

> 读读与诉讼关联的那种档案,就知道以前官府作出的判决根本没有执行。如果将其提诉到上级官僚机构或者其他衙门,要求再审的话,多半都会被以"捏词耸讼"这种惯用的理由将诉状掷还。我觉得这正显示了当事人不屈服官府的裁断,执着地主张自己有理时,官府的裁断并不具备绝对的强制力的例子相当多。[4]

其中虽有语意表现不是很明确的地方,我想他注意的是与戴炎辉相同的问题。

笔者现在还没有直接翻阅原始审判档案的机会。[5]被编纂成书的判语就是从诉状、传唤命令文书的存根、审问口供等,亦即从编粘成册、作为一卷文件保存的所有各种关联文书档案中,只抄录显示官府判断的那一部分文字,汇集起来,编纂成书出版的东西。因为判语是从显示官府判断前提的当事者主张的其他文书中割裂出来的,怎么都会让人觉得这是一种有点隔靴搔痒之感的史料。但这种史料也有其长处,那就是在时代上、在地域上不偏于某一时期、某一地点,而且综合起来看的话,留存下来的数量相当之大。不仅如此,在官府的级别上,不限于州县,不少书籍也收录府、道等官府判语。我认为通过这类判牍以及其他相关的一般书籍中能见到的史料,考察官府裁断的确定力问题时,在开阔我们的视野、加深认识上,也绝不是没有意义的。

笔者曾经在论及清代的刑事审判时,指出过"大概可以说判决的确定力这一观念还没有充分地形成"。[6]当时,研究的视野限于刑事审判,立证未能详尽,立论也比较保守。在本章中,我将要提出下述命题:不仅仅在刑事审判方面,也在民事审判方面,像我们现在考虑的"判决确定"这种观念,在过去中国的审判中不是"没有充分地形成",而是"在原理上并不存在"。

不过,在进入主题"确定"这一问题之前,我们得首先弄清过去中国的"判决"这一概念的含义。在现代社会,"判决"与"决定""命令"同样,是审判形式的一种,前者是最慎重、最严格的审判形式,在这一点上,"判决"与其他两者区别开来。在清代的诉讼制度中,与现代意义上的审判能准确对应的形式并不存在,这正如前揭戴炎辉指出的一样。因此,在讨论清代的问题时,不能以某种审判形式的特定含义来使用"判决"一词。在清代的制度中,大凡涉及裁断的用语,当时称为"断"。以下有必要就究竟是什么审判形式被赋予了裁、裁定的内涵进行讨论。下文依据实际状况,整理出清代审判形式的全貌并进行考察。

第一节　审判的表现形式——批、谕、遵结

一　判牍、诉状与批

众所周知,在清代制度中,凡涉及徒刑以上的案件要自动地经过几个审级来审理。这类案件,州县长官虽进行审理,但没有决定权,他们只是将认定的事实、与事实相对应的法律上的处置方案作成原稿,送交上级官府处理。这一过程及其作成的处置原案一般称为"定拟""拟罪"等,即用"拟"这一文字来表现。这就是判决的原始方案。接到州县送达案件的上级官府对案件反复审理,如果没有不同意见,就进一步将此案送给更上一级官府。就

这样,案件一直送到具有决定权的层级——这由案件的轻重而定,得其裁可的话,判决的原始方案才转成判决。如果下级的拟罪有疑点,那么上下级之间就会有各种各样的意见交换。[7] 辑录这类相关文书,特别是具有统一判例功能的中央机构刑部层级文书的书籍有不少,这类书籍在文献学上被分在"刑案"一类中。刑案类的书籍从内容的实质上看,称其为"刑事判例集"更合适。就形式而论,是上级、下级官府之间意见交换的文书,甚至是如刑部说帖一样的某一级官府内部的文件集成[8],都不是以当事人为对象而给出的宣判形式的文章。对当事人以什么形式宣示官府的刑罚判决?其形式和过程,我们实际上不很清楚。我认为不清楚的原因,一方面是没有发现与之相关的明确史料,另一方面,也是根本的理由,宣示判决这种正式程序,在清代的诉讼处理过程中,并没有被特别强调。[9]

笞杖、枷号以及在规定中虽然没有,但事实上经常使用的诸如"掌责"[10]等轻度刑罚,以及交由州县判断的民事纠纷,此类案件一般称为"州县自理"案。收录这一类案件处理过程中产生的州县长官判断文书的书籍,被归于"判牍"类下。"判"这一词正如下述,有时虽然作为与"批"相对的概念被狭义地使用,但笔者认为"判牍"一词应该从广义上去理解。刑案与判牍在文章的体裁上有显著的区别。简单地说,前者法律技术的色彩比较浓,而后者基本上是常识性的。在前者中,围绕实际法律的解释与适用,展开比较琐细的论说,而在后者中,起主导作用的是日常性的平衡感觉。在清朝的制度中,虽然不能对我们平时意义上所考虑的民事诉讼和刑事诉讼进行区别,但就当时制度的内涵来考究,科以徒刑以上刑罚的程序,可以看成正是作为我们现在的刑事程序(亦即法律程序),可与州县自理案件程序截然区别开来。

　　州县自理案件也会因当事人的上诉而与上级官府相关联。在这种关联中,也会产生上下级官府之间意见往来的文书。在广义的判牍中,实际上也包含这一类文书。受理上诉案件的上级官府实际上并不开庭审理,而是审查从下级官府调上来的案卷,在作出判断时,有时会以对原审官府作指示的形式表现自己的裁定。[11]另外,上级官府一旦受理上诉,将案件发回原审,或者发给所管辖的下级官府,命其审理时,受命的下级官府要将审理的结论以书面报告的形式上报上级官府,其结论是否被认可,由上级官府来判断。在这里就产生了类似刑事案件处理中的"定拟"性质的文书。[12]作为审判事例的内容性研究资料,这一类东西都很有价值,但这里从文献分类形式上考察的角度,暂时不将其纳入讨论范围。

　　在作了以上的整理之后,作为向当事人宣布官府判断形式的文章,而显现出来的文献中,有"批""谕"两种。简单地说,所谓"批",就是针对当事人提出的书面文字,同样以书面形式来回答的言语表现。所谓"谕",就是官府在庭上让双方展开辩论后,作为结论当庭给与的言语表现。形式上虽说是"谕",但在内容上看,可以将其称为"判"。这是"判"这一文字的狭义上的用法,在这一意义上,"批"与"判"构成相比较的对义词。[13]顺带说一下,"断"这一概念无论是批、是谕,还是其他形式,都是着眼于裁定这一本质性内容时使用的概念。[14]

　　当事人向官府递交的文书一般被称为"词""状"等。在形式上,虽然有普通老百姓递交的"呈"和绅士递交的"禀"的区别,但呈和禀在法律效力、功能上并无本质性区别。[15]以下,一般情况下都将其称为诉状。但是必须事先说明的是,这里所称的诉状在形式上与现在的诉状有很大区别,进一步看,也呈现出诉讼结构整体的不同。亦即在现代社会,构成诉的核心内容的重要记载事项、也是构成诉状主文部分"请求的趣旨"(诉状的核心要求)这一成分^[16],并没有作为特别事项记载在清代的诉状中。与之相当的言辞通常在诉状的结尾部分表现出来,但这一部分屡屡使用缺乏特别界定、主要是用类似"恭请大老爷主持公道"的方式来表现。下面,我举从台湾恒春县档案中采录的一份诉状作例子来考察。^[17]

> 具状人陈老在,年四拾八岁,住　　　　里枫港庄
>
> 具呈人陈老在,为脏获证确,贿赂反证,乞恩提讯究弁(办)事。切(窃)在于本月初旬被盗偷去水牛牯一只。在登即四处跟寻并无迹。至于十五日,有本庄董山猪到来,报知在于李标家中。在即到去认牛耳号,果系被盗偷牵之物。李标所说系伊自己之牛。互相弁论。然此牛有陈车即陈枝可证。前因偷食陈车田禾苗,被伊牵回家中,留住数日,在赔还清楚,将牛牵回。在邀陈车到李标家中,认得牛耳号,系从前牵回之牛。三面对质,李标无言可答。不料事久多变,随后陈车又说,此牛非从前所牵之牛。显系受人贿赂,始终异词。致使在与李标哓哓置弁。不分是非,将来恐生端。不得已,叩乞
>
> 大老爷台前,恩准提李标、陈车到案讯究,曲直立分。沾感切叩。
>
> 光绪八年八月拾九　　　　　　　　日叩

正如上状所诉,诉状的重点放在陈述自己受了如何的冤屈,但其结论停留在请大老爷恩准提讯这一愿望上。诉状原本并非全部如此,比如像"不得不恳乞青天大老爷恩准饬差,<u>追还母利</u>,

庶免亏生,血本无归。沾恩上叩"[18]一类,明确地记入"追还放贷出去的本息"这种特定诉求的诉状也不少。但是即便是这种情况,也与现代日本将"要求作出支付几万日元的判决"这一类简洁、明了的记载作为主要内容的诉状方式大相悬隔。我们不得不说清代诉状之间的相互差异只是程度的差异,而与现代日本的诉状之间的差异是本质上的差异。也就是说在清代,陈述冤屈——如果没有这一点,官府不会予以理睬——是当事者的责任,与此相对,采取什么措施以使其满足,作出这种判断的事在本质上是交由官府来进行的。[19]但是,作为满足被害方的救济措施,能够想到的有效方式本身是有限的。我认为是不是可以这样理解:在那种场合,也有当事人事先推察到官府应判断的地方,乃至想到以触发、诱导官府判断为目的,而在某种程度上向官府具体地提示救济措施,希望得到如此处理的情况。不管怎样,有关"叩乞大老爷台前、云云"这一段如何具体措辞? 其中的种种表现之差,其实并不具有直接关涉一件诉讼案件性质规定(主题的特定)的重要意义。审判的对象,亦即诉讼标的(诉讼事项)这一在现代日本的诉讼法中极为基本的概念,在清代的制度中并不通用。[20]

与上述的状况相关联,在清代的制度中,称为"诉状"的文书随着事情的发展,由当事人双方接二连三地提出几件的情况也是存在的。[21]对比较复杂的事件,官府也会开几次庭进行口头辩论。与开庭的口头辩论相关联,双方也会前后相接地提出诉状。经过这样口头辩论和诉状提出的交织,案件得以推展下去。在这一过程中,案件本身会复杂化。在诉讼当初尽管存在、但并没有明确主张的某种事情(无论是事实,还是捏造),会在这种时候被提出来,不仅如此,事件本身也会发展下去。比如,以要求偿还借款而开始的诉讼在其展开过程中,如果派生出行使武力、暴力冲突、自杀等事件——而且在那种场合，往往会有夸张、虚构的主张——包含诉讼后所发生的一切事情，都在这一件案件的审判范围之内。在诉讼的出发点上，由于对诉讼要求的趣旨并没有充分特定，所以无法对这一案件的关联事项范围作出明确画线。

诉状原则上在各州县规定的定例日递呈官府，如每月中的逢三、逢八等日子。但并非所有递呈上去的诉状都会得到官府的受理。接受当事人递上状纸的地方长官，首先应做的事情是审查状纸的形式以及内容，作出"准"还是"不准"（"驳"）的判断，亦即决定受理案件、开庭审理，还是不予受理、原物掷还，然后以批的形式，向当事人和关系者宣示这一决定。

批是长官在状纸的末尾——印刷有格子、固定文字、注意事项等、官府通过特许商人贩卖的诉状用纸（状式纸）上，专设有为长官写批用的余白——所写的文字。在文书的末尾写下案件处理官员的判断是古代留下的传统。[22]在清代更有将写在诉状末尾的批的原文抄写下来，将其贴在州县衙门外墙壁公告栏上的习惯。[23]因此，不仅仅呈递诉状的当事人，诉讼的对方以及其他无关的人都可同时看到地方官的批示。通过这一形式可以起到平息大小纠纷的效果。在不同的场合，还可以起到如果不服的话，以开庭审理为前提的、可称之为略式审判的效果。另外，还有对地方一般居民起到教育的效果。一份曲尽案件隐情的名批贴出来后，人们往往争相传抄。地方官的批文草稿多为幕僚执笔。根据过去具有幕僚经验的人的回忆，在批当中，批驳亦即"不准"之批，带有可称之为"简易裁判"的性质，其影响是十分重大的，这也是幕友最为劳心费神之处。[24]乾隆时代，以幕友（其后为知县）而知名的汪辉祖有一个回忆：他不顾同僚的劝阻，以自己的职务打赌，说服游移不定的长官，作出果断的批示，由此而平息了因立嗣引起的、长达十八年的某富人家的纠纷。[25]

以下，介绍几个极为普通的批的例子。在前面已经列举的恒春县的诉状中，正文的末尾和日期的空白处，先写下"署恒春县正堂兼管招抚事务蔡　批"之后[25a]，给了如下之批：

> 据呈，尔于本月初旬，失去水牛牿一只，报知牛在李标家中。究竟初几之事，未据声明。既有董山猪报知，又有陈枝可同往认明属实。李标无言可对，是脏已拿获，当时即可向讨牵回，或指交总理头人理论，何以绝不计较，隐忍而返？致使陈车复行改口异词。所呈情节支离，恐其中尚有未确，姑候派差查传报证人等质明，分别究断。

这样的诉状自然受到了"准"的处理。从被编辑成书的判牍中还可以列举同样被"准"了的例子：

> 还钱而不抽约，殊难凭信。即使果真，亦是自贻苦累。当熊陈氏抗不给约之时，何不来县立案。且欠钱九千有余，仅以一根榆树作抵，尔亦太占便宜。统候集案质究。[26]

其结论是给与"准"的批，因此自然会传唤当事人讯问。但这不仅仅是事务性地宣示官府的意见，事实上会指出看到状纸之后产生的疑问，亦即给出作为地方长官的点评。可以说在这一阶段，地方长官与当事人之间已经开始了相互交流。如果能给与切中要害、贴切的批，事先让当事人畏服的话，就会产生日后开庭审理时比较容易处理的效果。[27]

> 敬神演戏非办公也。公送戏台木料，究非公事可比。郭永吉弟兄二人不送戏台，即被禀控，究竟应办何罪？本县实所不知。仰即自行婉劝郭姓出钱运送，勿得牵讼。

切切。[28][29]

> 尔妹身故，妹夫王昌寅遣人报丧，原俟尔看明棺殓。尔
> 即外出，尔家岂遂无一人前往看视？今于殓埋之后，仅以未
> 见尸身，臆谓身死不明，来案率渎。殊不知王昌寅不来通知，
> 则曲在彼。通知而尔不往看，是于得信之始，早存讹赖之心。
> 实属混账已极。不准。[30]

上面两件属"不准"之例。也都叙述了不准的理由。一为劝
解，一为呵斥，其语气有缓急之差。此外，批的内容还有劝解与其
诉讼，不如请第三者调停而和解，以及因诉状的内容有矛盾、不明
之处要求补充说明的情况等。总之，批的内容是各式各样的。批
的文字长短也各异，上面选取的是内容比较简短的批。但是，即
便是这样的例子，也不难看出："不准"的处理不仅仅存在形式上
不完备的问题，而且是基于实质性的评价作出的，这种判断在很
大程度上取决于地方长官的自由裁量。这与日本现行法律中"不
符合条律，不予受理"的性质是不同的。

由下面的例子，我们可以看出"批"给出相当实质性的判决。

> 胡老四初次嫁女，早已得受樊顺兴之财礼。此刻樊胡氏
> 再醮田云为妻，乃樊家之寡妇，并非胡家之闺女。所有财礼
> 钱文，自应与樊顺兴还债，不得付之胡家。此案即著田云验
> 明合同信函，将财礼百五十串，眼同田三信拨给蓝培信收受。
> 下余欠项，或蓝培信情让，或田三信补交。总以抽回借约，了
> 清债项为主。胡老四只准得追往钱二十串，其余不得动用一
> 文。如再贪横，带案重责不贷。[31]

在上面的案件中，由关联文献可以推测诉状的提出人田三信
应该是作为寡妇再婚的媒人出现的。大概因为寡妇的娘家与第

一次出嫁的债权人双方都提出了获得彩礼的要求,别无良方,只能提起诉讼来解决。对此案件,地方官很快以"批"的形式给予娘家以要求无理的明确裁断。如果这种方式能解决问题则可,如娘家的胡老四不服而再生事端的话,所谓"带案重责不贷"不过是威吓一下,并非真的不分青红皂白地鞭笞,而是最初听取两造的主张,亦即开庭让双方口头辩论。这正是带有一种略式裁判机能批的例子。[32]因批裁断的当事者如果不服,自然可以再次向同一行政机构提出诉状,但也可以不经此番程序而直接上诉。[33]

正如已经叙述的,在一件诉讼案件的进行过程中,有可能由当事人与参与者一个接一个地提出很多诉状,对各种各样的这类诉状,官府总会给一个什么样的批。[34]批的内容和文字的长短原本各式各样。在档案中,特别是针对诉讼正在进行阶段的诉状的批,诸如"该氏有无留林绸凉卖奸情事,一经庭质,虚实自分。着即静候勒差传集讯断,毋庸多渎",内容上完全不含实体性判断乃至长官的评价性要素等的批,更有"候催差赶传讯断""候催集讯究"之类极为简短的批大量存在。[34]在地方官员的批中,一方面有看上去带有指导诉讼进程性质的批,另一方面也有如前面所举带有略式裁判性质的批,在这两者之间,实际上存在着无限表达含义的空间。无论其内容如何,对诉状逐一以批注给予回答这一形式基本相同,这类形式的文章被称为批。

二 堂谕与判

以下,专门就"谕"的形式和内容进行讨论。"谕"是诉讼当事人双方在口头辩论后,官方给出的意见,但"谕"并非全部都是判决。直接说来,正如只要提出诉状,官府对此要逐一以批的方式对应一样,只要开庭让诉讼当事双方相互辩论,就得根据情状给予一个什么"谕"之类的官方意见。若举实际例子,则有何恩煌《宛陵判事日记》之类的书籍。这一部按日月顺序,收录了作为安徽省宣城县知县的何恩煌在光绪二十九年闰五月到六月间给出的"谕"——几乎是没有经过编辑取舍的所有内容的书籍。[35]其中就同一当事人有以下一连串的"谕"。

闰五月二十九日

堂谕:察看何守贵人极老实,所控不尽无因。惟涂老三即涂盛发坚供无夺陈氏带逃情事。是非传陈氏之母陈罗氏到案质明,难以定谳。涂老三仍回押,何守贵著即赶回,邀尔岳母陈罗氏投案,候复讯究断。此谕。

六月初六日

堂谕:据供各执一词,候复讯察究。涂老三即涂盛发仍还押。此谕。

六月十七日

堂谕:查讯何守贵所供各节,则涂盛发始占伊妻陈氏,继拐逃逸,尚属可信。惟涂盛发供认仅与陈氏奸好则有之,拐逃则未也。候备文移沪,查提张德富并陈氏到案,一质即明。但何守贵系佣工为生,断难因案久羁,致抛工值,着即归农,不必守候。既据结求不愿完娶,只冀严追涂盛发交出陈氏听凭发落,应即俯如所请办理。涂盛发仍回押。此谕。

上述案件系围绕与有夫之妇通奸以及拐逃,仅在二十天内就开庭三次的事件。第一次开庭以必须传唤重要证人这一结论闭庭。第二次毫无成果,以等待下次庭审这一处理而闭庭。在第三次,奸夫承认的只是通奸的事实,另一方的本夫则以具结或者说是被具结的形式,放弃要回结发妻子的要求,回家去了。在这一案件中,移牒上海,拘回案件要犯胡氏之类的事情,在堂谕之后被认真执行等,完全不能想象。结果,奸夫大概只受了一个月的关押之苦,在稀里糊涂之中不了了之,而免于牢狱之灾。正如本案所示,无论有无审判的实质性内容,官府只要开堂审讯,总得给出一个什么样的"谕"出来。

上面这种因不得案件要领而连续几次开庭审理的例子,并不代表清代诉讼制度的全貌。据官员的实际经验,多半案件仅有一次开堂审讯即告解决,这大概接近纠纷处理的真实情况。[36]可以肯定,在开堂审理时一定给了一个具有实质性审判意义的"谕",在几度开庭,最后达成实质性裁定时候的"谕"也是同样的。但是,这些在形式上同样都是"谕",具有实质性裁定的"谕"与并非实质性裁定的"谕"只有程度之差,这一点就是清代诉讼制度中的问题点。[37]

不过,作为清代诉讼制度的另一个特点,通常情况下,在以"谕"给案件实质性裁定的时候,与之相对应,总是要当事人呈交接受裁定的"甘结",亦即保证书。这与日本江户时代制度中的"裁许请证文"有异曲同工之妙。[38]不过在江户时代,一张"裁许请证文"上,要让当事人双方联名签署,而在清朝,由诉讼两造以及依情况还要其他重要关系人各自提呈"甘结",全部提交了才算完结。清朝在这一点上是与江户时代不同的。无论如何,在清朝的制度中,如果一定要找一个相当于"判决"概念的话,就会出现要取当事者双方甘结性质的"堂谕"。就前面所列举诉状和批的恒春县的那个案件来看,知县给了如下一个堂谕。[39]

讯得:陈老在控李标盗牵牛只一案,因李标之牛放山牧
养,被陈老在私改耳号。此牛经李标牵回家中,已将半月,陈
老在始前往冒认。李标不肯,互相争执,以致涉讼。提讯李
标供称,此牛当日盗食张丁荳仔,嗣后牵回家中半月之久,如
果盗牵,断无留养庄中之理。质之陈车,据称乃系李标之牛,
因被陈老在私改耳号,冒称自牛。属虚属实,难瞒邻居之目。
且陈车又系陈老在指证之人,言凿凿毫无疑窦。陈老在胆敢
冒认他人之牛,稀词诬控,本应重办,姑念一经到案,自知理
短,甘愿服罪,当将陈老在责惩示儆,以为诬控者戒。水牛一
只交李标带回。并罚陈老在瓦片三千块,起盖枫港庄土地庙
之用。两造遵依,结附卷。此谕。

在知县的批中,已被指出疑点的原告在庭审中也败诉了,而
且因诬告之罪受到了惩罚。与这份堂谕相关联,两当事人各自的
甘结、两当事人各自一个保证人的保结,以及证人陈车的甘结,共
计五件呈交官府。下面只列两当事人的甘结。[40]

具甘结。枫港庄陈老在今当
大老爷台前结得:在控李标盗牵牛只一案,今蒙讯明,此牛系
李标之牛,断交李标领回,罚在出瓦三千块,以起盖土地庙
之用。
并令以后不得再滋事端。在甘愿遵断。合具(甘结)
是实。
　　　光绪八年九月初二日　　　　具保结(甘结)字人陈老在

具甘结。枫港庄李标今当
大老爷台前结得:标被陈老在控盗牵牛只一案,今讯出此牛

系标之牛。陈老在私割耳号,诬冒认。断令陈老在罚瓦块三千,起盖枫港庄土地庙之用。此牛交标领回。以后不得再为生事。标遵断。合具结是实。

　　光绪八年九月初二日　　　　　　　具甘结人李 标（捺印）

　　这样的谕——又被称为"判"——是什么时候、由谁起草的?深究起来,的确比较复杂。在已经列举的两种谕中,前者收录在冠自己之名的著作中,后者则由朱笔写成[41],这两者毫无疑问均由知县亲笔作成。但是,史料显示,有书吏起草判原稿的情况,而且,即便认为判为地方长官所作,那何时所作也是一个问题。

　　首先,的确存在地方长官在公堂现场亲自作判的事例。在《宛陵判事日记》的自序中,何恩煌自称:"煌少侍养于浙任所,每值先君子坐堂皇,窃从旁瞷视,意周详,言无弗,至书判,就命吏朗诵阶下,至有感且泣者。"

　　在庭审的最后,书写判词,当庭让胥吏朗诵给现场的相关者听,是何恩煌父亲处理案件的一般形式。另外,在给蒯德模《吴中判牍》写的序中,俞樾盛赞蒯德模才思敏捷,下笔如流。

　　　　今年自蜀中贻书,并寄示判词一册,皆昔年为牧令时,据情定案,援笔直书者也。其遇事之明察,持论之公平,固不待言。而率尔命笔,灿然成章。有他人支颐摇膝,竟日不能得者,君于堂皇高坐,隶卒环侍之时,成诵在心,借书于手。所谓文章本天成,妙手偶得之。与东坡判语,同一风趣。

　　这里,同时也说明在众多廷吏的环侍中,现场书写判语对普通的地方官而言也并非易事。熊宾《三邑治略》凡例中称:"堂判系当堂所书。此次刊刻,并未删改一字,各县皆有案可稽",所言亦为同样之事,此处确有自夸文思之意。

以上为十分优秀的地方官的例子。嘉庆、道光年间的著名地方官刘衡力言当庭书判为地方官应当努力的方向。他称：

> 审结一案，必须当堂朱书判语也。民间命案及械斗巨案，其起衅之由，往往基于细故，不可不慎也。如些小钱债，寻常口角之类，其事微矣。既经控官，不准则已，一经准理，倘审断不甚明切，或虽已明切，而审后神思偶倦，遽尔退堂，令差人带两造在外间，照堂上面断之语出结。毋论堂断之言，听者不甚了了，即甚了了，而两边棍蠹各从而挑拨之，必至两造之结各执一词，与堂断之言俱不符合。甚则书役高下其手，竟致供与结亦自两歧。或故留漏洞，或故示矛盾，以为翻异地步。如此则未有不翻案及酿成他故者。此朱判之所以必不可少也。每案审断既毕，毋论事之大小，官且勿遽退食，即于堂皇之上，将面谕之断语，朱书于点名单年月之内。其日公事稍简，则备叙全案之由。若十分忙冗，亦应将紧要断语，明切书之。书毕，令两造将朱判自读一遍。如乡愚不识字，则饬房书大声宣读，俾两造倾听明白，则是非曲直，讼者各自了然。然后令原差带两造入内堂，照朱判各具遵结，照例粘连成卷，钤印存案。如此则供与结不至两歧。而通案人证之结，亦归一律。书吏无从高下其手，且可杜日后抽换诸弊。即将来或有翻异，而展卷了如指掌，可免混争也。[43]

由上面的表述可知庭审中有如下几个要点：

（1）地方官的最初裁定是在公堂上，通过被称为"堂上面断之语""堂断之言""面谕之断语"等口头宣示而给出的。这并非事先准备好了的，而是通过当天公堂上的来回讯问辩答，地方官所得出判断的一种表明，总括当天审讯过程的一种结论。而且这可以说是本案裁定的最原始状态。

（2）"面谕之断语"由于仅仅停留在口头上，就难免缺乏安定性，将面谕之断语的内容文章化就成了判。因为以朱色书写而称为朱判。

（3）判写在所谓的点名单这张纸上。有关点名单或名单，依据戴炎辉氏的说明以及考察《台湾私法附录参考书》第三卷上所收的几个实际例子，大体可以画出其基本轮廓。[44]点名单最上面是当天传讯的人物名单，同时记录关联的胥吏名单，末尾记上开庭日期，中间很大一片地方都空着，这样的纸张事先由胥吏准备好，放在地方官的桌上。空白部分则以朱笔书判即堂谕。

（4）书写朱判的地方官向当事人宣示，或者读给当事人听，以便使其彻底了解判的内容。但是，书判并非处理诉讼时的必须程序，因地方官而异，也有仅以口头裁定而退庭的。刘衡称这种情况不太适宜。他倡导地方官无论如何忙碌，哪怕只是要点也要用朱色写好判语。

（5）无论朱判的有无，受到地方官裁断的当事人在闭庭之后，由胥吏催促，在别的房间写下遵结，即接受裁决的保证书正式呈交。[45]因此，尽管没有地方官的判语，但留下了当事人的遵结；至少与判语相比，当事人的遵结书写在前而提交给官府的事情是可能存在的。此外，两造以及所有有关人员的保证书的内容一致，进而与庭审口供记录也一致，就成了为今后留下的最确凿证据。

但是，对刘衡的主张，光绪时期的方大湜作了如下反论。

> 簾舫此说，自是正论。但问官笔下敏钝不一，当堂朱判如有渗漏，或词不达意，反开翻控之门。不如退堂后斟酌判

语较为周妥。至两造之结,各执一词,是两造并未遵断。即有硃判,亦非定谳。若恐有漏洞,令其添补可也。通案人证结不画一,令其改归一律可也。供与结两歧,错在招房,令其更正可也。[46]

方氏主张的要点为:笔头不快的地方官与其要他在庭审的当堂勉强以朱色书判而弄得不准确,还不如退堂后细细思索,慎重书写为好。由此可知,有的地方官并非完全不写判语,而是存在退堂后慢斟细酌书判的这种做法。此时,诉讼当事人已经退散,当面宣示已不可能,判也就只有审判记录的意义。[47]

由以上的资料得知:一般可以认为判这种文献是地方官自己写的,但也有胥吏书写判语草稿的情况。在《樊山批判》的自序中,樊增祥对各种判牍书籍中批多判少的理由作了如下说明。

今兹所存,批多判少。良由批词随来随答。至案经讯结,则由吏人叙供拟判。苟大意不相背谬,即亦不复润饰。惟案情较重,及近怪者,乃据案手自作判。

依据樊增祥上面的说法,庭审终了之后,胥吏在整理口供的基础上,草拟判语为一般的流程,他自己在多数场合,对胥吏所拟之判几乎不加增删。另外,同治年间湖北省松滋县,有件广东省出身、不懂官话的代理知县赴任以来,庭审之际因操当地完全不懂的方言,相关人士不知所云而不知所措的趣事。

每逢审问案件,满口乡音,钩辀磔格。原告、中证、约保及书差人等均不通晓。断结之后,亦不知谁胜谁负。原被之狡黠者,讼即负亦自以为胜。中证之偏袒者,又各以所袒之人为胜。众人则以意踹度,谓今日某人被责,大约是某人审输而已。招房书办不知本官如何吩谕,无从录写堂判,必略本官之家丁，始略得其大概。家丁、书差乘机舞弊，以致民怨沸腾，被参革职。[48]

由此条记载可知，"录写堂判"即将地方官庭审之际口头宣示的裁定以文书形式记录，即便要向家丁贿赂以弄清知县的意图，也是胥吏必须承担的职责。

我们必须看到，由胥吏记载的那种判语，当然与朱判是不同的东西。在这里让我想起淡新档案中，在以朱书写堂谕的名单后面，接下来是供词亦即当事人、证人的口供等的记录，在这些供词之后，又有以墨书写的堂谕，这被认为是通常的形式。据戴炎辉的说法，在淡新档案中，有关堂判的处理，"形成了书记员再次以黑墨楷书抄写朱谕置于供词之后的文书构成，黑墨抄录的朱谕说起来就成了誊清本"[49]。如果稍微想象一下，这个过程会不会是这样的？亦即朱判在本质上是地方官的审判备忘录。因此，正如我们已经叙述过的，它并非必不可少的。作为正式记录，在供即记录口供之后，判必须以墨楷书。这在我们现在的日常生活中，类似正规的记录文书被打印出来。而且在以墨书写的判的制作过程，与现在的各种会议——比如大学的教授会——的议事录的制作过程相似。现在的会议录是这样的：① 记录员将当天各人的发言、议定的事项等即当天会议的内容简明地记录下来，作成原稿，② 将议事录原稿交给会议主持人校阅增删，③ 在下次会议上朗读，以求确认。其中，因为③的形式不能成为上述比喻的对象，这里暂不考虑，我们假定在②的阶段，议事录成为确定下来的文件。那么清代负责庭审记录的胥吏正好在这里承担的是相当于①的职责。亦即简明记录当天庭审中当事人以及其他出庭人陈述的"供"与地方官说教性的"判"，作成这种"供"和"判"的原稿是他们的职责。这一原稿经地方官的校阅增删——对判特别有增删润饰之必要,同时也有增删润饰的自由——作为正规的记录确定下来。在此之际,如果地方官书写了朱判以宣示裁断结果的话,就判的作成而言,胥吏仅仅将地方官的判誊清一遍就了事。但是,现实中地方官并不当堂以朱书判就退堂的场合不少,在这种情况下,胥吏就得依据地方官庭审中的口头表述,起草判的草稿,亦即所谓的"拟判"。[50]

将以上的内容结合起来考虑,我想就能够在某种程度上理解以下的一段文字了。这是光绪年间浙江省会稽县的知县处理案件的一个批。

> 本县审断案件,<u>堂判</u>悉出亲裁。或当堂缮写,或随后叙录。其寻常讯供,间由招书于叙供后照<u>判</u>录写[51],俟点供时,分别存改。总以朱笔点定为准。兹阅抄粘七月初八日堂判,系本县未经点定之稿,此稿因与<u>原判</u>意旨未协,改抹什之七八。乃该书辄将原拟之件抄给粘呈。是审断之权,直自该书操之也,殊属荒谬。当经传案,讯问究由何人抄给,尔尚不肯吐实。兹既究出情由,将朱招书传案申儆。尔等嗣后慎勿受人谎骗。仍候着原差将陈茂贵带堂押追,仰即遵照。[52]

在上文的表述中,初出的所谓"堂判"意味着朱判。这是开庭时或退堂后地方官亲手写成的。这与后出的所谓"堂判"必须区别开来考虑。有关"寻常讯供"一语,稍有难解之处,是不是可以理解为在名单之后,以糨糊粘结起来、用以记录供词的纸片?在同一张纸片上,于供词之后,又以墨另记堂判。现在我认为这里的文意似特指堂判部分,而称之为"讯供"。那就是所谓经胥吏之手的"照判录写"。这里的判与后面出现的"原判意旨"意思相同,是指地方官以口头宣示的裁断之语。所谓"点供",即指胥吏记录、整理当事人等的供词在退堂后得到地方官校阅过的文书。当此之际,胥吏在供词之后的空白处草拟的堂判由地方官"分别存改",亦即以朱笔对其内容进行增删。有关由此确定的堂判,诉讼当事人可以请求胥吏——此事原本肯定需要陋规即手续费——为自己誊写堂判。在这里举例的案件中,这样的堂判誊本有时会被附在后续的诉状中,向官厅提呈。上诉或者向其他关联的官府提交诉状的时候,附上原判的誊本的作用会更大。但是,在本案中,胥吏未经地方官的校阅增删,擅自将自己草拟的原稿抄录誊出,交给了当事人。检举此类胥吏,明确问责,告诉当事人不要被胥吏欺骗,即为上文的趣旨。

以上,我尝试对堂判进行了解释,或许对并未实际调查原始诉讼档案的人而言,不明之处甚多。相关问题一方面有俟将来考察,另一方面亦希冀求教于方家。但是,就下面这一点而言,我对自己的解释很有信心。即"谕"(又称判)与现在日本的判决书不同,并非在花了大量时间精心考量后作成的、通过正式宣判生效性质的法律文件。[53]仅为宣判而设的特别开庭日并不存在。重要的是在进行口头辩论的开庭当场,官作出了什么判断,当事人之间达成了共识,以文字作成的"判"只不过是为防备日后产生纠纷,退堂之后作成的文字记录。如果当事人希望得到这份判,可以向官府申请,得到其抄件。堂判的抄件是为了确认已经下达的官府裁断,也是为了便于在其他相关的事情中援用。而且"判"的作成作为日常性的事务主要由胥吏进行。这种"判"当然只是仅作事务性塞责、程度不高的文章。地方官曲尽案情周折,亲手写作格调很高的"判"——这种判作为"判牍",印成书籍流传后世,通常都是那些能在开庭的当场亲自作判,才思和笔头敏捷的少数官员作成。除了每至结审之际书写堂判格外勤奋的官员,一般只有特别有必要的案件才会当堂写成。[54]

而且,作为事后的证据,闭庭后各当事者和关系人退堂前写下的接受裁断的保证书,其重要性一点也不比判差。如果各当事人的保证书内容不一致,正如前揭方大湜所言"即有朱判,亦非定谳",这一案件并没有彻底解决。

三 堂判与遵结

当事人提呈的保证书形式如前面曾经例示的恒春县档案例子。从文书形式上看,它被称为"甘结"。所谓甘结,就是要保证将来应该如何或者不应该如何,以及保证某一事实的陈述并无虚伪,如果存在虚伪,甘愿受罚服罪这类内容的书面文字。甘结是官府在向子民索要保证、证词时广泛使用的文书名称,在结审诉讼之际也常被利用。正因为是遵守裁定的甘结,所以也被称作"遵结"。另外,也有"遵依"一词,如果以动词来理解的话,即为承服裁定的意思,以名词来理解的话,与"遵结"同义。[55]当事人等提出遵结一事往往用"具遵""具结"等简约的语言来表现。

遵结在本质上当然应是由当事人的自由意志来书写,所以即便地方官已经下达裁定,若当事人并不承服,自然也是可以不写遵结扛下去的。下面的资料就是如此。这是广东省新会县围绕土地所有权(但是因是水边新淤沙地,一般为最容易产生争议的土地)的争端,争端长达数十年,其间知县更替达八九人,事件非常难以处理。咸丰七年,作物收获之际,争端成为由暴力冲突扩大到死了五条人命的大事件。当时的知县聂尔康审理此案,在他给上级官府呈送的几份长篇报告中,有下面一段文字。

迫至道光三十年,邱任不察,将田断归余姓,复为详请补给垦照,而余姓与李姓者亦即功成身退。因于领照之日,将田卖与赵姓,赵姓即于是日立刻投税过耕,以为炳据。盖至是而莫姓之田,始真为赵姓之业矣。殊不知一北一南,中隔数十余顷,虽沧桑可易,而部位难移。是非有挟山超海之能,其断难移坵换段、易北为南也明矣。此莫姓之所以万难强服,而断不肯具结者也。自是以来,又复屡经勘讯,而赵姓有照有契有卷有判,铁案不磨,尚复谁能翻异?莫姓于此明知势难与较,无如心实不甘,遂以此田于陈任复讯时,自愿捐归紫水义学,以资膏火,以断葛藤。是莫姓于此田久已置之不问矣。乃赵姓于陈任批准之后,匿不赴案,以为并未具结,仍然抢割频仍。而该义学首事,咸以田已充公,必须禀官押割。自后互相争夺,多寡不拘,亦唯捷足者先得耳。[56]

(如此在抢夺作物收割,捷足先胜延续不绝的争端中,发生了某夜在义学恳求下,官府出动军队,炮击抢割者,致赵姓五人死亡的事件。)

在上面的案件中,赵姓一方以邱知县所下的轻率裁定——裁定以判的形式留下记录(下文的“有卷有判”中的所谓“判”即指此)——为奇货可居,捷足先登,制造既成事实。对此,莫姓坚拒具结,即拒绝向官府提呈承服判决的保证书,将争端正如“又复屡经勘讯”所言的一样,弄进诉讼延续的状态中。等到知县更替,在陈知县的任上,莫姓将争议之田捐给义学的愿望得以实现。被认定为赵姓之田的财产自然不应该以莫姓的意思捐赠,所以这在理论上意味着陈知县推翻了前任邱知县的裁定。赵姓一方在陈知县任内不愿出庭,对陈知县的裁定,并不接受,在田产收割问题上仍然继续行使实力。

如上面所述,对案件尽管官宪明确下达裁定,但当事者拒绝提呈遵结的例子在其他地方也并非没有。[57]但我们在阅读史料中得出的印象,拒绝向官府提呈遵结的情况并没有如预想一样频繁出现。理由之一,如前所述,官府的裁定由公堂的唇枪舌剑中立即产生出来的性质太强,所以即便地方官拿出某件官司裁定的解决方案来,若当事人对此不服,难以定案的话,也只能采取当庭保留裁决意见,留待日后开庭再议的这种措施——其状况很难留在记录中——这类情况不少。[57a]理由之二,正如后述,因为案件到了某一阶段,为了取得当事人的遵结,官府要使用相当强压性的手段。当事人眼见形势对自己不利,多半要么决定当场具呈遵结,结束诉讼,要么决意上诉。从史料中"抗不遵断""不肯具结""抗不具遵"等案例来看,多半都是对县官的裁决拒不具结而上诉的例子。这类案子在清代绝不少见。也有这样的案例:当事人上诉得到受理,接下来又被上级官府批转原审县府审理,对州县地方官的再审裁决仍然不具遵结的当事人,在如此几个来回的过程中,渐渐获得对自己有利的诉讼条件。[58]

如此一来,如果认为当事人只要不服裁决,就意味这件官司没有了结的话,上述的地方官的听讼就已经不是审判,而是调停了。有关这一问题,我后面还将涉及。这里我想先就地方官为了让当事人提出遵结,官府都用了什么手段这一问题进行考察。第一,不用说是官的说服。这里我们首先有必要预设下面的公堂听讼场景:在不存在由职业律师办理的诉讼代理制度环境下,基本是法律门外汉的当事人,被传唤到具有百姓父母权威的地方官面前,接受讯问和对质。而且当事人在公堂上陈述的言词,无论是大还是小——从我们的感觉上看,通常包含着相当大的——存在夸张或虚构的事实。[59]当事人的一方或者双方多半也清楚自己陈述的事情，亦即自己主张的事情，从荦荦大端到细枝末节未必都是事实。在如此状况下，我们不难想象法官具有相当的洞察力，摘出当事人陈述中的弱点，在整理、追究纠纷展开的过程中，将当事人逼至"理屈词穷，俯首具遵"的地步并不困难。[60]不过，作为裁决的手法，与其说地方官是完全保护当事人某方的利益，不如说他们更喜欢用让双方各退一步，最后完全息事宁人的方法。即便当事人的让步多少有些勉强，但经过地方官的"苦口开导"[61]，即地方官从利害的大局出发，苦口婆心地劝诱，也能让当事人接受裁决。此外也不难想象，如果放弃过多的要求，书呈遵结的话，官府完全认可的条款就能马上得到实现，这对当事人来说，也是在某种程度上下定妥协决心的诱因。光绪年间浙江省会稽县的一个案件就是这种地方官有意筹谋的例子。

章少轩以钱二千三百元典到章咬脐田四十九亩七分。咬脐谋划将其赎回他卖可得若干差价，将银洋一千八百元（以洋一元兑换钱一千为前提）交给少轩。但少轩既不同意典田的分期回赎，而且甚至不同意咬脐取消回赎（归还收受的回赎金）的要求，将咬脐逼到了死胡同。好在咬脐在其他地方借得五百五十元，提交给法庭。其中的五十元是作为向少轩支付每亩一元的回赎手续费（此点在原契约中已约定）。但是，地方官斟酌本案之际，考虑到此前两造曾经口角，民间调停处理，咬脐有设酒席赔罪之事，因此裁断咬脐不必支付手续费。其判语如下：

> 当堂将洋五十元给咬脐收执，少轩除收过洋一千八百元外，余穗馨签洋五百元存案，候具到遵结给领，赎契俟三日后，检给咬脐收回。少轩复坚执欠票一并索偿，不肯遵断。

察阅呈案欠票,本系"号"字号戤田结欠利钱,与寻常借票不同,又系道光二十九年远年陈票,且将票内"号"字涂改作"珍"字,希图蒙混。无论何项契券,一经涂改,断不足凭。应将原票涂销存案。<u>章咬脐著先具遵结存查</u>。此判。[62]

在上面所述的内容中,案件的处理就成了当事人一方先写遵结,而应支付的款项先托付给官府预存的情形。而当事的另一方又称还有附带的债权,不肯提呈遵依,但如果撤回基于不可靠证据的追加主张,提出遵结的话,即可领取存放在官府的应得款项。

第二,可以认为与口头说服相表里,使用了相当程度的威逼手段。根据具体的场合,甚至还会使用体罚手段,强行逼迫让其违心承诺。在刑事案件中,若有相当明确的证据但当事人仍拒绝坦白,官府可能就会使用刑讯逼供的手段。我认为刑讯逼供是当事人尽管不能继续进行符合情理的抗辩,但仍然顽固抗拒承服官判的时候,至少是地方官主观地认为如此的时候,所使用的手段。作为审判的实际例子,道光十九年十二月陕西省凤翔府代理知府邱煌的判语有如下一段:

（牛荣栽培党参。在别处谋生之子牛中选向张荣借钱,其父在毫无知情的情况下,党参被作借钱之担保。牛中选留下债务死亡后,张荣强行收取牛荣之党参换钱。牛荣将此告诉至县,经过周密调查,知县最后就有关抢夺党参的数量,几乎要全数认同张荣的主张。）

该县讯据张荣供称,挖掘牛荣党参,用过人工六十余串,只卖钱五十六串,尚短钱十余串。合之牛中选所欠三十五串,计牛荣尚欠张荣钱四十余串。因牛荣年老,断令张荣不必追讨。牛荣因党参俱被掘尽,且尚须找给钱文,<u>坚不服输</u>。

因身受刑责三次，只得写具遵结。本府到任，牛荣赴府申诉，提集两造，讯悉前情。[63]

（此案件成为由知府处理的案件，后面为邱煌自身的判断。）

正如上述，牛荣所种药材被抢夺，而且被县强行判为有毫不知情的债务，但因年事已高，债主不可强行催讨，看似以具有慈悲心肠的裁决来处理本案。牛荣拒不承服亦属当然。尽管如此，知县以"刑责"，即或用竹板打屁股，或打耳光等不知具体什么样的体罚拷问过牛荣，结果牛荣只得当场顺从，提呈遵结。

而且当事人还受到威胁，直到书写遵结为止不能回家，并被关押。邱煌的判语集中，还可以见到在某一案件判语的前置部分所引当事人上诉状纸中的例子。考虑到上诉状纸的典型意义，下面全文摘录判语中引用的部分。这是一件雇人运送木材，五筏中的四筏木材计木椽5360余根因暴风被吹失的业主，与拾拦大量漂流木椽但仅仅交回一点点的人之间的纠纷。

缘小的客岁口月间，以率众抢夺木椽等情控监生李枝茂等在辕，蒙批县讯。于十一月间讯明抢夺属实，谕令照赃补赔。伊等供出伊村逐家有赃。小的同县差乔贵、杨贵赴查，经侯庄侯大成吐露真情。小的恩生员侯俊亲笔按赃开单注明，无难根究。不知如何播弄，复讯之时，并不追问寔情，而差役受贿，亦不实禀。总以河水涨冲为词，勒令小的将招出三百八十六条椽具领，小的未允，郿主袒不深究。又将伊等供出，他人窃夺别商，在别家存贮之椽数十条搪塞小的椽数。移文赴彼起赃，勒令小的具领。查他人木椽，现有外号，焉敢冒领？可怜将小的拘押两月，勒具遵依。泣思小的由宝鸡练

171

筏最艰,非斧砍不能流散,即自己折卸,三五日亦搬运不完,
况筏在白阳树村,离伊村五里之遥,即经水冲,三五百人亦捞
不及。因何诸物尽从伊村查出?显系贿通任三等抢夺属实。
小的若不奔辕再恳严讯,冤案莫伸。[64]

向省里的布政使提呈的这份诉状,再次被发到凤翔知府重新
审理,成了邱煌处理的案件。以上两个案件最后都在邱煌主导下
得到比原审更为有利于原告的新裁定。[65]

如此一来,由于有官府对当事人的身体加以体罚和拘押,而
强制要求提出遵结的情由,这正是当事人提起上诉的最好理由。
对原审官而言,这绝不是什么值得奖劝的事情。但是,一般而言,
地方官具有不必提示法律依据,根据自己的裁量就可以对当事人
处以体罚或关押等的权限。地方官时不时地使用这种权限,如果
以严厉的语气穷追猛打的话,对当事人而言,这一定会成为难以
抗拒的威逼。雍正年间,任安徽省安庆知府的徐士林在处理诉讼
案件的一个判语中,回述案件经过时,有如下表述:

> (何)玉铉伺前署县出城,禀请亲勘。十面奇兵早已埋
> 伏,街邻满山,一气扛帮。前署县并未察审,止以坟界毗连,
> 又因宝城先供平地,改供古冢,遂谕众押和。乡约谢洪涛等
> 即号召多人,硬立议约,内载"何坟立碑,各祀各祖"。英三、
> 宝城因县谕严切,兼以众口铄金,恐其贾祸,曲从画押,呈官
> 用印。玉铉得志,随于七月内立界立碑。吴坟石围之东,吴
> 姓竟无寸土矣。文西等赴府叠控。[66]

这是一件比较奇特的事例,曾经当过衙役、十分熟悉官府事
情的何玉铉趁知县外出之际,顺手将知县为我所用,巧妙将其牵
入自己设计的现场审判中。[67]面对"县谕严切",即知县以严厉口

吻的斥责,当事人难以抗拒,当场屈服,提出服从裁决的遵依。在通常的公堂审问中,这应该也是常见的现象。1942年,在"满铁"调查部进行的华北农村习惯调查之际,调查员接受村民的委托,参与了一件与县城城隍庙和尚之间的诉讼事件。在调查员留下的记载中,可以看到以下的记事:

> 将承审员的意见传达给县的顾问,顾问大声斥责和尚,声称如果和尚不改变自己的主张,就命令其退出县外。
>
> 和尚作出一副令人不可思议的平静表情。案件处理的结果是和尚承诺不再向石门村的香火地伸手,但一让他写保证书,不知是因为字写得不好,还是不懂书写格式,总之说要与上司商量以后再写,而拒不接受。承审员当场让助手刘俊山给他写样本,并加以斥责,最后还是让和尚依照样本写了保证书。其全文如下①。[68]

在调查报告书的下面,全文登载了以"具结人某某"开头的保证书。当时,拥有赫赫威势的昔日知县衙门已风光不再,身为外国人的调查员干预的这宗裁判肯定是一件未成裁判体统的裁判。但是对企图搪塞抵赖的当事人加以斥责,并让其书写保证书这一段,让我们想起这仿佛是古时就有的方式。

即便像上面那样取具了两造的遵结,实际上也并不意味着这一件官司就风平浪静了。戴炎辉曾经指出:"官府虽已取得两造的遵结,但其后争讼持续,再度重新诉讼的例子能经常见到。"这并不是仅仅在台湾才能见到的现象。被称为"翻异""翻控"等诉讼的旧案重提行为在史料中随处可见。作为完全没有疑义的例

---

① 此处原文如此,日文版并无和尚保证书原文。——译注

证,我想从《樊山批判》中,选择陕西省咸宁县和渭南县的两个批进行解说,以下只列举与要点相关的原文。

《批张书绅呈词》事情起因于里甲组织的再编成。事情真相仅从批文难以理解,但十分明确的是对新的里甲编成不满者上诉的批。批文以"前已具结,何又翻异? 且所禀各情,俱属过火"开头,以"尔等屡次过堂,于词穷理屈,具结完案之后,又复受唆翻异,实属可恨已极。此案现经本县通禀列宪,请示饬遵。俟奉批之日,再行剀切出示,谕饬新旧各甲一体遵照可也"结尾。[69]

《批高照吉呈词》杨增福在饥荒年月将寡居的弟媳杨蔡氏经官府的准许,以银三十两为代价,改嫁给了王纪盛。尽管如此,他又以王纪盛骗取弟媳告到官府,结果败诉。这一批是结审之后,给重提旧诉的杨蔡氏舅舅高照吉的。批的前半部分,在逐一叙述判杨增福败诉之际当作证据的各种情况后,写到"其为增福自己主婚,毫无疑义。当经本县痛加责署,断令杨蔡氏归王姓为妻,杨增福回原籍安分。具有遵结在案。乃断结数月以后,尔以身列胶庠,事外无干之人,突请本县改差传讯,胆妄已极,诡异已极",最后以痛责高照吉所为之非,威胁如不退出这场是非,一定传唤到庭严责详革(剥夺生员身份),枷号三个月结尾。[70]

以上两个都是斥责重翻旧案,予以驳回的案件。虽然是"不准"之批,但我们应该注意的是,它并不是以已经取具接受判决的保证书这一形式上的效力为理由而驳回的,仍然是以实质性的辩论来回答的。与州县的案件相比,在其上级如知府的审判中也会发生同样的情况。在陕西省凤翔知府邱煌的判语中,有伴随第二次判决的一个案件,事情的大致情况如下。

> 赵陈氏以投资目的委托外甥范先礼购屋。范先礼请求武生员刘承先的帮助,以三百十五千文买到了一件合适的房产。范先礼不久死亡。其后,刘承先将这一房产隔开两间卖给田禄,赵陈氏责难此事,遂成争讼。刘承先称此房产与赵陈氏毫无关系。的确在证明文件中写着"卖与刘范二人为业",无赵陈氏之名。但是,根据证人和其他证据,可以证明赵陈氏筹措了两百千文交给范先礼这一事实。刘承先承认了从范先礼那里收到了这两百千文的事实,另一方的赵陈氏也承认剩下的一百一十五千文尚未支付的事实。官府据此的判决为刘承先将钱二百千文还给赵陈氏,房屋归刘承先所有,分卖给田禄的二间房屋为田禄所有。接下来以"<u>取具遵甘各结附卷</u>,此判"作第一判语的结尾。

上面是第一次判语的大概内容,日期为道光二十年二月二十二日。其后的第二次判语中附记的事情成为我们感兴趣的中心。下面全文摘录。

> 此案经本府讯明刘承先具限交钱之后,越十余日,忽复翻悔,声称"范先礼之弟范先义遣人嘱伊,不可交钱,现欲来府具控"等语。本府查传范先礼之胞兄范先文到案。讯据范先文供称,"从前曾知范先礼代赵陈氏在岐山买过房屋,其钱系向他人挪借。赵陈氏于十五年将地出卖五百串,始将此项偿还。现在先礼之子尚幼,先义并未在家,早往汉中一带客游,并无来府控告之说,系属刘承先诬指"等供。随据范先文出具甘结。是此房系赵陈氏出钱置买,已无疑义。质之刘承

先无可置辩,惟一味延抗,不肯措交,实属刁狡。若非详革究

办,断难著追。而刘承先之意,只因本府卸事在即,不及究

办,故敢有意拖延。殊不思是非之公,人人同具。此案既经

众证确凿,刘承先虽欲狡卸,他日坐黄堂者,金镜高悬,难逃

洞鉴。虽欲为刘承先保全青衿,而赵陈氏异地孤孀,坐受诓

骗,独不邀衿恤乎? 吾知刘承先只自诒伊戚矣! 道光二十年

三月二十日。走笔判此。[71]

在这里,应该注意的是处理翻控的审判官传唤当事人和新的关联
人,亦即当事人因重控旧案而成功地促使官府再审。

在前任地方官的审理下,表示服从裁决,俟其离任,在后任地
方官任上翻控,在下级官府写下遵结的当事人又向上级官府上诉
(这也被称为翻控),这类事情也可以发现很多实际的案例。[72]在
此之际,当事人翻控案件的逻辑,要么称原审官以自己完全不能
抗拒的强制性手段逼迫写了遵结,要么称原审官接受了对方的贿
赂,要么称幕友、差役等有不公正行为,甚至完全隐瞒曾经一度打
过官司,并写下遵依的事实。在他们的脑海里,觉得即便是写了
很多谎言上诉,只有在结果上认定我们实质上有冤抑的话,就会
给予相应的补偿。[73]

因此,可以说诉讼当事人提出的遵结在清朝的制度中,一定
是显示争讼已经裁决妥当的最可靠文书。但是,仅凭这种形式上
的力量,就想尘封实质性的争辩,封堵当事人将来重诉旧案,遵结
远远不具备这种绝对性力量。另外,即便还没有做到让当事人提
出遵结这一步,地方长官通过判或批所显示的判断,其作为具有
权威的一个声音,也具有相应的意义。不仅有在尚未进入提出遵
结的程序时,当事人在行动上已经接受了官府的裁定,纠纷自然

平息的情况[74]，而且也有前面已经介绍过的，地方官通过曲尽事情原委的一个实质性而稳妥的批，在纠纷发生的初期阶段，将纠纷解决的情况。批、判、遵结，以及口供等其他一切的相关文书都被当作档案保存，在将来问题再次提诉的时候，作为各自具有相应意义的资料将会被参考。

有关这种形式的审判应该如何定性，我想在经过下一节的考察之后，回过头再来考虑。

附记：判牍中出现的"现据……""昨据……""既据……""未据……""即据……""只据……"等用语中的"据"字只是具有加强其前面副词的作用，不具有实际意义的场合较多。因涉及本章第一节中署恒春县知县的批、宣城知县何恩煌的论的翻译问题，在此多解释一句。

第二节　审判更正的可能性

一　判决的拘束力与审级分离

在现代日本的制度中，诉讼的判决早晚会用通常的程序，使事件臻至无可再争的阶段，亦即审判确定下来。对有过分明显不公正之嫌的"确定判决"，即便敞开着案件再审之道，但再审的条件被严格限定，与正常的审理程序截然分开，是作为极为例外的个别性补救措施来处理的。如果要说在日本现代的制度中为什么会产生判决确定这一现象，其理由之一，大体上，法院在处理诉讼事件过程中，存在不能自己取消或改变已经宣布了的判决这一大原则。[75]第二，上诉只限于被允许的期间，而且最后存在不允许上诉的终审法院。笔者在讨论清代刑事审判的第一章中,附加了一个"一般来说完全不存在上诉的期间限制"这一命题。亦即仅仅有意识地抛出前述的第二个问题,暗示审判确定力观念的不存在。[76]但未曾言及更为根本的第一点,亦即判决的拘束力(自缚性)观念存在与否的问题,这实在是很大的缺陷。写这一部分的最大动机就是弥补这一疏漏,实证判决确定力观念不存在的问题。

不过,就被视为州县自理案件的民事性争讼而言,在州县长官依据其权限作出的裁定,以及因当事人的上诉,府、道等地方上级官府就此做出的裁定中,并不存在相当于日本现代的诉讼判决中拘束力的观念,这一点也可说在前面一节讨论清代审判形式时,大体上已经展现出来了。这应该是因为带有所谓拘束力特征的实体的"判决"这一特别审判形式在清朝原本并不存在。

在现代日本,也并非所有的审判,亦即法院进行的公权性判断乃至意愿,都带有拘束力。"决定"以及"命令",在作出这种决定或判断的法院,或审判长自身还存在着更正的可能性这一点上,与判决有本质上的不同。亦即对"决定""命令"不服的当事人提出上诉时,首先原判法院具有重新申理此案件的机会,若其认为上诉有理,则要纠正以前的审判(所谓基于再度审理基础上的更正)。原判法院若认为上诉无理,便要附上意见,将此案件送至上诉法院,自此开始要求上级法院对案件审理、判断(民事诉讼法第四百一十七条,刑事诉讼法第四百二十三条第二项)。进而与诉讼案件审理程序相关联的"决定""命令",在还不等当事人申诉不服审理时,可依据法院自身的判断随时取消(民事诉讼法第二百零五条)①。

---

① 参照日本 2022 年现行民事诉讼法第二百五十七条。——译注

判决与"决定""命令"这种审判形式的区别以及性质上的差异，只是被法院要求的职责行为中所作的种类区分，尽量给予适应各种状况的制度性表现的一种结果。现行法律并非本人专业，如果获得方家的宽容，进行概略性表述的话，大体如下。

诉讼由简洁而且确定地表示了要求的"诉"的提出而开始，以下达容认或者拒绝其要求的判定而告终。在这样一件诉讼案件的进行过程中，法院乃至审判长作为诉讼这一国家行使权力行为的主宰而行动。而且为在这种场合下达的裁定，准备了"决定""命令"这一制度性表现。在这种意义上，法院与各自承担其他种种国家性职能的诸行政部门没有本质的区别，都是以官衙的形象出现在当事者面前的。在这种场合中下达的"决定""命令"与有关的一般行政处理同样，不具备拘束力。[77]

在作为上级部门的法院的领导下，完结了法律程序后，法院将综合评价通过法律程序获得的所有资料，是容认还是拒绝相关请求，亦即对本案作出判定是其最重要的工作。在这一阶段，法院由诉讼这一国家执法机关的主宰者变为法和正义的判定者；由原本致力于法律程序公正而且顺利地展开这一善的实现的管理者，变为锲而不舍地追问事实是什么、法是什么的探究者。作为判定者的法院已经不再是一种高高在上的上级存在，而是作为法共同体中的判决发现人、共同体众人意志的代辩者，是能够使法共同体众人之意志一体化、依共同体全体意见言说的代辩人。作为表现这种意义上判定的承载方式，制度上设定了判决这一形式。判决之后，审级就结束了，案件就此离开这一审级法院。凭依共同体众人意志而下达的判定也就离开了代言者。这时，法院不能尾追已经脱离己手的案件加以订正。所谓判决的拘束力与审级分离的效果，可以看成只是从两个侧面表现同一实体的语言。我认为以这种判决与审级分离的视点来观察问题,比起将此表现为判决的自缚性来,更接近事物的本质。在日本的现行制度中,诉讼的主宰和本案的判定这两种机能是由单独或者复数的法官组成的法庭这一相同的主体承担,但在历史上也曾有这两种机能分别由不同的主体执行的制度。[78] 即便是在现代社会,英美审判中的陪审也是其中显著的例子。也许可以说判决中伴随的拘束力与陪审不能进行重新评决——评决主体的陪审因给出评决后而解散——具有相同的道理。[79]

根据已经考察过的,在清代的诉讼中,与最初缺乏请求趣旨的确定性表示相对应,最后缺乏的是容认还是拒绝这样明确区别的判定。在那里,坐在法庭上的地方官始终是作为高高在上者来对应当事人的。"批"也好,"判"也好,全是作为在上者的声音,并非法共同体的神谕。因此,判决的拘束力,即审级分离的现象在本质上不可能发生。

不过,即便在本质上将地方官视为在上者而非判定者,但是从维护在上者的威信、防止纷争长期迁延不决这种现实性的考虑来看,对一旦下达的裁决采取绝对地、不能轻易取消的态度,此种态度会受到奖励,这成为不言自明的原则。事实究竟是什么样子的呢?兼子一教授在阐说判决的自缚性时指出,"知错即改"的格言不允许原封不动地滥用于审判中。[80] 清代的地方官是不是也具有同样的认识呢?如果先抛出我的结论,我认为正好相反,在审判中不被允许的"知错即改"这一格言,恰恰可以说成了清代地方官审判活动中的行为基准。

二 知错即改与纠正前判

这里首先介绍同一知县下达裁定,之后又下达包含将第一次裁定取消、变更趣旨的第二个裁定的两个最显著例子。

沈衍庆在道光二十三年至二十五年担任江西省泰和县知县时处理的案件中,有一件题为"灭骸换葬事前后两判"判语收入他的判语集中。[81]案件的大致内容如下:

> 曾贞柯自郭满宾处买下坟地四穴,有郭能一者主张此四穴是与曾贞柯共买,两人各有二穴。郭能一将主张应得二穴中的一穴卖与尹载文。尹载文将己父之骨改葬此穴。曾贞柯不知一穴被卖与尹载文之事,将四穴上竖立各自刻了祖先之名的墓碑。于是尹载文以灭骸换葬控告到官府,郭能一也站在尹载文一边,加入诉讼。

作为证据文件,郭满宾写的卖契中有买主曾贞柯之名,无郭能一之名。契文末尾添有"该处葬穴有四,伊与贞柯各管其二"一句。但添写的一句与契文的笔迹不同,却与在公堂上郭能一写下的笔迹相同。而且证据契文本应是曾贞柯的东西,却由郭能一提交给了法庭。讯问当初的卖主和中间人,也得不到支持郭能一主张的供词。因而知县沈衍庆认定是郭能一欺诈买主,将契文拿走,随意添上了一句尾注。他作了如下裁断:

> 除将能一惩处外,仍饬满宾等另书契给贞柯执业。其私注之契,即行涂销。并限能一将骗去穴价缴还,载文伪售契纸查毁。载文讯非知情同谋,应与并未灭坟之贞柯等均免置议,仍限载文即行起迁可也。

在纳入了以上内容的初判之后,接着有推翻初判的二判。其主要内容如下:

> "嗣据郭能一续诉该坟地实与曾贞柯分买,伊素业勘舆,

恐售主因而昂价,故止贞柯出面承契。事后未及向贞柯另索分券,仅将原契批注,致伏祸根。"因考虑到有正常的理由,知县决定重新开庭审理。其结果:"本县正提案复鞫平反,而柯母施氏天良不昧,将坟地之半仍归能一。能一亦仍售其半中之半与尹在文安葬,递立契据。"曾贞柯惧罪未敢就鞫,托曾尚僖向能一具述悔过。郭能一心平气和,反代求免究。知县根据这些情况,作出如下裁断:"所有原断载文起迁、及能一缴钱之处,俱毋庸议。"曾贞柯虽未到案,但允从郭能一之请,不再追究。

以上并非判语文体的直接再现,考虑到语意晦涩,只取其主要内容作了陈述。在第二判语的后面,沈衍庆发了如下感想:

> 惟是案情万变,理之所无,何莫非事之所有。[82]折狱者非虚衷详察,几何不庭多冤民耶。[83]本县益滋惧且愧矣。原谳存弗削者,以志吾过,并示戒也。

毫无疑问,这是将判语编辑成书时附加的按语,解释了不舍弃原谳(第一判语)、两者并行采入的原因。

在这一案件中,由于胜诉的当事人事后全面承认对方主张的正确,所以官府将判决结论颠倒过来也是理所当然的。那种承认行为也是以知县决定重新开庭审理为机缘而产生的,这一点很重要。作为知县,接受败诉当事人的再度申诉,在略略感到其理由具有真实性时,要作出以下的抉择:要么采取不能主动撤回曾经下达的裁定的态度——如果不服,可上诉上级衙门——要么自己下定决心对案件进行重新审理。从制度上看,两种选择都是可能的。沈衍庆选择了后者。其结果,事态朝未曾想象的方向发展,作为知县,让他对案情难测的可怕性和对自己固执己见的警戒有了重新的认识。[84]知错即改原本就包含着对犯错误的可能性如履薄冰的敏感。在吸取自己与他人教训的意义上,沈衍庆将本案的两次处理收入到文集中。

另有一个例子。徐士林在雍正十一年至十三年担任福建省汀漳道道员,在他的裁定中,可见到一个题为"龙岩县民杨明忠告黄文献等案"的案件。[85]黄、杨两姓因山场境界之争不服知县的裁断,上诉到了道。在东高西低的山坡斜面上,黄姓据北面山场,杨姓有南面山场。中间稍高耸立的一线之岭为东西走向,但这并没作为确定的境界被双方承认下来。作为证据文件,杨姓拥有旧契,即祖先从前买下这块山地的买卖文书,但山地的四至,即境界线并未记入。黄姓提交了明朝永乐年间的买卖文书,然而被认定是伪造的东西。这些是从判语的字面上了解的事件大致背景。在判语的前半部分,穿插着事实的记叙与评论,叙述了案件上诉到道的经纬,后半部分则是作为道衙门给与本案的裁定。以下,按这一案件梗概的顺序来看一看。

县官在初审中,作出了以下趣旨的裁定:

> 该县初审谳断,山凭岭脊分界,岭南归杨,岭北归黄。有因岭之中截,有黄姓一坟,再下横坐之坟。分脊直下,则黄坟嵌入杨界,不便管业。因令自中截黄坟,量上一十二弓,摆向岭南丈余,开一大界,直透横坟。使黄姓上下之坟,俱包黄姓界内。

双方当事人都接受了这一裁定,并且向官府提出了遵依。时间是前一年的十一月十九日。这由"两造于上年十一月十九日,已各具遵依在案"表述可知。但是当根据上面的裁定在现场设置界标时,两姓间又起了争端。双方各自都向官府提出了控诉对方不法横暴的诉状。在本年九月,知县再次亲赴山场作现场勘察,下达了第二份裁断。在第二份裁断中,知县大幅改变了以前所作判示的内容,其命令如下:

> 乃查该县复断谳语内称:"自黄中坟,量上一十二弓。摆向南边,横量七十五弓。复湾向西,直量至岭脚下八十弓。铲定界限"。……谳语内又称:"山势侧落,黄坟在上。不远为之防,杨强黄弱,其后必遭铲剥之害。本县相度形势,予为后患而定。杨氏亦不得藉原谳'丈余'二字、妄生枝节"等语。

这里明文取消了初判中向南错开一丈余的判断,重新裁断向南错开七十五弓(37丈5尺),对初判作出很大变更。杨姓当然对知县的裁断不满,于是向道上诉。另外,在上诉状的内容中,加进了知县变更裁断的背后,有黄姓使用贿赂促其变更的嫌疑。以下是道员徐士林的裁断之语,全文录入:

> 夫争控山场,其有契界者,断以契界。其无契界,而历来掌管有据者,即断以历掌之界。如既无契界,又无历掌之确据,屡争不止,即照现在之形势酌断。使两不相碍,彼此平情,庶为妥协。如该县之断是也。

上面是裁断田土山场纠纷的一般准则,既与本章的内容相关,更是讨论土地法之际应受重视的一种表达。在山场的境界之争中,首先以契界,即记录在证明权利所有证书上的四至为证据进行裁定。如果没有契界,亦即没有证明文书,或者即便有证明文书,但没有记载四至的情况,那么作为第二证据,历来掌管的主要依据,亦即如果有显示长年来一直毫无疑义地占有——某个特定地点内——的明显物证的话,就依据这些物证裁定。在契界和历来实际拥有的确切物证都没有的情况下,作为第三个措施,在现场勘测地势,看看哪一方主张的内容有无勉强,作出适当的裁断。这是处理这类案件的原则。知县的初判符合这一原则的第三点。这是上面文章的要点,接下来徐士林进一步指出:

> 今该县忽虑及杨强黄弱,预防后患,自断自翻。竟将岭南山场后割七十五弓归于黄姓。此该县自生枝节,而尚欲禁小民之不生枝节乎?此该县之朝三暮四,而尚欲使两造之永遵定界乎?

以上指责知县改变先前的裁断,这里并无特别需要说明之点。不过,改变裁断自身并非明确地被认为不行。

> 夫官无毁笔,原属鄙说。如果前断未确,后勘得实,即行改正。坦白虚公,于民不能藉为口实。

世间虽然有"官无毁笔"之说[86],也有人主张"官府一旦下达裁决,无论其为是为非,都要贯彻到底",但那不过是沽名钓誉的俗鄙之说。徐士林认为如果省悟了以前所作的裁断并不适当,应该虚怀若谷地加以纠正。但是,即使如此,对本案的改断为何显得根据薄弱?他作了如下议论:

> 今杨姓田山,旧契虽无界址,然其契则真。黄姓捏造明朝永乐年间之契,该县既经查弊涂销,并不加以惩处,已属宽纵。乃于相度判定,两造遵依。忽为思患预防,而多与之山。契真者不得厚实,契假者反邀重赏。何厚于黄而薄于杨若是耶?虽夤缘关说,出自被责之口,未可遽信。而无情无理之变更,恐该县亦无以自解。

如本案,知县唐突变更前判,其被怀疑"夤缘关说",亦即背后收受贿赂起了作用。但是,这出自受到惩罚的人之口,也就是说杨姓人在再审之际,曾受到知县的体罚,这是没有在书面上记载的事实。因为这是杨姓人的申诉,所以被当作基于怨望的中伤之言,官府没有进行认真对待。但是从客观上看,裁断的变更无情无理,内容上也说不通,作为知县也无辩解的余地吧。接二连三追问下去的徐士林的笔锋非常犀利。以下可称是对本案裁断的主要内容:

> 仰即照依原定山界。饬押在于岭脊中截黄坟量上十二弓,摆出岭南丈余,开界直下,使黄姓坟在界内。与杨姓各掌各业,杜争息讼。其后定偏枯之界,立即铲削。取具各遵依报查。本道除恶惩习,纵不以架词为是非。但查核案情,须眉毕现。该县慎勿迷执不悟,自速官谤也。此缴卷发回。

通过这一指示认可了知县的初判,判语就此结束。

因为这一个案件,我们找到了一个知县曾经下达裁决,当事人两造承诺遵依后,同一事案又被翻供重审,由同一知县下达明确变更前一裁断的第二裁定的确凿实例。而且其第二裁定的内容,结果因为当事人的上诉而遭上级官府的否决。上司的否决实质上是因为其变更裁决被认为毫无根据,并非在形式上不允许裁决变更。另外,通过这一案件的处理,我们可知依具体情况,虚心改正曾经下达的裁决也无不可,"官无毁笔"的俗谚在负责任的上级官员看来并非正确。

三 不惮平反

以上是就具体案件所得知的、地方官自己不惮主动纠正裁判中过失的精神。这种精神在一般地叙说自己做官心得,乃至讲述自己人生体验的言语中也能发现。乾隆时期非常有名的幕友汪

辉祖,晚年在湖南宁远县当过一段时间的知县,他叙述当时的情况时说:

> 尝谕两造曰:"官之问事,如隔壁看影戏,万难的确。但不敢徇私得钱,总无成心。剖断失平,官之咎,非民之辱。<u>再诉当复审</u>。<u>慎无上诉</u>……"在堂自巳至酉,或至戌亥,疲不可支。将退食,有两造到案求讯,亦勉应之,俾免守候。硁硁之性,为民所谅。折狱不必皆中。或曰:"我们官今日错了。"旁观者曲为余解曰:"我们官那得有错,必汝不知自省。"或劝上诉曰:"我们官尚如此,他诉何益?"称我们者,宁俗亲官之词也。<u>余闻之,必反复体访</u>。<u>果有屈抑,必示期再鞫,不惮平反</u>。故民益信余拙诚。[87]

正如以上显示的一样,汪辉祖劝说当事人,如果对审理不服,在上诉之前,先到自己的地方(县衙)来再诉。不仅如此,即便没有再诉,地方官如果听到了不平之声,也要反复体访,亦即为对方设身处地地考虑,如果有必要,可以利用职权,重新开庭审理,而不害怕修改以前作出的裁断。"平反"一词在上级官员变更下级官员作出的裁决、纠正冤罪的语意上,是早在《汉书》等著作上就出现了的概念。[88]但这一词也能用在同一人纠正自己以前作出的裁断上。

嘉庆、道光年间有名的地方官刘衡叙说做地方官的心得与汪辉祖的言说如出一辙。

> 但案情百出,变诈多端。况繁剧之区,牍词冗杂。地方官纵欲聪听,不能保其必无失误。<u>或事后检点及之,或讼者陈词再恳</u>。爱民者均须<u>虚心复核</u>。果有可商之处,<u>即应立予平反</u>。盖临下与事上,并无二理。详上之件,设或失误,例有

检举之文。听讼亦然。不但失误当改也,即微有偏倚,未能恰到好处,亦不妨一再推求。若必以为官之于民,体制所在,断无认错之理,竟尔回护前非,恐原审既有不尽之情,责负屈者必有不平之诉。是小民上控滋多,未必不由长官自信之太过也。[89]

在这里,他所强调的是:根据当事人的再次申诉,或自己事后对案件的点检,如果觉察到了误判,或者虽然并非误判但多少有点欠妥的时候,要不辞辛苦地再度开庭审理,修正或变更以前的裁决,这是地方官的职责。抱着这样的信条,面对诉讼案件的汪辉祖、刘衡均是以在任中,因不服其裁决,向上级衙门上诉者不绝而自豪的,这一点特别值得重视。[90]

高廷瑶的《宦游纪略》一书,以巧妙的笔致记录了嘉庆十年十月,他离开安徽省六安州代理知州之任时,当地绅耆聚集在一起,为他送别席间的诗文唱和。[91]他在席间向在座者呼吁:根据堂事簿,亦即自己的法庭备忘录的记载,他在任 10 个月中,裁断结案的案件多达 1360 件;中间自己认为错判的可能有不少,如果诸君知道了,还请指出来。在座者异口同声地说没有错判之案。接着,他谋求批判的诱导性提问与在座者的褒奖性回答延续下去,结果也没有人指出其审判案件的错误。于是他说:

> 试举断错二事,为诸兄言之。阎知州告徐知州盗葬祖坟[92],始则准其葬。继查出契是假的,乃断其迁。汤姓告某监生逼进祖坟开塘,委员查勘,以旧塘复。集讯时,邻右、地保皆供是旧塘,将汤姓责十板。[93]汤姓求余亲看,实新塘。重责该监生,而断其填塘。此二事,非错乎?

席间有人知道这两个案件的真相,知情人说了一段非常有意

思的故事,其内容在这里省略。高廷瑶总括这一段对话后,叙说了如下感想:

> 先是,此二案另断改正,故席间言及之。官为百姓办事,如有错,即为另断,于心始安,后亦不致反控。若任性偏执,不肯认错,而使之错到底,百姓含冤负屈,抱恨终身。如之何其可也。

类似的语言要是在相关资料中搜索的话,还可以找到不少。不过上面列举的资料已够充分的了。[94]

四　旧案重翻与颠覆前判

如果我们将曾经下达裁断的地方官经自己的手变更、修正已作出的裁断视为可能发生的事情的话,那么当该地方官离任后,经后任者之手进行变更、修正的事情自为理所当然。在不同场合,地方官的转任成为翻供之诉的诱因。亦即在某一地方官任内没能胜诉的当事人对其后任者寄予希望,再次向官府控诉。乃至诉讼中的阴谋诡计被识破、曾经败诉的坏人等待地方官的转任,以图再诉遂欲的事情也时常发生。后任推翻前任裁定的实例,以及几任地方知县对同一案件作出各自不同裁断的实例,在清代的审判中可以说不胜枚举。以下,略举其中一两个事例。

再举一个前面提到的沈衍庆在江西省泰和县所作裁判的例子。有一题为"伪买谋吞事"的案子。[95]事情为黄文伟夫妇双亡,并无后嗣,只留下了年逾八十的老母罗氏。文伟的堂兄黄守正主张应在罗氏之后立黄姓嗣子,将来继承罗氏的财产。而且具有继嗣资格的人,除守正自己以外,似无别人。由于罗氏并不喜欢守正,由此引起了纠纷。罗氏是从毛氏改嫁而来的,与前夫有两个儿子。这就使事情变得复杂起来,但这一点并没有成为主要的纠纷焦点。纠纷是立嗣事件发生后,在自称从罗氏手中买下不动产的萧建隆与应该说是罗氏法定继承人的黄守正之间展开的。在沈衍庆的判语中,首先叙述了前任处理这一案子的经过。

> 顾与罗氏争,与毛姓争,犹寻常意计之中。幻莫幻于萧建隆者,乘扰攘之际,将罗氏田业串人书契,属伊承买,共价一百二十八千文。并属罗氏当堂供称"已收受价八十八千文,其未付之四十千文,存建隆处生息,作为日用之需"。此前县杨之据供定断,业归萧掌也。厥后守正不甘翻控。复审时罗氏已故,前证人等又供称"系建隆伪买伪卖,并未付罗氏钱文"。此前县朱之据供定断,又以业归黄掌,而追缴建隆原契在案也。

如此前后互异的裁断,其结果就是抢夺对方耕牛、抢收有争议田地的作物收成等自行用实力解决问题的行为不断发生。另外,被称为"十五年来,两造迭控,其情不一"的争讼持续迁延下来。沈衍庆处理此案,其裁断的结论在很大程度上采纳了第一次裁断的杨知县的思路。他写道:

> 揣情度理,罗氏既醮于黄,生子文伟。伟故,其同堂兄弟犹存。何以罗氏售业立契,黄姓竟无一人在场。宛其死矣,他人入室。固不得谓萧建隆无所暧昧于其间。

沈衍庆首先明确指出:对有疑问的土地进行买卖时,在无子寡妇处理重要财产之际,谋求丈夫同族人同意这一习惯上的程序没被履行[96],这是萧建隆主张的基本弱点。在此基础上,他进而指出,这一点本在罗氏生前就该弄清楚的,到了现在已难以深责。

然使当罗氏面质之时，直破其奸，执以罪建隆，亦何说之辞。乃契价一百二十八千、已收受八十八千文之供，既出罗氏生前活口。微特供单、遵结足凭。且有守正自递呈并禀，"请以所余四十千文，勒建隆书立字约，存为养葬"等词足据。狱重初情。何得于罗氏死后，将前供一概抹煞，断业全归守正。左袒右袒，其失维均。……

上面所称"微特供单、遵结足凭"一语特别值得注意。也就是说杨知县在最初审判这一案件时，已经从当事人那里取得了遵结。尽管如此，这一裁定在接下来的审判中，被后任朱知县几乎完全推翻了。现在沈（衍庆）知县重新将遵结作为一个证据来看待。在清代的制度结构中，从比较性的意义上看，连最应具有结束案件特性的文书遵结，也没能通过其形式上的力量起到终止实质性审判中重翻旧案的作用。但我们并不因此就说遵结在促使法律关系稳定上毫无意义，遵结仍然作为一种审理的实际结果，具有某种重要性（其重要性因事情的不同，应该会是各种各样的）。同一纠纷的处理每当出现翻案时，裁断总是在无必要限制条件下的实质性审理中下达。这时，从前官府作出的裁定作为一个要素，与其他多种多样的要素——时间的流逝和事情的变更也各自成为一种要素——一起进入被考虑的范围，这是在重新裁决的时点上，形成实质性判决的审理结构。在这种处理案件的情形下，沈衍庆指出：

应断令萧建隆将钱四十千文缴出。即将原呈退契二纸，令守正补立中证押字。其钱给守正具领，而原契给还建隆执业。

沈衍庆承认了萧建隆土地买卖的交易，土地成了萧建隆的，黄守正则获得萧在交易中未付的四十千文。接下来,有关这一案件的裁定,沈衍庆有点自鸣得意地称:"一调停之间,两得其平,可解难解之结。"但是他的处理是否最终真正解决了这一宗纠纷呢?他离任之后,这一事件是否重翻旧案、再上公庭?在史料上我们无从得知。

上级地方官府,比如在府这一层级的事情也是相同的。在道光十九年陕西省凤翔府知府邱煌的判语中,有一件有关张相、张芹兄弟争财产的案件。[97] 张相、张芹的父亲有三兄弟,他们自己有兄弟四人,但其他二人的家庭已经处于死亡无后状态,在世的只是他兄弟俩以及各自的子孙。在这种情况下,已经绝后的兄弟以及堂兄弟全都由张相之子过继,而且现在张相又要将自己的儿子立为弟弟(对张芹而言是哥哥)张正的后嗣,因而招致张芹的不平,发生了争执。张芹于是到官府控诉。

> 迭控县府,经亲友等处和,声称欲令张芹以子麦娃过继与张正,而张正之妻不愿。随处令仍将房娃过继,议令张相另拨地十亩五分给张芹管业,复府完案。……本府到任,张芹复赴府具控。

亦即前任知府任内,以承认调停案的形式解决了的一个案件,在邱煌任内,又因当事人旧事重提,控告到官府。邱煌传唤相关人员,调阅相关记录,对案件进行审理。根据他的调查,前述的调停案中,祖父以来财产的六分之五都被张相父子所占,而且处置非常不公平。另外,根据邱煌的调查,确认了张相曾是绝了后的伯父的嗣子这一重要事实。按常理来说,张相等的父亲的系统应该全部由张芹继承。如果严格追究这一点,那么张相父子长期占据的财产大部分都得脱手,必须交给张芹。但是如果只考虑此点,

过大幅度地下令张相改变财产现状的话,邱煌担心可能会激化将来之争。结果,邱煌在处理此案时表示:

> 本府再四熟筹,惟有断令张相再拨地十二亩五分,又拨住宅西边围场一块,给张芹管业。其陈村生理,酌断银一百五十两,给予张芹。庶于不平之中、稍示持平之意。

这仍然是一种妥协性的裁断,但比起前任的处理来,已经作了很大调整。

邱煌的晚辈李星沅认为邱煌对这一案件的处理是"就案了案"的典型。所谓就案了案是指不回到基本的原理原则上去,而是就既成的现状,寻找一种妥协性的解决问题的裁断方法。根据李星沅的说法:

> 此时若断令与张芹均分各产,使张相父子兄弟等一旦失业,岂肯甘心?彼虽忍气于一时,必更泄怨于异日。……且此案既经前任论断,俱以张相为理直,而归咎张芹之妄诉。数年之后,始赖先生为之申理。今先生又将卸篆。……控争不息,已属拖累难堪。<u>更难保后任坐黄堂者,必能与先生意见相同</u>。既有水火之见,即启门户之争。更非张芹所能甘受。不至破产轻身而不止。……先生刺之熟,而权之审。是以宽其既往,就案了案,俾知自保身家,永敦亲睦。……[98]

亦即地方长官所具有的再审、变更、修改前任下达裁定的权限,如果从另一个角度来看,也就是自己下达的裁决常有由后任变更、修改的可能性。这一状况相反地成为一种心理性的抑制,令现任官员不得不对推翻前任裁定的问题十分慎重。无论哪个层级的裁定,都不能保障裁定在形式上、法律上的稳定性,这样的制度逻辑也许可以说相应地暗含了某种内化的稳定性作用。

五　屡控屡断与旋断旋控

有关上诉的各种问题,本章只想先作一点极为简单的讨论。在各审级不具备独立性的制度框架下的上诉,与日本现在制度中的上诉具有明显不同的性质。关于这一点,可参照我从刑事审判角度讨论过的相关研究。[99]

受理上诉的上级机关在多数场合,还是会将案件交给下级官府,命其审理。这种情况下,上级机关接到下级官府的审理结果,以认可其处理结果的形式,结束这一案件的审理。上级机关认可作为一个重要因素,在本案处理过程中的作用是不言而喻的。但是如果这一上级机关自身并不受自己认可行为限制的话,案件处理的事态不会发生本质性的变化。"由于是上级机关认可的裁定,所以不允许在下级衙门那里旧诉重提以及再度审理",这种逻辑从理论上难以成立。这是因为如果下级官府对旧诉能够作出新的裁定,只要内容妥当,上级机关随时都会有对这一裁定作出认可的准备。而且事实上前述的逻辑并不通用。有一件诉讼案发生在四川省洪雅县,当事人因土地境界纠纷发生争执,自康熙后期至雍正初年,两代人接替进行的长达三十年的诉讼曾从县一直上诉到总督,又交回洪雅县重审。县官的处理一度使事件平息,但是进入现场设置界标阶段,纠纷再度爆发。此后案件陷入"累控屡断,亦即旋断旋控",十余年间无宁日的状态。[100]

也有情况是,受理上诉的上级机关调阅案件的审理记录进行审查,进而传唤所有的关系人开庭审理。这种情况下,上级印官的确要作出基于自身判断的实质性裁定。不过,正如前面已经考察过的一样,对这一裁定,存在着当事人向同一上级印官或他的后任再诉的可能性。不仅如此,上级机关的裁定经常会通过给原审下级机关的指示来表现出来。即便有上级机关的裁定,但无论事情的大小,其细节部分以及裁定的实施较多委托给下级机关。而且我认为在这种情况下,下级印官未必完全依照上级印官作出的指示行事。[101]有一个实际的案例,当事人在县里开始诉讼,在事情处理的途中转向知府上诉,一旦接受了知府的裁断,当事人立即又以"县翻宪案"为理由再次向知府上诉。在这个案例中,尽管知府在处理中大体维持了自己的前判,排除知县的改断,但并不是从形式上强调这是已经作出裁断的案件这一事实,而是就案件展开实质性的议论,并且部分地采用了知县在改断中基于新见解的合理性要素,以修正和补充自己前面的裁断。[102]有关上诉制度,这里没能全面发掘之处尚多,但是不存在能够给予最终的、不可更改判决的终审法院这种机构,仅就这一点而言,通过以上案件的讨论,我想能够理解。

总而言之,就官僚统治机构的全体而言,与前面考察过的一个个具体的官僚的言行相同,如果觉得曾经作出的裁断不妥当,无论什么时候都可以修改裁断。在那里,经过数次审判的重复,案件在该自然沉静的时候沉静下去,当事人已不再争,法律关系的安定只有通过这种形式来实现。判决的确定力(Rechtskraft)这一概念在形式性的确定力(Formeller)这一意义上,早已与清朝的审判无关系了。

在没有判决的形式性确定力的地方,不会产生作为实质性确定力的既判力(Materielle Rechtskraft)概念,这是不言自明的道理。在我迄今为止的叙述中,关于这一问题可以说已弄清楚了。另外补充一句,如何评价过去下过裁定这一事实,完全由时间和场合决定。如果追问到底,可以说完全取决于其后处理此案的审判者的意思。比如,有人指出:"管业必凭确据,断案必凭旧卷。

尔等既属无据空言,岂有前府前县明明定案尚不作凭之理。"[103]亦即强调以前裁定的权威,斥责翻案当事人。不过,正如下述资料所言,也有责备只依据过去的裁定而争讼的:

> 看得:张廉讼刘、傅、罗、李四姓,词甚张皇。但四姓共
> (供?)系世佃,而廉且[104]称为世仆。仆与佃则有分矣。四姓
> 供当日止卖田,而廉且并欲有其屋。屋与田又有分矣。乃问
> 之证,证无有。索其契,契无有。唯欲取凭于从前之断案。
> 不思旧案果足尽凭,何以又起后来之纷竟乎[105]。

无论哪种情况,裁判者都能自圆其说。[106]上述两条资料,均为批的一部分,审判的地方官一边作如此言说,一边将案件向传唤、开庭方向展开。

六 罪罚与纠错

在刑事方面,不惮改过的精神也起着支配作用,判决的拘束力观念并不为人所知。如此说,是因为从究明罪状、量定刑罚,到执行的这一系列程序都被当作"公事",亦即官衙事务(行政事务)来处理的,在起诉过程和刑罚执行过程之间,并没有公开审判、公开宣判的判定这一性质迥异的程序。司法与普通官衙事务有着相同精神,这一基本特征在唐律中已经非常明确地表现出来。

如果犯罪的人在事情发觉之前自首了,除非已经发生很难恢复原状的伤害,一般而言,原谅其罪是唐律(明清律也相同)的一个显著特征。[107]作为这一原则的相关条项,有如下规定:

> 诸公事失错,自觉举者,原其罪。……其断罪失错,已行
> 决者,不用此律。[108](下略)

据《唐律疏义》的内容,"公事失错"为"缘公事致罪而无私曲

196

者",指处理公务时犯下过错,触犯法律,但若并无利己的动机,也无故意违法的情节,便相当于法律专门术语中的所谓"公罪"。"觉举"指向上级主动报告自己觉察到了的过错,采取纠正措施。与"私罪"场合的自首相对应,由此能免除所犯罪责。"其"以下的文字,是转折的说法。误判的结果,若已经产生不可挽回的伤害,或者在刑事犯罪中已经误判,并且其刑业已执行,这两种情况下的过失不能原谅。断罪这一司法事务也不外乎一般公事的一种。条例中明确标识出"觉举"这种自发性纠错行为。在律的后面,附着下面的疏:

> 假有人枉被断徒二年,已役一年,官司然始自觉举者,一年未役者,自从举免,已役一年者,从失入减三等,科杖八十之类。[109]

误判之罪,将无罪判有罪,将轻罪判重罪的情况,称为"失入",相反的称为"失出"。以本应科责的刑罚和实际科责的刑罚间的等差为基准,"失入"从其等差中减三等,"失出"从其等差中减五等问罪。这是唐律的规定[110],因而就产生了上述疏义中所见罪等计算方面的议论。在刑罚执行的中途,若官衙觉察到了误判问题,便自发地改正构成刑罚基础的判决,并对被执行人采取救济措施,这种现象非常自然地假定在律中,这一点值得我们注意。

唐律的这一规定几乎原封不动地被明清律承袭。值得注意的是,清律中此条附有小注,其中出现了"贴断"(追加断罪)的概念。

> 凡(官吏)公事失错,自觉举者免罪。……其断罪失错(于入)已行论决者,(仍从失入人罪论),不用此律。谓死罪

及笞杖已决讫,流罪已至配所,徒罪已应役。此等并为已行
论决。官司虽自检举,皆不免罪。各依失入人罪律减三等,
及官吏等级递减科之。故云不用此律。<u>其失出入人罪</u>,虽已
<u>决放</u>,若未发露,<u>能自检举贴断者</u>,<u>皆得免其失错之罪</u>。[111]

小注中出现的"检举"一词是清代的用语,与唐律中(以及清
律本文)的"觉举"同义。只有小注的最后划线部分非唐律及其疏
中明言的要素。其大意是:因误判,致使本应科责的刑罚并没有
科责,在被他人揭发之前,如果官本人自己觉察到,并采取了纠正
程序,追加执行本应科责之刑罚,因为没有产生实质性的祸害,所
以遵从相关规定,免除其"失出"之罪。"虽已决放"中的"决"字作
为法律术语,指执行如死刑、笞杖刑等具有瞬间执行完毕性质的
刑罚。此句言外之意包括错判、将犯罪人无罪赦免的情况;就其
字面意思来理解,包括如将应处以徒罪或流罪者误判为笞罪或杖
罪,执行刑罚之后,将其释放的情况。在此之际,根据十分复杂的
方法,会在已执行的笞杖罪和改判的徒流罪之间,作扣除计
算[112],追加执行换算出的刑罚种类和刑罚数量。"贴断"即是包
含此种意味的用语,显示出审判也会对被告作出不利的展开。

稍微有点偏离主题,清律的上述规定,以及清律中有关"失
入""失出"的规定(这也是承袭唐律原文)[113],在清代中期以后均
成为不起作用的条文——但其精神并没有在制度上消失。正因
如此,《六部处分则例》这种规定处分官吏规则的先例集成性法典
被编辑出来。对现职官员的违法行为,处分则例的规定优先适
用,只在则例并无规定的情况下,才适用律的规定——在此之际,
法律中从笞十到杖一百的刑罚,根据相关的替代规定,可以换成
从罚俸到降级,到革职的惩戒处分。[114]无论是对"公事失错",还

是对"失出""失入",在处分则例中,各有相关规定。就"失出""失入"而言,以误断的幅度为基准,一律由此减五等或三等;将无罪之人误判死刑,并执行了的,对主要责任人的处分是惩戒处分上限的革职。在规定上限,依情节而递减的框架内,形成一套针对个个具体情况决定处分程度的复杂规定。[115]在"公事失错"之后"检举"(自发性纠错)了的情况,在处分则例中,同样有具体的规定。从总体上看,若因"检举"而得以回避实际祸害,那么处分程度几乎可减至一半——律的规定中可全免。[116]本节第三部分曾引用了刘衡一段话:

> 盖临下事上并无二理,详上之件设或失误,例有检举之文,听讼亦然。

这正是指在"检举"之际,减轻处分的则例规定。"详上之件"是指涉及徒以上的案件,在州县拟作原判,然后送报上级官府。刘衡此文表明无论是详上案件,还是根据州县权限处理的"听讼"案件,都应贯彻不惮改过的精神。

在以前发表的拙论中,我曾指出确定无罪的判决这种东西并不存在。同样,被判决有罪,服刑中的人申诉无罪,这种情况一般也是可能的。但上述情况并不像现在日本的再审中,仅限于特定的、符合显著要件的场合这一现象[117],我想将其理解为符合前面业已解释清楚的基本精神,这应该没有任何勉强。

七 判决生效

判决待其确定后开始产生执行效力,这在日本现代的法律制度中,几乎被视为理所当然的事情。仔细思考一下,这构成审判极为重要的原则。人类对费尽心机思考出来的、从非常周到公正的程序中产生的结论,首先将其定为不可变动的东西,然后实施以此为基础的强权。从相反的立场上说,进入执行阶段后——除显著例外的情况——不会再次发生对已成为执行基础的事实以及有关法律的判断进行重新考量的事情。这种状况,一方面,的确潜藏着关闭也许因错误引起的不公正判决的救济之门的危险性,但另一方面,正是因为如此,推进至判决确定的程序,就被严格要求做到慎重、公正,也正是这一缘故,强制执行以及刑罚这种基于公权的暴力行使,才能在不影响国家品格的情况下发挥应有机能。从整体上看,这一状况在维护人的尊严上所发挥的作用之大,远远超过我们的预想。在清代的制度中,如果我们认为判决确定的观念不存在,那么判决及其执行究竟被置于一种什么关系中呢?

在考虑这个问题之际,我们会自然而然地注意到清代司法中的刑事性问题。这基于两个理由。第一,有关清代民事性强制执行制度的实际状态的知识尚未得到充分整理,作为一种预测,我们可以认为那是以包括体罚、拘禁等手段的间接性强制为主的,总体上很不系统完备。而且判决程序与强制执行程序之间并不存在截然的区别。但是,相关的具体研究必须有待今后进行,这里暂不作深入讨论。第二,在现代日本的法律中,民事诉讼法也存在着对原则的例外。判决中,根据情况可以附上暂时执行宣告(民事诉讼法第一百九十六条至一百九十八条)就是其中的一个方面。尤其在保障权利的名义下,在本案判决之前,甚至在本案提起诉讼之前——要求利用国家权利采取措施的地方,如暂时查封、暂行处罚制度所具有的作用是非常大的。正如三月章教授指出的,如果说暂行处罚诉讼的庞大以及本案诉讼化现象是战后日本司法的一个趋势的话[118],也许日本的制度与清代制度相比,在外观上的差距会大幅缩小。如果暂行处罚诉讼超过原来制度设计的目的,而被频繁使用的话,那是并非基于确定判决的强权行使状态已经常态化的缘故。

在其他方面,刑罚在清代也可以理解为是一种极为清楚明白的法律现象,而判决待确定后才开始产生执行效力这一现代日本法律的大原则,在日本的刑事诉讼法中也很严格地被维持下来。与刑罚宣判同时,总而言之,法庭能够命令受罚者暂时缴纳赔偿金、罚款、追征金(刑事诉讼法第三百四十八条)是仅有的例外,应对因暂行处罚诉讼过多导致法律原则空洞化的现象,在刑事诉讼方面自然是不应发生的。因而在这里,中国与日本在法律制度的结构性,乃至理念性的差异就最明显地表现了出来。

另外,本章到现在为止,都尽量避免使用"判决"这一概念,特意使用了"裁判"乃至"裁定"这种比较暧昧的词语。以下,在刑事方面的讨论中,我还是想要使用判决一词。刑罚毫无疑问是公权性的、强行性的措施,无论当事人的意向如何而强行贯彻执行的。在清代应成为执行基础的断定的语言,尽管与现代日本制度中的判决在性质和形式上多少有异,称其为判决仍然比较合适。

判决经过规定的程序而决定下来,在决定的基础上开始执行,这在清代的制度上也是同样的。有关规定的程序是什么? 我曾在以前的论文中作过论述,这里不再赘述,以下仅就其要点以及以前论文未尽之处略作补论。

有关笞刑、杖刑、枷号,以及法律上虽无规定但事实上惯用的某种体罚,清代的制度赋予了知州、知县进行此类判决和执行的权限。要而言之,有关此类案件的处置,地方官在公堂上以口头方式宣示的语言即是判决,同时又是执行的命令。这既不是以朗读书面文件的方式宣示,也无列举法律条文提示法律依据的必要。体罚的种类以及责打的数量等全权委于地方官的裁量。让受罚者心服口服地理解受罚本身是迫不得已的事，并在此基础上执行体罚，这也只是善良的地方官的用心。即便体罚被视为缺乏某种妥当性，但也几乎不会被当成什么问题。在既已执行了的体罚被明确判为是误判的情况，受罚者既得不到任何补偿，地方长官也不会单纯因此一事——因体罚再三引起民怨沸腾的姑且不论——而受到惩处。[119]但是受过体罚这一事实会留在案件记录中[120]，因上诉等理由而在别的衙门再次接受审理时，如果在原审时既已一度受过体罚，官厅会考虑不实施再次体罚[121]。

与重罪事件相关联的协从者在被处以笞杖等罪的场合，事情又有若干不同。[122]但是在州县自理案件中常用的笞杖（实际上用竹板），以及其他体罚的实际状况正如前面所述。尽管从我们现在的立场来看，体罚原本也是刑罚，但我觉得在清代人眼里，他们将这类体罚与真正称得上刑罚的徒以上的刑区别开来，视其不过是地方行政程序的一种。

就徒以上的刑罚而言，州县官草拟判决原案，将这一案件的相关文件与犯人送交上级官府。原则上，在经过州县、府和省城的臬司——前后共三回——反复当面审理的基础上，最后经过总督或巡抚的裁可，决定一般罪犯的徒刑判决。有关人命的案件以及通常的流、充军、发遣等刑罚，需要进一步经过书面审理，刑部给予同意时，判决才算决定下来。死刑的判决经三法司审议的基础上，得到皇帝的裁可，才算确定下来。判决确定后，各个刑罚分别被执行。（有关死刑的判决，有立即执行的"立决"和等候执行命令的"监候"。[123]）

上面所说的"决定"是就清朝制度的框架上，寻找与现在制度中判决"确定"能对应的阶段而言的。由上述"决定"而产生执行力这一点上,清朝与现在日本的制度的确是相同的。但是清朝的"决定"方式与日本制度上所谓的"确定"绝不相同。在前面的考察中,我们可以看出,即使判决已经确定、进入执行阶段,官府的"检举"或"贴断"的现象也有可能发生。如果就其性质而言,清代的判决并不是"确定",而是"生效",在进入"生效"阶段的过程中,相应地完成了非常慎重的程序。这一特点在下面的事例中会更加清楚明白。

正如既已讨论过的一样,一般犯罪的徒刑判决虽经总督、巡抚裁可而决定(生效),但是总督、巡抚每三个月必须将此期间内裁决的徒刑案件全部向刑部作事后报告,接受刑部的审查。在我以前发表的拙论中,有关这一制度实际上具有何种程度的意义,因当时尚未得到确实的史料佐证,就暂时使用了比较暧昧含混的表述。[124] 在那篇论文之后,发现了一些史料,显示对总督、巡抚的徒刑判决报告的审查并非流于单纯的形式,而是在刑部进行了认真审核。下面的一个案件就是巡抚作出裁决、进入执行阶段的判决却因刑部的事后审查而被否决的例子。

> 苏抚咨,道光七年冬季分外结徒犯一案。查,册内赣榆县民皮常刃伤孟金一案,查,律载:"过失伤人,准斗伤依律收赎"。注云"……"等语。此案皮常与同主雇工孟金素无嫌隙,因一同铡草喂牛,该犯将刀提起,孟金右手伸进刀下取草,该犯将刀失手落下,以致铡落孟金右手,情异争斗,伤非意料,正与过失杀律注所称初无害人之意,偶致伤人者情事相同。自应照过失伤律收赎。该抚将该犯照刃伤人律拟徒,殊未允协。惟该犯业已发配杖责,遇赦减释。未便再追赎银,以致重科。应于稿尾声明更正备案。道光九年说帖。[126]

上面是刑部审查道光七年冬季三个月份的事后报告(各成一

册)的说帖,亦即内部意见书。说帖的年度为道光九年,为什么时间上经过了一年多,中间究竟发生了什么事,不得其解。这是一个在切割牛饲料时,不小心切断了同伴手的案件,巡抚将切断人手者以斗伤量刑,判处徒刑。刑部因此案判决不当,在审核中将判决推翻,重新问其过失伤人罪。但是因误判之刑已经执行结束。"发配"在这里是指徒刑的执行,亦即将犯人送到决定的省内某地去受刑——在这里,犯人在规定的年限内将为流谪之人。[127]在徒刑惩罚中,杖刑必然相随,也就是说杖刑也业已执行了。流谪之人在其后的恩赦中已被赦免。因而免除相当于过失伤人罪判罚的赎银的征收,刑部只是将纠正判决的内容通知给巡抚,并将此件留在记录中。刑部的这一意见大概实施了,但是是否实施了并非我这里要讨论的问题。仅就否决巡抚报送案裁决,特意留下上面那份意见书,可知刑部经事后审查,对既已生效执行的判决具有事后更改的可能性。

下面的事例虽然类似,但有一点值得注意,即改判变得对被告不利。

> 东抚咨,外结徒犯内刘虎臣殴伤无服族婶刘郑氏成废一案。查刘郑氏系刘虎臣无服族婶,刘虎臣将其殴伤成废,系卑幼犯尊,自应照同姓亲属相殴,卑幼犯尊长加一等之律问拟。该省将刘虎臣依凡人殴伤成废律拟以满徒,系属错误。应改依折跌人肢体成废满徒律上加一等,杖一百流三千里。仍令专咨报部。道光八年说帖。[128]

这一案件似乎是在进入执行之前已经发现了误判,但是从此咨文的开头"外结徒犯内……一案"这种表述,可以毫无疑问地说,这是从各省每季的报告中剔出来的一个案件,而如果没有觉察到误判的话就会按照判决执行。已经以徒罪问处的案件,被刑部指出当处以流罪,命令必须履行流罪以上的刑罚。"专咨报部"亦即每一案件要取得刑部的事前审查程序。

总之,由总督、巡抚的裁决而决定的徒刑判决一方面移交具体执行,另一方面要上报刑部审查。在刑部的事后审查过程中,对被告而言,判决有向有利或不利的方向变更的可能性。

就刑部决定移交执行的流放、充军、发遣的判决而言,也有每年将其归总起来向皇帝报告,接受审查的制度。另外,正如已经叙述过的,即便是已经进入执行阶段的案件,自然也有可能因当事人的上诉而进行重新调查的。因此不得不说,一般就判决而言,是"生效"问题,并不是"确定"问题。

八　圣裁案的改判

那么,案件究竟要上到哪一阶段,在那里判决才达到难以变更的状态呢? 这就出现了最高审判机关形态的问题。在清代的制度中,如果要找什么是最高审判机关的话,那只能是皇帝这个人。但即便是皇帝,也没有判决拘束力的观念。皇帝对曾经亲自裁决的判决,其后又下令重新审理,进而以自己的判断,命令立即更改以前判决的情况也是存在的。以下的上谕就是例子。

嘉庆十二年二月十二日奉上谕:据都察院奏,四川巴县监生刘恪以谋命夺产等情具控,请旨饬交勒保审办一折。详阅所控情节,此案先经勒保具题,以"刘恪之子刘仁沛同弟刘仁浩在田收割,刘大模地界相连。刘大模酒后路遇,心疑偷割打闹。刘仁沛等将伊捆缚欲殴。刘仁源瞥见伊父被捆情急,点放携带铁铳,希图赫退,致伤刘仁沛殒命。刘仁沛系刘仁源小功服兄,将刘仁源依律问拟斩决"。刑部核题议复,业经降旨,以"刘仁源救父情切,适伤刘仁沛身死,并无必欲致死之心,从宽改为斩候"。今据刘恪所控伊子刘仁沛受伤毙命缘由,则系刘大模等谋产不遂,执持乌枪木棒向刘仁沛打闹,点放毙命。并称枪伤三十二,铁子透内,棒伤右耳门,两目突出。又称地棍伍廷筒有通盗济匪之事。与该督原题误伤身死,起衅根由迥不相同,是否因痛子情急,砌词捏控。抑系怨抑莫伸,必当秉公确审,方以折服其心。现在勒保驻箚绥定,尚未回赴成都,所有刘恪控案,著交特清额亲提案内人证,严审定拟具奏。……特清额前次办都尔加一案,尚属认真,今特交伊亲提此案审讯,即与钦差无异。倘刘恪所控属实,伊固不可因勒保系原审之人,现任同官,意存瞻顾,<u>亦不可因从前曾经有加恩改为斩候之旨</u>,稍涉拘泥。惟当具实核办,以成信谳。若所控全属子虚,则刘恪砌词妄诉,必应加倍治罪,以惩刁风。倘经此次审办后,尚有不实不尽袒护枉纵之处,一经反控,则特清额不能辞其咎矣。所有原告刘恪、抱告刘允兴著该部照例解往备质。钦此。[129]

远房堂弟杀了远房堂兄,关于杀害的动机、情况和状态的认定,被害方十分不满,由四川跑到北京向都察院上告,即所谓京控案件。京控之前,判决已经决定。亦即四川总督认定:为救在打架中处于不利地位的父亲,为起到威慑作用而打出的铳弹是误中对方,因而依律拟判"斩立决"具题上报[130],刑部也认为此判妥当,转报皇帝。皇帝感到其罪状有酌量的余地,让臣下重新立案,下达了比"斩监候"这一法律规定更为和缓的判决。其后,被害方上诉称这一事件是起因于财产之争的极为残虐的杀害行为,案情汇报到了皇帝那里。皇帝这才任命特清额为钦差大臣,令其重新审理此案。值得注意的是,作为处理此事的规则,皇帝当时特别训令特清额,不要顾虑有同僚之谊者的原审判决,同时也不能稍稍拘泥于皇帝曾酌情下达判决这一事实。就其审理结果的具体情况,皇帝当然有变更判决结果的准备。而且特清额此度的再审在理论上并非案件的终审。皇帝还警告特清额,一旦他的审理出现祖护枉纵,亦即庇护加害者,以及拖延追究重罪的不公平现象的话,还会出现反控,亦即被害人方的再度控告。

下面还有一件同样是嘉庆皇帝给出的上谕。这一件并非由于上诉,而是皇帝自己发现判决不当而纠正的例子。

> 嘉庆十年闰六月二十三日奉上谕:本日朕阅刑部呈进嘉庆九年分河南省秋审情实册,内有赵芳因强奸胡向氏不从,主使本夫胡约将向氏殴伤身死一案。此案赵芳先与胡约之母赵氏通奸,又因见胡约之妻少艾,起意强奸不从。该犯因胡约向伊借钱,即主使将向氏殴逼,向氏仍不依允。该犯则喝令胡约将向氏殴伤致毙。实属乱人伦纪,淫凶不法。问拟斩候入于情实,尚觉罪浮于法。至胡约一犯先经赵芳与伊母赵氏通奸,因利其资助,并未阻止,已属丧心蔑理。迨赵芳见伊妻向氏少艾,复欲图奸宿,嘱令劝诱。向氏坚执不从,正为胡约谨守闺门。及该犯辄令赵芳至房,乘向氏睡卧在床,自行擎住,令赵芳强奸,无耻已极。嗣该犯又因向赵芳取钱应用,遂听从主使,殴逼向氏与赵芳奸宿,向氏仍不依允。该犯顺拾木桌脚,殴伤其左右胳肘,复经赵芳喝令,殴伤其左右耳根,以致殒命。逼奸故杀,实非人类。试思寻常故杀妻之案,尚当问拟绞候。其或有因卖奸等项别情起衅者,秋谳时无不予勾。今

胡约一犯,该抚援照凡人共殴为从减等例问拟流罪,殊属轻纵。刑部照议核复,实属非是。夫明刑所以弼教,而教化首重伦常。朕钦慎庶狱,凡遇救亲情切,致毙人命者,往往原情宽宥,不予勾决,正所以扶植人伦。至背弃伦理之案,尤当严示惩创。今此案情节实于风化攸关。若仅照原议办理,是寡廉鲜耻之徒罔知儆畏。何以明罚勅法。<u>赵芳著即行处斩</u>,<u>胡约现在流徙何处</u>,<u>著行知该省地方官</u>,<u>即将该犯于配所绞决</u>。所有原拟罪名错误之巡抚、臬司,著该部查取职名议处。其率行核复之刑部堂官,并著查明察议。嗣后问刑衙门遇有此类案件,即将本夫问拟斩候,不得仍照凡人同谋共殴律分别首从定拟,以昭平允而维风教。将此通谕知之。钦此。[131]

这是丈夫为谋得从别的男人那里借钱等便宜,强迫自己的妻子满足此男人要求而与其通奸,但妻子恪守正道,不屈服丈夫的强逼,这两个男人一再催逼不果,终于将其妻殴打致死的事件。奸夫作为首犯,被判处斩监候,本夫作为从犯被判流刑,两者的判决已经固定[132],前者已经下狱关押,等待秋审(每年对死刑犯进行一次是否执行的审查)的结果,后者已经被发配到远方,成了戴罪之身。在这一时点上,这一案件的记录引起了皇帝的注意。皇帝觉得与案情的罪状相比,刑罚处置过轻,命令将前者的死刑立即执行,后者的流放刑罚改为绞刑,立即执行。也就是说皇帝变更了两人的判决,改为斩立决以及绞刑。而且皇帝还下令以此作为将来处理同类事件的法规。[133]这是上谕关于这一案件的主要内容。

皇帝在翻阅秋审情实册时,觉察到了此案情处理的异常。有关皇帝在翌年闰六月审阅嘉庆九年秋审册子的时间点问题,我认为在嘉庆九年冬至前的审查中,册子内记录在案的罪犯,有的已经被执行，有的则暂免于执行，留存在押。皇帝闲来无事时，为慎重起见，重新审阅已经处理完毕的秋审册，亦即本案首犯赵芳在九年的秋审中，虽然已经归入情实（可以执行类）之中，实际上处于被免于下达勾决（执行命令）的状态，这一案件引起了皇帝的注意。但是一个案件载入秋审情实册中，就意味着曾经经过皇帝的裁可，其斩监候的判决已经确定。皇帝在各机关上呈的文件中，不作修改裁可时，往往在文件的中间记上"依议"二字。但是，对于死刑案件一定会在裁决文字中反复明确标示被告人名与刑罚种类。由一般的事例推测，本案件中，一定会以"赵芳依拟应斩著监候秋后处决，余依议"这种表述，裁决了首犯赵芳的死刑和从犯胡约的流放刑。[134] 而且对流刑犯胡约也很快就执行了刑罚。皇帝对已经处理过的这一案件，觉得刑罚过轻，下令更改了判决。

在上谕中，皇帝谴责了与本案相关的各级官员的轻率，下令议处，亦即对相关官员实施惩戒处分程序。但是具有讽刺意味的是，本案具有最终裁可决定权的皇帝自身的责任又是什么样的呢？这也是大家想知道的事情。在这一案件中，成为问题的是从犯胡约，他已经被处以流刑，在流放地被追加处以死刑。犹如因犯在监狱中服刑时，某天突然被告知判决变更，就这样直接被送上了绞架一样。类似这种令人胆战心惊的事情虽然肯定很少见，不过在现实中也可能发生。

总而言之，即便是由皇帝裁可决定的案件判决，皇帝自己也仍然并不完全受这一裁可的拘束。因而案件的"确定"是很难说的。"纶言如汗，发不能收"的格言也不起什么作用。不如说皇帝也与听辖内百姓之讼的知县一样不惮改过，这才是当时审判的真相。也许可以说知县是一县的皇帝，皇帝是君临天下的知县。[135] 事实上，两者都以"民之父母"相标榜，并以此表现其本质位相。

第三节　综合考察

一　州县官职权与听讼

我在写作本章时仅仅设定了一个大致的目标,当写完后回过头来一看,发现从结果上说,判决的拘束力——在清代的司法制度中不存在——成了核心问题。从那里派生出了与日本现代制度不同的各种现象,我们考虑的确定判决无法从中产生也是一个当然的结果。但是,当把司法和行政各自作为理念来对比的时候,所谓判决的拘束力正是从司法理念中产生出来的东西。其证据为在日本的现代制度中,从现象上看,即便是作为司法机关的法院的行为,就有关行政理念发挥作用的那种性质的行为而言,其拘束力也不被认可。正如前面已经考察过的,在判决程序进行过程中的"决定""命令"即属于此类。此外,"虽然在性质上近于行政,但由于与私人权利直接关联的程度很强,不被其他的国家机关——特别是行政机关——受理,不得不由法院来处理的事件",在这类具有特别来历的非诉讼事件的处理程序中[136],案件的审判自身以"决定"的形式实施,而且这种"决定"并不具备拘束力(非讼事件程序法十七条、十九条)[137]。不过,司法理念起作用的地方,亦即在民事、刑事诉讼的案件审判中,作为基本要求,法院被自己下达的判决所束缚,即自缚性几乎是不言自明的原则。如果缺了这一原则,诉讼制度就会被认为从内部崩溃。[138]我们也可以发现,在现代日本,无论是在立法上,还是在法学的学术研究上,与其说相关人士都特意强调判决自缚性这一法律原则自身,不如说他们刻意回避如果纯粹在形式上将原则精神一以贯之的话,就会衍生出的新的无用之羁绊;那些为确保判决自缚性原则得以贯彻的措施,可能会在较轻微范围内从形式上导致这一原则松懈,这些是他们实际关注的焦点。[139]由于上述这一原则总被考虑为是理所当然的,因而其本身并未得到深刻反思。而且包括自缚性在内的判决拘束力的原则在清代的司法制度中并不存在,当然不限于清代,几乎可以确切地说通观帝政时代的中国都是如此。这实际意味着作为行政与司法对比中的司法理念在传统中国是缺失的。我们不得不说国家的司法业务——这在任何体制中都一定是存在的——在传统中国的体制中是依据行政理念来运行的。笔者在以前的拙论中,曾经对传统中国审判的性质特征,以"审判的行政性特征",甚至"作为行政一环的司法"进行概括,在这里,我觉得这一尝试的正确性又得到了印证。[140]

这里所说的司法的行政性特征绝不意味以下方面:无论地方层面还是国家层面,行政上的各种问题会带到特定的个人间的纠纷解决、犯罪事实的认定场合,以及带到刑罚的量定这种实际操作的场合,并形成了对此产生影响的结构。通过阅读清代的刑案、判牍等史料,可知案件是依据事件自身的是非曲直来裁决的。至少,按是非曲直裁决案件是制度规定。我想这一点请特别不要误解,这也是为了清代司法制度的名誉要事先声明的事情。

在诉讼处理问题上,清代人明确意识到了以下区别:自动地经过几个审理层级,这是科以徒刑以上案件的审理程序;与之不同的是仅在州县就能解决的——只有当事人上诉后才有上级官府参与——的程序。[141]前者是非常明确的刑事程序;后者即州县自理案件程序,从我们的立场来看,是具有混合刑事性要素和民事性要素性质的诉讼解决程序[142],进一步来看,也还包含应称为行政诉讼的案例[143]。

在以前的拙论中,我曾经尝试着归纳中国刑事审判的性质,即中国的刑事审判说起来就是终结在现代制度中检察院阶段的审判。但是,这里所谓的检察院,并非作为案件审理当事者的一方出现在法庭上,而相反是一个要作被害者、加害者之间公平裁判者的绝对性的检察院。[144] 我觉得这个比喻的确是能站得住脚的。但是,我也充分地意识到大凡比喻性的东西,都有只反映事情的某一个方面的局限,它在别的方面在本质上并没有真正切中款要。如果用比喻的话,可以看成:知州与知县这样的职位就相当于现代的警察、检察——两者的职能并未分化;徒以上刑罚关联的呈报、复审程序,就相当于伴随求刑要求的提起公诉。进而在这个比喻的基础上展开说的话,与现代日本也相同,在那里,起诉的权宜主义①起了作用。知州、知县在处理案件时,即便面对那些依据法律规定可能会科以徒刑以上刑罚的事件,他们实际上在警告犯人会有类似处罚之后,往往会举出可以酌情处理的理由,在州县自理的范围内了结事件,这种情形不少。同时作为惩罚,屡屡对犯人采取直至枷号这一最高限度的各种体罚,以及审问中的人身拘押、罚款、斥责等惩罚形式。对依照法律,原本只适用笞、杖、枷号刑罚的轻微恶行[145],正如前述,知州、知县不会进一步在法律规定上仔细琢磨,而是采取上面所举的惩戒方式,适宜给予责罚而终结案件,这种处理情况是司空见惯的。

在这里,我希望大家能广义地理解所谓的"惩责",它是指地方官在认为有必要对特定人物的某种行为进行管束时,对当事者处以某种责罚,以引起他的不快、屈辱、烦躁之念,这事实上促进

---

① 起诉权宜主义指检察官等公诉机关考虑被疑人的年龄、具体情状以及犯罪轻重,判断是否追责的原则。即给司法追责机关以追责裁量权的制度。——译注

当事者的反省，从而起到惩劝将来的效果。对像这样的地方官的行为，我们不要从所谓原则上追问这究竟是刑罚，或是强制性搜查，还是行政措施之类的问题，而应该专注其事实上的效果。从这一意义上说，现代社会的警察也有各种各样的惩罚手段。要是做了那种事，会被警察斥责，要被强制写悔过书，运气不好的话，甚至会挨枪子。类似这样的庶民意识的存在，可以说最好地表现了警察惩处的各种手段。广中俊雄教授的《警察所履行的法律功能》一文正是从学术角度来讨论此问题的，有很高的参考价值。[146] 在所谓的"微罪处理"中，被疑者受到警察的严重训诫，警察将受害者的被害情况恢复到正常状态，警察要求被疑者对受害人进行精神上与物质上的安慰，以及采取其他措施等。被疑者在受到前面所说的相应的惩处后就会被释放，案件只在警察的层面就得到了解决，这些通过警察的行为来实施法律制裁的各种情形在那篇论文中都被整理得有条不紊。进而上溯到战前，警察署长甚至有根据"违警罪立即处理条例"，经当即裁判而宣判罚款或者施以拘留之刑的情况。

清代的知州、知县正具有警察署长（兼检察长）的特性。[147] 而且就像警察对人犯可以采取必不可少的惩处手段，知州、知县拥有现场决定对人犯实施枷号以下体罚的权限。在州县自理案件处理程序中包含的、我们眼里看来应该称为刑事性的要素，在现代日本社会中相当于警察对违警罪的即刻处理，乃至处置微罪的这样一种位置，但我觉得很难进行一种恰如其分的职名比较。不用说，知州、知县并非就只是现代日本的警察署长，同时还是与警察署长职位相比一点也不逊色的税务署长，而且在地方社会，他还是高高在上的官方选派的地方首脑。他是一个身兼现代社会中被分解成由几个机关执掌的职能的存在。

知州、知县要听小民之争讼。从这一方面看,他还是法官。[148]
不过在这里,我们有必要考虑日本自明治时代到现代的警察不也
是有听民之讼的问题吗? 日本民众在遇到民事纠纷时,首先请警
察来处理的想法根深蒂固。[149]这也是日本的警察在民事纠纷解决
中长期积累了某种实际成果的反映。有关这一点,广中教授的前
引论文也作了很深入的发掘与阐释。有关管辖东京都范围的警视
厅家庭事务咨询处的情况,广中教授的研究明确理清了如下事实:
咨询处"年年都要处理大量以家庭事务咨询或者家内犯罪防止咨
询名目的民事纠纷,在离婚断缘关系、姘居以及其他关系、抚养认
知关系、房产出让关系、房产租借关系、金钱借贷关系、有价证券交
易关系、不付工资问题、物品借贷问题、不履行契约等诸多问题的
处理中,能够解决各类问题的三成乃至六成";从处理的件数来看,
"在现代社会中,这一制度所起到的作用……可与家庭裁判所、略
式裁判所乃至地方法院的调停媲美"。[150]清代的知州、知县在州
县自理案件程序中处理了众多的民事纠纷,我认为正好可以看成
是与前述警察处理诸事情相当的状况,而且很符合其职掌的本
质。但是,在进行如此对比的时候,他们彼此之间也存在重要的
不同。日本的警察所提供的"咨询"这种服务,并不是作为国家权
力的制裁而实施的。与此相对,清代州县衙门的听讼对民事纠纷
而言,就是国家权力的制裁本身。百姓在遭遇纠纷之际,除了到
衙门诉讼之外,并无其他谋求国家权力庇护之道。

德语中原本给我们现代社会的警察赋予内涵的 Polizei 一
词,在 15 世纪至 18 世纪的德国各法令体系中,我们能够归纳出
其主要含义:第一,指(国家性)共同体的良好秩序状态〔ein
Zustand gutter Ordnung des (staatlichen) Geminwesens〕;第二,
指以实现、维持第一点意义上的 Polizei 为目标的法令;第三,进

入 18 世纪,在终于开始设置的,以监视秩序、管制违法为己任的
各种特定官僚机构的各种文书中,Polizei 一词在文头出现的现象
多起来,我们今天经常使用的 Polizei(警察)一词的含义也开始固
定下来。[151]在 Polizei 一词的原意中,什么事情具体地包含在内,
并无明确的界限,可理解为大体上君主就社会生活中被感知到的
弊端,觉得应该要矫正而发布法令。[152]回过头来看中国的传统,
"正风俗"一直被当成皇帝和官僚的中心任务,换句话说,他们是
将原意中内容丰富的、具有统括性意义的 Polizei 的实现作为己
任。不过,在德国,Polizei 的含义尽管很广泛,但仍有显著性制
约,"司法(die Handhabung der Justiz)被视为不应该是限定在良
好的 Polizei 之下实施的东西"。[153]18 世纪以后,司法事件
(Justizsache)与警察事件(Polizeisache)的境界作为法律实际操
作上的重大问题,开始得到重视。[154]考察德国警政司法问题的经
纬不是我这个非专业人士能够做到的,不过,可以说的是:在德国
存在与 Polizei 并存的 Justiz(正义)领域,这一点无论是谁都不会
否认。臣民维护私权(Privatrecht)的事件,在这里首先要将以下
诸种状况作为 Justiz 的领域来统括性地理解:在一个所谓良好秩
序的理念中,具有不会被解消的固有问题性的这种原理性认识、
作为裁判那一类事件的固有准则的法律体系、运用法律体系的法
院的构成以及在那里实施的程序规定,等等。以上这些方面在历
史进程中究竟是如何展开的? 其详细的过程,我不打算深入讨
论,只要弄清其在什么时代、以什么样的形式和程度存在过的事
实就足够了。在清代中国,并不存在相当于 Justiz 的领域。在那
里,解决民间纠纷的工作完全被纳入 Polizei 的观点里,并被认为
是"民之父母"即维持秩序和社会福祉总负责人的知州、知县的重
要职责。因此,职责被限定在狭窄范围内的日本警察,原则上尽管

在意不要过分地暴露在社会的前台,但事实上又将以"咨询"这种形式,将所进行的上述相同性质的事情堂堂正正地制度化,以一种法庭的程序表现出来。按照这种思路,就不难理解州县自理案件的处理程序中,民事性要素和刑事性要素几乎难分难解地融合在一起的原因了。在州县自理案件的处理中,违警即刻处置式的事件处理与微罪处理式的手法,以及民事调停式的手法畅通无阻地得到运用,而且州县那里的裁决原本就不是 Rechtsspruch(判决),所以当然不会出现审判的 Rechtskraft(确定效力)了。[155]

不管怎么说,清代州县衙门中的听讼不应该是在与现代民事诉讼进行类比中考虑的问题。与民事诉讼相比,听讼与非诉讼事件程序以及民事调停程序具有更强的亲近感。[156]这一点,在考察没有纳入本章范围的清代听讼中的裁判准则问题时,不仅会成为重要的方针,而且经过对裁判准则问题的考察,这一点也可以得到充分证明(本书第四章、第五章将讨论这一问题)。

二 听讼与教谕式调停

从当事人那里取具遵依后,案件就算处理完结的这类性质的裁断已经不是审判,而是调停,我在本章的第一节里,对此点的讨论还留有余地。但是我非常明确地感觉将焦点集中在让当事人提呈接受裁决结果的保证书这一点来讨论并不适当。提呈保证书在理论上的确应该是对裁断结果的自发性地服从的意思,但当事人是否具有提呈保证书的自由,事实上这种自由很难说完全得到了保障。在几乎难以抗拒的压力面前,当事人十分勉强地书写、提呈保证书的情况不少。不过,当事人提呈了接受裁决的保证书,即便这成了地方衙门的一个政绩,但接受裁决的保证书并不具有绝对解决争讼、让此争讼以后不能再次提诉的能力。不管怎么说,通过赋予某一个形式以绝对性的效力,在其权限范围内,结束实质性的论辩、促进法律关系的稳定性,这样的想法、这样的制度在清代都不存在。争讼并非在程序上用光了所有手段,到了<u>已经不能再争</u>的地步,而是程序累积的结果,当事人的哪一方在事实上也已经<u>无法再争</u>时,这一案件就由此解决了。整体上如何定性这样的纠纷处理? 这是应该当作重要课题的。

上面所述的这种纠纷处理方式从本质上讲的确应该称为调停。但是,即便称它为调停,自然也绝不是为了促成当事双方比较容易和解的讲情说理,是否接受全凭当事人想法而定的那种气氛中的提案。而是面对将官宪的开明判断及其官威强权作为最后的救命稻草来申冤求助的人民,以公权的威势宣示被认为是基于道理、最公正妥当的措施,并且以官府的权威和惩处权为背景,强制性逼迫人民接受和遵守的处理。若如此理解,那自然以常识上所称的审判比较合适。那么,这种诉讼处理究竟是裁判呢,还是调停呢? 作这种二选一的设问本身恐怕没什么意义。这种以正规的诉讼程序的存在为前提,在无论何时提起诉讼都可得到保障的系统下运行,因此也自然被明确地区别为是诉讼、意味着要进行审判的情况,即便就现代日本的民事调停制度而言,普通老百姓也极为自然地称之为调停审判。[157] 所以我认为我们有更加充分的理由称清代的民事审判制度为调停式审判。

我认为 D. F. 亨德森教授在解读日本江户时代的民事纠纷处理制度时,采用的教谕式调停(didactic conciliation)这一概念在理解清代的民事纠纷处理制度时也有效。亨德森教授认为,在有序社会的内部运行这一点上,教谕式调停与前国家状态下的调停,或者前法律状态下的调停(prestate or prelegal conciliation)区别开来。在另一侧面,面对纠纷,当事人究竟是仰赖调停呢,还是提起诉讼呢？制度上对此并没有给予当事人充分的选择,基于此点,教谕式调停又与任意性调停(voluntary conciliation)相区别。可以说,教谕式调停作为一个发展阶段,处于上述两类调停的中间。作为一个核心性的要素,这一类型的调停尽管包含着强制的观念,亨德森教授特别关注说服式(persuasive)、教育式(educational)、教训式要素(instructive)这些显著的特点,认为将这种状况与其称为强制性调停(coercive conciliation),不如称为教谕式调停(didactic conciliation)更恰当。因此他认为"德川时代的调停也好,传统中国的调停也罢,甚至连现代中国的调停,虽然各自在现象上有很大的不同,但仔细分析,可以说都是教谕式调停"。[158]

但是,我们必须注意几点。亨德森教授在称德川式调停(Tokugawa conciliation),或称幕府调停程序(Shogunate conciliation process)的时候[159],其着力点在于:第一,在町村的名主①等处理阶段,调停非常有效地发挥作用,很多纠纷不烦幕府之手就得到解决。另外,幕府也奖励这种纠纷处理方式。第二,即便是在幕府的法庭上,也有诱导当事人私了结案为上策,极力避免给予"裁决"的倾向。这里的"裁决"一词自然不是conciliation(调停),而是作为judgment(判决)的意思来理解的。不过,如果将教谕式调停这一概念运用于传统中国社会分析的话,那就必须给本书一直探讨的州县自理案件的程序赋以这一名称。在中国,与日本的"私了"相对应的形式虽说有所谓"调处""和息"之类的概念,但是无条件地以"和息"为好、尽量避免官断的倾向并不那么显著。因此我们必须如此来理解:从分析的角度

---

① 名主为江户时代地方基层组织町、村的行政负责人。——译注

来看,可以说清代官府裁断自身就是教谕式调停。

德川幕府的制度与清朝的制度虽有类似,但有相当的差异。有关德川的"裁许请证文"与清朝的"遵结"的类似性已如前述[160],即便如此,其实还是有很大的不同。在日本江户时代,法典《公事方御定书》中有"裁許不請もの 中追放"(官府下达判决后,对不提交接受裁决保证书者,处以"中追放"之罚,即没收财产,流放外地不许回籍)、"裁許相済候儀を内証に而不用破候もの 中追放"(对不接受裁决,不提交守诺保证书者处以"中追放"之罚)的规定条款。[161]在江户时代,如果有裁决,当事人当然应该提交接受裁决的承诺保证书。与幕府用相当重的罚则作为强制性保证措施相比,清朝的法律中并不存在这样的规定。相反,用不可抗拒的强制手段让当事人提出遵结的做法是违法的,这一点正好成为当事人上诉的正当理由。上诉、再诉之道几乎无限制地敞开是清朝司法制度的特色,德川幕府的审判在原则上初审即终审,当事人对裁决无进一步争讼之道。就此点相比,两者有很大的区别。总起来看,江户时代的"裁许"(裁决)比清代的"断"更具有审判性质。换言之,"裁许"与"内济"(私了)间的落差比"听断"[162]、"调处"乃至"和息"间的落差大。由此我认为必须改变对教谕式调停这一概念的理解方法。

江户时代町和村负责人通过调停方式的民间自治性纠纷解决,亨德森教授将此理解为教谕式调停。[163]但同样地用教谕式调停概念来套用清代社会现象时,我还是犹豫不决。一个重要的不同就是,江户时代向裁判所提起诉讼时,必须添加向村长、町正求来的印证或者添加说明文书[164],与此相对,清代并不存在这一制度,官衙之门直接对所有庶民开放。在江户时代,即便在同一村长、町正统治下的人,双方想把纠纷弄到裁判所,但村长、町正也不会轻易地给出印证,而是利用其权职威势,实施强制性的教谕式调停,但清朝并没有与之相对应的系统。[165]我认为清代实施的民间调停纯粹是社会性现象,并非国家的制度。[166]而且作为最后的手段,"打官司"即向官府诉讼之路,无论什么时候都在敞开状态下进行的调停,将之理解为任意性调停比较得当。

三　产生法律效力的判决

最后我还想附带谈一下清代的审判与中华人民共和国的司法制度的关联。我认为在第二节第七部分中为了整合性说明清代诉讼与审判现象,使用的刑事判决中"生效"(不是"确定",而是"生效")概念,在理解现代中国的司法制度时也很有效。

以下,我依据浅井敦教授的研究成果来整理其中的要点。[167]首先,新中国的制度是二审制,"由上诉审判的判决或者法庭决定(除退回重新审理的情况),诉讼事件会确定下来"。[168]而且还规定"人民检察院……对被告人的同一犯罪事实,……在其已接受确定判决的情况下,不必起诉"。[169]在这个问题上,看上去"一事不再理"的原则的确得到执行。但是,因为出现了实际抽去防止被告陷入二重处罚危险的其他制度,所以这一制度不得不让我们心生怀疑。

为了预防确定下来的判决(或者法庭决定)有错误的情况,所以设置了"监督审理"与"再审"这两个纠错的一系列程序。[170]将其内容要点稍作整理,①所有法院的院长对本法院下达的判决拥有监督权;②上级人民法院对管辖内的所有下级法院下达的判决拥有监督权;考虑到确定判决中有错判的情况,①中的院长与②中的上级人民法院拥有启动监督审理的权限。在前述①的场合,由本法院的审判委员会进行审理;在前述②的场合,设置由三名审判员组成的合议庭,进行审理。③上级人民检察院也具有监督权,通过向法院提出抗辩,可以开始启动①或②情形的监督审理程序。被告及其家属,以及其他一般的公众申诉要求重新审理时,那只停留在催促监督者注意本案的意义上。也就是说,监督审理是因其职权所在而开启的程序,而且是司法机构内部的审查程序,并不对当事人进行传唤讯问。在那里,有关事实的认定、法律的适用等方面一切不问,只要原判被认定是错误的,已经确定下来的原判就将作废,而进入"再审"程序。那么,所谓的监督审理就是由别的审判员根据通常的诉讼程序重新审理案件。

有关何种事由能成为监督审理的端绪,据称"没有法律上的限制","各级人民法院审判活动的总括、点检以及对此的上级法院的事后调查,学者进行的批评、大众的审判批判等,这些都有可能发现原判错误"。而且如前述的构成监督审理端绪的"申述"是无形式主义,"申述时期也没有限制"。也就是说判决在确定之后,无论经历几年,都不丧失其成为监督审理对象的可能性。虽然浅井敦教授的论文没有展开论述,但从论文注中所引中国学者的议论来看[171],监督审理、再审的结果,"量刑会向被告不利的方向变化"被视为不言自明的前提。

日本也有再审制,但是我认为现代日本的再审制与前述中国的监督审理、再审制度之间,不单是程度的差别,更是质的不同。由事后审查,无论何时都有对被告朝有利或不利方向变更可能性的所谓确定判决,甚至让人觉得这一词汇有语义上的矛盾。

浅井教授使用的"确定判决"是一个翻译用语,原文是"(已经)发生法律效力的判决"。[172]这种表现虽然长了点,但还是一个专门术语。这是一种外国语(比如俄语)的翻译,还是中国法律专家的造语呢?我不太清楚。[173]不管怎么说,因为是中国的法令用语,所以必须将其视为一个原创的中文概念。如果将其翻译成日文的话,首先从纯语义学上讲,与"确定"相比,"生效"更为妥当。在实际的制度逻辑上看,我觉得将其理解为发生执行力的意思是非常恰当的。[174]刑事判决尚未确定就开始生效(发生执行力),如果对这种问题的理解方式有抵触感的话,那样的抵触感绝非世界史上前所未闻的,这正是因为中国的传统中有这种先例,在理解了这种情况后,我们会大幅减弱前面所说的抵触感。此外,我并非立即主张在现代中国的制度中,中国的传统一直延续不断。不过,我认为与"确定判决"相关的法律表述,是中国向苏联一边倒的时代制定的,所以我们必须在研究上重视其与传统的关联,同时重视其与社会主义各国法律之间的关联。尽管如此,在中国历史中搜寻出来的"生效"概念,有助于在比较法学的领域逻辑性地、整合性地理解现代中国制度。这是不可否认的事实,我想把它作为历史研究的有效例证来强调。[175]

　　附记:在草成本文之际,有关警察方面的文献得到佐佐木有司、六本佳平两位的教示,在此谨表谢意。

注释:

[1]　自仁井田陞在《清明集户婚门研究》〔东京《东方学报》第 4 册,1933年,收进同氏《中国法制史研究(法与道德、法与习惯)》,东京大学出版会 1964 年〕中介绍以来,《名公书判清明集》就被作为重要的研究资料对待了。在论及判语的源流时,自然要追溯到唐代的"判",这里暂不作展开讨论。

[2]　仁井田陞在《大木文库私记——特别是官箴、公牍与民众的关联》(《东京大学东洋文化研究所大木文库分类目录》1954 年,第 149—168 页)、《清代的交易法等十则——秀山公牍、汝东判语、樊山批判以及其他》〔收进同氏《中国法制史研究(土地法、交易法)》,东京大学

出版会 1960 年版〕中,作了某种程度的介绍。滋贺秀三在《中国家族法原理》中,为弄清判语的实质,只利用过几个判语事例。

后记:近年,中村茂夫氏的论著也很好地利用了判语文献(参照本书第四章注 32 和注 98)。

[3] 戴炎辉:《清代台湾的诉讼程序——以淡新档案为资料》,《国家学会杂志》81 卷 3 号,1968 年,第 129—131 页。发表的文章中没有相关的注释说明,这篇文章是 1967 年 10 月他在东京大学法学部基础法学研究会上所作的演讲,依据录音整理的文稿经本人校阅后发表的。

[4] 《有关中国的习惯调查——围绕天海谦三郎氏的座谈会》,《东洋文化》25 号,1958 年,第 120 页。

[5] 临时台湾习惯调查会编《台湾私法附录参考书》第三卷上(1910 年)后半部分的恒春县档案,由朱、墨二色,尽量仿照原件式样印刷,收进书内。这本身虽然也很珍贵,但仍然只是摘录,很遗憾的是未能发现完整地采录一份档案记录的文件。

后记:1979 年 4 月,我有到台北出差一周的机会,承蒙戴炎辉的好意,接连几天手摸淡新档案,直接阅读原件。之后,东京大学法学部研究室购得全部淡新档案的缩微胶卷。参照从中得到的经验,本论文得到证实之处甚多,但必须纠正之处几乎没有。仔细研读档案、进行研究有待将来,这里对过去发表的旧稿基本没加添削就收进了本书。

[6] 在本书第一章《清朝的刑事审判》的多处再次强调。

[7] 其详细内容参照第一章第一节中审判机关的上下级关系部分。

[8] 参照本书第二章注 105,以及中村茂夫:《清代刑法研究》,东京大学出版会 1973 年版,第 12 页。

[9] 《唐律》断狱第二十二条有"诸狱结竟,徒以上,各呼囚及其家属,具告罪名,仍取囚服辩。若不服者,听其自理,更为审详。违者,笞五十,死罪,杖一百"的规定。清律对这一规定修改了若干字句,承袭了唐律的规定(《大清律例增修统纂集成》刑律·断狱"狱囚取服辩"条)。但在清代,我们并没有发现这一规定起作用的痕迹。在条例、判例以及其他书籍中,都没有发现适用此规定的文献。在自动地送报上级官府、复审制度发达的清代,这一规定大概成了一个无用的摆设吧。与此相关联的、在清代实际上起过作用的是刑律断狱"吏典代写招草"条例一"各有司谳狱时,令招房书吏照供录写,当堂读与两造听,果与所供无异,方令该犯画供"(雍正七年定)。与其说罪名即刑罚,不如说确认自供即对犯罪事实无异议被放在重点。

[10] 在实际实施的体罚中,与"掌"相关的有用手掌打耳光的体罚、用竹板打手心的体罚。有关"掌责"一语究竟是指哪种意思,留待后考,但大概是指前者。

[11] 在徐士林《徐雨峰中丞勘语》(光绪三十二年刊)中频频见到诸如先有"据该县申送……一案,卷宗到府"等的表现,在详细论述判断的过程及理由后,常以"为此,仰该县官吏,……""为此牌,仰该县官吏照牌事理……"等词句另述裁定内容的主要部分的文章(参照同书卷二13b 以下、卷四 4b 以下等)。

[12] 比如在卢见曾《雅江新政》(雍正三年刊)的看语部分,以"看得"开头,以"缘奉宪批事理是否允协? 卑职未敢擅便云云"为结尾的文章。《福惠全书》也将此类文章称为"看语",与具有决定权者的判断"审语"区别开来(卷十二"看审赘说")。

[13] 樊增祥《樊山批判》(光绪二十三年刊本)的书名自身就是批和判的意思,在全书十四卷中收录了批,在别卷中附录了判。不过,也有含批的判。董沛《吴平赘言》(光绪七年序)卷一至三、董沛《汝东判语》(光绪九年序)卷一至五、董沛《晦暗斋笔语》(光绪十年序)卷一等中,题为"某人等呈词判"的文章实际上是批,题为"某人等控案判""提讯某人等判"的文章是狭义上的判。

[14] 汪辉祖《续佐治药言》"勘案宜速结"中称"或批断或讯断,自能折服其心"。以批裁定为批断,讯问后裁定为讯断。

[15] 戴炎辉前揭演讲(《清代台湾的诉讼程序——以淡新档案为资料》)第123 页。在判牍中也频频出现。

[16] 三月章:《民事诉讼法》,东京:有斐阁 1959 年版,第 70 页。

[17] 《台湾私法附录参考书》第三卷上,第 282 页。

[18] 同前,第 170 页。

[19] 在此之际,因场合不同而给对方以应有的惩处,作为让被害者得到满足的一个要素被考虑进来。这一点并无刑事、民事的严格区别。

[20] 在简单地表现诉的性质的时候,我们在日常性的会话中,在以"进行所有权的确认""交出房屋""赔偿损失"等理由兴讼时,也会列举要求审判的具体趣旨。与此相对,在清代往往以"即以悖谕迭砍等情具控"(《槐卿政迹》卷三 17a)、"妖僧奸拐"(《徐雨峰中丞勘语》卷二40b),或者以"窃树昧银"(《判语录存》卷四 2a)等表述递呈兴讼,列举对方的横暴、自己所受的苦楚等事实来表现很普遍。在时代推后的 1942 年的华北农村惯行调查中,据因儿子失踪,其媳妇的娘家要求离婚的老人说:"我拒绝了,其娘家到县上去,以'卑虐难渡,夫久不

归,终身无靠'为由,提诉离婚"(《中国农村惯行调查》第五卷,第 40 页上段,岩波书店 1957 年),这里所见到的是一种传统口吻的表达方式。我觉得从这里可以看到与日本现代社会之间基本的思考方式的差别。

[21] 孙鼎烈《四西斋决事》(光绪三十年刊)卷二 12a、b 有这样的一例,"查此案原断,两造各有界址侵占,即董秀钰亦有不直。乃自上年二月成讼,至本年十一月初四日断结,秀钰具呈至二十一纸之多。本县到任放告,甫及十日,又具呈两次,可知其健讼"。

[22] 参照内藤湖南《中国法制史考证》(东京:有斐阁 1963 年版)第 223 页以下部分。在敦煌文书寡妇阿龙的一件诉讼中(Peliot 3257),也能见到这种例子。

后记:上面的伯希和文书在池田温《开运二年十二月河西节度都押衙王文通牒——十世纪敦煌土地之争之一例》(铃木俊先生古稀记念东洋史论丛)中有十分细致的释文、翻译和解说。

[23] 《台湾私法附录参考书》第三卷下,第 464 页。T'ung-tsu Chu, *Local Government in China*, Harvard University Press, 1962, p. 118。

[24] 在张伟仁《清季地方司法——陈天锡先生访问记》(《食货》复刊第一卷第 6、7 期,1971 年)中,能见到因地方官费尽心血琢磨出的批,平息了难以解决的疑案而获得好评,其文章传抄甚广、引人入胜的体验谈。樊增祥也在《樊山批判》自序中记载自己的批"在民间颇为传抄"。

[25] 汪辉祖《病榻梦痕录》卷上,乾隆二十五年条。T'ung-tsu Chu, *Local Government in China*, p. 98-99。本书第五章有详细解释。

[25a] 从实际见过的淡新档案的形式推测,这些文字将与上半的写字用格子部分和下半的空余部分分隔开来,印刷在诉状用纸的正中央的不变文字。

[26] 《樊山批判》卷二 16b"批熊天祥呈词"。

[27] 《樊山批判》自序称:"每一批出,能抉摘纰漏,动中款要,使无情者不得肆其诪张,而冤结者先有伸理之望。未经讯鞫,而人心震动矣。自升堂判决,平情断事,枉直分明,使观者同声称快,固亦居官之一乐也。"

[28] 《樊山批判》卷三 15a"批郭天舍呈词"。

[29] 在他处屡屡能见到类似情况,这一案件也许是因基督教徒拒绝参加村落的祭祀引起的纠纷。

[30] 《樊山批判》卷一 17b"批刘全伦呈词"。

[31] 《樊山批判》卷二 32b"批田三信禀词"。

[32] 作为同一类事件,《樊山批判》卷六 17b"批石怀玉呈词"是将已经播种的农田出典,而且在当年收获前要回赎的田主与拒绝回赎的承典人之间的纠纷。樊增祥对此案下了极为明快的裁决:"此案不必唤讯,即以一批了结。地准霍培成(出典人)赎去,其地内秋禾著纪(承典人)霍两家各收一半。勿再争讼,此饬"。

[33] 作为实际例子,有《四西斋决事》卷一 3a"倪福生批"以及其后相关的一个案件——卷二 19b"倪如龙判"。这是一件因无男嗣的倪福生为立嗣而引起的纠纷。在前面的批中,倪福生按自己的选择,立倪金甫为嗣被认可,得到了不必出庭的裁决。对此不服的族人倪如龙"又复抹匿全案,渎控府辕",府将本案发县开庭审理。其结果为后面的判。在判中也再次确认了批中作出的判断。

[34] 在董沛《汝东判语》等书中,可以看出同时收进围绕同一案件的几个批的例子不少。另外,在判牍中,根据批的行文,可知对经过几次开庭口头辩论之后,或者一旦结审之后重新提出的诉状所下的批也不少。

[34a] 以上的例子均来自淡新档案 21202。

[35] 何恩煌:《宛陵判事日记》(光绪二十九年仲秋自序)一卷一册,第 59 页。笔者在美国国会图书馆 Far Eastern Law Division(古代东方法部门)阅览、复制。本书只有卷一,没有卷二以下,也许是残本的缘故。

[36] 在龚德柏《也是愚话》(台北:传记文学出版社 1969 年版)中的"县太爷"一文中称"普通案子以一堂结案为原则。但遇重要案子,尤其钱债诉讼,也有经过三五堂还不能结"(第 76 页)的。有旧时代幕友经验的陈天锡也认为清代审判在程序上简单,但处理相当迅速。现代的诉讼程序周密为其优越之处,但即便是寻常小事的案子往往也多费时日,有让当事人困扰不堪之弊(《食货》复刊第一卷第 7 期,第 53 页)。从统计的角度处理淡新档案可知:在案件总数中,58.5％在一年之内就处理完毕。在 David C. Buxbaum, "Some Aspects of Civil Procedure and Practice at the Trial Level in Tanshui and Hsinchu from 1789 to 1895"(The Journal of Asian Studies, Vol. 30 No. 2, 1971. P269)一文中有统计表。

[37] 在《宛陵判事日记》中,对裁决的文书作形式上的区别,从事情的颠末说起,给予实质性判决的长篇谕,以"堂断"开头,以"此判"结尾,而一般的谕,则以"堂谕"开头,以"此谕"结尾。但我觉得这只是其个人的分法,并非一般的形式。

[38] 参照石井良助:《日本法制史概说》,东京:弘文堂1948年版,第477页;中田薫:《法制史论集》第三卷,东京:岩波书店1943年版,第872页以下,同书第901页以下。

[39] 《台湾私法附录参考书》第三卷上,第284页红字部分。

[40] 同上书,第285—286页。

[41] 除了知县,县衙内其他人是不允许使用朱笔书判的。汪辉祖在《病榻梦痕录》中称"宁俗最重朱示。朱笔非可贾他人之手"(卷下8a)。据缪全吉《清代幕府人事制度》(台北:人事行政月刊社1971年版)第40页,存在专以朱笔代长官之任的特定幕友。

[42] 蒯德模:《吴中判牍》(《啸园丛书》第六函)。

[43] 刘衡:《庸吏庸言》(同治十年重刊本)上卷,41a以下("理讼十条"第六)。

[44] 据戴炎辉(前揭讲演第128页)的意见,名单在现代中文中的有所谓"报到"(宣示出庭之意)作用的同时,也成为地方长官书写判决的地方。这也让我想起黄六鸿《福惠全书》(宽永三年和刻本)卷十一20b"审讼"中有"凡差役拘到人犯,于早堂带齐,先具<u>报单</u>,并原票呈验相同。……所到之犯随到<u>照单点名</u>过堂"的表述。这里所谓的"报单"大概是从"照单点名"的表述简化为"点名单",略称为"名单"了。

后记:此后实际见到淡新档案之后获得的知识与前面的推测完全相同。在题为"提讯单"的纸张右上角书写的名单的第一字上,用鲜红的朱笔粗壮地打点印象十分深刻。这是出庭确认之印——但中间有缺朱笔圈点者——可以想象大概是虽然被预定要出庭的,但实际上并未出庭这种结局。"照单点名"一定是指一边确认出庭者,一边在名单上打朱点的工作。这里又让我想起民间有所谓"堂上一点朱,民间千点血"的谚语。因为被传唤出庭,对普通人而言是非常重大的负面事情,因此,官箴书中屡屡引用这条谚语,告诫官府的传唤令应该止于最小限度上(《佐治药言》省事、《平平言》卷二"为百姓省钱·一曰慎株连"、江苏省例光绪十七年臬例"听讼挈要·慎拘提"、《耐菴公牍存稿》卷二"饬州县听断宜勤明筒"12b等)。"堂上一点朱"正是指在这个名单上打朱点,而每一点都意味着老百姓会流血。

[45] 高廷瑶称以让两造在官面前写遵结为好:"<u>断案后</u>,<u>即命书办在堂上代百姓出遵结画押</u>,亲看其出门而去,书役无从需索。"(《宦游纪略》卷上28ab)但他也并非一直力行此点。同书中的一个实际例子也可以看出这一点:"其人恐煌,<u>呼役带出具遵</u>。久之,役以不甘禀复。复传其人曰……。"(卷上19a)

[46] 方大湜：《平平言》（光绪十八年刊）卷四25a"审结案件不必当堂书判"；T'ung-tsu Chu, *Local Government in China*, p. 126。

[47] 此处方大湜所谓的"退堂后斟酌判语"，究竟是指斟酌妥当判语文章后，以朱在名单上书写，还是指将写就的判语稿交给胥吏，以墨笔誊清，不太清楚。

[48] 《平平言》卷二61a"说官话"。

[49] 戴炎辉前揭演讲第128页。

[50] 《福惠全书》卷十一"审讼"称："每起问过口供，即将所写口供，取来亲看一遍。恐有遗漏，紧要语随令增添。且既经寓目，书吏此后不敢改抹作弊。审毕判日夹入审卷，带进内衙。应问拟者待出审看语，然后同卷发出叙招。则该吏亦不得在于叙招之中再为轩轾矣。"(26a)这也让我想起同书卷十二《问拟余论》中，有"看语必以口供为凭，叙招必以看语为定。未出看语，不可先发叙招。若先发叙招，则看必依招，权归书吏。先发看语，则招须依看，权始在官。然每有令招房作看稿者，是授之柄也"云云(9b)。文中的"出""发""发出"等动词意味着什么？"叙招"和同书别处见到的"招状"究竟是什么关系？疑点很多。尽管我想避免臆断，有关本应由长官亲自起草的看语（这里也含审语），让胥吏起草的事情早在康熙时期就已经存在，此点非常有意思。这大概是因循旧例，即便长官没有什么特别吩咐——反向思考一下，只要长官不给什么文案任务——拟判就是胥吏的职责。

[51] 原文"叙供"或与注50《福惠全书》的"叙招"同义、也许是近义词，具体情况有待今后详考。

[52] 《四西斋决事》卷一23a"钱鸿江批"。

[53] 就以上的考察得出一个印象：幕友尽管对批的起草参与很深，但对判的起草似乎涉及较少。这究竟是真实情况，还是其中有什么其他的含义？此问题将留待今后考察。

[54] 《判语录存》李钧自序（道光十二年）中称"至自理之件，除录供分别，无一字之评。无论口谕不能详尽，况时移境迁，其当日作何定断，即原问官亦茫不记忆。脱有反复，又将何以折之？"我认为李钧实际说出了这样一个事实：他作为知府，因必要而调阅下面县的案件记录，其中往往都是只有书吏记录的口供和关联的要约，官的判语并未记录。李钧自己也说每当案件结审之时，自己也尽量亲手书写判语，但或因太忙，或因记录繁多，难以要约而交他人代笔的时候不少。他的原话为："余章句书生，未娴吏事。……狱成又自撰判语一则附之牍尾。是非曲直，既可使案中人晓然共喻，且以备异日之参稽。顾才力

屖弱，或以他事牵扰，不能兼顾而止，或以案牍纷繁，不能遍及而亦止。<u>故数年来，结案虽多，而有判者亦复寥寥</u>"。

[55] 不过，遵结一词也有作动词用的场合。

[56] 聂尔康《冈州公牍》(同治六年刊)第二册"赵莫两姓勘语"12b。京都大学文学部藏，关联事项蒙宫崎市定教授指教。

[57] 沈衍庆《槐卿政绩》(与《槐卿遗稿》合刊，同治十年刊，文海出版社近代中国史料丛刊378)卷四12a"霸占洲地事"称："衅根悉起于洲，迭经各前县勘断。议荒、议分<u>均未遵结</u>。"这可以说是同样的例子，事件的性质与本案件很相似。

[57a] 作为东湖县知县熊宾的功绩，有"断狱公允，每审一案，必委曲开导，<u>使两造真心输服，始予判结</u>"。但其结果，从被称为向府、道上诉者不绝的说法中，也可以看出类似的事情。《三邑治略》卷一禀牍7a"荆州道余请照章记功禀稿"。

[58] 李钧：《判语录存》卷一，26a"亏东抗债事"等。

[59] 这是读判语类文献时常感受到的一般印象。俗谚中有所谓"无谎不成状"(汪辉祖《续佐治药言》1b"核词须认本意"、胡学醇《问心一隅》卷下21b"控殴不实"等)。在华北农村调查中也有类似的问答记录："如果为了诉讼撒谎，或将针尖小的事情说成棒子大的事情，不怕长官一讯问，就露馅了吗？——被传唤出庭时，由调停人出面调停和解，撤回了诉讼""在打官司的时候，总是写一个夸大其词的状子递上去吗？——<u>如果不夸大其词，长官不受理</u>"(《中国农村惯行调查》第三卷，第154页中段)。

[60] 《槐卿政绩》卷三"强造闭害事"11b。这是同宗族成员围绕宅基地境界的纠纷。长官通过综合性地说明证据文书中的四至和现状，平息了此件纠纷。

[61] 《四西斋决事》卷七"王永春判"16b。这是王金氏以家产分割中有不公正行为告了亡夫之兄王梦鉴的事件。王金氏精神上有点不正常，其主张的三点都无道理。但长官考虑其贫苦无靠，断令王梦鉴每月给其谷一石、钱二千的抚养费。于是"王金氏欣然色喜，愿愿遵断。王梦鉴虽称年老子幼，力所不逮，经本县苦口开导，亦知大义，不终固执，一并具结完案"。

[62] 《四西斋决事》卷二"章少轩判"47ab。

[63] 邱煌《府判录存》(道光二十一年序，五卷五册)卷二19b、20a。笔者在哥伦比亚大学东亚图书馆查阅，并获得了复制的缩微胶卷。

[64] 《府判录存》卷一5ab。

[65] 但在第二件中,上诉人主张的对方故意将木筏搞散,盗窃木材的"事实"没有被认定。这是诉状中夸张、虚构的一个样本。另外,与第二件相似的例子,在方濬师《岭西公牍汇存》(光绪四年刊)卷五 9a 中可以看到"周岐赞一造,即以'滥押勒遵,短价逼领'等词上控"。这是以滥行拘押、强逼遵依、短价逼领为理由的上诉。

[66] 《徐雨峰中丞勘语》卷一 37b"何玉铉冒祖峦坟案"。

[67] 在这种事情成为可能的背后,一是何玉铉作为衙役这一职掌,在地方上认识很多人,二是吴姓总而言之有很多得罪左邻右舍的事情。这在判语的后半部分能隐约看到。因此一旦有人打一声"你们都来看热闹"的招呼,大家就会先后聚集起来欺负吴姓。

[68] 《中国农村惯行调查》第一卷,第 203 页上段。

[69] 《樊山批判》卷三 14b。

[70] 同上书,卷八 8a。

[71] 《府判录存》卷三 22a—25b。

[72] 《四西斋决事》卷二 11b"董秀钰判"有"经俞前县亲莅勘明,于本年十一月初四日断结,令各让出界址。……各具遵结在案。未及饬差,旋即交卸,案准移交。本县初次放告,即据董秀钰以董正绥拔毁界石来控,十日内两次具呈,而已结之案讼端复起矣",这正是向后任翻控的例子。董沛《吴平赘言》(光绪七年序)卷三 3b"陈宜接等控案判"中所谓"王蔼堂在前县当堂具结,拦验领尸,该结其实其次子王贞祥手写。乃事隔二十余日,又复上府翻控,殊有不合。念系痛子情切,且在髦年,姑免究诬",则是向上级官府翻控的例子。

[73] 有关由强制提出的遵结,已如前述。《徐雨峰中丞勘语》卷三 65a"吕永龙图产争继案"有"乃署县离任,永龙复与吕尔公等串通,此告彼应。永龙竟以汪氏遗腹为诈捏。<u>或称署县金埋,或称内通幕府</u>,狂悖其词翻控。<u>新县审而未断</u>,吕阿汪赴府具控",则是称前任知县、幕友受贿,处置不公,向后任知县翻控的例子。同书卷三 8b"太湖县民蔡万来冒祖占葬案"中有"蔡永告词隐匿县断遵依情由,<u>架控差役受贿阻踏</u>,审系虚诳,亦属不合。姑念万来占坟是实,县审误断,致有屈抑,从宽免议"(11a),这是隐瞒在县诉讼已呈遵依上诉的例子。

[74] 一个例子是《槐卿政绩》卷三 16b"悖谕迭砍事"。此件为萧姓坟山之北有山的刘姓进入萧姓坟山采伐树木引起的纠纷。道光四年,当时的知县以双方都没有充分证明对山具有所有权的文书为理由,断令禁止双方进山采伐树木。对萧姓而言,即便如此,祖坟之山的树木得

到保护,所以"虽两造均未具遵,……遂亦因循相安"。二十年后,刘姓又砍伐树木,所以萧姓以"悖谕迭砍",即违反知县的裁断起诉刘姓,现任知县沈衍庆审理了此案。《府判录存》卷四34a—37a,道光二十年三月初十日审得凤翔县刘芳义控刘玉刘沦等一案,对试图拖延的一方当事人,不是强行取具遵结,而是通过留在记录中的其他一些确凿的证据文书结审的例子。

[75] 对此原则的轻微的例外(民事诉讼法一九三条之二、一九四条等)在这里没有必要特别加以细究。

[76] 参照本书第一章审判机关的上下级关系中的上诉部分。

[77] 三月章在《民事诉讼法》第290页讨论"诉讼程序的种种派生性的,或者随附性的事项的解决、诉讼指挥上的处置"中,认为"其作为司法作用的性质比较薄弱,……带有行政作用的实质"。诉讼法上的"抗告(上诉)"和行政法上的"诉愿(请愿)"语源上都是Beschwerde,在本质上绝不是两种东西,有关这一非常有意思的事实,参照三月章:《法与语言关系的一考察》,见《民事诉讼法研究》第七卷,东京:有斐阁1978年版,第293页注3。

[78] 日耳曼时代的芬德尔特谢夫特法院是由贵族作为巡回法官主宰案件的审判,并回答相关提问,自治性的审判民团体发现判决(得出判决结论)这一方式构成的。而且"将法官与判决发现人分离开来是日耳曼式审判制度的基本特色,这一特色在令人惊异的长时间内维持下来了"(Heinrich Mitteis—Heins Lieberich, *Deutsche Rechtsgeschicht*, 1974, S. 34. 世良晃志郎译:《德国法制史概说》,东京:创文社1971年版,第67页)。这也让人想起古代罗马的法律诉讼以及方式书诉讼程序分成法务官主宰法庭(in iure)程序、由从市民中选任的审判员实施判定,亦即置于审判员下的(apud iudicem)程序的两阶段。参见原田庆吉:《罗马法》下卷,东京:有斐阁,1949年版,第159页以下;船田享二:《罗马法》第五卷,东京:岩波书店1972年版,第二章。

[79] 在日本的现行制度中,上诉审判退回原审重新处理的场合,一度参与审判的法官能再度处理同一案件吗?在刑事诉讼法中,这种可能性完全没有(刑事诉讼法二十条七号)。亦即彻底执行脱离本案的原则。在民事诉讼方面,只限于上诉审判得出撤销原判的结论时,设置忌避规定外(民事诉讼法四〇七条三项),在控诉审判中退回原审重新处理的场合,原审法官还存在着重新参与审理的可能性。只要是在第一审时不被当作诉讼不合法而退回的话,在法律上预设着控诉审判会有退回原审重新处理的事项(民事诉讼法三八九条)。如果考

虑到在上诉审判中,撤销一审、二审都视为不符合法律而退回的判决,退回原审,命令重新审理的场合在理论上也是应该存在的话,那么民事诉讼法立法的理由究竟在哪里? 我觉得难得其解。

[80] 兼子一、竹下守夫:《审判法(新版)》,东京:有斐阁 1978 年版,第270 页。

[81] 《槐卿政绩》卷四 3b 以下。

[82] 推理上总觉得不至于发生,但也许那可能是事实。"此固<u>理</u>之所无,而实为<u>事</u>之所有"(《徐雨峰中丞勘语》卷三 35b)等也是同样的行文。这是作为人之所知有限而现实无限对比的一种意味深长的表现。

[83] 此处行文稍微有点陌生。另外,有"<u>几何而不</u>是非倒置耶"(《槐卿政绩》卷四 10a)等同样的用例。仅仅是否定的反语。

[84] 郭能一为什么在初审中,没有充分地陈述自己的正确主张,我觉得有点不可思议,是否是被所谓的"县谕严切"(本书一百八十二页)威吓住,当场沉默了呢?

[85] 《徐雨峰中丞勘语》卷四 14b 以下。

[86] 这让人联想起福音书中皮拉特的语言"我所写的,我已经写上了"(约翰十九、二十二)。

[87] 《病榻梦痕录》卷下 47ab,乾隆五十六年段。

[88] 《汉书》卷七十一《隽不疑传》有"每行县,录囚徒还,其母辄问不疑,有所<u>平反</u>,活几何人"。

[89] 《庸吏庸言》卷上 42b"理讼十条之八"。

[90] 汪辉祖:《学治臆说》卷上 15b"亲民在听讼"。刘衡:《庸吏庸言》卷上 18a"严禁蠹役札",43a"理讼十条之八"。

[91] 以下为高廷瑶:《宦游纪略》(同治元年刊)卷上 25a—26b。

[92] 因两人都曾经做过知州,所以如此称呼,并非现职。

[93] 这并非"宣告了"之意,而是"执行了"的意思。从省略部分的对话中可知并无疑问余地。

[94] 方大湜:《平平言》卷四 26a"断案错误须复讯"条中所指出的"人非圣贤,孰能无过? 断案之后,或讼者心未输服,恳请复讯,即须细意推求,虚心再鞠。如果错误,便应改正。并将所以错误之故,必应改正之故,明白晓谕。官果无私,民自相谅。切不可迴护前非,致负百姓",也是相同的意思。

[95] 《槐卿政绩》卷三 26a 以下。

[96] 滋贺秀三:《中国家族法原理》,东京:创文社 1967 年版,第 417—418 页。

[97] 《府判录存》卷一 85a—88b"道光十九年十二月初三日审讯得凤翔县民张芹控张相一案"。

[98] 《府判录存》卷五 84 页 b 至 86 页 b。

[99] 参照本书第一章第一节上诉部分。

[100] 卢见曾:《雅江新政》25a 以下"姜正清控伍建极案"。

[101] 像日本现行的审判法第四条原则至少在形式上、根本性的意义上并没有被贯彻。

[102] 《徐雨峰中丞勘语》卷二 4b 以下。"陈阿谢立继废继案"以及紧接其后的"复审陈阿谢立继废继案"。这是徐士林在做安徽省安庆府知府(雍正五年至十年)时处理的一个案件。

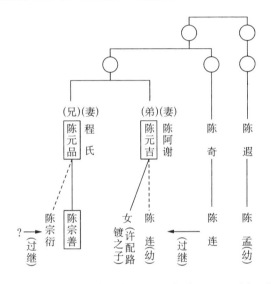

如图所示的同族关系中,陈元吉死后,围绕他留下的财产,在陈遐、陈奇、陈阿谢、陈宗衍等之间发生了错综复杂的纠纷。元吉之女的未来公公路镀以及陈阿谢娘家谢姓在暗中操纵阿谢,使纠纷变得更加离奇复杂。陈连过继给陈元吉并非元吉生前决定的,而似在堂兄弟的儿子中只有他一个近亲,自然地被立为丧主。

从错综复杂的判语叙述中,将这件案子的主要案情整理出来,大致可以分为以下几点:第一,陈元吉死后不到二十天,陈阿谢将在田家桥的公产土地五石卖给了名叫李行儒的人。这一公产是陈元品、元吉家产分割之际,未分割而留下的。对这一违法行为,陈宗衍与陈阿谢发生了争执。第二,作为对上述攻击行为的防御对策,陈阿谢(以及背后的同伙)捏称陈宗衍乃对继母程氏不恭顺,曾由继母告官,而经官府的判断被驱逐。第三,陈遐与陈阿谢的同伙似有什么说不清的关系,有将利益要给陈孟的举措。如果得手的话,把陈宗衍逐出,把将要定为元吉嗣子的陈连移作元品的嗣子,而将陈孟新定为元吉之嗣子。这是那一伙人的目标,他们为此暗中谋划、连续争讼。

案件最初上诉到府的经过并不清楚。府审查了案件的记录——没有唤问关系人等的形迹——对县里作了大体如下的指示:(1)田家桥的土地如该知县(暂时将其称为 A 知县)的原断,解除其私自的买卖,重新将其公平分割;(2)陈连嗣继元吉,陈宗衍嗣继元品一如旧惯,不能变动;(3)如果不相信陈阿谢及其同伙以及土地买主李行儒所言的话,那么将他们都押送至府。上述府的指示在 A 知县任职末期,或者继任的 B 知县、亦即李参令(参即弹劾之意、令即知县。李姓知县其后因什么理由被弹劾免职,故被如此称呼)就任之初下达的。

以知府的指示为方针,B 知县主导了处理,但这时又节外生枝。B知县作了如下裁决:(1) 将陈连、陈孟并列立为元吉的嗣子(二人对等共同继承);(2) 作为结婚的费用,分给元吉的女儿三分之一的财产。另外,案子在 B 知县手中,田家桥土地的收回和再分割的事情弄得稀里糊涂,完全没有好好处理的意向。因而陈奇以“县翻宪案”为由,上诉知府。知府再次索取相关记录进行审查,作出知府的第二次裁定(对县进行指示)。这时,B 知县已经去职,由 C 知县取而代之(因而文中 B 知县被称为前参令)。

在第二次指示中,知府徐士林引用并反驳了 B 知县所叙述的裁定理由,谆谆告诫陈连、陈孟并立为嗣之不可。接下来徐士林废除了在 B 知县指导下作出的两者并继的议定书,下令给陈孟以十石稻谷作为安慰,让其退出继嗣之争,重新确定陈连、陈宗衍地位之不可动摇。此外,还命令将田家桥土地再分割。但是,给元吉的女儿三分之一的财产这一点为 B 知县的非常恰当的判断,可补知府上次指示之不足,尽管有陈奇的反对,徐士林仍然采用了这一判断。徐士林称“惟阿谢现有生女未嫁。前参令断令提家产三分之一,以为日后妆奁之资,慰元吉于地下,并慰阿谢于生前,此言殊为得理,实补本府前檄之所不及。陈奇控称‘县断女翁路镀应分家产’,殊属刁讼。本府平情理物,岂肯因路镀之奸唆,随薄阿谢亲生之骨肉哉?谢氏女鼎分一足,应如县断”。

[103] 《汝东判语》卷一 5b“饶永和续呈判”。

[104] 这里的"且"与"则"意近似。"名为诸事皆办,实且一事无成"(《学治臆说》上 24b)等也是相同的用语。为"另一方面……说起来"的含义。下面出现的例子语义也相同。

[105] 李渔《资治新书》卷一 29a"行高安县牌(李少文)"。

[106] 但是,从印象上看,我觉得后者的说法比较少见。

[107] 唐律名例三十七条"犯罪未发自首"。

[108] 唐律名例四十一条"公事失错"。

[109] 原本不是以杖责打,而是换算成赎铜八斤。

[110] 唐律断狱十九条"官司出入人罪"。构成故意不当判决(故出入)是私罪,不是我这里要处理的问题。

[111] 唐律名例"公事失错"。

[112] 唐律名例"二罪俱发以重论"上栏辑注。

[113] 清律刑律断狱"官司出入人罪"。

[114] 《(钦定重修)六部处分则例》(光绪二十一年刊)卷一 1b 公式"公罪私罪按律定拟",其第二条为"凡公罪私罪俱按照本例处分定议。其例无正条者,方准引律。若律文又无可引,则将例内情事相近者援引比照。倘律例俱无正条,又无可比照之案,该司员将案情详细察核,酌议处分,回明堂官,公同定议。于本内声明请旨,著为定例,以备引用"(《光绪会典》卷十一 4ab 也有相同宗旨之文)。换一种说法,在处分则例和大清律例中,设定了相同的规定。《六部处分则例》同上述第一条文,《大清律例》名例"文武官犯公罪""文武官犯死罪"。织田万《清国行政法》第一卷下第 314—315 页,没有将两处换读,其理解笞杖之刑罚与惩戒处分并科实为误解。

[115] 《六部处分则例》卷四十八 3b 审断下"承问失入":"一,官员承问,引律不当,将应拟斩绞人犯,错拟凌迟,及应拟监候立决人犯,错拟立决者,承审官降一级留任,臬司罚俸一年,督抚罚俸六个月。如将拟军流以下及无罪之人,错拟凌迟者,承审官降四级调用,……(审转官、臬司、督抚)……。如将应拟军流以下及无罪之人,错拟斩绞者,承审官降三级调用……。(以上皆指错拟未决者而言)。若错拟已决者,承审官革职,……。如将应拟徒杖以下及无罪之人,错拟军流者,承审官降一级留任,……。如将无罪之人,错拟徒杖者,承审官罚俸一年,……。其由臬司、道员审转之案,臬司、道员即照审转官则例议处。以上承问失入各官,无论已决未决,其应得降调降留罚俸处分,任内虽有加级纪录,俱不准其抵销。"接下来的"承问失出"也类似上述方式,处分的程度要轻,而且"凡有加级纪录,俱准其抵

销"。

[116] 《六部处分则例》卷一 5b 公式"检举减议":"一,官员办理事件,始初失于觉察,后经自行查出检举,在内自京堂以上,在外自藩臬以上,该部将照例应得处分及检举后可否宽免之处,声明请旨。其余在京各员,并在外道府以下等官,凡自行检举案件,各按本例应得处分,酌加宽减。例应革职者,即减为革职留任。应革职留任者,即减为降三级留任。……(以下有详细规定)……若所犯之事,实系有意营私,或虽经检举,而其事已不可改正者,仍不准宽减。"

[117] 参照本书第一章注 152 和注 153。

[118] 三月章:《诉讼事件的非讼化及其限度》,载《民事诉讼法研究》第五卷,东京:有斐阁 1972 年版,第 86 页。

[119] 前揭沈衍庆"灭骸换葬事",高廷瑶的汤姓和某监生之掘塘事件等都是已经执行体罚后才弄清是误判的实际例子。但均无被进一步当成大问题的痕迹。

[120] 翻翻手边的判语类书籍,屡屡会发现在一个案件的最后,应该说是裁断主文的部分有"笞责"等文字。比如"此案原因沈济川呈具'捏造虚伪,情甘坐诬'切结,前县方始准理。今讯系虚诬。从重笞责"(《四西斋决事》卷二 27b)。这里沈济川因诬告吃了笞责之罚。"孟大柱笞责以儆。惟伪契究由何人捏造,自应根究……"(同上书卷二 37b)。孟大柱以伪造的证据文书作虚伪的权益主张,挨了笞责刑罚。"(陈侯氏)掌责二百,犹恨不足蔽辜耳"(《汝东判语》卷四 21a),这里是将已经嫁出的女儿绑架回家的女人挨了官府的掌责刑罚。从这些难以枚举的事例,应该看其中既有从前后文意中品味出特别事情的情况,也有一般性地在公堂现场被执行体罚的记录(判语为闭庭之后所作)。

[121] 比如李钧《判语录存》卷二 21a"争路事"系马文成与李文举两人之间因相邻土地通行权的争端。几次向府和道上诉,但"屡断屡翻"事态不止。李钧裁断此案称"自应照该县初断……至文成屡次渎控,殊属不合。业经该县责惩,从宽免究。无干省释,取结附卷"。

[122] 本书第一章注 118 等。

[123] 以上,参照本书第一章第一节"审判机关的上下级关系"部分。

[124] 本书第一章注 116 等。

[125] "稿尾之语"在说帖中屡屡出现。据沈家本的说明,"复外省之语曰稿尾"(《沈寄簃先生遗书》"寄簃文存"卷六《刑案汇览》三编序中的夹注),也就是说是刑部回答外省的正式公文。在说帖的末尾,有连

稿尾的草稿也附录的场合。在那种场合,作为趣旨,相同的事情会反复表示,但以稿尾为简洁。

[126] 祝庆祺编:《刑案汇览》(图书集成局仿袖珍板印)卷三一 17b"锄草喂牛伙伴取草锄落右手"。

[127] 有关清代徒刑的实际情况,参照拙论《刑罚的历史(东洋)》,收入庄子邦雄等编:《刑罚的理论与现实》,东京:岩波书店 1972 年版。

[128] 《刑案汇览》卷四〇 23a"殴伤无服族姊成废应加一等"。

[129] 《大清律例增修统纂集成》(光绪二十五年刊)卷二八 15a"殴大功以下尊长"上栏。

[130] 《大清律例增修统纂集成》刑律斗殴"殴大功以下尊长"有"凡卑幼殴本宗及外姻缌麻兄姊……死者斩(斩绞在本宗小功大功兄姊尊属则决,余俱监候。不言故杀者,亦止于斩也)"。这一案件因涉及放铳击人,也许以刑律人命的"斗殴及故杀人"条例十一"因争斗擅将鸟铳竹铳施放杀人者,以故杀论",问以故杀之罪,即便如此,其刑罚实际为斩立决。

[131] 《大清律例增修统纂集成》卷二六 57b"威逼人致死"上栏。《刑案汇览》卷三五 2b"强奸不从主使本夫殴死其妻"就是这一上谕的节要。文中"胡约现在流徙何处"的"徙"在前书中作"涉",后书中作"徙"。《大清会典事例》卷八〇六"威逼人致死"历年例以及《大清律例》的其他种类的版本中均从"徙"。相关信息据中村茂夫教授指教。

[132] 其法律根据在上谕中,可见前面有"援照凡人共殴为从减等例",后面有"照凡人同谋共殴律"。可以看成是指《大清律例》刑律人命"斗殴及故杀人"有"若同谋共殴人,因而致死者,以致命伤为重,下手(致命伤重)者,绞(监候)。原谋者(不问共殴与否)杖一百流三千里"的规定。根据这一律条,本案的处理应该是本夫作为下手者处以绞刑,奸夫作为原谋处以流刑,但与实际情况不合。恐怕实际上援引了《大清律例》中斗殴"威力制缚人"的"……如以威力主使(他)人殴打,而致死伤者,并以主使之人为首,下手之人为从论,减(主使)一等"规定。

[133] 接受这一命令,制定了"威逼人致死"条例二十"强奸不从,主使本夫,将本妇殴死,主使之人拟斩立决,本夫拟绞监候(嘉庆十五年续纂)"的内容。

[134] 从张光月编《例案全集》、沈如淳编《例案续增全集》中频频出现的例子可作出这样的推测。但是,是皇帝亲笔朱书了那种文书,还是比如大学士承接皇帝的口头宣旨,墨书"大学士某奉旨……钦此",其

实不太清楚。大概后者应该是较为普通的事情。另外,在这里想注意的问题是,由官僚机构提出的公文"题本",从本质上讲,是有别于只是寄送给皇帝的私人信件"奏折"的公文书。以上的相关资料源于台湾故宫博物院印行的《宫中档光绪朝奏折》1—3辑(台北 1973 年)。后记:文书究竟是皇帝的亲笔,还是大学士的手写? 似乎两者都不是。1981 年 6 月,在北京的中国第一历史档案馆,笔者有机会请工作人员提取刑部原档,精读档案实物。从形式上看,折叠起来的长26 厘米、宽 12 厘米的长方形册子为一个案件。其中有一份乾隆四年二月发生的贺忠在山路上杀了同行,并抢走钱财的人命案件,由刑部 13 人、都察院 12 人(以上除堂官外,还包含相关的司官)、大理寺 4 人,合计 29 名官员联名签署的题本。档案的第一页即封面中央,只有一个字体极小的墨书"题"字。其右侧字迹接顶天地的两端,可以看到有两行朱书文字(但第二行只有三字)"贺忠依拟应绞著监候秋后处决余依议"。从字迹的工整程度推测应该不是皇帝的亲笔,大概是承皇帝意旨的大学士以朱笔代书的。知县层级也有以朱代笔的幕友(本章第一节注 41),这里由大学士等代书完全没有什么不正常。

[135] 皇帝自身的责任不被追究,也许能说知县即便因错判,对当事人执行了笞杖之刑,但只要是在州县自理范围内,其不被追究,情形与皇帝相同。

[136] 三月章:《民事诉讼法研究》第五卷,第 64 页。兼子一、竹下守夫的《审判法(新版)》(东京:有斐阁 1987 年版,第 11—12 页)也将非讼事件理解为"相当于行政处分"。

[137] 据铃木忠一《非讼事件审判的既判力》(弘文堂 1966 年版,第 29—32 页,96 页),除因非讼法十九条第一项的取消变更外,作为合理的形式,应该认可由情事变更引起的取消变更。另外,非讼法十九条第一项"从立法的沿革上说,民事诉讼法中,由抗告场合的再度审理的审判只是更正(取消变更)的变形"极具深意。

[138] 三月章:《民事诉讼法研究》,第 18 页。

[139] 民事诉讼法一九三条之二,一九四条。刑事诉讼法四一五条以下。三月章:《民事诉讼法研究》,第 306—307 页。青柳文雄:《新订刑事诉讼法通论》,东京:立花书房 1967 年版,第 783—784 页。在现行的民事诉讼法、刑事诉讼法中没有决定原则自身的规定。旧民事诉讼法中第二四〇条有"裁判所受所下达的最终判决以及中间判决中包含的审判的拘束"的规定,但不知以后为什么被削除了。中华民

国诉讼法中有相关规定(第二三一条)。菊井维夫、兼子一:《中华民国民事诉讼法》第一编,1934 年,第 394 页。

[140] 参照本书第一章绪言的最后部分。马克斯·韦伯在家产君主制式审判(die patrimonialfürstliche Rechtspflege)中主张司法与行政一体化,而且将其分为二部分。他指出在家产君主制式审判的身份制形态(die ständische Art)中,所有的行政都采用司法形式这一意义上的一体化;在家产君主制式审判的父家长制形态(die patriarchale Art)中,所有的司法都带有行政性质这一意义上的一体化特征。后来得知他将中国的审判设定为后者,即父家长制形态上的司法与行政混淆的一种类型。Max Weber, *Wirtschaft und Gesellschaft*, 4 Aufl. S. 485-486,世良晃志郎日译:《法社会学》,东京:创文社 1974 年版,第 441—445 页。

[141] 比如本章第二节引用刘衡的言说中,将详上之件与听讼相对而置。

[142] 比如本章第一节所举恒春县李老在、李标之争案件中,如果从盗窃或者诬告的角度来看,是刑事问题;如果从牛的所有权归属的角度来看,则是民事问题,不能强行将两个要素分开讨论。

[143] 李钧《判语录存》(道光年间河南府判语)中这种例子很多。在允许小额税款以铜钱缴纳,原本由县交给银匠,让其兑换成银为例的地区,银价腾贵,原有的兑换率已无法承受,向县请求改变兑换率但被拒绝的银匠行会将相关的书吏作为被告,向知府提诉(卷一 31a"买银解粮事");因押送犯人的杂役承担了额外工作,这违反了从来的惯例,对这种徭役不满的庶民将相关的书吏告上了县衙,进而还告上了府衙(卷二 17a"派差事");等等。

[144] 参照本书第一章第二节"证据与自白"的最后部分。

[145] 如果将刑律杂犯"不应为"条放在考虑范围的话,所有轻微犯罪都当笞杖。

[146] 广中俊雄:《法与审判》,东京大学出版会 1971 年版,第 92—116 页。原载《法学家》1955 年 3 月 15 日。

[147] 在处理管辖范围内发生的杀人、盗贼事件的过程中,如果出现了无法破解的无头案,知县、知州将会被按照《处分则例》的规定问责(参照《六部处分则例》卷四十一、四十二"盗贼",四十三"人命")。

[148] 与英美的治安法官(justices of the peace)作比较,应该是一个很有意思的研究课题。

[149] 根据佐佐木吉男教授 1958 年对岛根县内以及 1961 年大阪市内的问卷调查,城市中的 66％,农村与深山地区的 76％的人回答:凡遇

民事纠纷时,不是立即向法院求助,而是首先求助于某个适当的人来解决。而那个"适当的人"在城市中的12.4%,农村与深山地区的13.3%是警察或警察的派出机构。佐佐木吉男:《民事调停研究》,东京:法律文化社1967年版,第25页、88页。

[150] 前揭广中俊雄:《法与审判》,第106—107页、110页。

[151] Frant-Ludwig Knemeyer, "Polizeibegriffe in Gesetzen des 15. Bis 18. Jahrhunderts," *Archiu des Öffentichen Rechts* 92（1967）153-180。

[152] A. a. O. 161,169。

[153] A. a. O. 161,179。

[154] A. a. O. 173-174;村上淳一:《〈旧时良法〉与帝国国制》,《法学协会杂志》90卷11号,第49—52页。这两份文献在讨论德国近代法律形成的过程时,都主张并不是司法从行政中独立,而是行政(乃至Polizel)从司法中独立。村上淳一前揭杂志91卷2号论文。

[155] 我认为这里有考察一下法庭与民众之间心理距离的价值。与现在日本的民事诉讼问题相比,清代中国的"打官司"更贴近民众的日常生活,这是这些年来笔者一直深藏心怀的一个预感。诉讼件数实际有多少? 这是一个很有意思的研究课题,可以收集资料来分析。比如高廷瑶在10个月中处理了1360余件(本章第二节),因数量相当大而引起注目。

后记:有关这一方面,亦即清代的民众将告官诉讼作为非常切身的一种形式加以利用的事实,请参照中村茂夫的研究成果《传统中国法＝对雏型说的一个试论》第二节《民间处理说及其疑点》〔《法政理论》(新潟大学)12卷1号,1979年〕。

[156] 有关将非讼与调停放在同一线上考察的,参照三月章:《民事诉讼法研究》第五卷,第89页注4。

[157] 佐佐木吉男:《民事调停研究》,第87页注1。可以看出在学理上将调停视为基于道理(更应该说是平衡)的公权性判断的提示,将当事人的合意视为公正性的担保〔全面性基于道理(平衡)判断的公正性,没有客观性制度性的保障之道〕是该书的基本立场(第136—137页、164—165页)。

[158] Dan Fenno Henderson, *Conciliation and Japanese Law：Tokugawa and Modern*. Univ. of Tokyo Press & Univ. of Washington Press, 1965. Vol. 1, pp. 4-5。

[159] Do. p. 127, p. 7 等。但是这种表现本来就有点含混不清,论述晦

涩。读者只能到处寻找线索,揣度作者的真实意图。

[160] 参照本章第一节。

[161] 《棠荫秘鉴》(御定书下卷)第 19(《德川禁令考》创文社复刊,别卷收录)。

[162] 以《学治臆说》卷上 19b 所言"盖听断以法,而调处以情。法则泾渭不可不分,情则是非不妨稍借"为基础,摘出了"听断"这一概念。

[163] Henderson,op. cit. p.16,56。

[164] Do. p.127;石井良助:《日本法制史概说》,第 478 页注 3。

[165] 明代初期赋予里老人的职责可以与此对应,但是在清代,这一职责早已不复存在。参照本书第二章。

[166] 有地方官将受理的案件托付给适当的民间人士"调处"的事例。但是如果调停不成功的话,案件会重新回到官府手中。在《台湾私法附录参考书》(第三卷上)中收录的恒春县档案,此类事例很多。

[167] 浅井敦:《现代中国法的理论》,东京大学出版会 1973 年版,第四章《刑事审判程序的结构》。

[168] 同上书,第 133 页。

[169] 同上书,第 126 页。

[170] 同上书,第 134—136。

[171] 同上书,第 42 页注 8。

[172] 向山宽夫《中华人民共和国的刑事法》(日本中央经济研究所 1971年版)中虽然译为"确定",但是附上了原文(同书第 237 页)。有关原文的用法,在《中华人民共和国法规汇编》1 中的"中华人民共和国人民法院组织法"第十一条、十二条,"中华人民共和国人民检察院组织法"十六条可以得到确认。此语正如"已经发生法律效力的判决与裁定"所显示的,判决与裁定二语连用。

[173] 我觉得从清末的诸法典草案到中华民国的法律法规,其中并没有出现"确定判决"这一用语。

[174] 我个人对"产生法律效力"一语,当然抱有其直接或者间接起源于德语 Rechtkraft 一词的推测。即便如此,在 Rechtkraft 一词中,执行效力与既判力的含义不可分地包含在一起。在学理上,执行效力被认为是 materielle Rechtkraft 的内在性效力,而既判力("一事不再理")则是外在性效力(团藤重光:《新刑事诉讼法纲要》第 7 版,第312 页)。对此,不可否认,在"法律效力"一语的表现中,既判力的侧面有所削弱,甚至变得无足轻重。

后记:有关这一点,我从染野义信 1980 年访问中国回来后的报告中极为明确地感受到。染野义信称:"所谓法律性效力(原文为法律效力),是不是只能从人不被再次起诉、不蒙受双重危险这一意义上理解呢?"作为日本法律学者的这种极为自然的疑问,对方的回答是:"法律效力就是指对接受有罪判决者的刑,如果判决是五年,就接受五年禁锢惩处之刑的效力,如果是民事审判,仅指根据判决,若命令支付百元,就向其征收百元在官方程序上成为可能。""从其见解的前提看:确定判决就是具有按其判决的内容执行惩处的强制力,以及如果要推翻判决,那则是另外的问题,这一认识非常明确"。而且有关这一点,中国社会科学院、北京大学、上海社会科学院的学者的见解并没有大的分歧(染野义信:《中国的法与审判的理论状况》,《法律时报》52 卷 11 号,第 66—67 页)。

[175] 有关 1980 年 1 月 1 日施行《中华人民共和国刑事诉讼法》以及 1982 年 10 月 1 日施行的《中华人民共和国民事诉讼法(试行)》,相关事态完全不变,参照滋贺秀三:《从法制史的立场所见现代中国的刑事立法——断想性心得》,载《法学协会百周年纪念论文集》第 1 卷,东京:有斐阁 1983 年版,第 328—322 页。

第四章 民事审判中法源的概括性研究

——情、理、法

第一节 听讼程序与法源

无论在哪个国家的法制史研究中,关于法源的研究都是必不可少的,甚至可以说法制史研究首先是从法源的论述开始的。在中国的法制史研究中,法源论作为所谓法典编纂沿革的问题,自古以来就受到重视。尽管在这一研究方向中还存在着无数应该探讨的问题,但是有关法源论问题的研究,还存在另外一条路径,不用说也是不可缺少的。那就是通过审判事例的分析,考察实际的诉讼现场,研究什么被当作审判依据这一路径。本章正是选择这种路径研究的尝试。[1]

在诉讼中,大体上当事人(一方或者双方)会弄成被科以放弃某一利益、甚至接受刑罚或者赔偿等受损的结果。在强行让当事人接受不情愿事情的公权力判断的审判中,必须有让不情愿接受的当事人承服未必合理结果的预设与准备。换句话说,审判就是依照一个普遍性的判断基准处理某一案件的裁断,无论何种程度,一定要让当事人感受到不管是谁,都应该是在相似的状况下接受相似的裁断,并非只有某人才受到随心所欲对待的这种保障。在尽可能的范围内,从广义上追寻前面所言的"普遍性的判断基准",我想在本文中将其称为法源。

在清代,并没有像日本的民事诉讼和刑事诉讼始终是在不同轨道上展开的双轨道程序,但是科以徒刑以上刑罚的程序和徒刑以下处罚的程序是完全不同性质的东西。[2] 在前者的处理程序上,州县阶段只是进行判决立案,然后将这一案件的相关文书案卷与被告正身一起送交上级机关,经过既定的复审后,确定判决。判决书严格依据法律,参照先例推断而出。必要时,依据皇帝的权威对判决内容进行微小修正,微小修正又会成为先例,进而屡屡成为法律的新条文而固定下来。州县的判决内容要经得起几个层级上级官员的批判,因此起草时需要细心周到。如果知州、知县在这一环节犯下过失,他们就会成为惩戒处分的对象,在官员政绩的评定方面会记录其过失。可以将以上内容称为狭义的刑事诉讼程序。[3]

与此相对,由于不包含徒刑以上刑罚的案件,或者说即使包含徒刑以上刑罚,但也不作徒刑以上问题正式处理的案件,交由州县范围的官衙处理,这被称为州县的自理词讼,上级衙门只有在当事人上诉时才介入。其程序的特征可以如此来理解:正好同以违警罪立即处理,乃至微罪处理机能,以及纠纷在"协商"名义下进行民事调停的日本警察系统的功能一样,堂堂正正地被制度化了。身为审判官的知州、知县从当事人两造、案件相关人、证人等那里听取案情,让两造、证人等对质,调查相关文献证据与物证,确认案件的事实关系。在此之际,并非与日本的法院所进行的一样,基于自由心证主义(free evaluation of the evidence)[①]似的只是自以为是地单向认定事实,而是想方设法,尽其所能获得当事人的承诺与认可。亦即以怀疑眼光审视那些所诉内容并非事实的当事人及证人,以及内容有伪造、改篡嫌疑的书面证明提出者,州县官会当庭指出申述内容的矛盾,拿出反对的证据,将其逼入无言以对的境地来审断案情。[3a]基于这种形式的事实认定而得出的审判结论,也并非官方自上而下单向宣判生效的东西,官府要寻求当事人对裁断的承诺,并迫使其认可。各当事人向官府提出"遵依结状"这一保证书,表示接受裁定,由此这个案件才开始大体了结。不过,即便如此,在理论上,当事人上诉、再诉之道会无限敞开。一方面,审判官可能会拘留当事人,或对当事人使用某种体罚等属于他权限范围的强制力——这既有惩处亏欠一方的当事人,让对方当事人满足的含义,又有胁迫当事人接受裁定的功能;另一方面,审判官用人世间的常识道理和大局中所见利害,苦口婆心地劝诱、教训当事人。通过这两方面的手段,引导案件趋于解决。也就是说这是调停色彩很浓厚的审判,借用亨德森教授的表述,可以称其为教谕式调停。对地方官而言,每个案件的判断是否恰到好处,并不直接与官员操守和作为评定挂钩。"听讼"大体是指这类程序范围的概念。[4]

另外,狭义的刑事审判程序始于什么时候,其实并不确定。既有从事件发端就被预测向刑事审判程序发展,而且实际向刑事审判程序展开的案件,也有在听讼过程中,一个案件或者这个案件中某个要素被官府感觉到需要采取刑事审判程序的例子。从

---

① 自由心证主义指诉讼过程中的事实认定与证据评价完全交由审判官的自由判断。——译注

审判官作此判断的时点开始,案件进入刑事审判程序,审讯文书的作法也随之改变。从理论上讲,到听讼的结审时点为止,仍有向刑事审判程序移转的可能性。[5]

关于以上的诉讼制度问题,本章专门将其置于听讼之场来考察。

第二节　诉讼处理中的情、理、法

在某种程度遍读清代包含审判在内的关于一般民政方面的史料文献后,我发现当时的人士在处理公务时,作为自己判断问题的指针而反复斟酌,经常使用"情""理""法"三个概念。对三者的字义所表达的内涵加以阐述的话,就是"国法"(乃至"国家律法""国法王章"等)、"天理"、"人情"。比如清初汤斌阐述任官者的心得时指出:

> 儒者不患不信理,患在信之过。而用法过严者,亦是一病。天地间,法情理三字①,原并行不悖。如官司有弗称职者,若优容贻害固不可,必嫉之过而加以重罪,至殒命析产亦不忍。有仁术焉,轻其罪使之蚤去,则我亦不流于残,而民已除其害矣。[6]

官宪如果温文尔雅处事,容许恶行横行固然不可,但处置过严,让牺牲者频出,亦非仁者所当为。这一官府处理纠纷中的经验教训,实际上由所谓"天地间,法情理三字,原并行不悖"的常识性命题而变得基础牢固。光绪年间,作为刑事法制近代化一环的

---

① 同治版《学仕录》卷一原文为"二",滋贺怀疑"二"为"三"之误。据此校改。——译注

习艺所(监狱内)设施开始建设和运行。然而当咸宁、长安二县提交藩库亦即省财政经费申请时,陕西布政使樊增祥否决了二县的请求。樊增祥指出:

> 查外县皆令监犯习艺,从无在司库请款者。彼咸、长两县之罪犯,何独如是之值钱耶? 国计有常,库储不易。情理与法,三者皆讲不去。司库何敢出此无名之费,畀诸有罪之人? 仰自与两县筹商,本司不管。[7]

樊增祥以"情理与法,三者皆讲不去"作为否决拨款申请的依据,明确地将三者连称,此种表述方法引人注目。即便是围绕刑法的适用问题,这三者也会被官员连在一起斟酌考量。嘉庆年间任大名知府的张五纬在给某一诉状写的批词中,就自己如何在听讼之中耗费心血时指出:

> 负屈含冤者之呈诉,本府从不惮烦畏劳。或一事执法除暴,或一事委曲原情。或一事开导愚蒙一时之误,使两造永归和好,俾讼案永断葛藤。或一事讯系理不可宽,情不可容,法不可贷,立予照例究治,藉以示警愚顽。[8]

张五纬强调的是在情、理以及法三方面,无论从哪一面考量,都性质恶劣、无轻贷余地的时候,要"照例究治",即将其作为正规的刑事案件,严格依刑法处置。另有一个案件,讲的是一个人被殴打后,无意中将冤屈透露给老父亲,老父亲怒火中烧,与儿子一起出去报仇,结果使得父亲背负了伤害罪名。张五纬斥责了案件中的儿子,对其制造了父亲背锅机缘的行为,愤怒地指出:

> 揆诸天理、人情、国法,实属罪无可逭。[9]

相同的用法在刑案中也频频出现。乾隆八年七月刑部在奉旨驳回的一个案件中有下列表述：

> 查此案起衅于刘元熙、刘元照商同谋杀胞弟刘满仔，以致伊父刘奇英、母李氏俱为刘方通、李世顺立时杀死。乃刘元熙等忍心灭性，既不首告伸冤于前，复敢抬尸弃埋于后。其逆恶之罪，已为天理人情所不容，又岂国法王章可少贷？该抚以律无正条可引，仅将刘元熙比照子孙毁弃祖父母父母身尸律拟斩监候，刘元照依为从律拟流，情罪未协。[10]

这是其中一例。在官员的判语中寻找这类例子的话，道光末年江西省鄱阳县知县沈衍庆的一判语开头就写着：

> 盖闻父子、夫妇并重于大伦，国法、人情必衷诸天理。[11]

这是一个由已结儿女亲家的两家间发生斗殴事件引起的诉讼案件，尽管事件业已解决，但女方以此为由想解除姻亲之约，而男方不同意，由此发生的诉讼。即便男方苦口劝说女方，女方也完全坚持己见。女方之父说如果男方强行轿抬女儿进门完姻，那么女儿当天就会自杀，婚约之女也坚称即便一生不嫁，也绝不嫁给伤父仇人。知县沈衍庆对这个争端案件下了这样的裁决：婚约女终生侍父，在家谨守贞洁，男子终生不得娶妻，娶妾可也。他称自己的判决"如此一变通间，庶伦纪足以相维，而情法似觉兼尽"。也就是说，判语开头的表现具有通过天理，对两家那种程度的斗殴事件，折中不认可解除婚约的国法立场，兼顾女方不能嫁给自己讨厌的对象这一人情要求。[12]

雍正时期的名士徐士林有一部汇聚他在任安徽省安庆知府和福建省汀漳道道员期间写下的案件处理判语集《徐雨峰中丞勘语》，光绪二十四年此书再版之际，为本书写序的李祖年赞赏徐士林审案风采时称：

> 乃观是书,握一狱之关键,晰众口之异同,而折以是非之
> 至当。揆之<u>天理</u>而安,推之<u>人情</u>而准,比之<u>国家律法</u>,而无毫
> 厘之出入。吁! 何其神也!

正如以天理来衡量没有什么不妥,以人情来考虑也均衡得
当,二者比之国家法律也完全相合一样,无论从哪一方面考虑,情
理法三者都恰到好处地被视为审案的要谛,此为世所共知。根据
以上的整理,情理法三者正是讨论听讼之场的本章所说之法源,
我认为这个推断应该不会有问题。[13]

另外,台湾的法学杂志上几篇以情理法为标题的随笔短文也
非常有意思。文章表达的要点各不相同,不管怎么说,都是从作
为衡量是非曲直的三种尺度——人情、天理、国法这种传统性思
考在现代社会也没有丧失意义的立场,讨论其对现代社会的适应
问题。[13a]此外,在纪念罗斯科·庞德的论文集中,曹文彦的论文
也一语道破:

> 在纠纷解决之际,首先依据情(human sentiment),其次
> 依据理(reason),最后依据法律(law)是中国自古以来的
> 传统。

他从《刑案汇览》《名公书判清明集》《棠阴比事》《白氏长庆集》等
书籍中,援引审判事例,说明情与理的作用。[13b]从这些现代中国
的法学家的言说中也能证明我前面看法的正确。

第三节　诉讼处理的律例引照

有关"法""国法"是什么,并不需要另外说明。那就是国家制
定的成文法。事实上,判语之中法屡屡被引用。[14]以"律载:""例

载:"开头,引用律例条文的一部分或者全部,这是判语中最明确的手法,这类例子不胜枚举。但是有如"若其夫逃亡不还,例准告官改嫁"[15],"夫管业必以印契,家谱例不为凭"[16],"且该氏明有丈夫,匿不出名,胆以妇女主讼,尤干例禁"[17]等这类明取其意的迂回表述,或者暗示的文体。也有类似"女得绝产,理之当然,母以产陪嫁,例所不禁"[18],"出妻例令大归,并无告官嫁卖之文"[19]等,因无相应规定,只能引照法律条文的例子。前面所举"例禁""定例"等熟语,是言及国家法规时经常使用的概念。在广泛收集判语中引照国法等资料的基础上,综合性地下判断的话,我觉得可以明确强调以下几点。

第一,国法绝非在所有乃至大多数的民事案件中被引照了。不言及国法就得出判决结论的案件数量占多数。众所周知,能够成为民事诉讼问题法源的国法条文数量极少,而且正如后述所及,在听讼之场,那些属于州县自理案件范围的轻罪,不用特意对照律法条文下判为官场的正常做法,所以大多数案件的处理文书中不引照国法条文实属当然。

第二,在民事判语中被引照的国法,具体而言,大体上只限于《大清律例》一个法典。[19a]清朝以《大清会典》《会典事例》为首,中央六部的各部《则例》等法律制度方面的编纂物为数不少,但是在判语中,明确地被引照的条文几乎找不出来。[20]引照某个专门的立法内容也不是没有。如:

> 钦遵雍正四年谕旨:"年久被失之地,所有无凭词告,该衙门俱行注销。"[21]

> 所有新涨地亩,着援照乾隆五十七年议定拨补之例,各归各号,拨给业户领种。[22]

查乾隆三十五年定例："典契十年以外补税。"又善后局新章："凡承当并拨各约据,照买卖田房,一律纳税[23]。"

迎神赛会等项,教民免其派费,前经总理衙门通行直省晓谕在案。[24]

以上诸引文就是其中的例子,实际上也是笔者收集到的这类文献的全部,可以说民事判语中引照专门的法、例的频率极低。[25]此外,民事诉讼判语中也有引用地方性定例的——有的定例被编纂成书,成为《省例》。[26]还有,我认为即便在民事诉讼处理中不逐一推断是否适合某一条文,作为官员的常识,将某行政惯例以"例"来表现的情况不少。[27]当然,笔者有看漏或者资料收集不够的地方,但我觉得大体可类比于现代日本《六法全书》的《大清律例》,其作为民事纠纷听讼者的参考书,官员们基本上有此一书就足够了。从南宋的判语集《名公书判清明集》可以判断当时的法典几乎没有传存于今的,不过从其他地方可以零星搜集到很难得知、分量却不少的重要民事方面的法规,但期待从清代的判语中得到同样的收获,那还是要落空的。[28]

另外,在收入清代刑案类书籍的刑事案件中,关于拟律量刑是否适当——换句话说量刑的妥当性——的讨论中,与成案即判例被引照的频率很高不同,关于案件的民事性处理的判语中,几乎没有引照以前判例的情况。光绪初年有个案子,湘阴副将周清元去世后,其妻柳氏想立堂侄继熊为子,然而周清元的亲兄对此不满,后者以应立己子为清元之后诉至衙门。历任江西省各地知县的董沛在处理此诉状时,给了不予受理的"批",他说:

咸丰中湘阴副将周清元阵亡,其妻柳氏已立堂侄继熊为子。其后周南汀欲伊兄子入嗣,与之争讼。鄂抚胡文宪公批饬该县,立将周南汀严行惩处。<u>此旧案也</u>,……<u>有例可据,有</u><u>案可援</u>。即使依法惩治,以正风化,亦何所惜?

这份"批"对判例也就仅仅是关注的程度。[29]官员之间的确有相互交换自己关于审判的信息与经验的事情[30],虽说大概在某种程度上形成了常识范围内的一般性判断基准,但是完全没有"判例法"产生出来的基础条件。顺便说一句,以熟悉判例的眼光回过头检视一下《元典章》,可以发现其中有关处理民事性诉讼的事项,由中央政府推动判例统一的意向是非常明确的,我对此十分震惊,作为帝制中国这样大框架内司法审判的时代变迁的一个阶段性特征,这一点我觉得应该受到关注。[31]总而言之,如果我们在审视《大清律例》时,感觉其作为民事性法源是不完全与暧昧不清的,自然也可以认为那原本就反映了清代民事法的不完全与暧昧不清。

第三,审判官在审案时会引用比照国法条文,这并不意味着他们严密拘泥于法律条文中的文字。首先,从国法的刑事性方面来说,即便按照法律条文要判犯人徒以上刑的案件,并不是按照狭义的刑事程序呈送上级官府,而是根据州县范围内自身的判断,以从轻惩处的形式结案,也有不少痛戒今后不得再犯而释放之类的事例。关于这一点,有中村茂夫以诬告罪和威逼致死罪为例子的详细研究。[32]

另外,在律例的刑罚规定中要判处至笞杖枷号等的刑罚,这在判语里正确拟律的例子极为罕见,而且几乎都是由上级官府发回的——因此是需要向上级报告的——案件。[33]在判语中,除了出现枷号、杖责(在法律上称"笞""杖",实际上是用长板这种刑具打屁股与大腿),还出现掌责(以手掌打脸)、敲手心(用戒尺这种刑具打手掌）、罚（即罚款）等例——特别是杖责、掌责的惩罚例子多得无暇枚举。几乎在所有的场合，判语都没有明示其处罚在法规上的根据。掌责等的责罚种类因其名称原本就没有出现在法规上，所以判语中自然不可能显示法律方面的依据。在知州、知县那里，他们只要认为有作为地方行政长官履行职务上的必要，无论什么时候，都可以对治下子民采取枷号以下体罚的强制手段，这种权限被认为理所当然。审判过程中，知州、知县也会利用这种体罚。轻犯罪以此种方式处理，所以并没有进行正式拟律的必要。在这个范围内，律例中的枷号、笞杖处罚条款，应该看成只具有警告"某种行为是轻微犯罪哟"的意味，在作为刑罚量定尺度上，实际上大概就会变得没什么作用。[34]而且，被律例定为轻犯罪的所有种类并非实际上就成了体罚对象[35]，即便是法律中没有规定，那些属于容易挨体罚的行为类型不管怎么说也会被地方官处罚。[36]对轻微犯罪如何给予某种惩戒，主要取决于作为审判官的地方长官的裁量了。[37]

审视国法的民事性方面也是如此。比如说在双重婚约的案件中，法律条文原则上以先前之约为有效，后面之约无效。假如先前之约的男性家庭寸步不让，那么即便后面之约已经生米煮成熟饭，有结婚之实，法律上规定要收回覆水，将成事实婚之女判给先前婚约之夫。但实际上，地方官承认后约为既成事实，以金钱赔偿方式解决问题的情况不少。[38]法律规定对买休卖休（离婚买卖）亦即将自己的妻子作价卖给他人为妻的行为进行处罚的同时，还要将妻子判为既同本夫、也与后夫分离，让其回归娘家。但也有地方官根据实际情况，追认其与后夫的婚姻关系，了结一桩纠纷的例子。[39]此外，围绕家产分割纠纷制定的出诉期限条例等，甚至让人几乎忘记了还有这些规定的存在。[40]

另外,也有法律上的措辞虽然特定了某些要件并作出相关限定,而实际处理的地方官未必拘泥于特定要件,而是将体现在那里的法律精神一般化,以此作为判断基础的现象。在道光年间陕西凤翔知府邱煌的判语中,有这样一个例子:在围绕争当无子而身死者后继人的同族相关人士的纠纷中,邱煌认为"俱系争继之人,照例不准承继",同时将相争二人排除在承继人的名单之外,而选择了第三者。[41] 所谓的"照例",明确是指下列的条例:

> 因争继酿成人命者,凡争产谋继及扶同争继之房分,均不准其继嗣,应听户族另行公议承立。[42]

但地方官将条例开头的"因争继酿成人命者"这一限定性措辞置于一旁,而通过一般性地将赌气争讼陷于进退两难境地的竞争两造都从承继资格人中排除,在这种意义上活用了这一条例的精神。[43]

在道光末年的山东省博平县知县胡学醇治下,斗行(公认的粮商行会)将农村的某个大家族囤积居奇行为告到知县那里。胡知县认为"奸民囤积居奇,则<u>例有明禁</u>",立即下令调查,弄清了当事人是为自家食用而买进存积的事情后,给当事人判示的结论为买宜,卖不可。[44] 这里所谓的"例有明禁",细查的结果只有下面的这一条例:

> 五城平粜米石时,(中略)各铺户所存米麦杂粮等项,每种不得过一百六十石。逾数<u>囤积居奇</u>者,照违制律治罪。[45]

这是对五城亦即北京城内在平粜——以较低价格放出官府存米时,禁止商家超过一定限度囤积粮米的规定。这种针对特殊场所与时期的规定,在处理日常性事务的地方官那里自然会被置诸脑后。另外,判语中屡屡出现将"本利滚算"(将利息算进借本中进一步获息的方式)、"准折地亩"(作为借款的抵押非法获得土地)都视为触犯"例禁"的行为。[46]但是律例中并没有发现直接规定的相关条文。"准折地亩"在通常情况下,大概让当事人写下买卖契证文书,并记入已经收领土地价银的文句,实际上放贷者并没有向土地所有者支付土地价银,而是以土地价银与土地所有者的借款相抵的方式来处理,地方官大概因此认为这种方式触犯了"虚钱实契"的禁例。[47]有关"本利滚算"(与推利作本相同),地方官处理纠纷时援引了以下条例:

> 放债之徒,用短票扣折,违例巧取重利者,严拿治罪。
> (户律·钱债、违禁取利条例六)

援引这一条例,以说明"推利作本,换写借券,即与短票扣折无异"。[47a]从判语最后所强调的要点等方面看,其实这应该说仍然是法律精神一般化的一个例子。

将上面的内容整理一下,总而言之,在听讼之场,地方官总是左思右想在国法之中是否有什么可以作为判断基准的条项。不过,所有的判断应该是作为国法的解释而导引出来的这一想法原本就不存在,而且也没有考虑到法律的一字一句措辞应该严格限制听讼时的判断。光绪时期的方大湜以下所言应该说非常好地反映了这一实际状况:

> 自理词讼,原不必事事照例。但本案情节应用何律何例,必须考究明白。再就本地风俗,准情酌理而变通之,庶不与律例十分相背。否则上控之后,奉批录案,无词可措矣。[48]

第四节　法是漂浮在"情理"大海上的冰山

"理"和"情"作为与方大湜上面所言"准情酌理"大同小异的表现，还有"准情度理""衡情酌理"等相同语义的表达方式。而作为一个名词概念将其缩略的话，"情理"是在很多场合都会连用的一个熟语。在将两个文字分开考虑之前，首先就其连缀在一起表现的意义做一个考察。不过，与其抽象地定义其词义，不如通过实际的词语用法例子来吟味其意义。下面从民事性法源的立场试举一些具有意义的用例。

　　① A 以田四十石为抵押，从 B 那里借银四十两。A 按每年利息八两付给 B，但三年后不再支付本利，因此 B 将 A 告到官府。知县认为 A 应该将把作为借款抵押的土地交给 B，但是作为对借款四十两的抵押金，四十石的田地过大。所以知县在判语中作了"今本县斟情酌理，断令"B 接受借贷抵押证契中约定的四十石中的二十二石，而其余的十八石继续留存 A 手中。这样可以做到"情理两平"。[49]

　　② 谢氏一族有每年出租收入 200 余桶粮食的族有祭田。取得武秀才资格的族人 A 主张自己的祖父与族众商议从这份祭田中拨出 30 桶作为奖学名目分给自己，由自己永远管业。一族中不同意这一主张的人很多，多次在县里发生诉讼而未得解决，其结果告到了道台那里。道台审查从县里调上来的这一案卷——并没有传唤当事人的行迹——就下了判语。从内容上看，判语首先作一般性的说理，指出以祭田的收入为资源，援助族中有志于学的读书人，或者将一两

年祭田收益的一部分以分摊方式让陷于贫困的族人收取，"此敦本睦族，鼓励读书之意，情理当然"。但是，如果族人因为入了学，遽然要求分割祭田之一部与己，以成其永久之财产，则"情理之所不顺"，必然招致族人之争。A主张的议约即便真的能够成立，"而一经控断，尚当改正息争"。判语接下来详细摘出证据上的疑点，斥责A的主张，叱其健讼，下令责打十五板而惩之。[50]

③陈姓A、B兄弟未分家析产，其中A死无子而妻存，B夫妇双亡，留下七岁男孩C。A的寡妇再婚，将朱姓D以"招夫"形式接入家中，C由D夫妇抚养，不久C投靠自己的舅舅过活。C十六岁的时候，要求返还伯父A与父亲B的遗产——园屋（蔬菜、果树园与居宅），将D告到官府。D对此提出反论，说他与A的寡妇结婚的时候，两家亲戚之间业已约定将来出生之子即作A的后嗣，守此议定将出生之子取名为陈E，已经将E之名作为奉祀者写进A的牌位上，而且，C所谓的园屋之中的园早已被他们出典出去，是自己结婚以后酿出六十两银回赎的。知县断令将原AB兄弟的园屋由C与E均分。但是D坚持如果C不补偿园子回赎资金一半的银三十两，就不允许平分园屋，结果此案三年中未获解决，告到道台那里。道台仅仅通过书面审理以给知县下指令的方式裁断此案。首先，E的改姓继嗣虽然说是秉承A的临终遗嘱，"独不思朱姓之子，何可以继陈姓？……即果有之，亦乡愚至无知之鄙见，朱叠何得执为把柄？"C因被虐待，迫不得已寄身于舅舅家，并未接受D的抚养之恩。E对C而言，既不相亲，亦非同族，判令其将E视为堂弟而平分财产，"名正言顺之谓何？天理人情之谓何？"将知县的判令视

为不当。虽说判令 C 偿返 D 六十两赎金的一半"似属情理",但是 D 多年来的居住与产业管理利用,因此如果将其房租与收益合计,推算大体与六十两的赎金相抵。原本应该如此裁断,但是 D 并没有随意变卖园屋,尽心将产业维持下来,尚属未失良心,因此并免 D 相抵之数,判令 C 不限年限,将来以六十两回赎其园。而将 D 居住之屋以及院内果树等立即交还给 C,E 重新回归朱姓,将其从陈姓牌位上除名,而以 C 祀奉陈姓。[51]

④ 知县被上级机关命令审理的案件。A 从家庭贫困的 B 夫妇那里买到其独子 C 为仆,买卖文书上记载其子身价银三两。因为 B 死亡,B 的兄弟等人在没有获得 A 允许的情况下,强行以为父丧葬的名目将 C 领回家了。B 的寡妇(C 母)希望以价买回 C 的仆人身份,将其子留在自己身边。因此 A 以 B 家绑架了 C 告到官府,而 B 的寡妇称 A 所持有的卖身契系伪造,双方争执不下。知县确认卖身契的真实性,而且 C 的身份并非按(典的别称),而是卖。但是考虑到 C 系寡妇的独生子,因为可怜她而判令以原价将 C 身份买回。有关卖身的身价,A 称与文书记载相同的三两,B 的寡妇坚称实际收到的只有银七钱。民间在习惯上,一般会在人身典卖之际,抬高实际的身价记入卖身契中,但是抬高实际身价的四倍记入文书中并不普通,所谓"查俗例典卖人口,加写契价,事虽常有,亦未必四倍其数"。C 由 A 多年抚养,B 之寡妇仅以银七钱归还 A 的契买价格,"殊非情理"。令其按卖身契所载价银三两赎回。以此判文报告上级机关以求裁可。[52]

⑤ A 之父因为失明,而将家产管理委托给 A 妻之父。

A妻之父临终前将A夫妇以及自己的儿子B叫来,拿出账簿,清算了历年账目。其后,A认为当时的账目清算中有钱五百八十千文由B经手存于己处,因此将B告到官府。这时离清算账目已经过了二十年,此主张并无确切证据。知县考虑到双方系亲戚关系,B家殷实,断令B优厚援助A。此案上告到府,知府也认同知县的裁决为"尚属情理",判令B援助A钱五百八十千文一半的二百九十千文。[53]

⑥ A、B、C三兄弟中,只有A有一子,其他二人均无子逝世。同族中有两人各自主张被立为B和C的后嗣,提交了有其他同族人作为证人联名的嗣单。C的遗孀称丈夫生前嘱托将A之子作为B与C的继承人——所谓的兼祧,事情早已决定,主张后继的二人立嗣之事既不知道,也无此想法。知府指出二人之中的一人在参加科举考试之际提交的确认事项——父祖三代名簿资料中有亲生父亲与祖父记载,并无嗣父之名这一事实,以及两件嗣单笔迹出自一人之手这一事实,断定所谓的两件证明文书均系伪造。知府认为:伪造如此,仍坚称嗣单为证据,即便有此证据,剥夺遗孀选择嗣子之权,哪有将平素无爱无恨不相干之人勉勉强强立为嗣子之事?"准理揆情,两无一可",驳回两人的要求。[54]

⑦ A与B曾经有一个时期合伙经营营生,与此相前后,B向A借款了好几单。A临终之际,在证人面前,出示账簿让儿(当时因事不在)媳妇C承继债权。当时传呼B来家以求确认,但B避开会面并不现身。A子回家后,与B交涉未能奏效。不久A子死亡,B更不理睬此事,C不得已在县,进而在府将B告官以求解决。府审讯此案,也难以完全把握案情正确的真实信息,B持有道光十年正月业已清算的合伙关

系文书,C 也持有实实在在的关联账簿,无论哪方的证据都不能无视。知府认为"惟于两家所执簿据折衷定断,庶得协于情理之平乎?"下达判断:将道光十年正月以前的债权——也许是与合伙关系不同另外弄出来的债务——让 C 放弃这一部分的债权。有关道光十年正月以后的债权合计一百四十串,除已经还返的二十串——这一部分究竟是什么,双方也有争执——属于需要还回的债务外,另让 C 减免二十串,命令 B 向 C 还返一百串。[55]

⑧ 业已订立婚约的 A 女身患重病,当时对给自己治疗,在医术上有一套的医生 B 男满怀热意。A 的母亲因为家庭贫困,无法筹措到医生 B 期望的医疗报酬,希望如果 A 与 B 两情相悦互结连理的话,正好医疗酬劳与聘礼相抵,结果 A 与 B 之间偷尝禁果,成事实上的男女关系。住在邻县的 A 的未婚夫到这个时候才得知讯息,慌慌张张地告到官府。A 在廷讯中声称如果不能成为 B 的妻子,就只能自寻短见,坚持此意,绝不动摇。知县认为"律宜执法,情可通权",如果按律判其离异,也许闹出女人自杀的轰动。与其如此,不如曲法求全以免棒打鸳鸯,这样"转觉准情近理",于是断令 B 向 A 的聘约未婚夫支付作为杖罪之赎的十千文以及从前聘礼一倍的三千文以了断此事,追认 A 与 B 的事实婚姻。[56]

⑨ 寡妇 A 有五女而无一子,立亡夫亲兄弟之子作为后嗣,特制相关证明文书,给五女各自分与若干土地。其后遭遇水灾,家道中落,A 在同族众人在场作证的情况下,与五女商议,一律将分给她们的土地份额削减若干收回己处。长女 B 原来分与的相当于田租六石五升的份额被减少到四石三升,B 的丈夫对此不服,拿出已经变成废纸的过去的契约文

书告到官府。知县认为五女全部削减份额，B也未言不同意见，其夫不念分与财产之恩惠，反有得陇望蜀之谋，"殊非情理"，斥退其诉。[57]

⑩ 兄妹之争。妹妹从父亲那里分得田地七亩三分作为嫁妆带去夫家，其土地的所有与纳税名义都改至夫家。其后（大概在后述的祖母死后）妹妹从哥哥那里买到二亩七分土地，但土地所有与纳税名义并未变更。祖母死亡后，哥哥家庭贫困，因筹措丧葬费用而负债。哥哥暗自设法，企图将妹妹作为嫁妆带走的田地的一部分收回，就找碴将妹妹告到了官府。知县认为妹妹接受父亲的恩惠，分得田产，因而对哥哥操办祖母丧事全力援助，"本在情理之中"，对已经带入夫家的土地财产，不许哥哥再争，而妹妹花钱购得但没有变更名义的二亩七分地则判归哥哥所有——亦即将妹妹已经支付给哥哥的土地购买代价转作操办祖母丧葬之费。[58]

此外，在某件诉讼案件中某一部分的判断，或者中间性判断，"情理"概念挂在嘴边的情况也不少。以下就是这类例子。

⑪ A从B家娶妻，其后失踪，生死不明。A母向B家提议，由B选人，将现在一个人的儿媳改嫁给别的男子。约定后夫支付的礼金交给A家，作为此女初婚时所获聘礼的抵偿。但B家将其中一部分扣留，转作再嫁之女的衣服费用，由此引发争端，尤其A的弟弟执拗地在此事情上找碴，要求比原约定更多的礼银，结果双方的争端发展到诉讼，并且上告到道台那里。道台的裁断：此案总的来说是以惩戒A的弟弟健讼结案，但知县如此处理的前提是，A的母亲不知其子之生死，因家贫，困于生计，想到让儿媳改嫁之下策，原本

是不得已而为之的事情,A 母的做法"而亦不悖乎情理律例者"。[59]

⑫ A、B、C 三兄弟分家生活。三十六年后,A 的孙子称分家当时,有并未分割的财产,一直以来被 B 独享,以此为由,与 B 争执不下,经亲族调停,B 父子考虑亲戚的情谊,以较高的价格从 A 的孙子手中购买了不动产,由此解决了 A 孙的争执。但是 A 之孙子纠缠不休,双方争执不久再燃,此事久而未决,九年之后告到知府那里。A 之孙子作为争端论据之一,主张如果 B 在家产分割时没有什么猫腻的话,自然不会以高价购买自己的土地。知府认为:从 B 之子的立场看,堂兄之子(A 孙)不务正业,穷途潦倒,对自己日积月攒的财产垂涎欲滴,兴风作浪惹起诉讼,在亲族好友参与的调停中,B 之子为了保全友爱,永绝争端,同意以高价购入,"实属天理人情之常",并无置疑的余地,驳回了 A 孙的论据。[60]

另外,"情理"一词并不是价值判断,而是在事实认定的判断上,作为常识是可能(或者不可能)的事情——即能在经验法则——的意义上使用,我想事先强调一下,这种意义上的用法与本章讨论的主题无关。[61]

细细琢磨上面所列举的例子,可以发现"情理"一词具有多层含义,既有指作用于带强制性的公序良俗意味上的功能(例②与③,还有⑪),也有近乎将数字加在一起除二的这种折中性的意义(例⑤与⑦);既有算术上的数量均衡估计的用法(例①与④),也有只分析权利,不论及是非,成为在全体社会关系之中进行利益调整的原理(例⑨、⑪、⑫);既有"情理"与法律一致的场合(例⑪,虽未明言的⑥),也有"情理"变通法律的场合(例⑧)。总而言之,所谓"情理"大概只能事先理解为指称社会生活中健全的价值判断、特别是社会生活中的平衡感觉吧。[62]值得注意的是,"情理"作为习惯,也并非一种能够作实证性论证的东西。有关这一点,从以下的例子中也能明了。

⑬ 雍正初年四川省洪雅县的一个案件。黄姓 A、B、C 原本为一家,现在各自分家过活,其中只有 A 具有真正的黄姓血统,B 与 C 都是上门女婿之子,但称自己为黄姓。其先人(大概是 A 的祖父)将家产均分给三人,各给予田地九斗(以播种量计算田地面积的单位)。近年因官府重新测量土地,发现他们的土地远远大于登记上的九斗。A 认为先人分给 B 与 C 的土地只有九斗,所以多出的部分都应该是自己的,B 与 C 则称先人是将土地均分为三等分,因而口角争执。知县以证据不充分为理由,断令维持现状。判语的末尾称:"夫嫡子与异宗平分产业,非情理之正。洪邑陋俗相沿,但可严禁其未来,不能悉追其已往。则照旧管业,亦息讼宁人之一道也夫。"[63]

这里知县所谓的"情理之正"与"洪邑陋俗",作为规范与事实,不用说是被置放在一组对抗关系之中的。[64]

与国法是基于成文法典的实定性判断基准相比,"情理"则是并不能在成文法、先例、习惯法等哪一个中可以找到实证基础,大体上不具有实定性——在此意义上的自然性——判断基准。如果强行放在日本现行制度框架中来套用的话,可以说相当于现在的"条理"这一概念。实际上大名鼎鼎的梁启超对"条理"一词作过解释,称"条理者,日本法律上专用之一名词。裁判官于法文所不具者,则推条理以为判决,如我国所谓准情酌理也",他用中国人耳熟能详的"准情酌理"一词来解释日语中的"条理"。[65]

不过我觉得"条理"与"情理"之间有微妙的区别。在明治八年太政官布告①第一〇三号裁判事务心得第三条中，有"在民事审判中，如果没有成文法条，则依据习惯，如果没有习惯可以遵循，则应推考条理进行审判"。尽管不知道围绕"条理"近年民法学者议论的详细情况，但至少笔者在当年学习民法的时候，正如著名的瑞士民法第一条规定的那样，"自己如果是立法者，要按照大概作为法规所立定的判断"进行审判，也就是所谓的"推考条理进行审判"。[66]"条理"也好，"情理"也好，虽说在都是没有实定性的判断基准这一点上相同，但是前者仍然具有相应的追循规则的思考结构。与此相对，"情理"中所含公序良俗性的要素稍微有点不一样，如果暂不讨论这一点的话，"情理"追循规则的意向性很微弱，而对眼前的当事人各自所处具体环境的方方面面的细心关照这一方面反而非常浓厚地显现出来。其理由之一可以说是由"情理"构成要素中"情"字在暗中起作用，但更根本的起因是清代的审判并非遵从既定的规则、判定权利——权利是由人世间全体关系中凝结出来的一种抽象物——的有无，而是具有从全面性关照的视野中调整人际关系的所作所为这种性质。

"情理"是一种语言学上的修辞，不是一种明确定义了的法律术语。审判官并不以某种特殊意图在某一场合使用此一词语，而在另外的场合避免使用此词。无论在口中是否说出来，"情理"时刻也没有离开审判官的牵挂。从这一意义上可以说中国的判语集无一例外都是满溢这种"情理"之书。也许能够这样来比喻：在传统中国，国家的法律是漂浮在"情理"大海上的冰山。与此相对

---

① 太政官布告即明治政府布告。——译注

应,在日本的法律与审判系统中,正如冰面上出现开了孔的空洞,"条理"会暂时将冰面的空洞填补起来。这就是"情理"与"条理"的基本区别。

第五节　情理法之间

"情理"不用说是情与理二字的连称。将两个字分开来讨论的话,"理"指就事物被思考时的一定之规,因而适合同种事物的具有普遍性的妥当道理。正如所谓的"有借有还,一定之理"[67]、"父在子不得自专,理也"[68],借钱要归还是理,父亲健在、儿子不得随意处理家庭财产也是理。前者客观地看,不问洋之东西,是所有人世社会具有妥当性的规范,后者从生活在过去中国的人们的意识来看,也是适用——"夷狄"如何不得而知,但稍浴王化——的所有人妥当的规范。此外,从前面列举事例③的文意来看,人生在世,不得改变父姓被视为天理。而所谓的"无弟债兄偿之理"[69],则可以视为明确意识到"父债子还"是天下之理,与此比较的一种表述。另外,"民间田产典当与人,并无不准出卖之理",亦即已经出典的不动产所有权(实质上是回赎请求权)能够卖与第三者为当然之理。[70]这样的"理"一词很容易理解。我觉得这与日本法律术语中的"条理"——即便在以什么作为理的内容上可能有异——在思考上并无大差。

此外,可以说判语中出现的"理"字,在含义上完全感觉不到朱子理气之说的哲学意味。[71]而且在听讼之场,那种强人所难的律己主义的要素也没有出现。这些作为一般性印象基本可以断言。

"情"一字的含义与作用颇具多面性,难以细说。而且我认为正因为如此,才是解开中国式"情理"之锁的关键。首先,有关"情"字的字义,称事情、情况等场合,具有指具体性事实关系等的意思。在英国人编纂的辞书中,中国的这一词汇被译作circumstances。官方制作的刑案类文献中,"情罪未协"这类表现就是朝这一方向理解的意思,情与罪在字义上乍一看完全不搭界,但实际上断罪与作为审案判断基准的"情"有深刻的相关性。也就是说,在审判官判断案件之际,他不只是孤立地仅仅将成为直接对象的事情置于脑中考虑,而是将案件放在与成为事件背景的各种事情的关联性中,作设身处地的理解与评价。之所以如此,实际上因为审判官在审理过程中"情理"概念的"情"字无处不在。判语中"夫小大之狱,必以其<u>情</u>。戴氏悔婚矣,亦察其悔婚者何<u>情</u>耶"等的这类表达,可以说是将事实与评价连接在一起的用语例子。[72]

"情"一字原本具有"心"的含义(心在日语中也有精神、灵魂、意境、心情、心胸等多层意思)。不过,在那里——特别是当被作为合成熟语"人情"一词使用时——被赋予的含义指总是已经定好了的、活生生的普通人的心。正常人①一般情况下相互间期待:如果对方大概也会如此感觉、思考、行动的话,自己也会设身处地地关照对方的这一种状态与氛围,也许可以说这种难以言状的互酬性就是中国的"人情"。在实际的社会生活中,无论事情的好与坏,超越、践踏了正常人的想法与预期的做法,往往被视为"不近人情"(eccentric)。[73]在纠纷案件的审判中,"情"或者"人情"——对正常人而言,不异常、不勉强的要求——必须得到重

---

① 原文为"平均人",日语中"平均人"概念来自19世纪比利时统计学者Quetelet的代表著作《有关人》一书,主要指社会经济生活中一个多数人大体都具备的各种指标的平均值或者近似值。——译注

视。比如,确认了是在官府土地上所建的不法建筑,官府判令当事人拆除的时候,约定补偿购买价格一半的现居住人表示不能马上拆退,官府认为当事人的做法"此亦人情",对立即搬离判决的执行采取了暂缓措施。[74]另一个案件中,一个有婆婆和儿子在家的寡妇,平素不与婆婆和亲生儿子住在一起,而是经常逗留在女婿女儿家,婆婆对此不满,告官要求禁止这个寡妇儿媳与孙女婿家间的往来,官府认为婆婆的主张"亦殊不情",驳回了她的要求。[75]

　　"情"一字还有称情谊的场合,具有一种友好性人际关系的意思。要说"情面"一词,是指称"给面子""看面子"时候的脸面,另外又称因季节变化(节日)、进行庆贺凭吊时的相互问候,以及相关的礼品往来行为自身为"人情"。"情理"中的"情"字实际上承担着在尽量维持、修复友好的人际关系方向上作是非评判的任务。地方官在处理纠纷案件时对维持兄弟等亲戚间的友好关系特别费心耗神,经常将"兄弟之间,情重于法""兄弟之间,总当以情胜理"之类的表述当成口头禅挂在嘴边。[76]审判官基本上对没什么道理的当事人并不得理不饶人、穷追猛打,而是多少满足一下他的要求,另外在发生纠纷的富人与穷人之间,要求富人对穷人予以某种程度的宽大包容,地方官喜欢用这一类的审理手法,就是上面所说的"情"在起作用。"略法言情"[77]、"格外尽情"[78]指作为审判官特别重情而反复斟酌之事,"情让"[79]则指审判官让胜诉者作一些好意性的让步。

　　由以上所述,在法、理、情三者之间,从一个方面来看,法具有实定性,理、情具有自然性,法与理、情形成一组对照性的关系。但从另一个方面来看,与法、理所具有的一律性、就事论事性相对比,情具有具体性、心情性,法、理与情又处于一组对立关系的位置上。正如审判官所谓的"虽于<u>法</u>不无宽贷,而于<u>情</u>似可曲全"[80]、"该氏论<u>理</u>固有不合,论情亦尚可原"[81]、"故以<u>人情</u>通<u>理法之穷耳</u>"[82],情具有修正、转圜法与理的严格性功能。有一个为防范水灾,众人公议构筑堤防工程的计划,但是其中一人因计划中的堤防工程涉及自己所有的巴掌大的土地,顽固拒绝提供公用,众人因此在水利方面故意为难他,结果导致诉讼案件的发生。审理案件的知县认为拒绝提供土地的人为"有理无情",而众人则是"有情无理",断令让土地所有者出让土地,众人停止故意为难,而且惩戒了众人中的领头者,这样做,"庶情理胥准其平,而争端可期永息矣"。[83]知县的判语略显技巧性的词语操作,但将理与情作对比显得意味深长。

第六节 "准情酌理"与"法本人情"

正如以上的分析,理与情虽然是一组对立的概念,但同时紧密连接、相互补充,从而形成"情理"即中国式的良知良识。而且正是因为如此,可以说"情理"成了中国诉讼处理中无所不在的审判基准。尤其是"人情"的概念甚至可以视为冠于一切事物之上的原则和戒律。"王道近人情"[84]、"王道本乎人情"[85]、"王法本乎人情"[86]等成语熟句甚至成为诉讼纠纷处理的审判者与执行者们的一句口头禅。王者崇"礼"正体现的是人情,而不是压抑人情。汪辉祖说:"且礼顺人情,情之所不可禁,不能执礼以夺之也。"[87]所谓"礼顺人情"也是一种常用套语。[88]可以说不蹂躏普通人的平常心被视为王道的要谛。沈衍庆也有一个贴切的表现:"人情之所便,即王道之所许也。"[89]

尽管"情理"如此广泛地作用于诉讼与纠纷的处理中,但这绝不意味着国法被无视,或者被轻视。康熙年间,朱宏祚任两粤巡抚①,在审判某一立嗣纠纷时,他在判语中引用相关律例条文,称"律文开载甚明,皆于<u>情理</u>至当",另外他还指出"凡民间有不公不法之事,官司斟酌<u>情理</u>判决。其有强梁不遵者,<u>依法</u>惩治"。[90]法是将"情理"明确化,而且赋予"情理"以强制力的存在,因此"情理"与法绝不是处于一种敌对的关系上。嘉庆时期的张五纬更为明确地指出"律例者,本乎天理人情而定"。[90a]从法律也是基于"情理"制定出来的这一立场看,自然不会在结构性的关联上,将在"情理"中寻找处理纠纷、诉讼依据的事情看作是对法律的无视与轻视。光绪时期董沛的判语同样引用立嗣相关的律例,称"此缘人情以定例,即所谓爱继之说也。<u>圣人俯察民隐,于立贤立爱之一端,委曲周密,其例视应继为更详</u>",进一步指出"<u>煌煌律例出自御定,省府各大宪亦必恪遵。南山可移,此判不可易也</u>"。他告诫当事人说,依据法律的这一审判无论拿到什么地方,结论都不会改变的。[91]同样,董沛在处理其他案件时也说"惟夫亡再醮不入禁令,<u>此圣人体恤之情也</u>"[92],即律例是圣人设身处地体恤人情制定出来的。因此,将此挂在口头的时候,就会有"恭绎大清律例""夫大清律例为万世不易之经"这类表述。[93]在这样的思考方式中,究竟哪里有所谓的"对法律的蔑视"呢?[94]普通百姓更是完全不能蔑视法律。有必要以不受先入为主局限的眼光来审视这样的事实:在各种文献中散见不少当事人为祈求官府的介入,对本不是官府应该插手的地方也进行申诉与要求的事例。比如族内人士要求官府惩处改篡族谱的行为,地方官称"国家并无此项

---

① "两粤巡抚"原文如此。明清时期粤东为广东、粤西为广西。朱宏祚为康熙二十六年任广东巡抚,三十一年升闽浙总督。——译注

律文,何从按拟",批驳了申诉;[95]寡妇在改嫁之际,女方向官府申请希望与因丈夫失踪而改嫁者同样,获得官府的证明文书,但被官府拒绝;[96]改信基督教的人拒绝分摊地域内同姓宗族组织的传统形式——迎神赛会仪式的费用,宗族关系人要求官府整治处理这种行为,地方官府引用总理衙门的行政通告文书,声称"一族之祖规岂大于一朝之王法耶",斥回申诉。[97]上面诸例就是这一谋求官府处理非官府应涉足领域的立场。前面列举的希望禁止儿媳与她女婿家往来的婆婆的申诉等也属于这一类。在近代民主主义思想浸透社会以前的日本民众之间,看到什么自己不中意的事情,"为什么法律不管管呢"会脱口而出,与这种比较武断式的思考方式多少类似,在那里我们更应该视为不过是存在一种对官威的依存乃至利用的心理。这种状况也许并不是什么高尚的遵法意识,但要说百姓有轻蔑法律倾向也很可笑。[98]

国家的法律具有将"情理"部分性实定化,给予"情理"在纠纷处理过程中发挥一般性作用以契机的性质。因此,法律中的文词表现应该也是因"情理"而解释,因"情理"而变通的东西。徐士林在围绕婚约的信义诚实问题而展开的律例解释的开场白中,宣称"夫律,国法也,即人情也"。[99]前面我作的大海与冰山的比喻在这个意义上也是适当的。法律就是由"情理"这种海水的一部分凝缩而成的形体。

作为法源,应该考察的问题中还有"礼"、经义(儒教经典的援用)以及习惯。因字数的限制,详细考论留待今后。如果作为一种展望,仅仅叙述结论的话,我们发现"礼"被言及的案例出乎意料地少。这是因为"礼"除了大体上与"理"的一部分重合[100]——"理"关涉范围广泛,涉及交易法的领域,但"礼"涉及的几乎仅限于身份法的领域——另外大概在国法中体现、直接以"礼"之名驱动审理的事案比较少。而且在官府的眼中,"礼贵从时,非可泥古",现在的法律被认为是"补古礼之缺"[101],在他们的判断中,现在王朝的法律在效力方面优先于古典之"礼"。一个哥哥为其夭亡之子举行冥婚仪式,其弟弟为了阻止哥哥的这一举动而兴讼,他引用《周礼》力论哥哥行为之非。对此,审判此案的地方官首先强调了"生今之世,不能援古礼以妄改王章。安能执古制以妄补今律乎"的原则,以冥婚之类属于民间习惯,在律例中并无禁止的法条,系官府不能出面管束的对象为由,驳回弟弟的原诉。这个例子在"礼"与法关系上值得注意。[102]

有关习惯问题的考察,将全部留待今后,这里只想事先叙述其中一件事情。也就是说我最终没有发现地方官从地方性习惯中找出规范,以此为基础审理诉讼案的明确案例。用心的地方官努力了解赴任地的风俗习惯的确是事实,但那是为了加深让作为普通性原理的"情理"发挥作用的前提,即掌握事实、通晓人情,而并非地方官想因此精通习惯法这类实定性规范。在判语中,观察一下陋俗、土风、土例这种表述——事实上偶尔会出现——究竟是以怎样的意味出现的,其实基本上就可以想象到了。

基于上面的认识,我决定将习惯法从"听讼"的法源的考察中排除。判例法并不存在,前面已经做了考察。另外,民法学者通常总是并不将"条理"归类在法源之中。依同样的思考逻辑,我们不得不说"情理"也不是法源。结果,在清代中国,除极为有限的国法条文——而且其适用也因"情理"而变通——外,民事性的法源并不存在。那既是事实,而且并非不正常。要问其理由,正如本章在开始已经论述过的,其原因在于清代官府的"听讼"是一种教谕式的调停,并非与竞技性裁判同根性质的诉讼——野田良之教授所说的竞争性诉讼——所以没有必要事先细致入微地决定好规则。[103]审判的公正性保障被置于由当事人——无论是否很勉强——的接受与承诺而解决的这一程序结构的安排中。要说起来,通过当事人与审判官之间的争论,在"情理"的依归之处,案件会得到解决。

以上结束这篇不完整的论文。不过,即便以后要补论这些问题,也基本还是不够的。这是因为正如前面已经叙述过的,作为一个结论,"情"与"理"是一种文词修辞,并非作概念归纳的法律术语,因而关注文字的本论文的切入方法是有局限的。"不囿限于文字之字义,而是详察案件的内容本身,通过抽出在那里发挥作用的判断的模式、倾向,逐步如实地弄清中国式'情理'的结构",以这样的方式对复杂的事件和案子进行总结性研究几乎不可能,所以我们不能不通过对如婚约、金钱债权、地界等事件与案件的类型作分析和研究。本章以"概括性研究"为题正是这一理由。

补论:

一、在道光年间的直隶栾城县,以往凡衿户(官绅,生员之家),以及充当官役(弓兵,门斗等)之户,均可免除按土地数分摊课赋的徭役。但根据总督的新指令,此后这些人家除免除三十亩的份额外,其余的土地与一般民户同样要分摊课赋。在彻底贯彻这一措施的过程中,某生员通过教谕(县学的教官)提出不服申诉。其主张说因为《学政全书》有"举贡生员,概免杂差。俾得专心肄业"的规定,所以生员的按地行差(按土地分摊的徭役)原本应该全部免除。知县桂超万解释《学政方书》所谓"杂差",在文意上是指"总甲、图差"等有妨学业,有辱斯文的差役,他裁断按地行差之差并非所谓的杂差——既不妨碍学业,也不侮辱斯文。但是这也不是作为个人意见,而是经向府申报,该解释得到知府的认可后,向生员进行的劝谕(桂超方:《宦游纪略》卷四 3b—8a)。虽说不是诉讼案件,而是对辖下陈情所作的答复,但援引《学政全书》这样的编纂物有点耐人寻味。本内容作为本章注 20 的补充特记于此。

　　二、《大清律例》绝不是一成不变的,而是在不断进行条例的修正和增设。而且修正和增设在多数情况下是以具体的案件为契机进行的。刑事案件与条例之间的这种关系,在本书第一章和第二章中已经整理清楚。但是围绕民事案件,也可以看到同样的关系。比如《户律·户役》"人户以籍为定"条例二十"安徽省徽州、宁国、池州三府民间世仆,如现在主家服役者,应俟放出三代后,所生子孙,方准报捐考试。若早经放出,并非现在服役豢养,及现不与奴仆为婚者,虽曾葬田主之山,佃田主之田,均一体开豁为良。已历三代者,即准其报捐考试(嘉庆十五年续纂)"。这一规定就是以嘉庆十四年宁国府宁国县民某的京控,该县民告柳姓某人捐钱获得监生身份为违法,引起诉讼的事件为契机而制定的。根据县民的主张,柳姓为其家世仆,虽因年代久远,卖身文契现已不存,柳姓远祖自前明宣德年间(1426—1435)以来,一直葬于自家山上就是证据。因为世仆身份低贱,所以不能成为官绅、生员。这个案件是以府通判身份,而处于移动性位置的高廷瑶和安庆府知府姚鸣岐二人受巡抚之命审理的,他们在驳斥县民某的主张,裁断此案的同时,提出了面向将来的立法建议,建议被采纳后就出现了前引的条例(高廷瑶:《宦游纪略》卷上 48a—49b)。在民事领域,没有见到依据判例的裁断,但的确有具有与此意义相似,就具体案件的处理方法被立法化的现象,只不过这种情况寥寥无几罢了。这是对本书第四章第三节相关内容的补充。

三、作为已述的"情"具有修正、缓和法与理的严格性作用的例证,我想从《樊山批判》中追加下面两个例子。

批柳罗周呈词:据呈已悉。李积善于三年前,凭尔等作中,以七百六十金,买王赵氏房屋。因当期未满,立约而未交价。今赵氏又将此屋,卖给焦姓,致滋轇轕。在买主<u>执理而争</u>,自应成约在前者得业。而卖主<u>以情相恳</u>,总愿出钱多者得房。房主是一妇人,因穷卖屋,惟利是视。因焦姓加价百金,遂背彼而就此。<u>虽理说不去</u>,而<u>情实可原</u>。李姓既有多金,何处不可置业?何必与贫穷糊涂之妇人,争此闲气?此房著听其另卖,前约作为废纸,可也(卷八 8b)。

购买出典中的产业时,通常是在立契的同时,支付从卖价中扣除典价后的价额,日后由买主向承典人支付典价,赎回该产业。在本案中,未曾支付任何价款不可思议,如果这一情况属实,那么李积善的立场也就不能理直气壮,即便作为"理"来论也相当微妙。判语并未由此切入,而是从要求强者对社会弱者宽大这一逻辑来处理的。虽然情与理其文字本身在这里也只是作为一种语言的技巧来使用,但与附于本章注 83 的案件一起吟味的话就饶有趣味。

批姚雷氏呈词:此案是姚刘氏在其夫未立嗣死后,其女婿占居其家,而不让有嗣孙资格的同族内妇人姚雷氏的儿子等靠近引发纠纷,为此姚雷氏向官府告状。下面是地方官对此案命姚雷氏等待调查处置的批,作为一种案件评讲,有"<u>以例案言</u>,则异姓不可乱宗。而<u>以俗情言</u>,则儿婿两当,亦事所时有。在姚刘氏视之,上门女婿,胜于远房侄孙多矣"的表述(卷八 29a)。

所谓俗情,应该理解为:虽非正统性的价值观,但在世人眼中,往往视为作为凡人心情的、并非不合理的风俗习惯,这样的俗情能平和例案即法律的原则。

注释:

[１]　本章曾经以《清代审判中所见的家族法》这一有点欠妥的题目在东洋文库演讲过,论文由演讲的内容发展而成。演讲的主要观点在《东洋文库书报》第七号刊载。

[２]　清代人明确地意识到这种区别也可以从下面的例子中得知。"然州县断拟庶狱,自城旦以上,例由郡守审转,以达于臬司。外有督抚考其成,内有三法司,执法以议其后。其人苟非甚不肖,断无敢轻心以从事者。独至自理词讼,则并无文法之相绳,惟有利欲之是诱。且也,精详者无由登上考,舛驳者无由列弹章。是以琴堂讼牍,大半尘封"(《府判录存》朱为弼序)。

[３]　详见本书第一章。

[３a]　这一点在阅读一些判语类的文献即有切身体会。例如,通过本书第五章第二节邱煌的判语内容可理解这一点。此外,在那种情况下,审判官对那些拼死否认有有力证据的事实,或顽固地主张虚假的可疑事实,拒不服从的当事人也会使用拷问的手段。在《府判录存》卷一52b的钱债案件中,债务人陈瑜主张债权人作为根据的账簿有问题,而三个证人俱声称无误,结果"以致陈瑜屡受刑责,轻不输服。赴府申诉"就是一例。

[４]　详细请参照本书第三章,特别是第三节。此处也介绍了亨德森教授概念的含义。但借用的只是其用语,并非亨德森教授关于中国情况的见解。笔者绝不认同把中国民间所进行的调停看作是教谕式调停的观点。

[５]　这是笔者的初步见解,从史料上证明的工作留待后日。

[６]　《学仕录》卷一 14a。

[７]　《樊山政书》(《近代中国史料丛刊》646)卷一七 6b。

[８]　《讲求共济录》批词 14a。

[９]　同上书,示谕 2b。

[10]　雅尔哈善等辑录的《成案汇编》卷一六 91b,记载了这宗奇案:因为弟

弟偷盗，两个哥哥将其扼杀。其父见此大怒，持斧头追打。他人前来劝止，却在一片混乱中误将父及母杀死。他们将双亲尸体埋葬后，弟弟却苏醒过来。

[11] 《槐卿政绩》(《近代中国史料丛刊》378)卷六 19b"受礼赖婚事"。

[12] 由于这仅是一种修辞，所以在什么程度上作为正确的概念操作，这里暂不讨论。虽然看起来判决对于该女很严，但审判官预料到了如果这样处理，哪一方会作出让步，事件会得到圆满解决。

[13] 方大湜在《平平言》卷四"禁幼女出家为尼"51b 中，对自己的某项行政措施自画自赞"论天理，论国法，论人情，均应如此"。

[13a] 陈顾远：《天理、国法、人情》，《法令月刊》1955 年第 11 期，第 287—289 页；史廷程：《天理、国法、人情之解说》，《法学论丛》1957 年第 5 期，第 12—13 页；社论《国法、人情、天理》，《法律评论》1966 年第 5 期，第 1—3 页。

[13b] Wen-yen Tsao（曹文彦），"Equity in Chinese Customary Law". in *Essays in Jurisprudence in Honor of Roscoe Pound*，Indianapolis / New York：Bobbsmerrill，1962，p. 21-43。在本书校正之际，方才得知这篇论考的存在，实为笔者的怠慢。

[14] 关于判语，参照本书第三章第一节。以下将"批"和"判"都作为史料处理。

[15] 《槐卿政绩》卷四 11b，这里的例是指《户律·婚姻》"出妻"条例二。

[16] 《槐卿政绩》卷六 19a，这里的例是指《户律·田宅》"盗卖田宅"条例八。

[17] 董沛：《吴平赘言》卷一 6b。这里的例禁我认为是指《刑律·诉讼》"越诉"条例七。

[18] 《讲求共济录》批词 65a。

[19] 钟体志：《柴桑庸录》卷二 5a。

[19a] 作为对《大清律例》简要的解说，参照滋贺秀三：《清朝的法制》，载坂野正高等编：《近代中国研究入门》，东京大学出版会 1974 年版。

[20] 道府层级的判语中，作为对官员的处分，有引用《六部处分则例》的例子（《徐雨峰中丞勘语》卷三 18a"徐天禧捏造文册案"）。

[21] 董沛：《吴平赘言》卷二 4a。

[22] 李钧：《判语录存》卷三 4a。

[23] 熊宾：《三邑治略》卷五 3b。这则乾隆时期定例的条文，在《大清律例》的各种私家版本《户律·田宅》"典买田宅"的上栏中可以见到。这当然应是某件长文的节略，但笔者尚未找到原文。也许熊宾本身

就只是从私家版本律例中引用的。《三邑治略》卷五 15a 中"虽定例有十年以外补税一条"也是同样的。

[24] 《汝东判语》卷三 12b。

[25] 此外，《汝东判语》卷二 5a"王启等呈词判"中有"乾隆四十年钦遵高宗特旨，准以独子兼承两房宗祧"，这一内容被《户律·户役》"立嫡子违法"条例五所吸收。戴兆佳《天台治略》(康熙五十八年至六十年的判语)中有"本应按照新律究拟"等提到新例的表述(卷三 22b 及 32a)，这是指康熙年间频频制定新条例的事情。到雍正时期，这些新例被整理，成为《大清律例》的内容。

[26] 根据《汝东判语》卷三 1a"曾正秀等呈词判"中"例载：军户准买民田。一律过割完粮"，以及同书的下一件"曾正秀等续呈判"中"军户自置民田，一律税契，业经罗前任禀藩宪，查照定例，详蒙抚宪批饬通行"(卷三 2b)，可知这是江西省的立法。董沛《晦暗斋笔语》卷一 2a"熊申阶等呈词判"中"例载：水冲沙壅田地，必须逐亩履勘，逐亩试掘。如淤积不厚，未能挑复，即干游惰莠民，有心荒芜之咎。如或淤积果深，详情豁免"，大概也是与前面同样的情况。

[27] 例如《汝东判语》卷二 18b"盗窃之案，典史例得查究"，《讲求共济录》堂断 21b"查民间有父母者，其子不得自专。故凡买卖不由其亲，即为盗买盗卖，犯必重究。此定例也"等。

[28] 从《名公书判清明集》中收集当时的法规的工作，除仁井田陞的《清明集户婚门研究》(载仁井田陞：《中国法制史研究》，东京大学出版会 1964 年版)以外，还有徐道邻的专论《宋律轶文辑注》(载徐道邻：《中国法制史论集》，台北：志文出版社 1975 年版)。将两个朝代的判语合起来看，不禁得出宋代的民事法规内容比清代更加丰富的印象，但分析性的研究不得不留待今后。

[29] 《吴平赘言》卷一 5b"彭大受呈词判"。董沛在其他地方也提到"略卖子妇，皖浙成案"，"嘉庆二十二年部驳院省成案"，"嘉庆十九年河南成案"(《汝东判语》卷一 4a，卷二 5b、7a)，都属于刑案或礼部的行政先例。

[30] 胡学醇(秋潮)自己的审判实情汇集《问心一隅》中有一篇题为"控欠别断"(卷下 26a)。叙述有个为一家在各地拥有十余家分店的商铺工作了二十多年的老掌柜，使用了店里的五百余两银子，因无法归还而被诉的案件。考虑到老掌柜为人诚实，又情有可原，裁定雇老掌柜的五个儿子在分店内干活，扣除每人工资的一半以偿还其父挪用的欠款，让店铺的年轻老板接受这一裁定，而了结了这一纠纷事件。有

人称赞这个案子的解决是非常贤明的审判,胡学醇回答"无奇也。昔日姚实甫观察,令武进时,有控欠者,与此案大同小异。余特仿其意而行之尔",即自己是对前人审判经验的学习。

[31] 笔者在接受本文的约稿时,实际上准备作宋元时代与清代比较研究的,但着手后,发现篇幅和时间都远远不够,所以这个比较研究只能留待今后了。

[32] 中村茂夫:《清代判语中所见法律的适用——以诬告与威逼致死问题为中心》,新潟大学《法政理论》9 卷 1 号,1976 年。

[33] 《雅江新政》看语 30b"祝丹徐控曹万斗案"——依"侵占他人田宅"律杖六十。《府判寻存》卷一 36b"道光十九年八月二十五日奉督宪批一案"——依"不枉法脏"律条杖七十。《诚求录》卷四 8b"报明男命等事"——依"诬告"条例十,杖八十。同书 15b"变计卖响等事"——依"重复典卖"律条笞五十。同书 23b"诡占混断等事"——依"盗卖官田"律杖一百。笔者就找到这些,全都是上级批发下来的案件。

[34] 当然在重要案件中,对从犯等处以枷号以下的罪,也要正确拟律,而且在上司命令作为刑事事件调查的案件中,即使对所有犯人都处以枷号以下处罚,也会在回答上级时以正确拟律作答。《纸上经纶》卷一"招"收进的案件中可以见到这样一个例子(18a"宦蠹镶诈等事"等)。这意味着在州县自理案件结案之际,枷号笞杖等量刑的规定实际上没有起到什么作用。

[35] 比如"凡典买田宅,不税契者,笞五十。契内价钱一半入官"(《户律·田宅》"典买田宅律")等规定。白契被发现后要补税,亦即命其从那个时点纳税的情况较普通。虽然极为罕见,也确有田宅价钱一半入官的例子(《诚求录》卷四 32b"假契伙占等事"),但是受到笞五十,或者其他体罚的例子却绝对见不到。《户律·婚姻》男女婚姻律的"而辄悔者,笞五十。……若再许他人未成者,杖七十"等规定的情况也相同。

[36] 例如地方官对于即使并非严格意义上的诬告,实属无理取闹的健讼行为往往有施加体罚的倾向。

[37] 惩处裁量的宽严度依审判官的为人而异。乾隆年间曾做风翔知府的康某为人仁慈,体罚通常只象征性地打三下,所以其"康三板"的诨名广为流传(《府判录存》卷五 86b)。相反道光年间直隶省获鹿县知县甘崇敬,见人即以要打八百大板相恐吓,被人称为"甘八百"(桂超万《宦游纪略》,《近代中国史料丛刊》第 81 辑 810,卷四 2a)。胡学醇曾就自己的经验说,对偷割几把稻穗而被捉拿送官的盗贼,一般会痛打

一顿了事。但他认为责打不如枷号为佳，而且在一处枷号十天不如一天内将其四门游街示众效果为佳（《间心一隅》卷下"治小窃"10a）。如此处置之后，因偷割而被捉拿送官的盗贼就立即绝迹了。这说明官府在惩罚的手段方面有较大幅度的选择余地。

[38] 《徐雨峰中丞勘语》卷四 60a"黄氏告黄讲等案"，《府判录存》卷三 98a "道光二十年三月初二日山西稷山县民韩四子具控郿民刘吉等一案"等。

[39] 《判语录存》卷四 8a"已卖复讹事"，《槐卿政绩》卷三 15b"活割事"等。不仅在地方的州县，在刑部也是同样的。George Jameson, *Chinses Family and Commercial Law*, *Shanghai*, 1921, pp. 134-135；本章注 13b 前引曹文彦论文第 35—36 页译出的《刑案汇览》卷七 25b"居丧改嫁由母主婚酌免离异"（嘉庆二十一年说帖）是刑部现审之案（参照本书第一章第一节），律例馆反驳了负责该案的江西清吏司的处置（有关这一点，Jameson 与曹文彦都有误解），指出江西清吏司处断亡夫丧中由母主婚改嫁的妇女离异归宗，虽然确属"照律办理"，但考虑到本案的各种情况，使其与后夫结缘的确有合理之处。所以在结语中有"查本部办理现审，有因贫卖妻，律干离异，仍酌情断归后夫完聚者。似可仿照办理。居该氏断给后夫任统信领回完聚"。所以与居丧改嫁，卖休买体同样，未必强制性地执行了律的"离异"的规定。

[40] 《户律·田宅》典卖田宅条例一"告争家财产，但系五年之上，……不许重分再赎。告词立案不行"。在判语中不仅提及这一条例的绝无所见，而且还如正文中揭示的事例⑫（第四章第四节）那样，不要说五年，有三十六年后才提起诉讼也得到审理的例子。

[41] 《府判录存》卷三 1a"道光二十二年二月初八日，薛福凝一案"。本案是同书卷二 52b"道光十九年十二月十四日，薛福凝一案"的再诉案件。

[42] 《户律·户役》"立嫡子违法"条例六。

[43] 《判语录存》卷三 58b"不为胞兄立嗣"中所谓"积有讼嫌，例不取继"也是同样的。

[44] 《问心一隅》卷上 11a"斗行公禀"。

[45] 《户律·市压》"市司评物价"条例一。

[46] "查李廷株账债滚利，准折地亩，本干例禁。念已身故，姑免深究"（《府判录存》卷一 50a），"姑无论本利滚算，有干例禁。即账债折业，亦属不应"（《府判录存》卷三 40a），"本利滚算，准折地亩，姑念乡愚未谙例禁，……"（《府判录存》卷三 50b），"且以账债滚利作本，抓典

地亩,更干例禁"(《府判录存》卷四68b),"在他人借贷,尚不应准折庄田。岂兄弟通融,乃反可强踞产业"(《徐雨峰中丞勘语》卷三64a),等等。

[47] 《户律·田宅》"盗卖田宅"律有"若虚(写价)钱实(立文)契典买,……罪止杖八十徒二年"。另外判语中也可以看到下面一个例子:当事人购买已向第三者出典的土地,虽然仅支付了卖价与典价间的差额,却在契约中记为卖价全额交清,结果此件被判为"系属虚价实契,有干例禁"(《府判录存》卷二80a—80b)。如果契约中记载价格的全部或一部分并没有以现金实际授受的都属违反例禁。

[47a] 《府判录存》卷一55b。

[48] 《平平言》卷二"本案用何律例须考究明白"63b。

[49] 《天台治略》卷三15a"一件负噬吞占等事"。A胡名世,B叶中观。

[50] 《徐雨峰中丞勘语》卷四12a"永定县生员谢润堂告谢崇达等案"。A谢润堂。

[51] 《徐雨峰中丞勘语》卷四91b"陈阳告朱叠等案"。A陈学,B陈同,C陈杨,D朱叠,E陈厚。

[52] 《诚求寻》卷四1a"拐窝谋夺等事"。A区之甲,B黄之丁妻某氏,C亚某。

[53] 《判语录存》卷33a"钱债事"。A周景锡,B乔理邦。

[54] 《府判录存》卷二58a"道光十九年十二月十六日,崔彦芳一案"。A崔崇德,B崔顺德,C崔成德。

[55] 《府判录存》卷四22a"道光二十年三月初八日,李王氏一案"。A李成陵,B邵登福,C李王氏。

[56] 《槐卿政绩》卷二20a"灭约废婚事"。A王氏,B潘景魁。

[57] 《槐卿政绩》卷六29a"遵批呈字事"。A王黄氏,B瑞容,其夫张仰仪。

[58] 《汝东判语》卷四18b"陈协恭等控案判"。

[59] 《徐雨峰中丞勘语》卷四79b"蔡仁告张英等案"。A蔡才,其母陈氏,B张某。

[60] 《府判录存》卷一67a"道光十九年十一月二十五日,马翼一案"。A马健,其孙马翼,B马训,其子马效龙。

[61] 比如"仇雠相遇,狼狈为奸,此尤情理之所必无者"(《徐雨峰中丞勘语》卷三16b)等场合。

[62] 汪辉祖劝诚读书人不省世务高谈往古时说"不知,通人云者,以通解情理,可以引经制事"(《双节堂庸训》卷五"读书以有用为贵")。即读书人如果不通晓情理,即不与现实社会的良知结合,读书也就失去了

意义这一想法。

[63] 《雅江新政》审单 57a"黄世孝控黄世礼卷"。A 黄世孝,B 黄世礼,C 黄世忠。

[64] 有关这一点,将在本书第五章第二节再度申论。另外,同书收进的案件中也可以看到为数很多的背离父系制原则的现象。可以认为这是当地的风俗习惯。从这个意义上看,《雅江新政》也是很有意思的史料。

[65] 梁启超:《中国成文法编制之沿革》(1936 年),台北中华书局 1957 年版,第 12 页注。另外,中文中的"条理"这一概念是在井井有条、整然有序意义上使用的。《平平言》卷一"有条理"42a"事不论大小,总要有条理。无条理则乱次以济。韩信将兵多多益善。不外分、数、明三字"。

[66] 我妻荣:《民法总则》,东京:岩波书店 1933 年版,第 16—17 页。

[67] 《问心一隅》卷下 7a。《樊山政书》卷一 10a 中也有"欠债还钱,一定之理"等说法。

[68] 《徐雨峰中丞勘语》卷三 61b。

[69] 《问心一隅》卷下 35a。我认为"有"是误写或衍文。

[70] 《府判录存》卷五 46a。

[71] 根据《判语录存》边凤翔的序,著者李钧"既长,乃以理学为宗",但从他的判语中,并未特别感觉到其理学色彩。不懂程朱理学的人也不会对其判语感到难于理解。也许创立这种常识性"理"的概念,并使其得以广为流行的,原本就是宋代理学。有关这一点,笔者不甚了解。

[72] 《徐雨峰中丞勘语》卷四 3b"林裡告苏送等案"。案情:男子隐瞒其前妻因婆媳关系恶化,留下一女而自杀的事实,装似初婚模样,并且年近五十而诈称二十八岁,甚至改换姓名,以亲属为媒人向某女子求婚。当女方家提出想让他从市场中走一趟,以便见一眼女婿的容貌时,男子勾结媒人,指认他人以骗取女方的信任,通过这种欺骗手段订立婚约。事后女方家人得知真相,拒绝嫁女成婚,而被提起诉讼,县这一级的审判不认可女方的解约,使女方家陷入极度困境。道台的判语推翻了县官的裁断,站在了女方家一边。

[73] 英译根据 H. A. Giles, *A Chinese English Dictionary*,1892,"恐闽省中无此人情"(《徐雨峰中丞勘语》卷四 78b)所说的"人情"等是指"常情""习惯"的意思。

[74] 孙鼎烈《四西斋决书》卷一 46a"王珊友批"。这是斥责光绪年间浙江省会稽县请求"派差弹压"的胥吏(可能是)的批。

[75] 《汝东判语》卷二 15a"乐李氏呈词判"。

[76] 《汝东判语》卷五 14ab,《槐卿政绩》卷三 28b,此外还有《四西斋决事》卷一 7a,《天台治略》卷三 13a 等。

[77] 《四西斋决事》卷七 10b,《徐雨峰中丞勘语》卷一 5a,《槐卿政绩》卷六 23a。

[78] 《府判录存》卷二 7b。

[79] 《槐卿政绩》卷四 15a 等。

[80] 《槐卿政绩》卷三 16b"活割事"。事后认可了婚姻关系中买休的既成事实。

[81] 《汝东判语》卷二 15a"乐李氏呈词判"。对寡妇在女婿家长期逗留之事不加以不近情理的斥责。本章注 30 中的老掌柜也被认为"论理不该,论情尚有可原"。

[82] 《徐雨峰中丞勘语》卷二 7a"复审陈阿谢立继案"。在审判中强调对作为某一人的后嗣,有时可以并立二人时作如此说明的。

[83] 《槐卿政绩》卷六 2b"阻筑坑陷事"。

[84] 《问心一隅》卷下 10b"疯婿退婚"。这是不强求与疯病发作的未婚夫成婚,让婚事延期的裁断。

[85] 《徐雨峰中丞勘语》卷三 69a"黄香等争继逐继案"。情形与本章注 82 相同。

[86] 《刑案汇览》卷四十 9a"两房各为娶妻,后娶之妻作妾"。是有关民间实行兼祧的两个妻子,如果依有妻更娶妻之律,命其离异,则有悖于人情,在法律上将后娶之妻作为妾而对两娶加以默认的议论。

[87] 《梦痕余录》86a。有关其前后的文意关系,参照本书第五章第一节。

[88] 《吴中判牍》24b。有亲戚关系的男女二人私订终身,女方家长向官府提诉,要求制止该男子来访,并请求杖杀其女。结果官府判男方追呈聘女之财,认可了二人的婚姻。判语称"律虽明设大法,礼尤贵顺人情"。"律设大法,礼顺人情"是后汉时期的卓茂所言(《后汉书》卷五十五卓茂传)。在汪辉祖的《学治续说》的"法贵准情"中,也可见到相同的表述。对新婚者犯过,应处以杖、枷刑罚时,可以暂缓期日,延至后日执行。所谓"通情而不曲法",这些被说成是仁者之术。本章注 75 和 81"乐李氏呈词判"中还称"此国家体验人情,哀怜无告之意。如第据尊卑名分,以礼相责,往往不得其平者"。名分也好,礼也好,都应为人情之"平"(合理性)让路。《户律·户役》立嫡子违法上栏辑注中,在说明有关立嗣条例的立法理由时也说"所谓礼顺人情也"。

[89] 《槐卿政绩》卷六 16b"夺继绝嗣事"。

［90］　《清忠堂文告》卷三 8a"审断严观长承桃"。撰者朱宏祚之名转引自京都大学人文科学研究所汉籍目录。

［90a］张五纬:《未能信录》卷一"原起总论"1a。

［91］　《吴平赘言》卷一 4b 以下的"彭大受呈词判""彭余氏呈词判"。

［92］　《汝东判语》卷三 5b"陈王氏呈词判"。

［93］　《汝东判语》卷三 19a,同卷 2b。

［94］　在仁井田陞《中国法制史》(岩波书店 1963 年版)中,虽然有题为"东洋社会的法律轻视意识"的内容(第 51—53 页),但其论旨没有严格的逻辑关联,而且缺乏具体性。

［95］　《晦暗斋笔语》卷一 10a"魏汝泰呈词判"。

［96］　《晦暗斋笔语》卷一 28a"余陈氏呈词判"。

［97］　《汝东判语》卷三 3b 以下的"艾升远呈词判""艾应辰等呈词判"。本书第三章第一节第一部分所引的批也是同一类型。

［98］　中村茂夫《传统中国法＝对雏型说的一个试论》第二节《民间处理说及其疑点》〔《法政理论》(新潟大学)12 卷 1 号,1979 年〕对关于这一点的一般观点所展开的批评,是应该重视的研究成果。

［99］　《徐雨峰中丞勘语》卷四 3a"林裡告苏送等案"。本章注(72)的案件。

［100］比如所谓"子妇无私蓄,无私货,有父在则<u>礼然</u>"《槐卿政绩》卷四 2a)的说法与前引"父在子不得自专,<u>理也</u>"在本质上是相同的。

［101］《汝东判语》卷二 5a"王紫等呈词判"。

［102］《汝东判语》卷三 19a"桂如禄呈词判"。

［103］参照野田良之:《关于私法起源之管见——以 L. Gernet 的研究为依据》,载《私法学的新展开——我妻荣先生追悼论文集》,东京:有斐阁 1975 年版。笔者不赞成下面的这种看法:由于大部分纠纷是由民间领袖依据地习惯来调停解决的,所以国家的法庭上不需要很多法律(Syballe van de Sprenkel, *Legal Instituations in Manchu China*, 1962, p. 119)。无论有多少事情会弄到官府——事实上很多很多的案件会弄到那里——但并没有产生"elaborate colification"(精密法典编纂)的必要。这个问题的根源很深。

第五章　作为法源的经义、礼以及习惯

第一节　经义与礼

一　经义与法源

本章是对第四章因原刊杂志字数限制而未能详细展开论证部分的补论。上一章考察的主要对象是国法、天理、人情，它们并非我先入为主地预设好的研究题目，而是在长年沉潜文献大海、审视史料中发现的三者关系，是在追寻史料、根据感觉走的过程中循序渐进的研究考察。但是本章不同，本章实际上是先有某种预设，根据预设开始调查史料，带着检测史料过程中会出现什么情况或者不会出现什么情况的疑问进行的一项研究。

经义（儒教的古典及其相关解释）以及古代圣贤经典中的"礼"，在清代的听讼过程中，是否作为判断的理由被援用？如果被援用，其比重到了什么程度？这一问题完全是从中国固有的文化脉络中提出的。

自西汉武帝时代儒学在中国确立了正统的意识形态地位以来，以圣贤经书为源泉形成的儒家价值体系承担了立法指针的作用，随着时代的推移，其体系越来越深刻地浸透到法律的内容中，所谓"法的儒教化"正是众所周知的事情。[1]不仅如此，在具体的案件处理之际，出现了屡屡直接引用儒家经典的现象。在汉武帝的治世，朝廷每遇疑难案件的时候，董仲舒接受咨询，总是援引《春秋》经义回答断案之疑，这是最为有名的故事。汇集董仲舒这些决狱问答内容的《春秋决狱》一书今天虽然散佚不传，但后世学者从其他书籍的引用中辑佚出来，还有极少部分内容留存至今。[2]后汉时期的陈宠身为廷尉，史书载其"数议疑狱，常亲自为奏，每附经典，务从宽恕"。[3]东晋的熊远在指出臣下随意将具体性、妥当性考虑作用于每一事案处理中的方式，有使法律的统一性受损之弊的奏文中，论及"凡为驳议者，若违律令节度，当合经传及前比故事，不得任情以破成法"，提议以"诸立议者，皆当引律令经传，不得直以情言，无所依准，以亏旧典"的原则立法。[4]在这里明确将儒家的经书与律令并列视为一种法源。在卡尔·伯格（karl Bürger）的唐代法源论中，有专门一节《作为法源的古典》，这一安排应该说相当具有——无论其论述内容是否恰当，研究的密度如何——慧眼。[5]

但是，随着时代的推移，情况发生了变化。如果就清代实际状况而言，可以说至少在阅读刑案类法律文献范围内，作为日常性的刑事法源，我们几乎没有见到对古典经义的援引。[6]这只能说明到了清代，作为刑事司法的直接根据，成文法与先例都非常周密而体系化，已经没有通过援用古典经义的方式来填补审判依据空隙的必要。不过，不应否定作为一般性的方针，儒家的价值体系已经植根于刑事司法系统的基础中，这些一般性方针已经充分地纳入法体系中，在成文法中成为具体性、技术性的规定。可以说正是因为通过法律条文在起作用，圣贤经义越过法律条文，直接影响刑事诉讼处理过程的事情已经不复存在了。[7]那么，在清代的听讼之场，实际的情形又是如何的呢？换句话说，在成文法并不完整的民事纠纷处理领域，圣贤经义作为法源，是否具有很大的功能呢？这是本节要探讨的问题。另外，与法、理、情并列，"礼"是否也是作为纠纷诉讼处理中的判断基准，经常被挂在审判官的嘴边呢？这一设问实际上与上面的问题有些重合。这是因为在儒家的价值中，与社会生活外在性规则相关的领域，正好"礼"这一字非常准确地表现了主要关系。

二　礼、情理和国法

汪辉祖在《佐治药言》一书中，设了《读书》一节，与《读律》并列。作为一个曾经有幕友经验的人，他劝告官僚不仅要精通法律，而且要浏览一般性的有益书籍，他说：

> 学古入官，非可责之幕友也。然幕友佐官为治，实与主人有议论参互之任，遇疑难大事，有必须引经以断者，非读书不可。

而且他还举了两个亲自处理过的案件为例。一件是乾隆二十七年在浙江省秀水县，作为知县孙雨周的幕友，援引《礼记》中所见的"祔食"概念，解决了当地富豪陶氏族人之间围绕立嗣问题的纠纷。一件是乾隆四十四年在浙江省乌程县，他在知县兴德之下处理过这样一件诉讼：冯 A 由于同宗中没有可嗣之人，就以与母系有血缘关系的异姓人作了养子，但是待他一死亡，同姓不同宗的冯 B 就跳出来主张自己具有继承权，挑起诉讼。汪辉祖引用宋儒陈淳（朱熹的弟子）《北溪字义》中的"系重同宗，同姓不宗，即与异姓无殊"学说，驳回 B 的主张，了结了这一争端。对这两个案件，汪辉祖在他的自传《病榻梦痕录》中也有记载。[8]

上面第一个案件中所谓的祔食，在古代的礼仪中是指不将某个死者的牌位放在专用的场所、供奉专用的供品，而是将其以从属于自己的父亲与祖父的形式安放灵位，即给父亲与祖父的供品也让其分享的祭祀方式。《礼记·丧服小记》中称：

> 庶子不祭殇与无后者，殇与无后者从祖祔食。

《礼记》这一部分的意思是：首先，早殇者以及通常所说的无后者，如果要给他设置祭祀牌位的话，会将其牌位放在他的父亲或者祖父，亦即已经死亡、成为祭祀对象的祖先中最近的牌位的后面祔食——分享祭祀供奉为一般的原则。但是，庶子的家中，不能安放自己父亲的祭祀牌位，父亲的牌位置放在宗子（嫡妻的长子）的家中。庶子之子在庶子之前，而且自身并未留下子孙就死亡的情况，这一死亡的庶子要祔食于庶子的父亲（死亡者的祖父）祭祀牌位下面。但是庶子父亲的祭祀牌位放在宗子家中，所以庶子不能自己在家中自主地为先死的儿子进行祭祀。上面的经文所言即是这一规定。那么，是否有为未留下子孙而死亡的人选择同宗昭穆相当而立为后嗣的事情呢？在这一点上，作为与后世的习俗有显著不同的古代礼仪原则，"为人之后"，即后世所谓的立嗣（习惯中称之为"过继""过房"）被认为是为了不让大宗即嫡子绝后而进行的事情，庶子即便绝后也不立嗣，而以祔食的方式延续其香火就足够了。《仪礼·丧服》齐衰不杖期章"为人后者为其父母，报"的传中有：

> 为人后者孰后，后大宗也。（中略）大宗者收族者也。不
> 可以绝，故族人以支子后大宗也。

这一言说比较充分地表现出了宗法理念。陶氏一案中名叫陶惠先的财主生有五子，其死后五子并未分家析产，而是共同生活，但是其中的长房无子绝后。按照宗法顺序，应由二房之子出继长房。另外还有一个情况是陶惠先的父亲有兄弟二人，陶惠先是其父的独子，而其父两兄弟中的弟弟（陶惠先的叔父）无后，所以陶惠先出继，成了叔父的后继人。陶惠先的第三子即三房以此为理由，捏称二房回归本宗，承继陶惠先亲生父亲之祀是父亲陶惠先的遗命，主张二房应被排除在惠先派下的继承人之外，按顺序，应由三房即自己的儿子出继长房，因此引起了家族内纠纷。[9]同族之人的舆论对此也分成两派，诉讼弄到省城的按察使与巡抚衙门那里，官衙内的众多名士也出了不少主意，但这一纠纷案仍然未能得到有效解决。秀水县知县孙雨周接受巡抚迅速处理此案指令的时候，汪辉祖熬得夜不成寐，搜肠刮肚地思考解决方案，结果《礼》中的"祔食"一词闪现于脑海。援用此条圣贤经典，他首先在逻辑上推断二房承继惠先亲生父亲一事，实际将成以祖作父的尴尬局面，是人伦关系中断然不可之事，合理解决的办法是让惠先之亲生父亲祔食其父——惠先的祖父即可。如此一来，只要惠先的子孙绵绵不绝，惠先亲生父亲的祭祀就不会中断。通过这种形式解决了千纠百结的这个难题[10]，在汪辉祖个人的自叙传记中，也特记因此案的解决，他"一时虚誉顿起"，名声大噪。

汪辉祖其后也爱使用圣贤经典中的祔食之说。他在浙江省平湖县做幕友的时候，因苦于财主的遗产继承案件频频发生，与知县商议，如果没有亲生儿子的家主本人在世，或者其妻在世，立

嗣嗣子人选任其自主决定；夫妇都不在世而无亲生儿子产生的纠纷，援用"无后祔食其祖"之礼来解决。亦即将遗产指定为祔祭目的财产（族人共同管理），其收益充当祭祀之用，以不认同将某个特定的人立为嗣子而继承遗产的方针应对遗产纠纷案件。此法行之数年，相关诉讼案大为减少。汪辉祖在自叙传记中详细叙述了其间处理的两个案件。

第一个案件是一个叫殳球的人见与自己属于缌麻关系的堂叔殳凤于死亡，但叔叔没有儿子，认为从亲等顺序规则来看，自己应该具有成为堂叔嗣子的资格而挑起事端。凤于有一个哥哥，哥哥只有一个儿子，所以不能出继凤于。凤于与哥哥并未分家，他死亡后，其妻不久也死亡，其女已经出嫁，遗产（与哥哥并未分家，要说有遗产，那也是指其妻作为嫁妆带来的财产）有田270亩。汪辉祖对此案作了以下裁决：将遗产中的100亩给已经出嫁的女儿，20亩作为死亡夫妇的丧葬费，150亩作为祀产，将殳凤于夫妇祔食于其父之牌位下，享受香火，其财产等所有一切均与殳球无关，非殳球可置喙者。殳球向知府上诉，知府认为汪辉祖的裁断"矫枉过正，未昭平允"，对他的处理独创性过强并不认可，指示"饬查绎例义，定继拟详"，亦即下令依据《大清律例》，以立嗣方向考虑此案处理，再次立案向知府报告。对此，汪辉祖认为《大清律例》的条例中许无子者以同宗中昭穆相同之侄承继，若继子难行其责，听其告官另立继子。[11]他从不管怎么说并不存在强制立嗣的法律解释论出发，逐一辨明自己的判断如何符合"情理"——尽管没有直接使用"情理"一词，以意思通达、词义精准的论说回答知府的疑问，知府为他的见识与文章所感动，认可了他的裁断。

第二是一个从汪辉祖经常使用祔食这一解决问题的手法中得到启发，相反由族长直接申请祔食的案件。有一个寡妇30多岁,无子,拖着两个年幼女儿寡居了 4 年。其丈夫留下了 42 亩田产,但族长参照祔食之例,要求将其遗产全部交与宗祠作为祭产,由房长负责管理,以防止寡妇随意卖掉她们自己的田产,向知县提出申诉。当时聘用汪辉祖的知县因为入京谒见当今皇上,暂时离开知县公职,作为幕友的汪辉祖也因此归居故里,等待幕主回任。在知县不在期间,赴任的暂署知县裁许了族长的申请,下令田产由族长收租,每年从租米之中,取 30 石交给寡妇,剩下的全部拨归宗祠,而且取具了各相关人的遵结。不久重新回到县幕的汪辉祖推翻了代理知县的裁决。他认为法律上有"妇人夫亡无子而守志者,合承夫分","户绝财产,果无同宗应继之人,所有亲女承受"这样的规定[12],每年仅仅只给具有财产权利的寡妇与亲生女儿 30 石粮食,而局外的族长却掌握她家的财产处置权,汪辉祖指出代理知县的处理意见很不合理,"无此政体,亦无此风俗"。于是重新处理,将 42 亩地田产中,拿出 5 亩指定为祀产,但是这 5 亩祀产在亲女出嫁,寡妇死亡后才由宗族收租,将夫妇祔祭宗祠之中。余下的 37 亩任由寡妇自主运营,无论继续持有,还是出卖,族人都不得干涉,并撕毁当事人以前取具的遵结,重新取具甘结,了结此案。[13]

从上面的案件处理来看,汪辉祖从圣贤古典的礼经"祔食"这一词语中获得了一个非常有效的处理案件思路,这倒不是礼经记载了什么成系统的规范命题,而是汪辉祖要援用此种规范,以圣贤古典言及的规范约束力为依据来处理纠纷。在处理案件的言说的主要展开中,他一方面从法律中寻求解决问题的突破口,另一方面根据案情的进展情况作妥当性说服工作,亦即展开其"情理论"。有些许的资产、没有留下男孩而死亡者的身后,无论是谁,从同宗昭穆关系相当者中择人立嗣,让他承担祭祀之责的同时，也让他继承资产，这种情况在上古时代处于如何状况暂且不论，在后世的中国社会则是一个难以拔除的世俗风习，这种风习和做法本身因约定俗成并无什么特别问题，但往往会发生借祭祀为由，实际上以谋夺财产为目的的丑陋之争，繁兴纠纷与诉讼。为了救此颓败世风，汪辉祖推出了借圣贤经典，以"祔食"这种不立嗣子避免纷争发生的方案。如果汪辉祖单从处理纠纷方案的内容上，用别的大体相同的文词来力说这是自己的创见的话，那么无论是当事人，还是官僚系统的上司都不会心悦诚服。通过从圣贤经书中借用"祔食"这种古人留下的附祭模式来处理棘手事件的先例，能够让人安心与心安理得地承受。但是并非任何场合都能从圣贤经书中截取由"祔食"处理的这种规范来应对相关纠纷的。其运用是置于专心揣度法律的"情理"衡量中进行的。所以我们事先要有一种心理准备，即圣贤经书中所具有的规范性大体上是这类性质的东西。[14]

　　汪辉祖自己对圣贤经书的作用也具有上述认识。这从他对读过《佐治药言》之后，针对前述秀水县陶惠先案件处理措施持批判态度的胡虔的意见，特意写下的自我辩解与反论的文章中可以窥见。[15]胡虔的主张如下：根据古代礼仪，庶子即便无子，也不会以兄弟之子为后嗣，所以惠先成为叔父之后嗣原本不合古礼，另外惠先的长子不是大宗，所以不应立后嗣，如果以"祔食"方式来处理的话，惠先的叔父应该"祔食"于祖父之后。汪辉祖也肯定了胡虔意见的基调，认为"援据礼文，反复申辩，其言甚正"，但是这些议论并不适合当日的情形，如果真正上溯谱系，把惠先的地位当成问题的话，那么觊觎富室财产的同族之辈会乘机闹事，陶家将会被逼破产。自己当时也是作为"一时权宜调剂"，不得不取如此之策，陶家也因此确保平安无事了。"且礼顺人情，情之所不可禁,不能执礼以夺之也。"世间若无子,即便是有些许财产的人,没有不立嗣的,而如果按胡君之说,惠先的叔父也好,长子也好,都不能立嗣。"揆诸人情,亦属未安。""余前录所记,凡引经决狱诸案,往往经旨未必如是,每仅借以压服人心。惨淡经营,颇费神用。故通经之上官无不委曲允从。"圣贤经书中语言的纯学术性意义究竟是什么?对汪辉祖而言,未必是个什么很深刻重要的问题,在他那里,关键是是否符合"情理"的解决才是费心耗神之所,对于解决纠纷问题,如果圣贤经书的言辞作为使人心悦诚服的有效手段起了作用,那就心满意足了。

另外,有关立嗣问题,未婚而早死者的身后,是否应该立嗣屡屡成为大纠纷的种子,在这种问题的处理过程中,也能看到"礼"的关涉。同样经汪辉祖之手、于乾隆二十五年在江苏省苏州长洲县处理的寡妇周张氏的案件就是一例。[16]张氏有一故夫的遗腹子周继郎,继郎十八岁时,与未婚妻已成合两家之好的婚约,但在预定下月成婚的时候亡故。张氏要为亡子继郎立嗣延续香火,对此族人则主张应该为张氏的亡夫立嗣。这种对立使双方纠纷不断而告官诉讼,但诉讼纠纷的解决在十八年里毫无进展。其缘由在于历代知县都只是指示当事人要在族人之间公议后解决,并没有想到要下一个处理争端的裁断。乾隆十九年,张氏举某人之名,要立为丈夫之孙(即继郎之子),但是族人认为被举名者还只是一个婴儿,能否抚育成人还是未知数,出面反对,结果张氏之案胎死腹中。看到不停地反复诉讼的张氏诉状,仔细调查厚达数尺的状纸记录,汪辉祖起草了下面的批文:

> 张抚遗腹继郎,至于垂婚而死,其伤心追痛,必倍于寻常。如不为立嗣,则继郎终绝。十八年抚育苦衷,竟归乌有。

欲为立嗣,<u>实近人情</u>。族谓:"继郎未娶,嗣子无母。天下无
无母之儿。"此语未见经典。"为殇后者,以其服服之",<u>礼有
明文</u>。[17]殇果无继,谁为之后? <u>律所未备,可通于礼</u>。与其
绝殇,而伤慈母之心,何如继殇,以全贞妇之志。乾隆十九年
张氏欲继其孙,现在则年已十六,昭穆相当,即可定议,何必
彼此互争,纷繁案牍?

对汪辉祖的裁断,同僚幕友们都觉得"舍律引礼,事近好奇",
而且批评他对以前知县反反复复下令族人之间好好商量处理的
案件,若县衙遽然下达臆断,一定会酿起物议。作为汪辉祖主君
的知县对此也颇显难色,但汪辉祖以职业生涯为赌注,坚持他的
审断。结果族人频繁兴讼上告官府,但案件均未被官衙受理。后
来发展到族人上诉巡抚衙门,巡抚衙门命令县衙将此案关联文书
提交上级部门的事态。此时的汪辉祖也毫不动摇,最后,他的裁
断受到巡抚(留下著述《五种遗规》等的陈宏谋)的嘉赏,这一难案
最终得到解决。

从现在的立场来看上述案件的处理,实际上在《大清律例》中
有详细规定(《户律·户役》"立嫡子违法"条例五):死亡者十六岁
以上或者已婚,原则上可以立嗣,十五岁以下或者未婚,原则上不
能立嗣,因此十八岁死亡之子应该立嗣实属理所当然。[18]不过这
一条例是乾隆四十年出台的,汪辉祖在处理上面的案件时,律例
中还缺乏这一规定,在没有律例可依的情况下,可见他处理案件
时的苦心孤诣。这一点在他批文中所言"律所未备,可通于礼"一
句可窥见端倪。同僚幕友们批评他处理此案"舍律引礼",实在是
吹毛求疵。但是在那种语言的来往交锋过程中,我们可以明确看
到:作为法源,最根本的依据——封死案件处理异议的最有效方

法——应该是现在王朝的成文法,圣贤古典礼经的引用只是补填现在成文法中空缺的这一性质。而且,汪辉祖总括批文前半部分时的"实近人情"一句话分量很重。对处理这一案件的汪辉祖而言,为十八岁早死之子立嗣这一母亲的要求,作为普通人完全是一种非常自然的意愿,正是因为他的这种直观性与全局性判断,才有在圣贤礼经中尝试寻找合理理由的动力,并从中获得了坚持自己信念的勇气。

与上面相同的案件在董沛的《汝东判语》中也能见到。[19]这是一个虽然有已经成年的次子,由母亲与姐姐扯出话题,说服次子同意,为几岁时早死的长子立嗣,嗣子的亲生父亲因为干涉家庭事务而引起纠纷的案件。处理此案的地方官下令同族相关人士调停,但族内并没有得出公正的结论,所以官衙作出以下的裁断:废立嗣子,让其回归自己原生之家,在立嗣之际给予嗣子的财产全部作为祭祀长子、次子父亲的祠产处理。判语的开头有"殇子不继,载在礼经。考之律文,亦有'夭亡之子,不得立继'等语,此古今通义也"[20],文中还有"事既到官,惟有遵照定例,饬令更正"。这一案件发生在光绪年间,因为已经有乾隆四十年制定的条例可循,所以首先将律例中的条例搬出来,为了加强说服力,也提到礼经的表述。

家族财产除了认定其为特有财产、具有特定来历的部分之外,所有的都不作区别地放在一起,只要父亲在世,全部家产均由父亲来掌控,这种家产共有关系只有通过家产分割方式才分解开来,这种中国家族法的基本原理也通过援引圣贤经典的"礼"来增强其权威性。沈衍庆作判语的一个案件:长期协助父亲劳作而兴业起家的长兄与年龄相差很大的两个同父异母弟弟之间发生的事情,幺弟声称长兄现在占据了祖遗财产大半,因而兴起诉讼。

接受这个案子的沈衍庆裁断以其亡父生前进行家产分割的庚寅年为界，在这之前取得的田产，即便是以长兄名义购得的，也要进行重新分割。他说"况子妇无私蓄，无私货。有父在则礼然"，就是体现家族共财原则的例子。[21] 原本处理这类事情——家产分割以前为共财，家产分割之后为别财——没有必要特别言及圣贤之"礼"，不用说这也是自然之"理"。比如在邱煌的判语中可以看到这样一件案子：在长房、三房、四房的堂兄弟之间进行家产分割（二房因为自置之产的独占权被认可，作为代价，他放弃了家族共财分割份额之权，与此家产分割案无关），每人获得 100 亩之外，另外给健在的长房大伯（即长房之子的父亲）以 180 亩养老地，约定此地在其死后再行均分。但长房大伯死后，长房继续独占这 180 亩养老地，因此在这几房之间发生纠纷兴讼。长房主张这 180 亩地是作为公债（大家庭这一共财集团的债务——由长房承接了）的抵押保留下来的。但是如果这一主张是真实的，那么在分单文书中如实记载，自然不会有任何妨碍。因为分单文书明确记载此地为"养老"，所以嘉庆九年实施家产分割之前，大家庭并无公债一目了然。嘉庆九年之后，即便是累积下来了债务，也是家产分割之后的事情，所以那是私债（长房独自的债务），既不是可以平分、应由各家负担的部分，也不应该以共同的保留地作为抵押。沈衍庆明确裁断这样的处理思路"其理甚明，更无疑义"。[22] 在第四章第五节诠释"理"字字义的时候，我曾援引"父在子不得自专，理也"一文也是与此同类的表述。[23] 一个基本性的原理在各种各样的场合，或被称为"礼"，或被称为"理"，此外在很多情况下，虽然并不直接屡屡说"礼""理""法"或者什么的，但实质上都是相同原理在那里发挥作用。

通观以上的论说，我们可以看到：控制身当听讼之责的官僚大脑神经的,是第四章详细讨论过的"情理",而圣贤的"经义"与"礼"则处于给"情理"一般性发挥功能提供思路、灵感作用的这样一个位置。与"情理"自身并非能够用固定的言辞来表现的有形的东西相对,"经义"和"礼"依据的则是圣贤古典言辞这种明确有形的东西。与"情理"纯粹是非实定性的言说相对,"经义"和"礼"具有某种让人承服的实定性,因此作为一种处理问题的切入手段,能够实际发挥功能。在这一意义上,"经义"和"礼"处于与国家法律同类的立场上。但是"经义"和"礼"的实定性不用说没有法律那样显著。法律在现在的时点上,是对秩序与文化的维持负有责任的圣明天子制定的,是彰显顺应时势变化的规范命题的东西,与此相对,经书则是古代圣贤遗留下来的模范和先例,其言辞大多是暗示性的。在处理纠纷案件的效率方面,法律也是优于"经义"和"礼"的。人们在寻求依据的时候,首先想到要援用的是法律,而在经书言说中寻找依据则是为补法律之缺失,乃至以加强法律效力的形式出现。而且即便是在私法相关事件当中,从"礼"中寻求解决问题的线索与灵感的,事实上仅限于包含继承法在内意义上的身份法领域,在财产法的领域几乎与"礼"毫无关系。从这一点上看,"礼"的效用也是受到制约的。[24]我认为事实上,从数量的比率上看,"礼"被言及的案件可以说出乎意料地少。

三 特殊事项与礼的适用

另外,在"礼"所覆盖范围不及财产法领域的另一方面,以现代日本的观念来看的话,存在着虽然不属于法律范畴,但对"礼"而言很重要的事情。对死者的丧葬仪式等就是此类。对于死者,与他(她)处于什么血亲关系的人穿什么具有表示相应关系的丧服,应该对他(她)服丧多长时间,围绕这个问题,自古以来就形成了极为体系化,而且非常详细、繁琐的"服制"制度。构成此制度基础的虽说是以《仪礼·丧服篇》为首的圣贤古典言说,但历代王朝也往往根据时代与世俗的变化,加以若干修正和补充,制定适合当时代的服制。如果在服制这一特殊"礼"仪的领域产生了什么疑难问题,那就很难在一般性的"情理"范畴内处理得不拖泥带水,而必须遵循制度的逻辑去寻求解决。在地方官的听讼之场,这一类案件也时有发生。而且就处理这类案件而言,搜肠刮肚地援引圣贤经典内容及其注释这种非常专门性议论的情况也屡见不鲜。不过即便如此,在这里也不是把礼仪中的圣贤经典表述视为具有最高权威的东西。与圣贤经典表述相比,由现在王朝制定的制度发挥着优先的作用。而且,对后世产生的、在古代圣贤经典表述中没有明确依据的权宜性习俗,只要能确认的确是当时的习俗,就容认其有效性、给予其相应的地位,官衙采取的这种态度基本一以贯之。[25]

　　比如有一件因为没穿丧服参加外祖父(继母的父亲)的葬礼,被舅舅(继母的兄弟)责难而起争吵,结果被打并负轻伤的事件。[26]有关继母的父母是否作为外祖父、外祖母来认定,是否应该对他们以礼服丧的问题,因为涉及复杂的服制问题,可以视其成了双方持不同意见而不停争吵的火种。斗殴负伤本身并非什么特别要紧的身体受损,要双方重修旧好是审判官判语的结论,但这一断语有一个前提是审判官申说舅舅的要求以礼服丧的主张没有瑕疵。判语中有以下一段:

　　　　按律:外孙为外祖父母应服小功[27],孙克家系前母徐氏
　　　所生,并非后母王氏所出。礼云:为前母之党服,即不为后母
　　　之党服。在古礼原本无服,惟今律同称外祖,并服小功。虽

继母众多,无须遍服。而在堂之继母,即与所生不殊。孙克家随母临丧,属在长亲,理应遵律。

这里非常明确地判示:与笃行古礼相比,执行部分修正了古礼的现王朝制定的服制是不容争辩的。

还有一个案件,男女双方幼时早订婚约,女方父母因养家糊口远出外地几年,曾把女儿寄养在婚约男方家里一段时间(多半是童养媳形态)。由于有这层关系,双方已经决定在第二年选择吉日圆房。就在那一年三月,男方母亲去世,男方要求女方马上来男方家里以媳妇的身份服丧,由于女方家庭坚决拒绝这一要求,在两家的族人之间发生斗殴事件,还出现了轻伤者。即便斗殴致伤程度极为轻微,并非什么了不得的大事,但是双方还是要求知县判断哪一方的主张在“礼”方面是理所当然的。[28]从结论上来看,官衙判令男方的主张正当,但是由于女方引经据典证明己方主张的合理性,所以判语起草者也广征博引,很费了一番笔墨,指出作为圣贤经典的解释,女方的主张不正确。[29]判语下面的表述是最后的杀手锏:

> 古无童养媳之事,即无童养媳之服。今律所以不言者,亦因乡曲陋俗,未便明著服图。然妇为舅姑一语,实已包括其中。历来成案,童养妇夫亡守节,与已婚者一律褒旌,童养妇违反舅姑,与已婚者一律科断。安得谓童养之媳无姑妇之名耶?

至于男方的做法是否是乡曲陋俗,这里姑且不论,但从判语中屡屡可见官衙对当时民间风俗习惯的重视,以及国家长期以来对民间习俗等的对应与关照。这其实都成为案件判断的基准。

在上一章中,援引的“礼贵从时,非可泥古”一文也出现在因兼祧两妻引起的事件处理中。这一事件中,长房的独生子兼祧二房,为两房各娶一妻。而这两个妻子实际上是亲姐妹,被称为长李氏、少李氏。少李氏无子早死,所以二房的祖母(少李氏的婆婆)希望从长李氏生的男孩中要一个人来作自己的孙子,立为少李氏嗣子,让其服斩衰三年的丧礼。但是族中之人对二房的要求持有异论,同族相关人士联名申诉,请求知县明确判断——并非诉讼,而是申诉。[30]族人的诉求中并非对被选中的男孩作二房的孙子这件事本身持有异议,而是丧服之礼在当时应该采取一个什么形式这样一个在礼制层面上的技术性问题有不同意见。知县的判语首先申言判断的前提:

> "兼祧确非古礼",然家庭之间,曲折难言,礼贵从时,非可泥古。钦遵乾隆四十年高宗特旨:准以独子兼承两房,所以济人道之穷,补古礼之缺。[31]议定服章,颁为令甲。[32]

从这里可以明确看到:兼祧这类权宜从事的风俗习惯在官府那里也被视为是应该容认的事项,事实上到这个时候,兼祧在法律上也已经被容许,而且在兼祧事实发生之际,涉及服制上的问题也基本通过立法来解决。但是在立法层面,如本案中长房之孙一个人承继兼祧的二房的相关具体规则还没能制定出来。嘉庆二十二年有一个礼部成案,在那一案件中,男子要去承继的家庭中,祖母是自己的"堂祖母"(祖父兄弟之妻——在自然性的血缘关系中的确不是亲的)、母亲是"庶母"(家庭关系中异腹嫡子对父亲之妾的称呼),对此复杂的关系,官宪断令承继者对她们各自按规定服以应服之丧礼。但是处理兼祧两房前述案件的判语没有蹈袭嘉庆二十二年的判案先例。其中的一个依据是此件与道光九年有关兼祧服制问题立法确定了相比,是一件时间远在以前的事情,另外,此案"但引礼经,颇与钦准兼祧之旨违背",因此以"尤非通论"为词将其驳回。的确,一个男子同时有两个以上的正妻,无论在礼制上,在法律上都不被认可。兼祧之两妻无论如何都不能地位同等,不得不将后娶之妻作妾来处理。因此这一妾在另一方的小孩看来就是"庶母"。也就是说,嘉庆二十二年的先例是对兼祧,以及由兼祧的孙子这一代人中的大房出继其他房、无论是否采取的是权宜之计,但先例对出现的这一事实并无什么特别的考虑与关照,而只是坚持了礼仪原则弄出来的东西,所以判语中没有采纳这一先例的判断。但是,判语中一直坚持了必须将少李氏置于妾这一角色的立场。而且认为既无嗣父(从被立嗣的小孩的立场看少李氏的丈夫就是自己的亲生父亲),承认嗣母的话,于理不合。长房的独生子兼祧二房这一案审理的最后,以两个妻子相亲相爱共同养育了孩子们,孩子们也不分彼此,将两人都称为母亲这样的事实,将古代也好,现在也好都在制度规定中的"慈母"概念作了扩大解释[33],认定少李氏是慈母,判语中断令嗣子服三年之丧也无不可,了结此案[34]。

总而言之,因为上古时代并没有兼祧这一风俗习惯,所以在礼制上也没有有关兼祧场合的服制规定。这一点与前面已经讨论过的童养媳相同,不过,兼祧这一形式出现在现今的法律中,附录了服制图,对其制定了特别的规定。而地方官在处理这一类案件过程中,将难以规定到细枝末节的特殊事例放在前面,判语站在"济人道之穷,补古礼之缺"的立场上对立法精神的这种修残补缺,实在是大费苦心。

在上一章中已经讨论过的有关冥婚的案件,哥哥欲为其早夭之子行冥婚之仪,弟弟因思哥哥的做法与古礼不合,申诉官宪禁止,结果被驳回。这一情况与我们上面讨论的例子是可以放在相同的理路上来理解的。[35]

第二节　习惯

一　风俗、土例与规则

本节考察的是习惯乃至习惯法——用习惯（法）略记——的问题。[36]如果说在上一节论考的经义与礼是为了回答中国（汉）学家提出的疑问，那么本节就将要回答法学家提出的问题。据笔者对史料的检索，从当地民间风习中找出法学上称为"习惯法"，即具有一般拘束力含意的社会规范，并明确地根据该规范作出判断的案例，实际上连一件都未能发现。

在上一章曾经言及，关于作为法律渊源的习惯，日本在建立近代法制的明治时期于明治八年太政官告示一○三号中规定，"民事裁判无成文法者得依习惯、无习惯者得参照条理进行裁判"。完全一样的原则在中国的民国时期由民国二年的大理院判决所明确宣布。[37]按上述"成文法—习惯—条理"三者的优先顺序考虑审判的依据，对于近代法学来说属于一种一般性常识。对于已经决定拥有成文法典，然而尚处于未达到立法完备阶段的政府来说，为了补充成文法的不足而要求依照习惯进行审判可以说是一种极为自然的思路。所以，以同样的思路来想象历史上的法制时，设想中国在不存在成文私法体系的过去，大概民事审判主要依据习惯和条理来进行也是很自然的了。[38]但是，不带问题意识地去浏览史料时经常出现的只是"法、理、情"这三者，即虽然不完备却也在一定程度上存在的成文法、相当于日语中"条理"一词的情和理。为什么"习惯"在史料中并不常见呢？看来，上述按照一般思路来进行的设想可能存在着问题。

据笔者对史料的检索,从当地民间风习中找出法学上称为"习惯法"即具有一般拘束力含意的社会规范,并明确地根据该规范作出判断的案例,实际上连一件都未能发现。在地方官的判语中,意味着当地民间种种惯例的"风俗""俗例""土例""土风"等语倒是时有出现,但逐一地仔细分析这些地方的上下文,就发现上述语词都没有作为法源的习惯这一含意。下面,拟对所能见到的这类事例作一稍稍详细的介绍。

有必要先清理一下问题。上述所谓"成文法—习惯—条理"这一常识性的顺序之中,似乎潜藏着一种无言的一般理解,即相对于条理纯粹是一种非实定的规范而言,习惯总在某种程度上具有一定的实定性。[39] 在维持这一理解的前提下考察清代中国司法制度中作为一种法源的习惯将会得出什么结论正是这里的中心问题。但是,所谓"实定性"总体现在一定的形式或材料上,究竟根据什么样的材料来探讨习惯呢?

第一,可以想到的是记载习惯的书籍。如果存在这样的书籍,当然可以依据其记载来讨论习惯是什么。从比较法制史的角度寻找例子的话,法国绝对王政时期所编纂的各种习惯法书(coutumiers)是最为明显的范本。[40] 但相当于或多少有些类似于这种法书的典籍在清代的中国完全不存在。有关书志学的知识里没有这一类别,在判语中也从未出现过。所以对此不必讨论。[41]

第二,可以想到的是民间的法谚。谚语以一种机智而又容易理解的形式把社会生活中的知识凝缩在短短的句子里。具有"权利义务性"含意的社会规范通过谚语的形式表达出来就是法谚。尽管是一种极朴素的方法,法谚在一定程度上确实具有将习惯客观化或实定化的作用。中国的一般民众中流传着大量丰富的法谚或近似于法谚的谚语，可以想见这些谚语在社会生活中有很大用处。[42]但是，在听讼时，地方官引用民间法谚的例子非常罕见。在判语中仅发现以下这样一件类似的例子。

> 道光末年山东博平县七十多岁的老寡妇高姜氏，以前将三亩地以四十五千文的典价出典给小叔子高书行及其儿子高东岱、高东山（三人共同名义），现又请求高书行每亩再加五十千文将土地买断。高书行当然予以拒绝，而且周围也没有肯出这样高价购买的其他人。于是高姜氏捏称高书行既不肯买断土地还妨害自己将土地卖给他人，向官告状。高姜氏显然无理，然而考虑到老寡妇困穷的境况，知县胡学醇开导高书行并下判称"骨肉为重，钱财为轻。高姜氏即无三亩田，典给于尔。向尔通缓急，尔们亦不能不应。倘伊无力自存，尔等将弃之不养乎？本县今有公断：高姜氏之地，既已当给于尔，自应向尔找价。所言一亩五十千之数，原不可凭。但<u>值十当五</u>，<u>俗有定例</u>。高姜氏已用过当价四十五千。高书行再找给卖价四十五千。至平至允，两无异议"。知县还说服高书行如果与两个儿子分担，上述找价也是可以承受的，结果当事者接受了这一解决方案。[43]

从这个例子可见该地有"值十当五"的谚语，即如果出典卖价为十的土地则典价为五是进行这种交易时的大致标准。知县利用这一谚语，使老寡妇撤回了过分的卖价要求，同时也说服对方当事者在兼顾扶养亲戚的意义上作出了让步。[44]不过，虽说确实引用了谚语，但这绝不意味着存在诸如承典人在对方有请求的情形下负有支付与典价同额的价款买下标的物的义务这样的社会规范,也不意味着知县适用了这样的规范处理案件。"值十当五"本身不过是从事典当时典价的大致参考值,谈不上是拘束承典人行为的规范,因而并不是本来意义上法谚。

此外,在雍正年间福建省汀漳道台徐士林的判语中,还可以看到有一个案子涉及"租地盖屋""卖屋不卖地"的"土例"。

> 郭倡、郭博兄弟有祖遗的建房用空地一处,不过上辈曾以此土地为担保借过钱。现在该债权已集中到许士征一人的手里,郭每年向许缴纳租谷作为利息。因郭的土地与许家相接,许欲买断取得此土地。但郭不愿卖地,于是发生了纠纷。另外,郭安、蔡国、许斌、郭都等第三者向郭倡借了该地的一部分,在上面建起了临时的小屋和厕所等,并把这些建筑卖给了许士征,从而使当事者之间的关系更加复杂。另据道台查明,许有改窜契约及其他不正当的行为。在县里解决时,知县认定债权的数额为三十二两银子,判定郭清偿此债权后保有土地。郭遵照判定向官缴纳了三十二两银子,但许不服判也不领取这些银两,再次告状。在县里第二次的解决结果与第一次完全相反,令许另外拿出三十二两银子,与以前郭提交的银两一并着郭领取,而土地则归许所有。郭被迫写下了买卖文书,但之后与从台湾归乡的弟弟郭博一起又表示不服,带着已领取的银两上告到了道台衙门。道台调来县里的记录、传讯了有关人员,通过调查发现了许的不法行为并给以了严厉惩处,最后判令许领取郭的三十二两银子,土地则如从前一样归郭氏兄弟。

在判语中,有关第三者将临时的小屋和厕所等卖给许士征的问题,再次提到了"租地盖屋"的土例。即"自后郭安、蔡国、许斌、郭都等,原租郭瑞(郭倡之父)屋地厕池,各将屋厕转卖于许士征。以漳属向有'租地盖屋''卖屋不卖地'之土例也"。在历数许之奸计时又写到,"至许士征取买蔡国、郭安、许斌、郭都各房屋厕池,其地皆郭姓地也。止有蔡国卖厕池一契,载明在郭瑞地内。其余各契,并不声明郭地。而郭安一契,又载与郭瑞毗连之语。讯问卖主,俱称原不识字,倩人代笔。所以写得不明。明系许士征因靖邑租地盖屋,向无批约,欺哄乡愚,暗伏机关。数年之内,将执此弊契,举郭姓之田地而并吞之。许士征之奸弊,此其四"。最后裁定的部分则称,"至许士征所买郭安等房屋厕池,土例既系租地盖屋。不便拆屋还基。饬县吊齐原佃,讯明原纳郭姓租谷若干。着落许士征出具认状,按冬完纳郭倡租谷。郭倡卖契涂销。郭安等各卖契,批明郭地字样,以杜奸谋"。[45]

这个案件中的"租地盖屋""卖屋不卖地"不过是不动产交易或经营中某些可供选择的行为类型之名称,并不包含任何规范命题的要素。就本来的含意而言,还称不上谚语。之所以称为"土例",意味着这些行为类型为当地居民所容许或经常采用,属于一种事实性的现象范畴。本案不过是地方官遇到了这种行为类型的一例,并按照行为内容即当事者的约定本身下判而已。土例的引用也只是听讼查明案情并给以恰当解决之一般过程中的一环,谈不上适用了习惯来进行处理。[46]

第三,作为把握习惯的途径可以想见到的是让熟知习惯的第三者在法庭上就什么是习惯作证这样的方法。日俄战争后日本在中国辽东半岛的一部分设置"关东厅"进行统治时,当地的法庭为了了解中国居民之间流行的习惯曾频繁地实施鉴定人讯问。[47]即使没有这样正规的程序,清代的州县衙门是否也采取了某种类似的方式来了解习惯呢?后面还将论及汪辉祖关于可从法庭的旁听人中选老成持重者数人以"体问风俗"的经验之谈,同时在判语里也不是没有稍稍类似于此的例子。

例如,光绪三十年左右湖北省东湖县熊宾的判语中,前后出现有四件关于"溜庄钱"的案子。[48]从判语中"该佃户既去溜庄在先,有旧佃书凭据"的文言可知溜庄钱指佃户于租种地主田地时除向地主缴纳押租外[49],另向以前一直耕种该田地的前一佃户支付的金钱(同时由前佃开具证明收取的文书)。当地主解除租佃契约,返还押租收回土地时,佃户要求还须偿还溜庄钱,否则就不退租,由此发生了纠纷。四个案件都属这一类型。地方官认为,"查溜庄乃系东湖之恶习,然积弊太深,未能尽行革去"[50]。即溜庄钱既然是在地主不知情的情况下新旧佃户之间相互授受的金钱,类似于若干代佃户的交替中自己随意给"佃作权"规定的价格,以此来对抗地主的所有权于理不通,所以称为"恶习"。但是实际上不向前佃支付这项费用就不能进行耕种,如果完全不承认溜庄钱的话,结果是使最后一位佃户承受积年恶习造成的全部后果,也不合适。当然又不能承认佃户所主张的全部金额。于是,地方官进行"酌断",令地主支付一定数额的金钱,佃户则领取这笔钱后即行退佃。这样使当事者双方妥协是这四件案子共通的解决方法。以下为其中一件的判语全文。

据卢上达供,陈传甲(福)、陈宗泽伙种生田,实只押租钱二十二串文。质之陈传福、陈宗泽供,另外去有溜庄钱一百余串。查此田仅只九石四斗。讯诘杨着轩、蔡琴仙等,此处土风,若九石四斗,究有溜庄若干。复供称,至多亦不过七八十串文。断令卢上达出溜庄钱八十串。外给押钱二十三串。限年内给钱搬家。仰原差将陈传福、陈宗汉(泽)带去,取连环的保。如不搬家，即为保人是问。各结附卷。此谕。[51]

在这个案子中，"溜庄钱"作为"恶习"的存在及其含义、性质等，对于在当地履行了一段时间知县职务的官员来讲，似乎已经很自然地得到了认识。但为了了解通常情况下其数额是多少，知县讯问了杨着轩、蔡琴仙两位居民（尽管不清楚他们以什么样的资格出现在公堂上），并以他们的证言作为参考作出了判断。这就是判语中所能见到的最接近于鉴定人讯问的例子，但问题也不过在于金额的一般幅度这种数量方面的内容，似乎不牵涉权利的获得和丧失，也未把是否承认社会规范存在作为问题。在判语中所能看到的只是这种程度的事例。如果再勉强举出另一个例子的话，陕西省凤翔府邱煌的判语中有如下的一件案子。

> 任王氏的公公任聚良于乾隆四十五年将水田十亩出典给钟建黄，取得典价十八串，并在没有移转纳税名义的情况下与钟约定税粮四斗二升四合九勺中的四斗由承典人负担。后来任王氏要求回赎，钟建黄拒绝回赎，并主张土地是自己买断的。乾隆五十三年，钟将田地转卖给范守德，得价三十五串，而且征得纳税名义人任王氏的大伯子任俭的同意，把税粮四斗的名义过割（指纳税名义的转移）给了范守德。道光二年七月，任王氏与自己的兄长王春先一道要求钟建黄出示了任聚良原来交付与钟的契约文书，但两人都不识字，且当时在场的乡约侯梦莲后来所作的证言也内容暧昧。当年八月钟建黄家失火，烧毁了原契（也有可能不过是钟的故意作为），于是当初究竟是典还是卖就再也无法弄清了。任王氏自道光二年提起诉讼以来反复上诉，到了道光十九年依然未能结案。

知府邱煌认定,由于土地由任姓移转给钟姓时并未过割,只是由钟姓再移转给范姓时才过割了,这意味着最初的交易并不是卖而只是典。此外当时的税粮中只有四斗由钟负担,余下的二升四合九勺仍由已经没有土地的任姓负担,这也说明最初是典而不是卖。对此判断钟姓和范姓两当事人都"无能置辩、俯首认罪",旁听者们也发出了心诚悦服的欢声,争讼由此得到了解决。不过,(尽管判语的行文不甚明了)土地并未交任王氏赎回,而令钟姓出二十串、范姓出十串赔偿任王氏,剩下的二升四合九勺税粮转移到范姓名下,以此结案。判语中关于钟与范的责任有以下陈述:

> 此案钟建黄,捏当作卖,构讼多年。现已身故,应毋庸议。范守德承买之时,并未索看原契。实属疏忽。但查讯此邦风俗,凡承买房地,概不索取老契。民间相沿,历系如此。是以钟建黄得售奸欺,而范守德尚无知情串买情事。[52]

所谓老契,指不动产的卖主从以前的所有者买取标的物时由对方交付的卖契,具有证明现在的卖主享有正当权原的作用。通常在不动产买卖时,需要将老契与眼下进行的交易中新作成的卖契一起交给买主,如果有不能交付老契的缘故,往往在现在的卖契中写明。但是也有一些地方没有一起交付老契的风习。[53]上述判语中所说的"但查此邦风俗",究竟具体是怎样查的并不清楚,但可以很自然地想象到讯问范守德时他以此声辩,其他人也予以肯定,于是地方官就接受了该说明的情形。一般而言,对这种案件,尽量不要严厉地处罚某一方当事者是官员们通常的心理,本案中地方官也就很容易地接受了"此邦风俗"作为范守德的免责理由。无论如何,当地的习惯在这一点上并没有牵涉决定当事者获得或丧失权利这样重大的问题。

第四，如果当事者提出对自己有利的某一习惯并力图证明其存在的话，法院也必然会就是否真存在这样的习惯以及是否承认其具有法律效力作出认定或判断。通过这样的审判过程，习惯有可能得到实定化。在中国，到了已经培养出一部分接受近代法学训练的法律家的民国初年，这种机制在例如大理院判决例中已很明显地表现出来。[54]但是清代的州县衙门在这点上究竟怎样呢？关于这个方面，从判语中勉强可以发现极为微弱的有关事例。以下是光绪初年江西省清江县的一个案件。

> 清江县被太平天国占领，又被清军收复时，临江营花了官费约二百两银子把被战火烧毁得只剩房架、且所有者不明的一栋废屋修复，作为办公之用。二十余年后在浙江省避难的所有者李某回来，要求返还房屋。地方官同意返还，但令李某交纳修复房屋所支出的二百余两银子。李某辩称"市民修葺东家房屋，均系扣租"，自己二十多年未收取房租，积累起来早已抵销修理费用还有余。但是，地方官以修理的是所有者不明的废屋而非寻常的修理，且与李某之间也没有租赁关系为理由，驳回了李某的主张。[55]

在此案中，当事者确实主张借房人以自己的费用修理房屋时，通过与房租逐渐相抵而获得补偿是社会上一般存在的惯例。不过这并不是涉及案件核心的主张，因此被以废屋不是通常意义上的租赁房屋为据而简单地驳回。这个案件几乎是所能看到的唯一例子，但当事者以风俗为由提出抗辩的还有光绪年间浙江省太平县的一例。

> 叶某与林某就一处坟山的归属发生争执。因为是多年

前的祖坟,双方都未能提出买契。不过,叶某持有称为"粮串"的纳税凭证。虽然林某仍以种种理由主张自己所有,地方官判他败诉并在判语中指出:"该童(林为童生)等知有祖宗坟墓,独不知有国家粮赋耶。即云太邑风俗,有粮由卖主代完者。不知典买产业,不过割者,罪应笞杖,其不过割之产入官。况亦必有卖主可指,代完粮串可凭。安得以地方有此恶习,藉为无粮霸占之护符。"[56]

法律规定买卖土地时必须迅速地转移纳税名义,否则将予以处罚。但因种种理由,在许多地方买卖双方往往私下作出另外的安排,如长期以原来的所有者名义纳税,实际上粮税的负担由双方之间在内部商量解决。此案中林某以当地风俗系由已经失去土地的卖主负担粮税为由,试图表明自己虽然没有纳税名义实际上仍然可能是正当的所有者。但是,既然不能举出证明自己是正当所有者的直接证据,地方官将此作为非常勉强的诡辩而予以驳回。这里所说的"风俗"显而易见只是日常的行为,而非具有规范性质的习惯。

从以上情况可以看出,例如法国在习惯法未成文化以前的绝对王政时期,诉讼程序中由当事者从当地居民中选出10位证人一起出庭,以证人们众口一词的证言来证实习惯之存在与否的场面[57],这在清代中国恐怕是做梦也想象不到的。而且,仅就地方官"听讼"、即对民事纠纷的处理而言,几乎看不到任何作为先例参照类似案件的情况。因此,也很难想象清代中国的审判中存在通过判例来使习惯得到实定化的机制。

以上的部分着眼于"风俗""土俗""土例"等词语来探讨了习惯的问题,这里还想围绕"成规""旧规"以及有关水利的"渠规"等词语就"规"的含义作一点简单的考察。这类例子不知为何都集中在道光年间河南省河南府知府李钧的判语中。以下先举一例。

> 洛阳县的刘家沟、梁家村、王府庄、方家楼四村为一保，向来有惯例，临时需要出差役的时候按刘家沟五分、梁家村二分五厘、王府庄和方家楼二分五厘的比例分担。但对此比例与各村的经济力量不平衡一直隐隐地存在着不满。道光八年官军路过该地时，保正地方按"旧规"分派接待所需要的差役，刘家沟村民刘士贵以分派不公为由提起了诉讼。经几度上诉，到了府衙门审理。知府下判称"查粮从地出，差随粮派。地有肥瘠，即粮有多寡，差亦当有重轻。按粮办差，实属不易之法。至按村分派，虽系一保之旧规，而今昔之情形各异，不能泥守。嗣后，办理该保一切差务均按粮分派，以昭公允"，结果是改变了旧规。[58]

上文所见的"规"字，似非社会生活一般，而是指就某种具体事务达成的安排，也许这种安排究竟是何时以何种方式达成的已因年代久远而被忘记，只是作为历来的惯例而保留在记忆中。但无论怎样都可以把"规"的含义理解为关于某项具体事务的安排。出现在判语中的与上文相似的例子还有：运送官府物资或押送囚犯通过县内时地方上分担所出差役的"旧规"[59]；负有义务接受充军而来的犯人之所谓"屯卫"（实际上几乎与一般农村无异）拿出一定金钱让充军犯人中的"军头"承包犯人收押管理的"旧规"[60]；运输业者的行会作为取得执照的回报承担过往官差的"旧规"，且这种负担与邻县同业者相比显得不公平时，由知府判断让邻县的同业者也分担一部分，或禁止邻县同业者运输某种货物，让承受负担的业者独占该项利权而延续至今的情形[61]，等等。此外,还可以看到地方官把一面从事粮行的牙纪一面又充任头畜行(家畜业)总行头的人物以"变乱成规"为由加以罢免之例[62],以及由水利争议发展到诬告等情节的复杂案件中地方官命令今后必须"查照渠规秉公给放"来解决纠纷等例[63]。像这样,当围绕成规或惯例发生争议时,地方官或者斥责违反者,命令维持成规;或者对成规本身有所修正或对不明确之处加以明确;还可能像上述最初的例子那样判令废除成规,采用新的方式。换言之,成规与其说是审判的准则,不如说只是存在于事实中的社会关系之一部,其合理性通过审判而受到审查。判语中出现的"成规""旧规"多是类似于上述情况的例子,即多有关于向官府提供差役或牵涉官府的某种具体事务。但在纯粹属于私人性组织的团体及其运作、活动这一方面,这一类组织内部的规约或惯例也称为"规"或"规矩"。例如"祖规"等即是如此。不过,这类规约也可以说属于与当事者之间就交易行为而成立的约定同一层次的东西,国家的法庭虽然事实上总是尽量地按其内容进行审判,但成规本身并没有要求必须这样做的规范意义。所以,这些成规或惯例并不适于在"习惯法"这一概念范畴内来加以讨论。[64]

二 体问风俗与准情酌理

根据上面的讨论似乎可以说,显然很难把习惯或习惯法作为清代审判中的一种法源。不过,有心的地方官及其幕友为了更好地进行审判,作为前提总是努力了解任地的风俗习惯也是事实。以汪辉祖做幕友时写下的《佐治药言》中所述为例:

> 为幕之学,尚读律。其应用之妙,尤善体人情之所在。盖各处风俗往往不同。必须虚心体问,就其俗尚所宜,随时

调剂,然后傅以律令,则上下相协,官声得著,慕望自隆。若一味我行我法,或怨集且谤生矣。古云,"利无百不兴、弊无百不除",真阅历之语。念之。[65]

他任知县之后所著的《学治臆说》中又写道:

人情俗尚,各处不同。入国问禁,吏者亦然。初到官时,不可师心判事。盖判或与舆情不协,即滋议论。后以持之,则较难用力矣。每听一事,须于堂下稠人广众中,择传老成者数人,体问风俗。然后折中剖断,自然情法兼到。一日解一事,则百日解百事。不须数月诸事了然也。不仅理事中肯,下令亦如流水乎。[66]

前面已谈及两段文章中的后者,建议从公堂的旁听者中选出数人,听取当地的风俗以作为判案时的参考。这样做可以指望审判达到的效果是"情法兼到"——即照顾到具体而微妙的情况,不强人所难及压制人们自然的心理感情,在有利于恢复或维持良好的人际关系之同时,又不致逸出"法"(在这里应包括法律和道理二者)的基本要求。换言之,"体问风俗"反映了合乎人情、即常套语所谓"大小之狱,必以其情"这种一般意愿的一个方面。[67]

上述第一段文章同样以法律的"应用之妙"在于"善体人情"作为主题。在"人情"的概念中包括了"各处风俗不同"的种种具体情况。[68]由此可见,风俗是包容在已经讨论过的"情、理、法"这一判断结构中的东西,其自身在听讼中并无独立的意义。事实上,汪辉祖在上文所述的"各处风俗往往不同。必须虚心体问,就其俗尚所宜,随时调剂,然后傅以律令"等语,与笔者在讨论"情、理、法"结构的论文中引用的方大湜所言"但本案情节,应用何律何例,必须考究明白。再就本地风俗,准情酌理而变通之",除叙

313

述顺序和重点有所不同外,几乎完全是同一个意思。

汪辉祖本人没有提到努力了解风俗的结果使审判达到了良好效果的具体事例,但其他人的判语中出现了近似于这种情形的案件。例如雍正年间担任福建省汀漳道台的徐士林所写判语里有如下的一个案子。

李天和叶丑就叶现有房屋究竟是典还是卖发生争执。李天称自己的祖父将此房屋出典给陈和姐,陈又把该房产分为两部分,分别转典给了李某和叶丑,李某所承典的部分现已赎回,还剩叶丑现有的这一部分未能赎回,请求官准与回赎。对此叶丑辩称该房产是自己从陈和姐处先典、后改为买断的产业,并不知原来属于李天的祖父。陈和姐的儿子也称该房产是自己父亲的祖业,已卖给叶丑,并无向李姓承典之事。受理该案的知县先承认了李天的主张,下判让李以原价加修缮费用回赎。叶丑坚持不服,最后知县经复审后改变了判断,承认房屋为叶之产业,令李天领回为了回赎而押在知县处的金钱。李天不服,上诉到道台衙门。道台调来全部记录,经审查后指出原审有几处未能调查清楚之要点,原判也有问题,乃发回县里命重新审理下判后再行报来。以下是道台发给原审知县的判语其中之一段,指出记录上所见原审知县发问时的理解有误。

> 至此屋如果系陈和姐祖业,因何又带李家地税银四钱,逐年收取?本道每见南人房屋,若系卖绝,则契开随带地基,或几亩或几分。而典屋则有收税土例。间尝寻访其故。或云,"典价轻而许赎。故契内不开随带地基,而每年收税"。在各省风土不同。此说自难概论。然如该县诘问李天所云,"如果是你屋,出典陈家,为何这屋地,还是你收租"之语,恐

不无以李姓之左券,而反作陈屋之把柄。[69]

南方人有"土例"是出典房屋时不包括下面的土地,所以另外收取地租(上文之所谓"收税")。如果主张已买断的叶丑仍向主张是典的李天支付房屋之下土地的租金,则谁都可以看出很显然这不可能是对叶有利、对李不利的间接证据。原审知县竟将此理解为对李不利的情况,用来诘问李天,确实是明显的错误。可知纠正这一错误的道台徐士林在见识上确实高过知县,这种敏锐的见识通过平时留心任地居民的交易习惯,热心地询问其缘故得到涵养。该判语在命令重新调查的结尾部分指出,"不可执泥,亦不可迎合。惟在该县听断,公平允协,合情合理而已"。由此可知"合情合理"正是关键所在,而关于土例的知识则是达到合乎情理的一种辅助。

就风俗习惯与情理的关系,还想从道光年间任陕西省凤翔府代理知府的邱煌所下判语中举出具有同样意义的一例。

寡妇王高氏无嗣。其妹有一子名成会,王高氏钟爱成会,原想以他为嗣。但因同族众议反对,不得已立了亡夫之侄王正新为嗣子。成会曾向王高氏以一分利息为约借钱三百串,其借约仍在。王高氏死后,王正新凭此借约要求成会还债,成会否认有借钱之事,由是成讼。县里下判后王不服诉至府,府里命县复审后王仍不服,再诉于府。当时刚作为代理知府赴任的邱煌开庭审理了此案。作为证据的借约并非成会亲笔,县里曾令王正新自己找出代笔之人而王无法可施。对此邱煌在判语中指出:

> 查陕省风俗,借券内只有中见(中人),并无亲笔书字之事。本府于道光二年履任秦中,见民间具控钱债,券非亲笔,颇为骇异。今阅历十八年来,始知风俗历系如斯,不足为异。

> 至成会供,本身识字,何以并不亲书借券?试思王高氏系属
> 女流,本不识字。当其慨然借贷之时,自不暇辨别笔迹。况
> 成会本意,又何乐于亲笔书券,留为异日柄据。是其所供之
> 处,显系巧言支饰。

当然,仅仅这些认识尚不足解决此案。且在借券中充当中人(中见)的王高氏兄弟也已死亡,他的儿子站在成会一边不愿作证。知府考虑道,"若非实有证据,不足折服其心"(成会之心)。当时王正新还举出王凝应当知道借钱之事,但据县里的记录他供述并不知情。邱煌唤来王凝讯问,得知道光十五年五月,王凝与中人、王正新、成会曾在酒馆里相会,当时王正新要求成会还钱,成请求延期,中人也从旁劝王同意延期。王凝还说县里的记录恐怕是胥吏之笔误。不过,知府考虑成会异常狡猾,如仅以王凝为证人,恐他会以王凝收受了王正新贿赂作伪为由,不肯折服。再查记录,得知成会还有一个亲戚名魏统,在县里也供称并不知情。知府唤来魏统"再三开导、隔别研讯",还让他与王凝对质并威吓他说,"据本府所知,不仅王凝,尚有魏世丰、王廷才、刘兆魁三人知情。将来传来三人究明真相,若你作伪则不免诈骗之罪"。结果,魏统终于开口,承认了以前成会曾委托自己向王正新交涉,请求免去一百串债务,只还钱二百串,而王拒绝妥协,交涉没有成功的事实。在得到这些证据后知府再行开庭,面对证据,在知府的说服斥责下,成会终于俯首认罪。知府考虑到成虽然居心贪狡,但终究还是供出了真实情况且甘心服罪,再斟酌成与王本为亲戚,王之嗣母生前钟爱成等情节,最后让王放弃利息要求,令成会返还所借三百串钱,以此结案。对这一处理结果,两造均表悦服。[70]

这件案子也是知府通过多年的经验熟悉了民间借约通常的书写方式，从而表现出比原审知县高出一筹的见识。不过，在根据所认定的事实决定当事者各自的权利义务这种法律问题方面，关于民间习惯的知识并不具有作为判断准据的意义。狡猾的被告以借约并非自己书写为由否认借钱的事实，原审知县不明就里，对原告提出了无法办到的举证要求。但经验丰富熟知民间习惯的知府看出了被告所举理由不过是一种诡辩，最后终于迫使他供出了事实真相。在这里，关于风俗的知识是在发现案情真相这一事实（而非规范）层次上发挥作用的。因当事者承服而确定真实后，免去利息返还本金的简单措施就足以解决纠纷了。如果作一比喻的话，本案中的知府所为类似于一名杰出的侦探，关于风俗的知识不过是他查清案情的线索之一。由此可见习惯也可能包括在作为案情事实一部分的"情"这个范畴中。

邱煌在另一个案件所下判语中还说，"但风俗不惟南北异其宜，今昔之情形亦随时迁易。必须酌量变通之。庶免胶执之弊"。这里把因地而异的风俗与时间上的情况变更一起把握，包括在千差万别的情境多样性问题中，都作为"衡情定断"的对象。[71]

看来，鼓励"体问风俗"意味着不能封闭在个人狭隘的主观上，而应充分认识到世间存在千差万别的具体情形（存在于不同地方具有微妙差异的人情风俗是其一部分），并对此保持不懈的探究精神。在这个建议或鼓励之中，并不包含着在不同地方存在着各自已经成型的习惯法规范，审判应当发现并遵照这种规范，所以地方官必须把精通当地习惯作为自己的第一任务这样的意义。

体会世间具体情境的多样性与体会世间恒常普遍的道理，实际上往往是一个不可分地相互作用并逐渐得到成熟的过程。中国的文献中,之所以喜欢将"情"和"理"连称,且在连称时意识到二者几乎是无法分离的价值,其理由就在这里。努力"体问风俗"的地方官之目的并不在于成为有关当地习惯法规范的专家,而在于获得无论于何时何地都能通用的、作为一名优秀的民事法官所需的资质——即在家庭、婚姻、亲族等身份秩序和财产、交易等经济秩序这方面,拥有关于包括事实和规范在内种种具体情境的广泛见识与敏锐的洞察力。

这样的资质,首先通过作为士子的一般学习与教养,即读书作文以及与师友交往等人生经验的广泛蓄积来形成其基础。士子的读书绝不只限于儒家的典籍,他们也被鼓励涉猎政治、行政上有用的书籍。对于有关婚姻、继承或家产分割、不动产交易、金钱借贷等今天称之为私法领域的种种知识,他们或者自己体验,或者见闻到身边亲戚、邻居、友人发生的事情,通过这种人生体验的一部分逐渐领会。等到担任地方官等从事审判业务,则他们作为官僚有了机会得到从性质和密度上都区别于一般教养和人生体验的实际锻炼。

汪辉祖强调"各处风俗往往不同""人情俗尚、各处不同",戒"我行我法""师心判事"。仔细想想,如果说最初任官到达任地的地方官心中已经有一个作为"我法"的知识体系可供"师心判事"的话,则并非如此。类似于欧洲 12 世纪以后在大学里讲授的有关教会法、罗马法那样具有普遍适用性的法律体系的专门知识以及与此相关的职业训练,在中国士大夫的教养中并不存在。有《大清律例》这样的法典,地方官也读律,但就私法领域而言,如笔者曾所论之,那里并不存在完整的实定法体系,其片段的有关条款只能理解为在官员就情理进行判断时发挥一定的启示或参考作用。赴任而来的地方官也绝不是面对着自己作为其一员的国家所颁布的一般性法律与当地的习惯法这两种规范体系之间发生的矛盾或衔接关系。毋宁说,作为听讼这种业务的实习教材,每个地方官都分到一个特定的地区,通过审判实践他得到训练并成长起来。[72]地方官开始虽然只以一个特定地区作为教材,但经过"体问风俗"的努力,他可以逐渐涵养在任何地区都能通用的见识、即关于听讼的"秘诀",日后到其他任地依然能够发挥作用。当然,转到一个新的任地会遇上许多从未经历过的场面,这样的情况下,官员可以把前任地的经验作为比较的材料,帮助自己尽快掌握现任地的不同情境。总之,通过"体问风俗",地方官关于"准情酌理"的判断能力逐渐成熟起来。

"风俗"一词(以及其他类似的词)本身,并不一定总是与特定地区的具体情境联系起来才被提及。例如汪辉祖就在一般的意义上使用过"风俗"一词(关于族长侵夺寡妇田产一案所下判语"无此政体、无此风俗"。参见其《病榻梦痕录》乾隆三十一年之段)。此外,如笔者在"情、理、法"论文中曾引用过逯英的判语集《诚求录》,所谓"查俗例典卖人口,加写契价,事虽常有,未必四倍其数"之"俗例",在非规范而是世间常见的事实现象这一意义上,也表现的是一般情形。还有,徐士林在其他判语中谈到福建省的土例时写道:

> 批。凡买卖田产,或先出典于他人。立契成交之时,未能当下取赎,即于卖价内,扣除典价。议令买主措备取赎,价清则买主执业,价未清则仍典主执业,两不相碍。此各处买田之通例也。[73]

这里所谓"通例"与俗例、土例等一样,都是指民间的习惯,也许是考虑到或意图表明这不限于特定地方而是一般通用的习惯,才不说"土例"而使用了"通例"一词。

但是,在一般意义上使用"风俗""通例"等词语的以上例子里,下判者都不是在充分的实证性根据之基础上确认习惯。尽管他们作为地方官或幕友都是具有丰富阅历的人物,但所任地方仍然有限,不曾获得过普遍地调查各地习惯的机会,更没有接触全国规模的习惯调查报告集这类实证性研究的可能。他们并不像社会科学家作研究那样只是记录或叙述事实,而是以判定者的身份在作出判断的意义上使用这些词汇。所以,"风俗""通例"尽管是以经验为基础的词语,同时也是超越了经验性事实而建立在深刻理解事物本性的洞察力之上的词语。在此意义上看,习惯实际上也就是"情理"的一部分,尤其与"理"字的含义有相当重合。以上所举之例中,即使将汪辉祖的"无此风俗"换为"殊非情理"、徐士林的"此各处买田之通例也"换成"此情理之正也",也不仅不会妨碍上下文的衔接,而且实质上绝不至于歪曲他们想表达的意思。事实上,上述徐士林判语在接下来的文章中,针对按照通例看来,前任知县判断之不合理处就诘问道"有是理乎、有是情乎"?而且还指出未能改正前任者错误的现任知县是"未体察情理"。总之,他是以"情理"一词作为轴心来作出判断的。

所谓"情理之正",是笔者曾引用的卢见曾在其判语集《雅江新政》中所述之语。在他的文章里,"情理之正"是与"洪邑之陋俗"相对比而言的。在继承方面,入赘的女婿即使能够分到一些财产,但通常并不与儿子一样均分家产。卢见曾把这种事实上比较普遍,同时在理念上一般也被视为正统的风习视为"情理之正",而将洪雅县在儿子与入赘女婿之间均分家产并不遭到批评谴责的风习看成"洪邑之陋俗"。从这个例子也可知情理与风俗在性质上并不相异。更重要的事实是,"体问风俗"或"就俗尚之所宜"并不意味着对当地流行的任何习惯都无条件地加以肯定，并在其范围内进行审判，地方官常常站在普遍的正统的立场上对一定地域的风习作出评价。有时他会认为是陋习，有时会作为恶习（如上述的"溜庄钱"等例）加以否定。但即使作出这样的否定性评价，对陋习、恶习，地方官在处理结果中仍然多少可能会保持一定的理解或同情。在这种情况下，起作用的往往是"不强人所难"的所谓合"情"的要求。

以上所讨论的内容归结起来，就是说清代中国的所谓习惯或习惯法，归根结底不过是一种融汇在"情理"之中的东西。"情理"与习惯不可分离也没有性格上的相异。从"情理"这一方面来追根究底的话，得到的仍然是同一结论。

例如"父在子不得自专，理也"这一说法，指的是同居共财的家族中，只要父亲在世，儿子就不能以自己的意思处分家产。这里默认的前提是父与子把通过自己的劳动分别取得的一切报酬都作为一个共同财产的中国传统家族制度。"父在子不得自专"对于当时的中国人确实几乎可说是不言而喻的自明之理，但却不一定是适用于古今中外确定不移的道理。对于现代社会的人们来讲，儿子通过自己的劳动得来的报酬就是儿子自己的财产，不管父亲是否在世，谁都能够以自己的意思处分属于自己的财产。这也是一种不言而喻的自明之理。与此相比较，"父在子不得自专"可以说中国人传统上的一种习惯或习惯法。不过这既然是一种普遍长久地维持下来的生活方式，而且因为中国文明在东部亚洲的极大影响，所以当时的中国人自己决不会意识到这只是一种特殊的习惯，而是作为"普天之下"不易的道理了。[74]

另外，"有借必还、一定之理"大体上可以说是通用于古今东西的道理。不过，如果借钱时约定了利息且发生滞纳的情况，债务者是否一定承担将本金和一直累积起来的全部利息加以偿还的责任则难以一概而论。从清代中国的审判案例来看,积年的债务(尤其是借贷初期的某段时期内债权者已取得了一定利息收入的情况下)常常以命令债权者作出某种程度的让步来解决的例子相当常见。[75]当然,并不存在规定债权者必须让步的确定性规范[76],关于让步的妥当程度也没有任何规定。纠纷的具体情境无限地多种多样,每个纠纷的处理都是摸索妥当的大致范围在哪里的具体过程。双方当事者以及审判者的个性也对处理的结果发生影响。有关金钱借贷积年滞纳的处理只是一个单纯的例子,摸索具体妥当的大致范围之努力往往是在"情"这一词语下加以把握的。在那里,谋求的是多多少少因人而异的衡平感觉在某种程度上的平均值。同时,虽说"因人而异"但毕竟都是在传统中国社会中生活的人们,直接说来就是双方当事者与各自有关的人们、审判者,还有作为旁观者的本地居民。最后达到的解决当然带有传统中国社会的个性。尽管纠纷的解决都是个别的和各不相同的,但总体上看来仍能够归到某种道理或某个形态中去。而且无论解决方式的差异状况还是总体上的形态,无疑都是传统中国特有的东西。与当事者或审判者的个性影响纠纷处理的过程和结果一样,发生纠纷的地区所具有的特色也会给案件的审理带来一定的倾向性差异。但听讼包含着一切性质的差异和个性,同时总体上仍表现出中国传统的特点。换言之所谓"情"就是中国的"习惯"。不过,这里所说的"情"和"习惯"反映的都是在中国文明的特定文化情境里包含着千差万别的多样性同时又可以构成的一个总体上的大致形态。必须充分地注意到,在西洋法学传统影响下我们理解"习惯"一词所具有的"虽然不成文却能够得到实定化的具体规范"这种含义,在清代中国的听讼里是完全不存在的。只有在不带这种含义的前提下，才可能用习惯一词来讨论清代地方官从事民事审判时的法源问题。同时也是在这一前提下，我们完全可以说"准情酌理"的判断不外就是习惯上妥当的判断。

在任何社会中，总会有需要得到某种解决的利害对立，这些利害关系及其矛盾对立错综复杂，并总是呈现出无限多样的局面，当事者各有其理、各执己见，而周围所涉及的人们的看法或观点也因人而异、千差万别。但是，如果存在一种尽管人员流动却长期保持着制度连续性的强有力的审判机关，如果该机关总能以一种无论过去还是将来，只要是同一类型的争讼就给以同样处理的方式来对待眼前的争讼，如果一旦确定的判决总能作为不可更动的决定而毫不妥协地予以执行的话，那么，通过这种审判机关所累积起来的判例，将会形成一个能够与社会生活的一切局面相对应的统一完整的规范体系。于是，人们尽管有着千差万别的观点看法，只要需要总能在这样的规范体系中找到具有公共性权威的统一判断。最接近的例子就是英国通过国王法院的审判而形成的普通法（common law），而国王法院所适用的最基本的法源则是"王国的一般习惯"（general custom of the realm）。[77]英国普通法实际上不外是英国人民一般通用的习惯，也正是这一点规定了英国普通法的根本性质。[78]

清代的中国并不存在这样的审判机关。虽然全国各地都设置有知县、知州这样的审判者，但他们对民事纠纷进行的审判实质上是一种调解。具有"民之父母"性质的地方长官凭借自己的威信和见识，一方面调查并洞察案件的真相，另一方面又以惩罚权限的行使或威吓，或者通过开导劝说来要求以至命令当事者接受某种解决。在那里，不存在严格依照某种超人格或无个性的规则以及力图形成或获得这种规则的价值取向，也不存在双方当事者不同主张之间制度化的对决、斗争以及第三者对此判定胜负的结构。审判者与当事者之间所达到的最终解决只是意味着纠纷的平息。虽然存在对上诉的保障，但上诉带来的也只是具有更高权威的审判者从事的同一工作，审判的性质本身并无任何变化。关于重罪案件的罪名拟定和量刑，中央有皇帝和刑部确实发挥着使全国范围内判例统一的作用。但就民事案件而言，却没有任何机关有意发展出一套具有私法性质的规则，也不存在任何使判例得到统一的机制。正因为如此，习惯绝不可能结晶为一套具有实定性的规范体系，尽管有若干片段的成文法条可供参考，结果，所谓习惯也只能主要停留在"情理"这一非实定性规范的状态之中。

三 习惯与法

日语的"惯习"以及英语的 custom、法语的 coutume、德语的 gewoheitsrecht 等，都是相当多义的词语。分析整理这一概念的多义性实在是笔者力所不能及的工作。不过从上面讨论的内容看来，对某种"习惯"概念的需要恐怕仍是研究中国法律传统时难以回避的。

习惯一词至少在主要的用法中，经常包含着标志其效力范围的某种界线这样的意思。例如 W. 格尔达德的《英国法原理》中有如下一节：

> 非自由的土地领有来自耕种领主的土地这一贡役。……这些土地的耕种者只在让自己耕种其土地的领主所主宰的庄园法院（manor court）才受到保护。所以，这种样式的土地领有被称为"副本土地领有"——这种领有者按照庄园的习惯（custom），根据庄园法院记录的副本而使用土

地。……到了 16 世纪,这些农民开始得到国王法院的保护。国王法院强制领主也遵守庄园的习惯,于是农民们占有土地的正当条件就更系于各个庄园的习惯(custom of the particular manor)了。[79]

这里所说的习惯指由领主的庄园法院承认并赋予强制力的规则,显然庄园法院管辖所及的范围也就是习惯所具有的效力范围。此外,西欧法制史学者保罗·威诺格拉道夫指出,在中世纪前期的欧洲,随属人主义的法律身份(根据所属部族接受不同法律管辖)逐渐交错,终于在整个欧洲出现了"无论何处的裁判管辖区域(jurisdictional distrct)内都产生出自己的地域习惯(local custom),且该区域的居民通常进行交易时都遵从这种习惯"的史实。从他比喻这些普遍存在而又多姿多样的地域习惯拼接起来,就构成了像教堂彩色玻璃窗户那样的图案看来,审判管辖的疆界也就是习惯效力所及的疆界。[80]绝对王政时期法国北部的习惯法地带,可以在地图上用不同颜色把不同的习惯法效力区域表示出来。[81]在更早的时期,习惯胚胎于罗马帝国末期进入帝国领土内居住的各蛮族所保持的"法的习惯"(the legal customs of the various tribes)。当时罗马帝国承认这些蛮族保持他们的习惯,而这也是中世前半期出现属人主义法律交错的前因。[82]这样的情况意味着习惯效力所及的范围不仅以地域来画定,有时也可能由所出身的部族来决定。此外还有以涉及的事项来确定习惯效力所及范围的场合。如日本现行商法第一条规定,"关于商事,若本法无规定者适用商习惯法,无商习惯法者适用民法"就是以商事这一事项来划定习惯效力范围的例子。

上述的那种习惯概念,一般而言不能被用来理解传统中国的法律形态。中国的"风俗"一词完全不包含其效力所及的范围或疆界那样的因素。就从这一点看来,也不能因中国人说过"风俗各处不同"而断定不同地方存在着不同的习惯法。[83]"土俗、土例、俗例、土风"等类似的词语同样不等于西欧法律传统意义上的习惯或习惯法。[84]与这种具有规范含义的"custom"相对应的词语,在传统中国的词汇中本来并不存在。[85]所以,在清末民初接受西欧近代法制,引进西欧式法学的过程中不得不新造出"习惯"这一词语来。如果有人以法国绝对王政时期那种许多习惯法的不同地域分布为背景,设想传统中国的法律形态是在无数更小的地域簇生着无数的习惯,那么不得不说那只是一幅完全与史实相背离的虚假图像。这样的例子可以在儒勒·大卫的《比较法概论》初版中找到。

> 中国法的基本法源是习惯。只有习惯才与民众的感觉一致,根据习惯能够按照万物自然的秩序确定各人的权利与义务。中国的习惯依国内各自独立存在的共同体之数而呈现出多样的形态,实际上是不可胜数的。[86]

这显然不是我们能够采纳的观点。儒勒·大卫在此书的修订版中也删除了这一节。正如上面已讨论过的,在中国,习惯并不意味着与"情理"不同的另一种实体,并且不仅是"依独立存在的共同体之数",而且是依一个个案件之数而呈现出千差万别的形态来。因为具体的妥当性只能在每一个案件的特殊情境中去追求。但总体上都能归结到"情理"这一具有普遍含义的词语中去。一个个案件处理中的个性总的来看,仍然可能依地域不同而呈现出某种倾向上的大致差异,所谓地域的多样性也不过停留在这样的程度上而已。[87]

大卫所述的上列观点,与在他的《比较法概论》初版之前两年问世的 S. 封·德尔·斯普伦格尔著作中所描绘出的图景大体一致,或许可以推测大卫的观点是根据斯普伦格尔的著作而提出的。[88]斯普伦格尔女士的著作把国家的审判法庭与民间的纠纷处理机构合起来视为传统中国的"司法制度"(legal institution),认为在那里存在三个层次。一是由适当的第三者居中进行的"非正式性调解"(informal mediation),二是根据宗族、行会、村落等人们直接所属的民间集团享有的权威而进行的"正式审判"(formal adjudication),三是知州、知县衙门所从事的官方审判。其中第二个层次被视为官方认可的"下级审判机构"(subordinate tribunals)。斯普伦格尔女士似乎很明显地倾向于认为村落(village)和地域(locality)的领袖们在舆论的支持下所行使的"审判权"(jurisdiction)尤其有相当大的效率和作用。对这本有时敏锐有时含混,有时行文逻辑又比较勉强的著作,这里不可能全面置评,但该书的某些观点确实令人难以苟同。例如以下的这一段,就包含了上述大卫观点中的一些要素:

> 如果把这整个系统置于眼底作一评价的话,则应该说对个人进行控制的主要部分被委之于个人直接所属的集团之手,不过上诉到官方法庭之门同时也是敞开着的。案件一般都交给最了解纠纷情节和地方上规范(local law)的人们来处理,而且大部分案件到此层次也就了结了。这种情形是促进遍及整个中国且极为多样的习惯(the great diversity of custom)形成的途径之一。如果不是这样、如果适用法律的所有任务都由官方法庭承担的话,则引起的可能是花销更大的行政以及更加周密详细的法典编纂了。[89]

本论文的课题是弄清楚在国家的法庭上什么样的规范被作为解决民事纠纷的法源。所以,关于当时民间自主解决纠纷的作用,仍然是有待笔者和其他学者将来逐步去研究的问题。尽管斯普伦格尔女士所描绘出来的整个图景是否合适,只是在出现了更多有关研究成果的阶段才能最终被决定,但这里不得不明确地说,每个中国人都处于无数民间法庭中某一个的审判管辖权之下这种见解,作为对史实的认识完全是不能成立的。

使斯普伦格尔女士设想村落审判权存在的直接证据都有哪些呢? 仔细地重新阅读她的著作就发现这些证据意外地微弱。所引证的几乎就只是很久以前 Y. K. 隆格和 L. K. 塔尔一般描写式的合著以及杨懋春回想自己出生地山东省台头村情况的社会学著作。而且查阅这两本书中被引证部分,前一书叙述的只是村庙通过其干事对轻微的刑事案件(虽然有时对抢劫这样的重案也不报官而自己处理)进行处理的所谓"司法功能"(judicial functions in petty criminal cases),而没有涉及是否对民事纠纷也进行审判。[90]后一书所叙述的情形毋宁说应该划入非正式的调解这一类,杨自身就指出"私人的调解(private mediation)当时是全国农村地带最重要的司法机制(legal mechanism),现在也依然如此"。[91]两本书以及被引用段落的内容看来都不能支持斯普伦格尔女士的设想。[92]仅从这样的证据出发就想以村落审判权的概念来把握全中国的情况显然是十分勉强的。而且这一概念还不仅仅存在缺乏证据的问题。满铁的华北农村调查表明,尽管存在着调解,却没有任何根据显示有与调解不同层次的所谓由村落领袖所行使的审判权。[93]这可以作为一项反证,由此也可见斯普伦格尔女士的上述描述,在整体上是没有可能成立的。[94]

那么,能够称之为村落审判机构的组织是否在任何村庄都不存在呢？关于这点也很难断定。[95]但即使存在这样机构组织，其从事的审判一定是依照情理、本质上仍然为调解的纠纷解决。既然连国家法庭上进行的审判都是这样，而且民间的非正式调解同样也建立在情理之上（不过在那里"情"尤其重要）[96]，反而只有被设想位于两者之间的村落审判根据"习惯"、即不成文法来进行审判是很难想象的。

使斯普伦格尔对事实的认识发生偏差、且使她未能意识到这种偏差的原因，植根于她没有排除关于法（习惯是其形态之一）和审判的西欧式观念，而以这样的先入之见为基础来试图理解中国传统的法现象。这种观念意味着：审判就是通过法律的适用以终结争讼，而法律就是审判上被适用的规范总体，如果这些规范并未成文化只是经长期沿用而得以确立的话就是习惯。实际上，无论在官方还是在民间层次，中国人本来极不熟悉这样的观念——应该说如此理解中国的法现象才更接近于事实。[97]斯普伦格尔女士自己曾指出，在考察非西欧的前工业化社会时必须接受 law 或 legal 等概念更加灵活的变通用法。[98]但结果她在最根本的层次上未能摆脱西欧式观念的影响。倒是大卫在修订自己的著作时删去了建立在这类先入之见上的论述，从而显示了他思维方法的灵活性。

在西欧社会里传统上由法律家所承担的社会功能（这些功能的大部分属于对任何社会都不可或缺、总得由谁以某种方式来加以承担的东西），在中国则很大程度上是由一般人相互交替来承担的。例如，西欧历史上有悠久的传统并发挥重要作用的公证人（notare，Notar）这一职业在中国并不存在。代替的是，举行不动产交易、家产分割、婚约缔结等重要的法律行为时，当事者必定在通常为复数的第三者即中人、（如果是缔结婚约的话）媒人等说合以及在场的情况下,确认相互的意思表示或约定内容,写下契据、文约等书面(婚约则是因礼的因素较浓而稍稍有些特殊的场合),并举行具有公而告之含意的宴会。这些就是中国古来普遍的习惯。在不动产交易中,如果是英国人就会接受 solicitor(律师、法务官)提供服务的确认卖主权这一步骤,在中国则由邀请一般人中有关系且明白事理的某位或某几位在立契时及宴会上出面来加以处理。在那里,社会所需要的类似公证那样的功能,并不集中于特定的专家或制度化的机构之手,而呈现出一种极为扩散的样态,由当时当地被邀请居中的任何人所承担。谁都可能在不知什么时候被邀请、谁都能够担负这样的社会功能——这就是中国的社会机制。同样,当发生纠纷的时候,第三者被邀请或自己主动出面居中调解这样的活动在中国大概比其他社会更为常见,人们在这方面似乎也显得更为娴熟。现代社会中当事人双方依靠法律的专家即律师来进行的大部分交涉,在当时的中国却是由外行的一般人交替地相互邀请或被邀请来加以处理的。

在这样的环境中,知州、知县作为一种凌驾于庶民之上且具有公共性的第三者降临任地。他必须是于外地出身因而与辖内地域的居民没有私人关系;他能够行使公共权力或发动具有正当性的暴力装置;他属于官僚机构的一员而服从国家的行政纪律。由于有这些特点,他存在于与作为私人的第三者或调解人不同的层次上。但是,他本质上仍然不外是区别于专家的一般人或广义上所谓"法"的外行——尽管是被期待着拥有深厚的教养、敏锐的见识和洞察力并负公共威信于一身的一般人或外行。古云"君子不器",即为民父母者不应该只是偏于某种专业知识的专家。在那里,官和民同样作为一般人或外行而共有的判断标准就是"情理"。[99]

情理判断的中心部分是任何人都不会想到提出异议的普遍和不言而喻之理,其边缘部分则依具体情况可以呈现出千变万化的灵活性。不过,这种灵活性并非完全无原则,其程度和范围是熟悉这个环境的人们大体上能够把握的东西。实际上,每一个具体案件通过当事者之间以及与居中的第三者(包括民间的调解人和听讼的地方官)之间进行顽强而有耐心的交涉,最终总能就具体微妙的解决达成某种合意。诚然,这并不是适宜类似股份公司那样的企业形态发挥其作用的环境。但是,对于当时生活于其中的人们来说,使任何必要的营生都有可能进行的交易或财产权安排,以及支持着这些活动的——用我们今天的法学专业术语来讲就是——法的稳定性,却大致能够在社会里得到维持。这一点是我们必须考虑到的。那是一个由富于理财感觉、擅长经济计算、能够根据需要和实际情况创造出关于契约和产权的种种类型的人们所组成的社会——只要读一读《民商事习惯调查报告录》等文献,我们就不禁会得到这样的真切感受。从上到下所有的人们都是法的外行,或者换言之,法只是由外行的人们所创造和支持——这一点难道不正是中国社会的底力之所在吗?

还有,关于习惯一词,我们可以着眼于保罗·威诺格拉道夫在下列文章中所用的"非争讼性习惯"(non-litigatious custom)这一概念,并予以有效的利用。斯普伦格尔女士的著作虽然引用了这个概念却没有有效地加以利用。

> 作为法而被遵守的规则,其形成的最初契机并不是抗争(conflicts),而是由理性的交往以及社会合作的互惠性思考所指导、在日常生活中反复被从事的行为(practice)。继承、所有、占有、契约等,都不始于直接的立法或直接的抗争。继

承的行为植根于一家之主死去时家庭成员必须采取的措施。所有因先占的行为而发生。占有能够还原到事实上的所持,契约起源于反复进行的以物易物行为。在原始社会里,关于权利的纠纷就是围绕非争讼性习惯的适用而产生的纠纷。[100]

确实,例如《民商事习惯调查报告录》中丰富多彩的内容,都是关于日常生活中反复发生的行为类型的记录,而非被适用于解决纠纷的规范之记录。这本书可以说是开满了非争讼性习惯之花的花园。此外,日语中的"惯行"一词在相当的程度上也可以视为表示这种非争讼性习惯的概念。满铁从社会学的角度对华北农村的调查不称为"习惯调查"而称为"惯行调查",这或许可以看作参加调查的研究者智慧的无形流露。

只要非争讼性习惯或惯行正常运作——事实上大多数时间里都是正常运作的——就不发生问题。但一旦发生问题出现了纠纷,却不能说非争讼性习惯或惯行已经为处理解决问题、纠纷而准备好了所需的规则或规范,这种时候依靠的是关于情理的判断。从另一个方面来说,情理并不是凭空掉下来的别的东西,而是与生活中的种种惯行密切联系,或直接以惯行为素材而发挥作用的。在这个意义上无论惯行还是情理自身都属于中国所特有的现象。日本法制上所说的"条理"恐怕也是一样,没有普遍的条理,仔细观察的话就会明白各国都有各自的条理。

四 竞技型诉讼与作为行政一环的司法

最后,想简单地讨论一下传统中国的习惯与国家法律的关系问题。一般而言,法律就是情理被实定化的部分,法律也是情理发挥作用的一种媒介,不仅法律本身的解释依据情理,而且法律也可因情理而被变通。关于法律与情理的这些关系或特点,在笔者"情、理、法"论文里已经讲清。换言之,法律与情理从根本上就是相互亲和的。既然本章已经证明习惯与情理并非另外的东西,习惯与法律显而易见同样具有相互的亲和性。可是,既然是这样,那么对中国人来说,传统的习惯至高无上,而国家的法律却遭到轻视或反感以至缺乏实际效果这样一类观点为什么却经常在世间流行呢?[101]如果找一找这类观点究竟建立在什么样的事实基础上,就会发现几乎都是以民国时期的情况为根据的。具有代表性的如 D. H. 卡尔普和费孝通的研究,都是民国时期的社会调查。[102]艾斯卡拉为了说明"在中国,义务、秩序、中庸……一言以蔽之就是'礼'的观念与'法'(droit, joi)这样远为人工化的观念相比是如何地根深蒂固"而举出的例子是:尽管民法典规定了男女两性都有平等的继承权,而一位国民党的高级官员却表示,自己绝不允许妻子对娘家的遗产说三道四。[103]显然,这也是以民国时期的情况为根据的。

旨在实现法制近代化的中华民国法律与中国传统的生活样式有着深刻的断绝和价值观上的冲突,短期内法律很难浸透到社会中去。在这样的背景下,即便法律已经开始在一定程度上发挥影响,不难想象会出现许多法律与习惯之间发生摩擦以及人们对法律抱有反感的情形。但是我们必须注意,不能以中国历史上极为特殊的这一时期短短三十来年间发生的情形以及在此基础上形成的印象来把握过去更长的历史时期。

另外,上述对近代法典持轻视以至反感态度这种过渡时期的现象,还常常被联系到儒家与法家的对立的思想史渊源来加以讨论。阐明和强调成文法价值的法家思想只是在战国时期繁荣过一阵,作为学派没有得到更长时期的存续和发展;而不承认成文法有崇高价值的儒家思想之所以汉代以后能够长期保持正统的地位,是因为中国人倾向于爱好自然的秩序和厌恶技巧性的法律,反过来也正因为儒家思想的支配而一直培养和强化了中国人的这一倾向。这被理解为就是轻视法律现象的思想文化渊源。但是,问题并不如此简单。

儒家究竟指的是什么呢?诸子百家争鸣的战国时代,儒家的称呼虽然妥当,但到了不存在学派对立的汉代之后,儒家这一称谓本身就成为问题。[104]作为儒家反对成文法之思想表现而经常被引用的文献,春秋后期晋国的叔向反对郑国的子产铸刑鼎而寄给他的书简(《左传》昭公六年)很有名。但必须留意到子产及孔子等在世的春秋后期是一个历史性大转型即将开始的时期。法典的制定公布属于革新的动向,因而受到站在保守立场上的人们反对。这或许与清末制订大清刑律草案时遭到许多人批评反对是相通的现象。孔子有名的"为政之道,齐之以刑,民无免耻"(《论语·为政》)所包含的意思并不一定全是以成文法为非。毋宁说从"必正名"这样的要求中,找出对轻重得宜并具有稳定性的刑法典的期待也不算勉强。"名不正,……则刑罚不中。刑罚不中,则民无所措手足"(《论语·子路》)也是孔子的名言。

对于我们来说,更重要的不是在解释上纷纭多歧的古代思想,而是汉以来两千年的现实。这两千年间,以孔子学派的典籍为中心而形成的学问体系成为士人必需的教养,同时由士大夫官僚所构成的历代王朝都努力建立法制也是事实。而且这种努力并没有被看作必要恶。汉初,百姓有歌称赞萧何与曹参云"萧何为法,若讲画一。曹参代之,守之勿失。载其清靖,民以宁壹乎"(《汉书》卷三九《曹参传》)。这能够作为脍炙人口的故事传之于后世,说明画一的法仍被承认有其自身的价值。据说是由萧何所立的九章律,有不少学者进行了注疏。后汉的大儒郑玄也是其中的一人。到了唐代,有长孙无忌所撰的《进律疏表》。今天来仔细阅读这篇雄浑有力的文章,仍不禁会深切地体会到其意旨之所在——得事物轻重之宜的法典乃君主之德的象征。此外,世间所传苏东坡所谓"读书万卷不读律"的诗句,作为士人轻视法律之根据的看法不过是未能理解全诗的误解。苏东坡本人绝不讨厌法律,这一点近来已通过考证得到确认。[105]总而言之,至少不能笼统地说儒家思想采取的是反对成文法的立场。

但是,历代王朝努力完备的难道不都是刑法和行政性的法规吗?很少有法律来涵盖私法领域,这难道不是因为人们对社会生活中用冷冰冰的权利义务关系来控制调整相互之间的关系抱有反感吗?也可能有人会这样来提出反驳意见。但上述现象与其说是因为反感,还不如说在其后面存在着更深层次的问题。事实上,属于我们所谓私法领域的有关事项,也有一些法条存在,但这些条文就像笔者曾用过的比喻,类似于漂浮在情理的大海中的冰山,可以说是有也可、无也不至于带来不便的东西。[106]把"法"视为划定相互争执的两个主体之间权利义务的严格准则;力图将这样的准则实定化并上升到能够对应市民生活的一切局面,给那里可能发生的任何纠纷都以明确裁定的完备体系——简而言之就是关于实定性私法体系的基本观念,在中国本来就根本不存在,或者说即便有些萌芽也没有可能生长的环境。[107]这样的观念在中国,无论什么思想学派,简单说就是从来没有被任何人想到过,而对从未被想到过的东西自然谈不上产生反感。法家的学说中并无关于私法的理念。也从未有人对诉讼进行过理论性的考察。[108]即便不是孔子的学说,而是韩非的学说在后世占据了正统的地位,恐怕中国仍然不会产生出私法体系来的。在这里,存在着超越了儒法对立而植根于中国文化深层的问题。

这一问题在于中国的诉讼、审判所具有的基本性质,即笔者通过一系列研究揭示出来的"作为行政之一环的司法"或"行政式的审判"这种基本的性质。无论是处罚犯罪的程序还是处理民事纠纷的"听讼"都只意味着作为民之父母(社会秩序和福利的总守护人)的皇帝通过官僚机构而实施的一种社会管理功能。

在这样的诉讼观之下,刑法在很早的时期就实现了恐怕是世界史上绝无他例的高度发达。应王者之法必轻重得宜的要求,中国的刑法基本上属于一种量刑的准则,而不具备在国家和特定被告之间确定刑罚权是否发生那样的性质。同时,在这样的诉讼观之下实定性私法体系无由产生。民事纠纷由听讼这样一种教谕式的调解来处理。在那里,地方官以作为官员的威信和行使一定强制力的权限为背景,主要依靠建立在情理基础上的判断——如果有相关的法律条文则不妨参考之——来劝导说服当事者以平息纠纷。正因为这种性质,并不会产生对严格而完备的法律准则的需求。在更根本的意义上,因为听讼的程序根本不负有就眼前的案件而宣布什么是"法"的使命,所以那里本来就不存在能够产生发展出一套实定性私法体系的素材及机制。总之,可以说在某种文化中正是其诉讼的特殊样式规定了该文化的法的样式,以至于法思想的样式——而不是相反。

关于这点,野田良之教授的研究成果给了我们无上的启发。[109]野田教授参照路易·杰尔尼的著作,阐明了古希腊的诉讼是在与体育竞技的密切关联下发展起来的。希腊文中意思为"竞技"或"竞技场"的"阿贡"(αγων)一词,同时一般也是表示诉讼的词语。在古希腊作为"阿贡"的诉讼中,当事者以证据和辩论术武装起来,遵照一定的规则进行斗争或对决。审判人不介入这一斗争,而以保证诉讼的竞技过程公正进行,且最后确认胜负并把结果宣布出来作为自己的任务。通过这样的程序,"法"(δίκη)亦即权利或正义在当事者的哪一方将被宣告。[110]据野田教授分析,这样的诉讼观以及诉讼结构,其基础在于自己的事自己处理这种个人的自律精神,以及把纠纷或斗争视为社会正常的生理现象,并使社会得以保持活力的因素这一社会观。这些观念植根于印欧民族的共同祖先远古以来所体验的游牧生活,以及通过游牧而形成的精神素质。直到今天,这些精神素质尽管发生了种种差异,但基本上仍绵延相传,构成了西欧人精神世界重要的一部分。对于拥有悠久的传统并成为近代西欧法律精神之一的这种诉讼观,野田教授根据作为其原初和典型形态的古希腊诉讼而命名为"阿贡(竞技)型诉讼"。关于西欧法的基本性质与这种诉讼之间不可分的内在关系,野田教授明确指出:

> 使这一斗争得以公平正大地进行,或者说是相当于竞技规则的东西,就是法。本来在这个社会里,构成社会的成员都认为自己的事应该由自己处理,更早的时期通过自力救济来解决纠纷得到广泛的承认。后来,为了使纠纷能够以和平的方式并得到更加公正的解决,当事者来到第三者之前,在他的裁判下展开言论的对决。于是就产生了"竞技型诉讼"。而这种场合裁判者所依据的规则就是法。所以,在欧洲法圈里,法的原形也就是作为裁判规范的私法。[111]

接着,野田教授试图说明为什么上述类型的私法观念只是在西欧才得以发生,为何在中国、日本等亚洲东部文明圈内却没有出现。他指出这是因为亚洲东部文明圈内并不存在"竞技型诉讼",在其社会历史根源上,则因为农耕民族的社会本来就重视相安无事的和平,而把纠纷和斗争看作社会的病理现象。这种农耕民族特有的精神素质规定了自身社会里诉讼以及法的形态。

笔者在此前执笔写作收入本书关于中国诉讼审判制度的系列论文时,内心里一直把西欧的诉讼观和诉讼审判制度作为参照。让"判定"这一概念具有我自己特色的含义,比如声言"中国的审判官并不是作在那种意义上判定的人"[112],或者称在作为官僚的审判官下达裁决的日本现行诉讼制度中,在判决阶段,审判官的职能"由诉讼这一国家执法机关的主宰者一变为法和正义的判定者"(本书第三章第二节),而中国的审判官并非如此,始终是以高高在上的人上人行动的,等等,笔者进行了研究。在那种场合,西欧式的诉讼观作为一个比较的对立物总是出现在自己的脑海中。但是西欧的诉讼审判制度也因地域和时代而呈现出极其复杂多样的形态,要以能够涵盖所有这些多样性的眼光来进行比较是一项过于浩大的工程。笔者自觉力所不逮,因此一直不得不避免将中国与西欧进行正面的对比。幸而现在有在西欧法领域造诣深湛的野田教授,把西欧法文化最为核心、最为一般的要素总结到"竞技型诉讼"这一词语中去,笔者不禁感到这项中西比较的工作容易做多了。中国的那种"作为行政之一环的司法"在中华文明这一同样具有历史普遍性的世界里保持了两千年以上不变的传统,在此意义上可以说正是与"竞技型诉讼"恰成对照的典型。[113]

最后一个问题是,为什么在中国这样的诉讼结构会成为不变的传统?也许这一点正如野田教授所说,终究可以归结到农耕民族的精神上去。[114]但作为历史研究者,还必须追究更近的时代中历史过程更具体的来龙去脉。这里提出的谜,其答案无疑就藏在中国确立帝制以前的上代。但到上代史里去探索中国那种诉讼的由来这一工作，只能留待今后去做了。

补遗：

近年感觉上佳的书籍有 Arthur P. Wolf and Chieh-shan Huang, *Marriage and Adoption in China*, 1845—1945, Stanford University Press, 1980。这是一部以对日本统治时代台北州海山郡户口簿的精致分析为基础，勾画出当地通常的婚姻、招婿婚、童养媳三种婚姻类型各自的特性、频度，以及养子，尤其是养女状况的力作。最后将视野扩大到中国全部，论述童养媳习惯的分布状况，还描出了脑海中的某幅地图（Chapter 26），如此脚踏实地的研究非常有益，值得推奖。特记于此，以示第二节注87所言并非一面之辞。

注释：

［1］　主要文献有 T'ung-tsu Chu, *Law and Society in Traditional China*, Paris/la Haye：Mouton，1961，pp. 267f. "The Confucianization of Law". 瞿同祖：《中国法律与中国社会》，香港：龙门书局 1967 年版，第 241 页以下。

［2］　董仲舒的这一事迹在《汉书·董仲舒传》中有简单的记载，在《后汉书·应邵传》以及《晋书·刑法志》中有几乎相同而详细的记载。参照西田太一郎：《中国刑法史研究》，东京：岩波书店 1974 年版，第 87 页以下；程树德：《九朝律考·汉律考》七（春秋决狱考）。西田氏进一步不限于董仲舒，而是广泛地收集言说"春秋之义"的例子，程氏之著中收集了董仲舒春秋决狱的佚文。揭载相同佚文著作已经有"汉魏遗书钞"第二十一册所收的《春秋决事》，"玉函山房辑佚书"卷三十一所收《春秋决事》，采录的资料虽然多少有点出入，但都辑入大体相同的数条佚文。这些佚文在 Escarra, *Le droit chinois*, pp. 279 et sq，谷口翻译本第 313 页以下有翻译的要约。

［3］《后汉书·陈宠传》，西田前揭书第 75 页以下也列举了其他相同种类的例子。

［4］《晋书·刑法志》。内田智雄编:《译注中国历代刑法志》，创文社1964 年版，第 165—166 页。

［5］karl Bürger, *Quellen zur Rechtsgeschichte der T'ang—Zeit, Monumenta Serica Monograph IX*, Peiping, 1946. S. 61-65.《旧唐书·刑法志》中也能见到一个在格斗中为帮助父亲而杀敌的康买得相关案件，以及为父报仇的梁悦案件。伯格将关于梁悦案件的韩愈上奏文作为研究对象特别提出来。这两个案件都援用古代经典章句，伯格甚至以"人们对那些作为审判官的判决，具有拘束力的看法没有怀疑的余地"这样的方式表达他的见解(原文 62 页)，我对此不是没有疑问，但他对上奏文分析的结论"不管怎么说，不能说在古代经典章句之前，成文法在原理上有让路之嫌"(原文 65 页)是很正确的。

［6］有关这一问题，笔者并没有重新详细调查，故不能板上钉钉地下结论，但作为一般性的印象的确可以这么说。作为处理纠纷诉讼的官僚引用经义拟定判语仅见的例子，《刑案汇览》卷二十三"因奸致死养媳议复棘寺签商"(道光二年说贴)引用《礼记》曾子问的经文与相关注释，少见地展开了长篇议论，但也就在有讨论应该认可未圆房的童养媳与婆婆之间的婆媳名分这种例子的程度。童养媳是乡村社会的习俗，古代经典中并无论及，法定的服制中也没有相关规定，由此等因素引起了上面的问题。同样地围绕童养媳问题发生的刑事事件，并没有上升到刑部层级的案件——从时代上看，比前面的一个刑事案件要早——在下面汪辉祖的自叙传中也被涉及(《病榻梦痕录》卷上乾隆二十一年部分，《汪龙庄先生遗书》第 284—286 页)。

乾隆二十一年，在江苏省无锡县，一个叫浦四的未婚童养媳王氏与浦四的叔父浦经通奸事件被发觉。县府的刑名主管幕友主张以服制处理此事，排名刑名幕友第二位的汪辉祖认为应该以凡人论处。知县让汪辉祖主拟此案审理文案。但是他的文案在知府、臬司那里都被驳回重拟，巡抚也两次驳回他的处理意见。汪辉祖此时对此案的处理意见解释说，坚持自己的主张。其最后的辩解文中称:"《礼》:未庙见之妇而死，归葬于女氏之党，以未成妇也(《礼记》曾子问)。今王未庙见，妇尚未成。且记曰:附从轻(《礼记》王制)，言附人之皋以轻为比。《书》云:皋疑惟轻(《尚书》大禹谟)。妇而童养，疑于近妇。如以王已入浦门，与凡人间，比凡稍重则可。科以服制，与从轻之义未符。况设有重于奸者，亦与成婚等论，则出入大矣。请从重枷号三个月。王归母族，而令经为四别娶，似非从轻。"汪辉祖的意见得到巡抚的嘉赏，案件最终得到解决。

与后面引用的董沛的判语(本节注释 28 与注 29)结合起来考虑，我认为虽然都是相同地引证经书，但随着乾隆、道光、光绪的时代推移，对童养媳问题，世间逐步认可其作为家庭媳妇的名分，其观念也作为常识逐渐深入人心。

另外一个案件：乾隆三十四年发生了儿子奸污了别人家十岁的幼女，男儿母亲因伤心自杀的事件。三法司根据"比照妇女与人通奸，父母羞忿自尽例""奸十岁以下幼女虽和，同强论律"，无论哪一条都以相当于绞监候拟罪，但皇帝认为因妇女通奸引起的父母的自杀，与因儿子的犯奸引起父母的自杀是完全不同的两码事，命令重新审议定罪。在这份上谕中，皇帝斥责道："且依经定律，其理本属相同。《春秋》著许子止之条，义例具在。特罪其亲尝药，即难逃一字之诛。刑部堂官中岂无读书通经义者？何竟漫无思省，引例纰缪如此？"也是间接显示司法过程中援引经义之例(《光绪会典事例》卷八一九)。这里的所谓《春秋》，实际上指昭公十九年"夏五月戊辰，许世子止弑其君买"的记载以及相关的《左传》与《谷梁传》。上面这样的例子确实有，但绝不是随便查找一下就会频繁出现的。

[7]　许同莘《公牍学史》(上海：商务印书馆 1947 年版)第 188 页以下有非常有意思的记事。嘉庆初年有一个品行不端的婆婆强行逼迫媳妇与人奸淫，因媳妇不从，将其殴杀的事件。当时是礼部官员的公羊学者刘逢禄认为：如果根据法律，此婆婆的犯罪格于尊卑名分，量刑从轻而免于死罪，但此极为不当。他对《书经》康诰、《春秋》、《白虎通》、《仪礼》丧服等著作广征博引，极论拘泥于律文之非，称"朝廷用经以持法，似不宜徒执姑妇之分，使民弃礼而征于律也"，写下了建言之文。许同莘节录刘逢禄文章之后，作了很严厉的评释："刑赏为时王之制，自有一朝法令。汉人议狱所以征引经义者，其时法网尚疏，故以经义济法令之穷。若姑杀子妇之罪，则乾隆间已有专条，不必远征经说也。"乾隆三十七年之定例有：凡尊长故杀卑幼案内，如有与人通奸，因媳碍眼，抑令同陷邪淫不从，商谋致死灭口者，俱照平人谋杀之律，分别首从，拟以斩绞监候(《刑律 人命》"谋杀祖父母父母"条例二)。乾隆五十六年的定例有：因奸将子女致死灭口者，无论是否起意，如系亲母，拟绞监候。继母嗣母斩监候。姑因奸将媳致死灭口者同(《刑律 斗殴》"殴祖父母父母"条例六)。刘氏议论此案在嘉庆初

年,当时作为礼部的司员即便是没有明习律令,刑部并非无人。为何此事无法解决?许同莘进一步认为刘氏所言即便作为经义解释来看,也未必天衣无缝,许氏在指出刘逢禄的弱点之后说"经生迂谬之见,大率如是"。在这里可以见到一个法律务实派的气魄,清代的法律务实派已经缜密到了这种程度。

[8] 《汪龙庄遗书》二册,台北:华文书局 1970 年版,第 206—208 页、307—308 页、354 页。(以下略称《遗书》。)

[9] 据汪辉祖《梦痕余录》嘉庆十年段所记的"后日谈"称"陶氏家赀巨万,向未分析",即惠先的父亲与叔父没有分家,惠先的五个儿子也没有分家析产(《遗书》第 740 页)。这可能是因为惠先的父亲早死,叔父无子,叔父与惠先情同父子的缘故吧。二房称应该出继惠先亲生父亲的说法也并非指溯及亲生父亲与叔父辈分割当时家产股份的意思,五房按人头分割财产作为处理此事的当然前提,仅仅是为了反对作为长房嗣子应由二房之子出继之说的议论。

[10] 那长房之后究竟如何了呢? 由于没有具体的记载不得而知,最后可能是由二房出继了吧。

[11] 《户律·户役》"立嫡子违法"条例一、三。

[12] 《户律·户役》"立嗣子违法"条例二、"卑幼私擅用财"条例二。

[13] 上面有关平湖县的事迹见《病榻梦痕录》乾隆三十一年部分(《遗书》第 318—325 页)。

[14] 有关中国古代圣贤经典所具规范性的意义,参照《吉川幸次郎全集》(筑摩书房)第二卷,第 307—310 页、445—446 页。他指出:"在五经之中,只有应酌取道理的事实,但是将道理作为道埋之形来言说的部分非常少","类似佛教与回教的戒律禁杀生,禁食猪肉这样的文字在中国的圣贤经典中非常稀少"。

[15] 以下见《梦痕余录》嘉庆十年部分(《遗书》第 740—742 页)。

[16] 《病榻梦痕录》乾隆二十五年部分(《遗书》第 296—299 页)。

[17] 《礼记·丧服小记》称:"为殇后者,以其服服之。"郑玄注称"言为后者,据承之也。殇无为人父之道,以本亲之服服之"。注中所言的普通"为后"是指拟制性地设定父子关系,但这里并不是指拟制性父子关系。宗族中大宗的现在法定之主是未成年人,而且死亡的情况下,族人要来继承大宗,那个时候的"为后"是指承继,即就承继大宗地位而言的。未成年的死亡者没有成为人父的资格,因此这个时候承继大宗系统的族人以未成年死亡者的长辈家长为父,承继者不服三年之丧,仅服一直以来按自然的血缘关系需服之丧。按照这一规则,

以这里的批文思路来引用这一古典叙说很不恰当,还让人生出这完全是画蛇添足自寻烦恼的疑问。这也许是前面援引的汪辉祖所言"经旨往往未必如是"的一个例子。

[18] 详细请参照滋贺秀三:《中国家族法原理》,东京:创文社 1967 年版,第 383 页以下论述。

[19] 《汝东判语》卷一 2a"刘裕行等呈词判"以及同书卷四 7b"刘金元等控案判"。前者是批,后者是判,合并起来看可以弄清一个案子的经纬。

[20] "殇子不继"并非经书原文,而是截取其意的一种表述。究竟指经书的什么地方,实际上不明。如前面注释 17 中所言《礼记·丧服小记》也许与汪辉祖脑海中有完全相反意思的可能性。

[21] 《槐卿政绩》卷四 1b"负罪求均事"。礼指《礼记·内则》有"子妇无私货,无私蓄,无私器,不敢私假,不敢私与。(注)家事统于尊也"。同样《礼记·曲礼》也说"父母存,不许友于死,不有私财"。

[22] 《府判录存》卷一 47a"道光十九年十一月十四日审讯得眉县监生包琳包彰等一案"。

[23] 《徐雨峰中丞勘语》卷三 60b"王越万父子重典私卖案"。事件的梗概是:父亲王向 A 出典的土地,王之子重复卖给 B,父亲王接受 A 的追加价钱,将此地绝卖给 A 之后,B 以持有与王之子的契买文书为依据,拒不交出土地,因而出现了 B 违法这一裁决的判语引文。

[24] 在身份法的领域,比如兄弟均分的原则等虽然在法律上有明文规定(《户律·户役》"卑幼私擅用财"条例一),但那是因为依据"礼"的要求之类的表述不会出现。而且在处理相关案件中,不会特意援引律例,实际上将其作为自然不过的事情来处理。

[25] 原本作为例子举出来的都是下面看上去觉得不可思议的董沛这一光绪时期地方官的判语,此人应该具有深入讨论礼仪制度的细节问题的学识和兴趣。

[26] 《吴平赘言》卷三 1b"孙克家等控案"。

[27] 《礼记·服问》有"传曰:母出则为继母之党服,母死则为其母之党服。为其母之党服,则不为其继母之党服"。将亲生母亲由于离婚而继母来家的场合,亲生母亲死亡而继母来家等场合区别开来,亲生母亲死亡后继母来家等场合与继母娘家的亲戚之间并不发生服丧关系,这是古代的礼仪。本案的当事人也能考虑是这一情形。但是,在《大清律例》的服制规定中,"为外祖父母"的注中有"即亲母之父母。为在堂继母之父母……均与亲母之父母服同"。不问亲生母亲是否离婚,或者死亡,根据现在继母是否在堂以确定有无为其外祖父母服丧之

事。礼制有了这样的变迁,判语的言说也随之变化。

[28] 《汝东判语》卷四 2a"方如斗等控案判"。

[29] 女方引用《礼记·曾子问》"女未庙见而死,不迁于祖,不祔于皇姑。婿不杖,不菲,不次。归葬于女氏之党,示未成妇也"的文句,主张即便是行了入舆之仪,尚未行庙见之礼,所以说是"尚未成妇",未婚之童养媳更是如此,姑妇名分不能成立。但是此主张见识短浅。在上述《礼记》的郑玄注中有"婿虽不备丧礼,犹为之服齐衰",其下有唐代孔颖达疏称"其女之父母则降服大功",即未行庙见之礼的未婚媳妇在丧服上也完全与已经成婚之妇无异。另外,根据《礼记》的钦定义疏,从"未庙见而死"到"示未成妇也",都是针对公公婆婆均不在世的场合所当为的言说。因此对一旦进入夫家之门,对舅姑行了拜见之礼的童养媳而言,援用这段经文并不适当。不仅如此,同样的《礼记·曾子问》中有"亲迎女在途,而婿之父母死,女改服深衣缟总以趋丧"。即对如果在迎娶途中接到公婆的讣告,应为还没有见过面的公婆服丧,而对有童养数年恩义的公婆服丧更理所当然的论说。

[30] 《汝东判语》卷二 4b"王启等呈词判"。有关兼祧问题,参照滋贺秀三:《中国家族法原理》,第 319 页以下。所谓兼祧两妻可以说是长房、二房两兄弟夫妇中只有一对夫妇生了一个男孩,两房各自为了确保此子之媳以及其媳能为己房生出孙子的一种权宜之计。在这个案件中,二房之媳未能生出孙子就故去了,因此希望从长房生的男孩中要一个过来。这虽然是过继的一种形式,但从被过继男孩的角度看,其父亲无论过继前,还是过继后都是同一人,仅仅是在对待母亲与祖父母关系上变了的很奇妙的状态。

[31] 乾隆四十年的这一立法被编入《大清律例》中,为《户律·户役》"立嫡子违法"条例五。

[32] 所谓"令申"一般是指称法令的文雅表述。在这里具体地指收录在《大清律例》各种私家版本卷三"服制"(附纂通行)中的"礼部奏为一子两祧案内服制未备谨悉心酌议恭折奏祈圣鉴事,……道光九年十一月十九日奉旨依议钦此。十二月二十四日浙省准咨通行"这份奏折中以条目方式写进去的三个项目。

[33] 所谓慈母在《仪礼》丧服齐衰三年章下有"慈母如母,……传曰:妾之无子者,妾子之无母者,父命妾曰女以为子,命子曰女以为母。若是则生养之,终其身如母,死则丧之三年如母。贵父之命也",妾而无子之人,或者年幼失去母亲的其他妾的儿子,其父(两妾之夫)下令一妾将其作为子抚育的时候,慈母即这个被抚养之子对养育之母的称呼,

其对养母的服丧规则与亲生母亲相同。在《大清律例》的服制中,作为斩衰三年的一个项目,有"子为继母,为慈母,为养母,子之妻同"规定,注中则有"慈母谓母卒父命他妾养己者"。这里仅言父命,对他妾之子而言,并没有称其为丧母者,这在判语的逻辑中就给了其进行扩张解释的可能性。

[34] 如果日后二房的祖母死亡的话,此子作为承重孙,仍然需要服三年之丧。这是由道光九年的立法规定的——只认定"堂祖母"之丧服的嘉庆二十二年的成案,因为这一规定变得没有意义——判语中附了一句这个不是问题。

[35] 《汝东判语》卷三 19a"桂如禄呈词判"。这是一件弟弟援用《周礼》地官媒氏"禁迁葬者与嫁殇者"的诉官案件。地方官的判语从相反的立场着眼,认为作为古时的风俗,迁葬与嫁殇通行一时,先王为此设置了禁令。郑玄在《周礼》地官媒氏下有注"今时娶会是也",即汉代以"娶会"之名实施这种仪式。汉代以后这种仪式在社会上仍然存在,《大清律例》中对相关婚姻的违法行为有很详细的规定,但是并没有禁止冥婚的规定。尽管各地风俗不同,但是冥婚仪式无论在哪里都存在。判语中指出:"昔以衮冕,今用袍褂,昔以笾豆,今用盘碗",仪式中所用衣服和器物古今不同,但"生今之世,焉能援以古礼,妄改王章。安能执古制以妄补今律?"哥哥要为子行民间风俗流行、法律也不禁止的一般性冥婚仪式,弟弟以卑幼之身,不得"胶执周礼",妄行阻止。

[36] 仿照星野英一《民法概论》I(良书普及会 1971 年版)第 32 页的标题,在习惯以及习惯法的意义上使用了"习惯(法)"这种标记方式。但逐一记注不胜其烦,所以略记"习惯"的场合为多,并非有别的意思。在星野英一看来,"在社会规范范围上将应称为法的东西作为'习惯'",而"在社会学上将习惯法与习惯进行区别是一个至难的问题"(星野英一《民法论集》第一卷,东京:有斐阁 1970 年版,第 159 页)。作为一个外行的猜测,相同的东西在哪一方都得以表现的是,如果翻译成英语与法语就是习惯,翻译成德语的话,就成了习惯法,我觉得这是不是在翻译过程中出现的区别。

[37] 参见郭卫编的《大理院判决例全书》(台北:成文出版社复印,1972年)第 29 页民国二年上字第六四号,"判断民事案件,应先依法律所规定。法律无明文者,依习惯法。无习惯法者,依条理"。后来的中华民国民法典第一条也规定了"民事,法律未规定者,依习惯。无习惯者,依法理"。

[38] 例如,田中耕太郎的《法家的实证主义》(东京:福村书店 1949 年版)99 页指出,在中国,"经济生活方面不存在成文的形式合理的法,关于纠纷的决定建立在习惯和实质性的正义判断之上"。

[39] 田中上揭书第 125 页指出,"习惯法与成文法的区别只在于,尽管同样属于实定法规范,在实定化的程度上却仅停留在原始朴素的阶段"。

[40] 参见山口俊夫:《法国法概说》上册,东京大学出版会 1978 年版,第 26 页以下。

[41] 或者能够说,与法国历史上产生了大量的习惯法书相对应,中国历史上大量产生的是地方志。而且地方志中存在许多值得法制史研究参考的内容也是事实。但并不能把地方志视为记载习惯法的书籍。清末由于着手编纂民法典而感到了需要进行习惯调查,经过一番努力,到了民国时期终于出版了《民商事习惯调查报告录》(中华民国司法行政部编,1930 年)一书。不过,尽管此书具有前所未见的开创性价值,如其书名所示,仍只是有关事实的调查报告,而非把习惯作为规范命题表述出来的书籍。

[42] 在《民商事习惯调查报告录》中也收集了很多法谚。如"房倒烂价"或"房塌烂价",意思是已典出的房屋如遭火灾或倒塌,不能要求返还典价。这种情况下,只要不存在连同土地出典的特别约定,则典当关系就完全消失,只是土地本身返还给出典人。又如"租不拦典、典不拦卖",意为出租者不能阻挡承租人把标的物出典给他人,出典人也不能阻挡承典人把标的出卖给他人。再如"拦典不拦卖",意为出典期间中承典人可以阻止出典人为了转典给他人而赎回标的,却不能阻拦出典人为了出卖给别人而回赎。其他还有在自己土地上建房,原则上雨水不能滴到邻接的他人土地上,但与邻家共用一墙的情况下却可以有例外,所谓"滴水滴自己、飞檐飞他人"等。另外,《中国家族法的原理》附有谚语的索引可供参照。

[43] 参见《问心一隅》下卷 3b"当地找价"。

[44] 同书中还有一个案件,因同族之谊以接近于买价的价格承典之后,出典人进一步要求再付同样的价格买断,承典人加以拒绝,出典人竟以暴力相胁。参见上书下卷 17a"杨秉奎控杨清如持刀行凶并附杨一案"。出典人除以"值十当五"为口实提出了无理要求外,还有其他恶行,因而受到了惩处。

[45] 参见《徐雨峰中丞勘语》卷四 50b"南靖县民郭博告许士征等案"。

[46] "租地盖屋""卖屋不卖地"二者都指土地与房屋所有者不同的状态,

是一个过程中不同阶段的连称。这种现象并不为漳州府所特有,在《民商事习惯调查报告录》中散见于各地。大体可分两种形态,即向借地者收取租金和不收租金而约定经过若干年后建筑物归土地所有者。后者俗称"土吃木"。不过报告集中所见例子都立有契据,借地者的权利相当有力,且借地权能够自由地转让给第三者。从这里所举的判语看来,本案中租地盖屋没有立下契据,形式上相当简单,也可能因为这种特殊性而称之为"土例"。无论如何,这里重要的法律问题恐怕只在于,建筑物所有者能否无须土地所有者的承诺而将建筑物和借地权转让给第三者这一点上。但是判语里关于这点并无探讨的痕迹,只是作为理所当然的道理加以肯定。看来这种肯定的观点在当时属于中国人的一般常识,即情理。

[47] 《关东厅法庭上出现的中国民事习惯汇报》(《满铁调查资料》第165编,1934年)就是主要收录这种鉴定人讯问笔录的资料集。

[48] 参见《三邑治略》卷五 1a"讯卢上达一案"、24a"讯胡建堂一案"、25a"讯罗永宝一案"、36a"讯赵永承一案"。关于"溜庄钱"和其他类似的习惯,详细情况可参见寺田浩明:《田底田面习惯的规范性质——以概念的分析为中心》,载《东洋文化研究所纪要》第93册(1983年)。在那里,溜庄钱是从田面权的产生这一角度来考察的。

[49] 《三邑治略》卷五 25a"讯罗永宝一案"。

[50] 同上。

[51] 《三邑治略》卷五 1a"讯卢上达一案"。

[52] 参见《府判录存》卷四 70a"道光二十年三月十九日审得眉县孀妇任王氏具控钟万镒一案"。

[53] 前揭《民商事习惯调查报告录》中,有许多关于买卖土地时新契老契一起移交的例子,但同时也存在"所有上手老契,及今年粮串,均不交出"的地方(如河南省确山县、洛宁县)。

[54] 例如大理院判决民国三年上字第七三三号,"习惯法成立要件有四,而以无背于公共秩序为要件之一。本案上告人主张之旧习,具备其他条件与否,滋姑不论。但其因船长之故意过失所加于他人之损害,而可以免责,则……其弊何可胜言。是故此项旧习即使属实,而为公共秩序计,亦断难予以法之效力"(前揭郭卫书第29页)。还有民国四年上字第二三五四号,"当事人主张之习惯法,则经审判衙门调查属实。且可认为有法之效力者,自应援用之,以为判断之准据。不能仍凭条理处断"(同上书第30页)。另外《民商事习惯调查报告录》中,也存在根据地方审判庭的记录,关于习惯经当事者主张和法庭审

理后,其法律效力得到承认之例(如第 457、459、472、484 页等)。从这些现象可以感觉到清末民初作为法制近代化的一环,地方审判庭与县公署分别设置后,在一些较先进的地区,审判出现了向近代型方式接近的趋向。

[55] 参见《吴平赘言》卷一 15b"李凌汉呈词判"、同书卷一 16b"李凌汉续呈判"、同书卷三 10b"提讯李之实等判"、卷七 14b"购买营署禀"。李姓计划将其出卖,从获得的代价中拿出一部分支付官府的修理费,获得一点收益,但是无人出面购买。觉察此情的县官认为以官买为得策,所以就出现申请由省府的藩库出资购买的结果。

[56] 参见《四西斋决事》卷五 32a"叶喜意等判"。

[57] 参见前揭山口俊夫:《法国法概说》上册,第 30 页;野田良之:《法国法概论》上卷,东京:有斐阁 1955 年版,第 277 页。

[58] 参见《判语录存》卷二 1a"按粮派差事"。

[59] 同上书,卷二 17a"派差事"。

[60] 同上书,卷四 60a"收管军犯事"。

[61] 同上书,卷二 14a"过载行发脚事"。

[62] 同上书,卷二 10a"公请轮充头畜行总行头事"。

[63] 同上书,卷四 4a"领款无着事"。

[64] 还有牵涉到同业行会的以下判语:"讯得黄春德控聂祥光越行买豆一案。黄春德并未能指出确据,所揭粘单,无论真伪,俱不足为凭。良临郡之牙行,向无一定章程,由以无所遵守。仰即饬令和丰等行,会同酌议,分别各色,核计多寡,确定划一之法,秉公具秉,听候示谕饬遵。以垂久远,免致歧出而再滋事端。此案即饬注销,毋庸缠讼。此判。"(《吴平赘言》卷三 2b"黄春德等控案判")这里所说的"章程"正相当于"规"的概念。地方官采取的是命令通过众人公议拟定明确的规约,报官认可后一体遵守的措施。换言之,所谓"规"指的是包括不形成文字的惯例在内的自治性规范(by-laws),与习惯有所不同。此外,围绕其遵守与违反而发生纠纷时,其本身未必包含如何处理纠纷的规则。

[65] 参见《佐治药言》"须体俗情"。

[66] 参见《学治臆说》卷上"初任须体问风俗"。

[67] 参见《左传》庄公十年。

[68] "情"字在"不强人所难,不压制人们自然的心理、感情"这一意义上,指的是具体生活在特定地域的现实关系之中人们所具有的心理感情。所以地方官审案时,作为案件背景的地方情况当然已经包含在

关于"情"的判断结构之中。

[69] 参见《徐雨峰中丞勘语》卷四 18b"绍安县民李天告叶丑等案"。

[70] 参见《府判录存》卷一 56a"道光十九年十一月十六日审讯得扶风县民王正新控告成会赖债一案"。

[71] 同上书,卷二 63a"道光十九年十二月十六日审讯得风翔县民炊世泰具控贾珍等一案"。本案大致梗概如下。

当地的军地七八十年前因差粮繁重,许多所有者以很便宜的价格转让给他人,以求免去负担。但如今徭役减轻了,而土地出产上升,地价也随之大幅度提高。甲的祖父过去为了减轻负担而将自己的军地"推与"他人(因军地禁止买卖,所以不说"卖"而称"推")。现在该土地的一半碾转到了乙的手里。乙的购买价格为六串,契上写有"钱便许赎"的字样。甲以此为由,要求按原价六串回赎,而时价显然要高得多。乙当然不肯,因而成讼。县里的处理是准甲回赎,乙不服上控至府。代理知府邱煌一面肯定原审"该县准理定断,本属平允",接着在本论文所引用的文章之后,详细指出了七八十年间情况变更的过程。所以认为"钱便许赎"不过是当事者为了回避买卖军地的事实而"虚装门面",并非他们的真实意思。结果,以"本府衡情定断"开头,邱煌下判令乙将已收领的回赎金六串再加二串还给甲,土地则承认为乙所有,并让甲立下了"许退不许夺"的文书。

[72] 清代中国初到任地的地方官,若与现在日本的制度相比较的话,则家庭裁判所的家事调停委员或许有几分类似。本来委托这种委员的一般要求是有丰富的人生经验和健全的常识,但接受了委托的委员们实际上一接触案件,也许会发现在现实生活中存在着多种多样与自己经验和常识不同的具体情况而感到惊奇和新鲜。所以对调停委员的要求是不把自己平素的生活态度以及信念等强加给当事者。这种要求与中国的地方官所谓"体问风俗"的劝导可以说是同一性质的。

[73] 参见《徐雨峰中丞勘语》卷四 94a"沈瑞告赵威案"。

[74] 满铁调查部对华北农村进行惯行调查时,遇到兄弟中一人挣来的钱所买之地,在分家时却在全部兄弟之间均分的事例。当被问及这样作的缘故时,当地农民称"这是中国的习惯"。参见滋贺秀三:《中国家族法原理》,第 75 页。当时在不同文化的冲击下,人们已开始意识到自己这种习惯的特殊性。此外,这一类家族生活方式从未作为规范用抽象表达的法律条文从正面加以规定。但是以此为不言而喻的前提而规定有关各种具体问题的法律条文,在各个朝代的立法中却屡屡出现。换言之,这样的家族生活样式并非法律所创制出来的东

西,毋宁说是法律的基础,浸透于法律之中并为法律所支持。

[75] 这里不能详细地进行考证,可参见《台湾私法附录参考书》第三卷下第 453 页。那里有根据恒春县衙门档案作出的记述,"例如诉讼中原告要求被告返还借款一百元,知县虽然承认原告所主张的事实,但以原告较富裕而被告贫穷且长年借贷,原告已收取了多额的利息为理由,判决免除被告一部分债务,令他向原告支付五十元。这样的事例不胜枚举"。

此外,艾斯卡拉写到在她与有教养、有道德,且了解西洋法制的中国人谈话中,曾听到过上百次这样的事例。参见 J. Escarra, *Le Droit Chinois*, p. 82. 艾斯卡拉:《中国法》(日文版,谷口知平译),第 91—92 页。

[76] 《大清律例》户律"钱债、违禁取利"条作为限制利息法的一环,规定了"年月虽多,不过一本一利"。即滞纳的利息如果达到与元本同额的程度则不再计息。不过,我们这里讨论的是在上述限度以下包括元本在内命令债权者让步的情形。

[77] 参见田中英夫:《英美法总论》下,东京大学出版会 1980 年版,第510 页。

[78] 法律辞典中关于 cunstom 有如下的说明:"指经过长年相习以及因祖先的同一而成立的不文法。如果普遍适用的话就是'普通法'custom law;如果只是特定场合所特有的话,则就是原来意义上的'习惯'custom."参见 *Black's Law Dictionary*, West Publishing, Co. , 1968.

[79] W. Geldart, *Elements of Engish Law*, 1952, p. 97.

[80] Paul Vinogragoff, *Roman Law in Medieval Europe*, 1968, p. 28.

[81] 参见山口俊夫:《法国法概说》上册,第 43 页。

[82] 同前注 80, p. 15.

[83] Sybille Van Der Sprenkel, *Legal Institutions in Manchu China: A Sociological Anlysis.* (University of London, Athlone Press, 1962) p. 102, note 3 等处把上文所引用的汪辉祖所说"风俗"翻译为 custom,必须说是十分勉强的译法。

[84] 英语中"practice"一词的某些用法,或许能够与中文的"土俗、土例"相对应。

[85] 艾斯卡拉说,"人们知道中国的法律是在如何微弱的程度上才可能与这种(西欧意义上'法'的)定义相对应。同样对于中国人的思考样式来讲,罗马法、教会法中法的习惯这一概念也是难以理解的"。参见她的 *La Drit Chinois*, p. 62. 这是一个值得注意的说法。

[86] 参见 Rene David，*Les Grands Systems De Droit Contemporains*，Paris：Dalloz，1964. p. 523. 这里所引用的文章到了 1969 年第 3 版时被全部删了。

[87] 一般而言，许多研究者过分强调了中国情况因地域不同而相异的这一方面，有时这成为他们未能把握实际状况的烟幕。已故的亨利·麦克里维曾说过，"中国的广阔使人易于想象每一地的习惯都与其他地区极不相同。事实上，中国人自己从非常古老的时期以来就一直观察他们各地的差异。但是关于这一点，应该忠告外国人注意不要陷入过分的强调。我们的注意力与其放在中国文化的多样性上，还不如说应当放在其统一性上"。参见 Henry Mcaleavy，"China Law"，in：*An Introduction to Legal Systems*，*ed by J. Duncan and M. Derrett*（London：Sweet & Maxwell，1968）pp. 110-111. 这段话引起了笔者极大的共鸣。

[88] 参见前注 83 所引著作。

[89] Sprenkel，p. 119.

[90] Sprenkel，p. 19，note 2. 参见 Y. K. Leong & L. k. Tao，*Village and Town Life in China*（London，1915；Hyperion Press Reprint，1973）pp. 34 - 35. 惩罚犯罪或违反族规的行为等与处理民事纠纷性质不同，应当分开来考虑。经常被提及的所谓宗族或行会的司法功能，仔细考察的话恐怕多半属于前者。关于这点有待今后的研究，但至少族规中尽管有规定发生纠纷先报族内公议的例子，却完全看不到类似于民法条款那样可供适用来解决民事纠纷的实体规范。此外参见后注 93。

[91] 参见前注 83 所引著作，p. 101，note 1；Martin C. Yang，*A Chinese Village*：*Taitou，Shandong Province*，（Columbia University Press，1945）pp. 165 - 166.

[92] 斯普伦格尔所引用的 Fried 只是提到存在当事者之间诉诸"感情"的解决、通过调解的解决和向国家法庭提起诉讼这三个阶段，从这里出发，斯普伦格尔突然开始谈论"Village Leaders"显然并不恰当。此外，她还提到二十年代由国民党政府和地方军阀政权在村落里推进的息讼会组织，意图把这种组织理解为村落层次上原来存在的实体得到了制度性的表现。这不过是一种不明实际情况的想象而已。所谓息讼会的政策使人联想到明初的里老人制度，两者都未能成功而消失在历史的长流中。必须看到中国社会存在着使类似的政策难以成功的特质。现代中国的人民调解委员会如果将来也能持续存在下

去并实际发挥作用的话,那真应该说是一种革命性的成果了。

[93]　这是把《中国农村惯行调查》全 6 卷(东京:岩波书店,1952—1958
　　年)大致通读一遍所得到的暂定性结论。对偷盗作物等轻微犯罪的
　　处理,存在类似于行使村庄审判权的现象。但关于民事纠纷,散见的
　　处理事例只能说是调解而非审判。而且还有"仲裁说合不在庄公所,
　　在当事者家里"的例子。

[94]　此外,斯普伦格尔的书里在描述中国社会的一般情况时说村庄与村
　　庄之间在土地上存在疆界(p. 18)。但是,至少在华北农村,实证的调
　　查已弄清并不存在这种疆界以及关于疆界的意识。参见旗田巍:《中
　　国村落与共同体理论》,东京:岩波书店 1973 年版,第 58—120 页。

[95]　赵树理的小说《李家庄的变迁》一开头就描写了村里在龙王庙召开审
　　判集会的情景。清代《判语录存》卷三"悔婚抗断事"一节也有"金榜
　　纠其族人,在社场与魁争论"的记载。这似乎也属一种审判集会,但
　　具体情况无从得知。

[96]　汪辉祖指出地方官并非只要努力听讼就能解决问题,必须认识到存
　　在应当交给亲戚友人调解的场合。"盖听断以法,而调处以情。法则
　　泾渭不可不分,情则是非不妨稍借。理直者既通亲友之情,义曲者可
　　免公庭之法"。《学治臆说》卷上"断案不如息案"。听讼已经可以根
　　据情理来变通法律,如果是调解的话,因为不具备法律上惩处的因
　　素,就更能自由地动员"情"的力量了。大山彦一的《中国人家族制度
　　的研究》(东京:关书院 1952 年版)一书根据在东北地方实地调查的
　　经验,反复强调了中国社会把依靠"人情"的解决方法看得最重要的
　　情况(参见第 41、58、76 页)。

[97]　对此可能有"中国的刑罚不就是在审判中被适用的规范体系吗?"这
　　一反问。对这个反问的回答可参见后面关于中国刑法性质的讨论。

[98]　参见前注 83 所引著作,p. 119, note 1.

[99]　官和民共有情理这一判断标准并不意味着某种法共同体的成立。相
　　反,这是妨碍法的共同体成立的因素之一。

[100]　参见前注 83 所引著作, p. 127; Paul Vinogradoff, *Outlines of
　　Historical Jurisprudence*, Vol. 1, London, 1920, pp. 368-369.

[101]　这是日常阅读所得到的一般感受。论述对成文法抱有"反感"的一
　　例,可参见田中耕太郎:《关于中国社会的自然法秩序》,载《法家的
　　法实证主义》,东京:福村书店 1947 年版。

[102]　参见前注 83 所引斯普伦格尔著作。

[103]　Escara, *Le Droit Chinois*, p. 20.

[104]　到魏晋南北朝以后道教和佛教的对立成为问题。但佛与道真正属于各自拥有圣职者的宗教，在这一点上与先秦诸子百家的对立不是一回事。所谓"儒"实际上只是知识分子（除了圣职者或修行者）一般的别称。

[105]　参见徐道邻：《中国法制史论集》，台北：志文出版社 1975 年版，第309—326 页，《法学家苏东坡》。

[106]　例如唐户令应分条所规定的"妻家所得之财，不在分限"以及其他实质上与此类似的法律规定，在明清时期的法律中没有出现。但是，妻子作为嫁妆带来的财产是夫妇的特有财产，区别于丈夫与他的兄弟们共有的家产这一法理，却并不因时代变化而有任何改变。且类似这样的情况不限于此。

[107]　这里说的只是一种逻辑上的可能性，并非发现了什么史料可以作为佐证。

[108]　孔子有名的话"听讼吾犹人也。必使无讼乎"（论语颜渊），在明确以无讼为理想的同时，言外之意里包含着只要现实中有讼仍要求士大夫具有听讼的能力这一意思。但不可思议的是无从得知商鞅、韩非等法家如何评价诉讼。

[109]　参见野田良之：《关于私法观念之起源的一个管见——以 L. Gernet 的研究为依据》，载《我妻荣先生追悼论文集——私法学的新展开》，有斐阁 1975 年版。

[110]　野田教授的上列论文仅仅在一个地方提到 δίκη 的概念，即古希腊的诉讼里"δίκη（'法'）的定义是只给与一方的优越地位"（第 40 页）。在他的另一篇论文《关于权利一词》（《学习院大学法学部研究年报》第 14 号，1979 年）中，野田教授还指出 δίκη 以及 ius 的原有含意是"表示对于某一主体在一定状况下什么才是合适或正确的概念"。中国的"义"或"礼"等词也表示"合适"或"正确"的意思，那么接下来的疑问是这些词与 δίκη 或 ius 的区别又在哪里？很自然地，可以理解 δίκη 和 ius 限定在发生争议时能够通过诉讼（竞技式的诉讼）而得到确定的"合适"或"正确"，其特点在于或者直接或者间接地总是与诉讼联系在一起。如果真是这样，在传统中国之所以没有产生对应于现代所谓"权利"一词的概念也能够归结到是因为其特殊的诉讼结构了。关于这一点，还希望能得到专家们的指教。

[111]　参见野田良之：《比较文化论的一个尝试》，载《早稻田大学比较法研究所创立三十周年纪念讲演集》，1978 年版，第 39 页。

[112]　关于日本与中国的相似和相异之处，笔者还未能澄清自己的认识。

这里的讨论仅限于西欧与中国的比较。但至少在日本恐怕不能把镰仓时期与江户时期的诉讼观作为同样的东西。参见水林彪:《近世的秩序与规范意识》,载《讲座、日本的思想 3——秩序》,东京大学出版会 1983 年版。另外,日本的中世诉讼方式里存在着某种广义上的神判。参见石井良助:《日本法制史概说》,第 289 页。在这一点上也有些与西洋近似。而对比中国与西欧的情况绝不会出现这样的类似性。

[113] 作为“阿贡(竞技)型诉讼”的对立面,野田教授站在江户时代日本的立场上,提出了“申诉型诉讼观”概念。就我个人而言,有关中国与日本的类似与不同,还没有完全摸透,所以对将其拿来,借以说明中国的现象持保留态度。

[114] 参见野田良之:《寻找作为比较法基础的“法”的原型》,《学习院大学法学部研究年报》第 18 号,1983 年。这是一篇深入开掘人类的精神结构和集团无意识与不同法律文化关系的大作。

清代判牍目录

（含明末，非东京大学东洋文化研究所收藏者注明出处和影印等状况）

《謻辞》十二卷，张肯堂撰，崇祯七年（1634）序，台北学生书局1970年影印（明代史籍汇刊20）2册。

直隶大名府浚县（清代属河南省卫辉府）天启五年至崇祯七年（1625—1634）案件，有判308件。

《资治新书》初集十四卷，康熙二年（1663）序；二集二十卷，康熙六年（1667）序，李渔辑。

明代后期以及清代初期的诸名士官牍的合辑。其中八至十四卷为"判语部"，尤其十三卷为"婚姻""承继""坟墓"，十四卷为"产业""租赁""争殴""抄抢""诓骗""匿名"。二集十五至二十卷为"判语部"，特别是二十卷有"犯上""婚姻""继嗣""抚孤""坟墓""田产""租赁""争殴""小愤"。

《凭山阁增定留青全集》二十四卷，陈枚辑，康熙二十三年（1684）序，第三卷"谳语"辑录当代名士的判语。藏东京大学法学部。

《棘听草》二十卷，李之芳撰，顺治十一年（1654）序。

浙江省,主要是金华府,顺治五至十年(1648—1653)案件。一至十三卷为金华府推官的官牍,除了第一卷"勘详"为非诉讼案件的案件,二至十二卷"谳词"分"人命""盗情""衙蠹""科诈""粮课""产业""婚嫁""奸淫""诬妄""诈伪""疏逸"各项,共收275件判语。第十三卷附录了"录囚"。

十四至二十卷为同时期兼摄严州府,金华县等的官牍,除了第十四、十九卷的"勘详",其他全部是"谳语",共收163件判语。

《守禾日记》六卷,卢崇兴撰,乾隆四年(1739)序。

浙江省嘉兴府康熙十年(1671)前后案件,四至六卷"谳言"有判语188件。

《未信编二集》六卷,潘杓灿撰,康熙二十七年(1688)序。

浙江省临安县(杭州府属),康熙二十四至二十七年(1685—1688)案件,五至六卷"谳语部"有判语135件。

《纸上经纶》六卷,吴宏撰,康熙六十年(1721)序。

收录康熙三十至五十五年在各地断续约15年间幕友生活中起草文案内的较佳部分。每个文案的日期、地点、官府层级各不相同,一般无从得知。第一卷"招"、第二卷"详"、第三卷"驳"主要是有关刑事案件的官府间文书,第四卷"谳语"为自理案件的判语28件,第五卷"公示",第六卷"补遗"。

《天台治略》十卷,戴兆佳撰,康熙六十年(1721)序,道光二十六年(1846)重刊。

浙江省天台县(台州府属)康熙五十八至六十年(1719—1721)间案件。一至二卷"详文"之中散见若干上司委审案件报告书等诉讼关系内容,第三卷"谳语"有自理案件判语58件,第十卷"呈批"有对诉状的批66件。

《雅江新政》不分卷,卢见曾撰,雍正三年(1725)序,光绪二年

（1876）重刊。

四川省洪雅县（嘉定州—后嘉定府属）雍正二年八月至三年九月（1724—1725）案件。"看语"（25a—42a）有上司批发案件10件，"审单"（42a—65a）有自理案件的判语33件。

《徐雨峰中丞勘语》四卷，徐士林撰，光绪三十二年（1906）刊。

安徽省安庆府雍正五至十年（1727—1732）案件，福建省汀漳道雍正十一年至乾隆元年（1733—1736）案件。一至三卷为安庆府判牍70件，第四卷汀漳道判牍32件。

《诚求录》四卷，逯英撰，乾隆十一年（1746）序。

广东省保昌县（南雄府附郭，其后废为南雄州）、番禺县（广州府附郭）、罗定直隶州，至乾隆六年为止（1721—1741）约20年间的案件。第二卷的"判语"有自理案件的判语16件，第四卷"审案"有上司批发案件13件。

《讲求共济录》五卷，张五纬撰，嘉庆十七年（1812）序。

直隶保定府、大名府、广平府、天津府，嘉庆十三至十六年（1808—1811）案件。第三卷的"历任堂断"有判语14件，第四卷"例任批词"有对上诉案件批70件。

《判语录存》四卷，李钧撰，道光十三年（1833）刊。

河南省河南府道光九年五月至十二年十二月（1829—1832）案件。有判语100件，每件附注日期。

《府判录存》五卷，邱煌撰，道光二十年（1840）序，但是第五卷为道光二十五年以后补刻。

陕西省凤翔府、同州府，道光十六至二十五年（1836—1845）的案件。第一卷前半部分是第一次署凤翔府时代的判语（道光十六年二至三月）9件，后半部分至第四卷为第二次署凤翔府时代的判语（道光十九年八月至二十年三月）124件。各判语记有日期,而且按时间顺序排列。第五卷系署同州府时代的判语(道光二十至二十五年)21件。

《**槐卿政绩**》六卷,沈衍庆撰,同治元年(1862)刊。台北文海出版社影印《槐卿遗稿》(近代中国史料丛刊378)。

江西省兴国县(赣州府属)、安义县(南康府属)、泰和县(吉安府属)、鄱阳县(饶州府附郭)道光十八年至咸丰二年(1838—1852)案件。二至六卷"判牍"有判语135件(兴国14件,安义17件,泰和39件,鄱阳65件)。

《**勤慎堂自治官书偶存**》三卷,刘如玉撰,咸丰十年(1860)序,光绪二十四年(1898)刊。藏京都大学人文科学研究所。

湖南省宁远县(永州府属)、茶陵州(长沙府属)咸丰二至十一年(1852—1861)案件。第二卷(29a—51b)有对诉状的批23件,第三卷判语16件,记录各批与判的年次。咸丰七年前为宁远县,咸丰八年以后为茶陵州。

《**吴中判牍**》不分卷,蒯德模撰,同治十三年(1874)序,光绪四年(1878)再版跋。

江苏省长洲县(苏州府附郭)、太仓直隶州同治五年(1866)至其后的案件,有判语45件。

《**吴平赘言**》八卷,董沛撰,光绪七年(1881)序。

江西省清江县(临江府附郭)光绪六至七年(1880—1881)案件。一至二卷"判上·中"有批62件,第三卷"判下"有判语21件。本书以及下面两部书中案件标题称"某某呈词判"的是批,称"某某控案判""提讯某某判"的是判语。

《**汝东判语**》六卷,董沛撰,光绪九年(1883)序。

江西省东乡县(抚州府属)光绪八年(1882)案件。一至三卷"判"有批99件,四至五卷有判语43件。

《**晦黯斋笔语**》六卷，董沛撰，光绪十年(1884)序。

江西省建昌县(南康府属)光绪九至十年(1883—1884)案件。第一卷"判"有批 43 件。

《**柴桑佣录**》四卷，钟体志撰，光绪十六年(1890)刊。

江西省德化县(九江府附郭)光绪十三至十五年(1887—1889)的案件。第一卷"谳语"有判语 45 件，第二卷"批词"有批 79 件。

《**樊山批判**》十四卷，别卷一卷，樊增祥撰，台北文海出版社影印(近代中国史料丛刊续辑 609，610)。

陕西省咸宁县(西安府附郭)、渭南县(西安府属)光绪十八至二十三年(1892—1897)案件。第一至四卷"批"为咸宁县，五至十四卷"批"为渭南县，合计批约 1600 件，别卷"判"有判语 10 件。

《**四西斋决事**》八卷，孙鼎烈撰，光绪三十年(1904)序·刊。

浙江省会稽县(绍兴府附郭)、太平县(台州府属)、临海县(台州府附郭)，光绪二十二至三十年(1896—1904)案件。一至四卷"会稽治牍"，第一卷有批 63 件，第二卷有判语 32 件；五至六卷"太平治牍"，第五卷有批 40 件，判语 13 件；七至八卷"临海治牍"，第七卷有批 11 件，判语 9 件。第四卷开头的"仆约"的末尾有"丙申十月加识"，据此知作者赴任会稽县为光绪二十二年。但是搜遍这一时期的《大清缙绅全书》，该三县都无知县孙鼎烈之名，对此只是觉得奇怪。

《**秀三公牍**》五卷，吴光燿撰，光绪二十九年(1903)刊。

四川省秀三县(酉阳直隶州属)光绪二十七至二十八年(1901—1902)案件。第三卷"词批"有批 133 件，第四卷"堂判"有判语 119 件。对案件屡屡附上解说。

《**三邑治略**》五卷，熊宾撰，光绪三十一年(1905)序。藏京都大学人文科学研究所。

湖北省利川县(施南府属)、东湖县(宜昌府附郭)光绪二十七至三十一年(1901—1905)案件。第三卷"文告"的后半部分有县批(地点不详)8件、"在抚院收词拟批稿"(代替湖北巡抚对上诉所作的批原稿)21件,第四卷"堂判"有利川县的判语74件,第五卷"堂判"有东湖县判语80件。

第六卷应该收有天门县(安陆府属)的判语,但京都大学人文研究所欠缺,国务院法制局编《中国法制史参考书目》(北京:法律出版社1957年版)著录了完整本。

《宛陵判事日记》一卷,何恩煌撰,光绪二十九年(1903)序。藏美国国会图书馆。

安徽省宣城县(宁国府附郭),以光绪二十九年闰五月二十六日至六月三十日的顺序排列的判语有64件。

附 录

《鹿洲公案》二卷,蓝鼎元撰,雍正七年(1729)序。宫崎市定日文译本(平凡社・东洋文库92,1967)。

广东省潮阳县(潮州府属)雍正五至七年(1927—1929)有实际审判故事24件。

《宦游纪略》二卷,高廷瑶撰,同治元年(1862)刊。

对嘉庆七年至道光七年(1802—1827)在安徽省、广西、广东省历任府的通判、署州县、知府等官职的治绩的记述,包含很多审判故事。

《宦游纪略》六卷续一卷,桂超万撰,咸丰二年(1852)序(正篇),同治二年(1863)序刊,台北文海出版社影印(近代中国史料丛刊810)1972年。

正篇道光十三至三十年(1833—1850),续篇同治元年至二年(1862—1863)在江苏省、直隶、福建省历任知县、同知、知府、道员、署按察使的治绩记录,包含很多审判故事以及文案。

第一卷为江苏省阳湖县(常州府附郭),二至四卷为直隶栾城县(正定府属)、万全县(宣化府属)、丰润县(遵化直隶州属)、北运河务关同知,第五卷为江苏省扬州府、苏州府知府,第六卷为福建省汀漳龙道,续卷一为福建省署按察使。

《问心一隅》二卷,胡学醇(字秋潮)撰,咸丰元年(1851)序,光绪三十二年(1906)序刊。

山东省博平县(东昌府属)道光二十四年至咸丰元年(1844—1851)案件,包含审判故事46件。

本书本身无法得知撰者之名,书目中著录胡秋潮撰,但据《大清缙绅全书》的记载与《续修禅阴张川胡氏宗谱》(光绪十二年刊,东洋文库藏)卷十八所载传记,知其名为胡学醇。

后 记

本书翻译发端的经纬在记忆里已比较模糊，大概与我1997年暑假在徽州地区调查清代诉讼事件相关村落后，在北京拜访梁治平教授有关。其后经梁治平教授介绍，得到刘东教授将本书纳入"海外中国研究丛书"的口头承诺。回到东京后我与岸本美绪老师商量，获得滋贺秀三先生的首肯，本书的翻译由此逐渐推进。

但是，与本人博士论文主题之一的"社会秩序"有关，当时正在啃寺田浩明教授有关"约"的名论，深为难以把握法学家复杂的思想及其表述所苦，询及周围研究生同仁以及定期研究会的老师们，均有同感。我对因愚鲁而主动承接了一个难以完成的任务后悔不已——因为没有强大的法学、西方法制史、日本法制史以及中国法制史背景，加上没有深厚的西学与中国古典的素养，就无法全面准确把握滋贺先生本书的内在逻辑与结构。翻译工作因为缺乏信心，加上博士论文的资料调查、写作以及就职后工作的压力而一直迁延下来，其实踌躇的理由在于担心因自己的鲁莽毁坏中国法制史学界的"滋贺想象"。我的这个担心或借口现在看来也许并不多余：近年来不少名著毁在译者笔下，而很多缺乏学术含量的著作作为文化消费品却在中国大行其道。

作为压在心头的长久之痛，我一直期望能够完成本书的翻译。2020年突然袭击全球的新冠病毒问题，导致了社会经济系统和日常生活的翻天覆地变化，人类个体或长或短"画地为牢"，被关进了各自意义上的"笼子"，按长期叠床架屋累积起来的各种规则、惯例行事的大小事务在视频与网络技术的支撑下，被"必要与否"这一理性选择清理切割得干干净净。从对应传染病毒的全球性行动看来，社会经济活动与日常生活的确因过剩的制度安排和习惯累积，特别是其中不可避免的作茧自缚或庸人自扰变得纷繁复杂，人世间的很多热闹与事情原本其实是可以不必要的，世事因人类对传染病的普遍性恐惧与防控措施不得、不必在现场或直接参与，变得简素。我因祸得福，由此获得了稍静吾心，集中时间重理旧译的机会。

本书在翻译过程中遇到了很多困难，滋贺先生著作的表述简洁明快，但其比较独特的叙述习惯、无法避免的长文，对最初就秉持直译方针的我而言，是一个艰难的挑战。而且还包含有我在二十多年前的旧译，尤其第三章的处理特别耗时费神，也给责任编辑以很大的压力和工作量。一直关心本书翻译的清华大学法学院王亚新教授慷慨允许将他的名译第五章第二节纳入本书，阅读亚新教授以深厚的法学、法史学以及中国古典知识为背景的译文，我们不得不脱帽致敬。对亚新教授的译文，除作了几处微小调整和补译了几个注释外，尊重译者对本节内容以及注释的处理。

滋贺先生作了详细的关键内容目录，不过有的章节只以序号划分。原书第二章与第四章只有序号没有小节标题，篇幅很长的第三章与第五章各小节下也只有序号。编辑考虑到现在中国读者的阅读习惯，建议提炼补充。为了让读者更好地理解书中内容，根据编辑的建议，译者参照滋贺先生的详目以及书中内容，暂立了标题，未必完全符合作者的深思，若违离原意，尚祈方家鉴谅。

共犯是清朝法律与审判中非常重要的问题，原著附录中有一篇短论《唐律中的共犯》非常精彩，因所论集中在唐代，在本书翻译之际，译者自作主张地将这一部分割爱了。

滋贺先生在书中大量使用了中国方面的文献，虽然有不少地方附上了原文，但并非所有场合为直接引用。对以日语处理的部分，翻译过程中尽量查对中文原文，但因一些图书馆的疫情应对措施而难以利用等因素，亦有未尽之处。

在本书的翻译过程中，除梁治平先生、刘东先生、王亚新先生，还得到武汉大学法学院教授秦前红兄、国士馆大学文学部教授小川快之兄、中国人民大学法学院教授尤陈俊兄的关心和指教。对一些疑难问题，王亚新先生抽出宝贵时间解答，尤陈俊兄阅读了译稿的主要部分，提出了不少建设性意见，都为译文增色不少。不过，本书中存在翻译上的问题当然由译者负责。

因重压下的拖延，本书未能在滋贺秀三先生健在时面世，辜负了滋贺先生与岸本美绪老师、梁治平先生、刘东先生的期待，译者心怀愧疚，在此深表歉意。另外在译稿的处理之际，责任编辑李旭先生与康海源先生的工作细致而周到，付出了大量心血，在此对各位深表谢意。

熊远报

2022 年 8 月 15 日于东京

"海外中国研究丛书"书目